U0063566

敦煌石窟全集

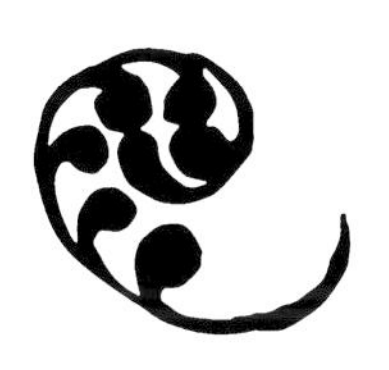

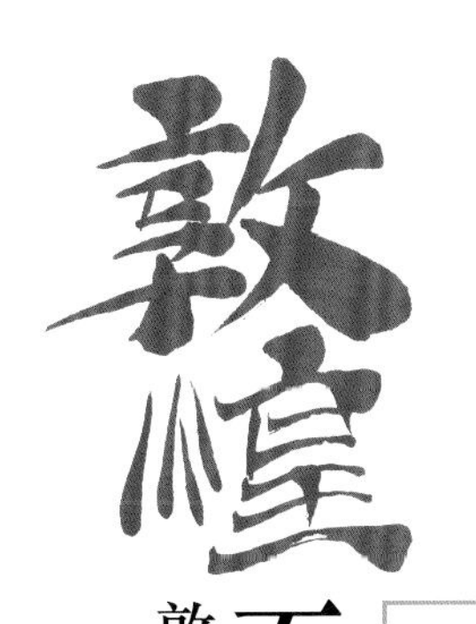

石窟全集 10

敦煌研究院 主編

密教畫卷

本卷主編 彭金章

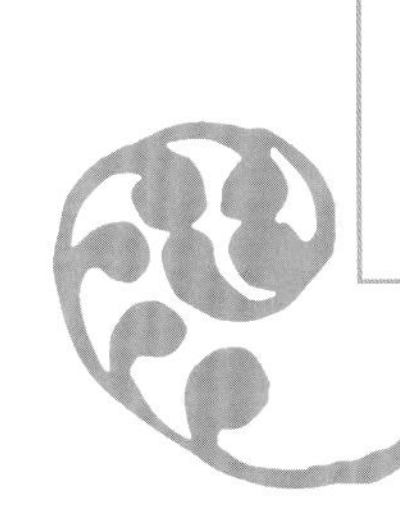

商務印書館

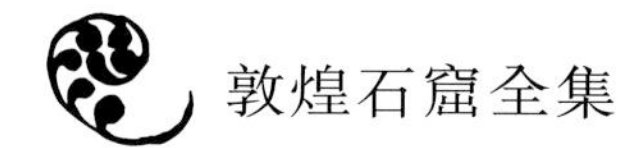

密教畫卷

主　　編 ……………… 彭金章

攝　　影 ……………… 吳　健
繪　　圖 ……………… 呂文旭

封面題字 ……………… 徐祖蕃

出 版 人 ……………… 陳萬雄
策　　劃 ……………… 張倩儀
責任編輯 ……………… 劉　煒　楊克惠
設　　計 ……………… 呂敬人
出　　版 ……………… 商務印書館(香港)有限公司
香港筲箕灣耀興道3號東滙廣場8樓
http://www.commercialpress.com.hk
製　　版 ……………… 中華商務彩色印刷有限公司
香港新界大埔汀麗路36號中華商務印刷大廈
印　　刷 ……………… 中華商務彩色印刷有限公司
香港新界大埔汀麗路36號中華商務印刷大廈
版　　次 ……………… 2012年8月第1版第2次印刷

ISBN 978 962 07 5284 1

All inquiries should be directed to:
The Commercial Press (Hong Kong) Ltd.
8/F., Eastern Central Plaza, No.3 Yiu Hing Road, Shau Kei Wan, Hong Kong

前 言

由漢傳密教到藏傳密教

密教是大乘佛教的一個教派——秘密佛教的略稱。密教自稱是受法身佛大日如來（梵名Mahāvairocana，又稱毗盧遮那佛）深奧秘密教旨傳授，為“真實”言教，故稱“密教”。密教將其他佛教派別的教義，都視為釋迦牟尼佛公開宣講的佛法教義，故稱之為“顯教”。

密教起源於公元2世紀流行在印度的大乘佛教，是大乘佛教與印度教和印度民間信仰的混合物，也是大乘佛教進一步神秘化、通俗化、世俗化的結果。其最明顯的特徵是：高度組織化的咒術、神秘的儀規和世俗信仰；極其獨特的“三密為用”的密教義理，通過口誦真言咒語——“語密”、手結印契——“身密”（即運用手勢和身體的姿勢）和心作觀想——“意密”，三密與諸佛之身、口、意相應，即可成佛。

密教所以被稱為秘密佛教，還因為它所遵循的教義秘密深奧，所舉行的宗教儀軌、儀式秘不示人，所修行的基本方法“身、口、意”三密極為秘密，所傳承方式是師徒秘密相傳，佈道方法是秘密傳授、秘而不宣。因此密教明顯不同於其他佛教教派而獨樹一幟。

一、密教的分期

中國和日本學術界把密教分為三個時期：

早期密教：密教奉大日如來為最上根本佛，以《金剛頂經》、《大日經》為密教的兩部根本經典，該兩經典未流傳之前，由釋迦佛公開弘揚的佛教經典各部中的密法、陀羅尼密咒、儀規等稱為雜密。這一密法系統，於公元2世紀後半葉傳入中國漢地後被稱為釋迦雜咒，又稱為早期密教，至今未絕。

中期密教：由法身佛大日如來所傳胎藏界、金剛界兩部大法(密教視宇宙一切皆為大日如來所顯現，將表現其智德方面的稱為金剛界，喻如來之智德，像金剛寶石般堅固，不為一切外物所壞；將表現其理性方面的稱為胎藏界，喻其理性存在於一切之內，猶如胎兒在母胎內。金、胎二界攝宇宙萬有，為密教兩部根本大法）及公元8世紀由開元三大士善無畏、金剛智、不空所傳《大日經》、《金剛頂經》等系統化的密教，稱為純密，這一系統包括中國僧人一行、惠果繼傳而發揚的漢密，以及公元9世紀由日本僧人空海、最澄在日本所創立的東密和台密。因此，傳播純密的這一時期又稱為中期密教。時間大約在公元7世紀中葉開始，至今仍在傳播。

晚期密教：亦為純密，係指印度金剛乘、時輪乘密教以及由蓮花生將其傳入西藏後與苯教相結合形成的藏密，時間大約在公元8世紀以後，至今仍有傳播。但也有學者認為以雜、純來劃分密教派別既不準確，又失科學性，認為密教和佛教其他派別一樣，有一個發生、發展和演變的歷史過程，並將密教分為四期：

原始期密教——陀羅尼密教，至遲出現於公元3世紀初；

早期密教——持明密教，出現於公元4～5世紀；

中期密教——以《大日經》和《金剛頂經》為代表的真言乘和金剛乘密教，出現於公元7～8世紀；

晚期密教——無上瑜伽密教，出現於公元9世紀，即金剛乘發展到鼎盛時期而出現的一種支派，又稱為大瑜伽密教。

二、密教在中國的傳播與三大分支

密教在印度出現不久，即於公元2世紀後半葉，隨着大乘佛教陸續傳入中國。據研究，傳入中國的路線有三條：一條是從陸路經中亞沿“絲綢之路”傳入漢地；一條是由印度經尼泊爾翻越喜馬拉雅山脈傳入西藏；一條是由印度阿薩姆通過上緬甸，再由上緬甸進入雲南大理地區（另一説是從西藏地區直接傳入雲南大理地區）。通過絲綢之路而傳入中國的密教，因其主要是在漢族居住區或漢族雜居的地域內傳播，汲取了許多傳統漢文化成分，形成一種新的密教宗教形態，學術界稱之為漢傳密教，簡稱“漢密”。

傳入中國漢地的密教——即漢傳密教，在傳播過程中，經歷了中國化的改造過程，摒棄了原印度佛教密教中一些與中國人社會生活衝突很大的內容，又補充進諸多中國文化的因素。例如印度密教金剛乘無上瑜伽密中的“男女共修”、“樂空雙運”思想和實踐等，與漢地高度發達的封建倫理道德觀念和儒家遵循的男尊女卑思想相悖而被摒棄；而表示“你中有我，我中有你”觀念的“金、胎不二”、“金、胎合曼”，以及密教與中國佛教顯教諸宗如華嚴宗、天台宗、禪宗、淨土宗的結合等，則屬於新增加的內容，最終形成頗具特色的密教派別。以後密教由中國東傳日本，對日本密教——東密和台密的創立與發展產生了巨大而深遠的影響。

公元 7 世紀中葉由印度傳入西藏的佛教密教，與當地原有的宗教——苯教和民間信仰相融合，形成了既不同於印度佛教密教，又不同於漢傳密教的另一密教分支，被稱為藏傳佛教中的密教，簡稱“藏密”。

唐初，從印度經緬甸傳入中國雲南大理地區的印度佛教密教，與當地白族、彝族、怒族、傈僳族的民間宗教融合，吸收了這些民族的一些神祇、禮儀、巫術，並深受儒家思想影響，形成以大理一帶為中心的密教傳承系統，因這一密教形態與印度佛教密教、漢傳密教、藏傳密教均有別，後世稱為阿闍梨（亦稱阿吒力）教，稱為“滇密”。

總之，密教由於經過中國化的改造和各地域的發展，傳入中國的所謂“雜密”比印度的雜密更雜，而來自印度的所謂“純密”則已經不純。流行於中國的漢密、藏密和滇密就充分證明了這一點。

三、密教造像的特徵

漢密造像是在大乘佛教傳統造像基礎上發展起來的，但具體形象卻與大乘佛教有明顯的差異，其特徵如下：

1、佛像着菩薩裝，戴寶冠，佛身瓔珞莊嚴。

2、菩薩像常見多首多臂。

面部表情多樣，除了慈面之外，還有犬牙面、歡喜面、瞋面、思惟面、寂靜面等，觀音菩薩所戴寶冠中多有化佛。其中屬於千手千眼觀音菩薩者，不論有無千臂，其手掌中多有眼睛（個別例外）。

3、造像的手中執法器和寶物，種類有多種，最多者達83種、166件。造像多結手印，式樣多而複雜。

4、造像除了獨尊之外，在敦煌壁畫中出現最多的是經變或曼荼羅組合，其組合形式相當靈活，雖原則上遵循各自的經變或曼荼羅造像儀軌，但並不拘泥於某一具體儀軌。與通常所見佛教顯教造像固定模式的組合方式明顯有別。

5、造像紋飾、圖案中最顯著的是金剛杵紋飾和圖案，運用獨股杵、三股杵、五股杵、羯摩杵等組成的圖案很具特色。

6、造像中的明王、金剛形象多呈現忿怒相，或多首多臂，手中執持金剛杵、金剛索、寶棒、利劍、三叉戟等法器。

藏傳密教的形象也表現出與漢傳密教的差異。尊奉的佛、菩薩、護法神等各類尊像比漢密大大增加，達到千種之多，形象更加突出忿怒、怪誕、神秘，給人一種震撼力和獰厲之美。

四、敦煌密教的發展

敦煌石窟現存豐富的密教遺迹，按時代可分為早、中、晚三期：

早期：包括隋代、初唐和盛唐時期的密教遺迹，屬於漢傳密教的初創期；

中期：包括中唐、晚唐、五代、北宋初期的密教遺迹，屬於漢傳密教的鼎盛期；

晚期：包括西夏和元代的密教遺迹，這是漢傳密教衰落期，而藏傳密教異軍突起，甚至很快達到鼎盛階段。

敦煌密教分漢傳和藏傳兩類，其中漢傳密教遺迹數量之多、保存之完整、延續時間之長，均為中國之最。從敦煌藏經洞所出《大方等陀羅尼經》、《雜咒經》、《諸尊陀羅尼經》等密教經典表明，這些源自印度，以祈願、隆福、驅魔、除害為宗旨的釋迦雜咒，隋代以前就在敦煌地區傳播，但直到隋代才開始為時人接受，而影響卻極其有限。自初唐以後，大量密典被漢譯或重新漢譯，其中不少密典在敦煌藏經洞有寫本，無疑是密教在敦煌地區廣為傳播的證據。整個唐代以及五代、宋初，密教經典不僅種類越來越多，而且不少密教經典還把諸多原來屬於顯教的神祇及其功能移植到密教經典中，使得密教神祇的地位越來越高，誦持密典、供奉密教神祇所獲得的功德遠遠多於顯教，因而密教的影響也就越來越大。再加上倍受唐朝皇帝敬重和推崇的密教大師不空曾於天寶年間（公元753～754年）在河西弘法、譯經，更大力刺激敦煌漢傳密教進一步發展，並推動漢密逐漸走向繁盛。

然而，隨着更神秘、更深奧，因而具有更大吸引力的藏傳密教於西夏中、晚期傳播於瓜、沙二州後，漢傳密教也就逐漸衰敗。而藏傳密教則由於西夏和蒙元皇室的扶持，卻獲得了長足地發展，藏傳密教的藝術形象不僅出現於敦煌石窟，而且遍佈長城內外、大江南北。

關於敦煌藏傳密教信仰的來源，學術界看法比較一致，都認為來自西藏。但對於傳入時間則有分歧。有的認為早在中唐時期就傳入敦煌。有的則認為西夏中、晚期才開始在敦煌出現。

漢傳密教來源，學術界則眾說紛紜。有的學者認為，西域諸國流傳密教較早，凡是傳入中國漢地的密教，首先經過西域，然後東漸。初唐時期來中國傳譯密教的人中，有一些就是西域諸國的人；敦煌藏經洞的寫經有于闐文、龜茲文、粟特文等西域文字的典籍。據此論斷，敦煌漢傳密教是從西域傳入的。反對者以為，新疆一帶石窟的密教遺迹並不比敦煌石窟的密教遺迹早，而且最早的密教經典漢譯於江南，因此提出敦煌和江南是印度密教的直接接收點。也就是說，印度密教不是經過中亞輸入，而是直接傳到敦煌的。還有一派認為敦煌石窟漢傳密教可能來自中原，因為河南洛陽龍門石窟初唐時期已出現完整的密教窟龕及大日如來和千手千眼觀音密教造像，早於敦煌石窟密教窟龕和同類密教造像。

五、敦煌密教題材的界定

敦煌密教壁畫題材中，最多見的是曼荼羅和經變畫。曼荼羅是象徵密教專用的修法壇城，為密教特有的藝術形式，佛教的其他教派中都沒有出現過曼荼羅壇城；而經變畫則是密教和顯教壁畫所共有的。

曼荼羅（梵文 Mandala，亦譯作曼陀羅），原指密教在修“秘法”時，為了防止“魔眾”的侵入，在修法處劃一圓圈，或建立方形、圓形的土壇，上面供奉佛或菩薩，即為密教所特有的曼荼羅。土壇和供奉的佛或菩薩，是曼荼羅的本體；聚集的諸尊德形成一大法門，是曼荼羅之義。曼荼羅可根據供奉佛、菩薩的具體情況分為四種，即所謂的“四曼為相”。繪製諸佛、菩薩的形象者稱為大曼荼羅。繪製諸佛、菩薩所結手印、所持器杖者稱為三昧曼荼羅。書寫諸佛、菩薩的種子真言以代表諸佛、菩薩者稱為法曼荼羅，或稱為種子曼荼羅。樹立諸佛、菩薩的立體形象者為羯摩曼荼羅。密教最重要的兩部大曼荼羅，是被稱為“金胎兩部”的金剛界曼荼羅和胎藏界曼荼羅。據《金剛頂經》把金剛界用圖繪表示，稱為金剛界曼荼羅。金剛界曼荼羅由九個小曼荼羅組成，故又稱九會曼荼羅。胎藏界曼荼羅是據《大日經》將胎藏界以圖繪表示，由十二院組成。

在敦煌石窟中，依據密教經典繪製的壁畫有三類形式：一類的形式與通常所見的顯教經變類似，但是表現的內容已經由顯教教義轉變為密教教義的經變畫，稱為密教經變；一類是表現密教修法壇城的密教曼荼羅。其佈局嚴謹而規範，一般是佛和菩薩在有圓輪、方形並四門的壇城中說法；第三類則介於以上兩類之間，既無壇城形式，又與經變形式有明顯不同，我們將此類密教壁畫稱為非典型的壇城，亦歸屬密教曼荼羅。還有一些界限模糊不清，但是學術界已經約定俗成的曼荼羅，也都歸屬在第三類。這三類壁畫，學術界一致認為屬於密教壁畫題材。

但是，由於密教發展過程複雜，傳播形式秘密而繁縟，因此對敦煌壁畫中密教藝術形象的界定也相當複雜。許多原來屬於顯教經典的壁畫題材，後來進入密教經典，成為密教壁畫題材；或者是原來屬於顯教的藝術形象，後來進入密教經變或密教曼荼羅，成為密教壁畫的組成部分。學術界對這些壁畫則看法不一致，有的認為，源自顯教經典的藝術形象，被密教所利用，進入密教經變或密教曼荼羅，它們仍然屬於顯教的藝術形象，不應屬於密教題材。但也有認為，隨着密教經典在漢地的傳播和密教的發展，一部分顯教經典的新譯或重譯也受到影響，在其中往往夾雜有密教的密咒或陀羅尼的內容。這樣的顯教經典實際上已經不是純粹的顯教經典。而源自印度的密教傳到中土後，為了自身的發展，吸收了諸多原屬於顯教的神祇以及在中土創造的神祇進入了密教殿堂，以壯大密教神祇隊伍。因而一些常見的顯教形象以及中土創造的神祇也出現於密教經變或密教曼荼羅中。像這樣有顯教形象的密教經變或密教曼荼羅，應歸屬於密教體系。筆者在本卷的論述中採用了後一觀點。

從敦煌石窟現存大量壁畫可知，原屬顯教常見或中土創造的藝術形象，並不是同時加入到密教行列，而是在密教不斷壯大發展的過程中，一個一個逐步成為密教經變或密教曼荼羅的一部分。就漢傳密教而言，比如毗盧舍那佛、毗沙門天王、毗琉璃天王、文殊變、普賢變、地藏、天王及以觀音菩薩為主尊而又不屬於《法華經 · 觀世音普門品》的觀音經變等，是從盛唐時期加入密教神祇的。提頭賴吒天王、毗沙門決海、東方不動佛、西方無量壽佛、五台山圖等，是中唐時期進入密教行列

敦煌石窟密教遺迹統計表

時代		窟數	窟號
隋代		2	莫 284、305
唐代	初唐	7	莫 321、331、332、334、340、341 榆 23
	盛唐	28	莫 31、32、39、45、74、79、91、103、109、113、115、116、118、120、122、123、126、148、166、170、172、176、180、194、205、214、444、445
	中唐	59	莫 7、26、32、33、45、53、92、112、115、117、126、129、134、135、144、153、154、155、158、159、176、185、186、188、197、199、200、201、202、205、222、225、231、235、236、237、238、240、258、285、288、340、358、359、360、361、363、366、370、379、384、386、447、468、471、472 西 18 榆 24、25
	晚唐	55	莫 8、9、10、12、14、18、19、20、29、30、54、82、85、107、111、127、128、138、139、140、141、142、145、147、150、156、160、161、163、167、168、177、178、181、190、192、194、195、196、198、217、227、232、241、336、337、338、340、459、470 榆 6、15、24、30、35
五代		102	莫 5、6、22、26、31、32、33、34、35、36、38、39、45、47、61、72、83、90、98、99、100、108、119、120、121、124、125、126、146、162、165、171、176、197、205、206、208、217、218、225、258、261、272、281、288、292、294、296、297、299、300、301、303、305、311、321、328、329、330、331、332、333、339、341、347、351、359、369、374、375、379、384、386、387、388、390、392、395、396、401、402、428、440、446、467、468 西 16 水 4 榆 6、12、16、19、20、31、32、33、34、35、36、38、40
宋代		54	莫 25、55、76、122、133、141、152、165、166、169、170、171、172、174、176、177、178、197、198、201、202、203、220、230、231、234、243、256、275、289、302、335、364、377、380、427、431、437、444、449、452、454、456、莫高窟天王堂 榆 6、13、14、20、21、22、25、26、28、33、35
西夏		49	莫 30、87、117、140、142、153、154、164、165、206、223、235、237、245、246、256、281、291、309、314、323、326、327、328、330、339、351、354、355、356、408、418、432、443、460、464 榆 2、3、5、6、29、39 東 2、4、5、7 五 1、3、4
元		10	莫 3、61、95、149、463、465 榆 4、10、27 東 6

的。毗樓博叉天王、毗沙門赴那吒會是晚唐時期才為密教所接納。水月觀音、天鼓音佛、最勝音佛、寶相佛、南方不動佛、迦樓羅王等，到五代、宋初才成為密教的神祇。由於密教在其傳播中不斷吸收新成員，到五代、宋初密教神祇眾多，隊伍壯大，標誌着敦煌密教的繁盛。在西夏、元代，漢傳密教神祇再無新成員加入，密教題材種類和密教形象的數量也均少於五代、宋初，反映了漢傳密教正逐漸走向衰落。而此時藏傳密教異軍突起，延續到明、清，久盛不衰。

說明：

1、附表中的洞窟時代指密教遺迹的時代。
2、不同時代的密教遺迹處於同一洞窟的，則該洞窟在表上出現多於一次。
3、表中的“莫”即莫高窟、“榆”即榆林窟、“東”即東千佛洞、“西”即西千佛洞、“五”即五個廟石窟、“水”即安西水峽口石窟。

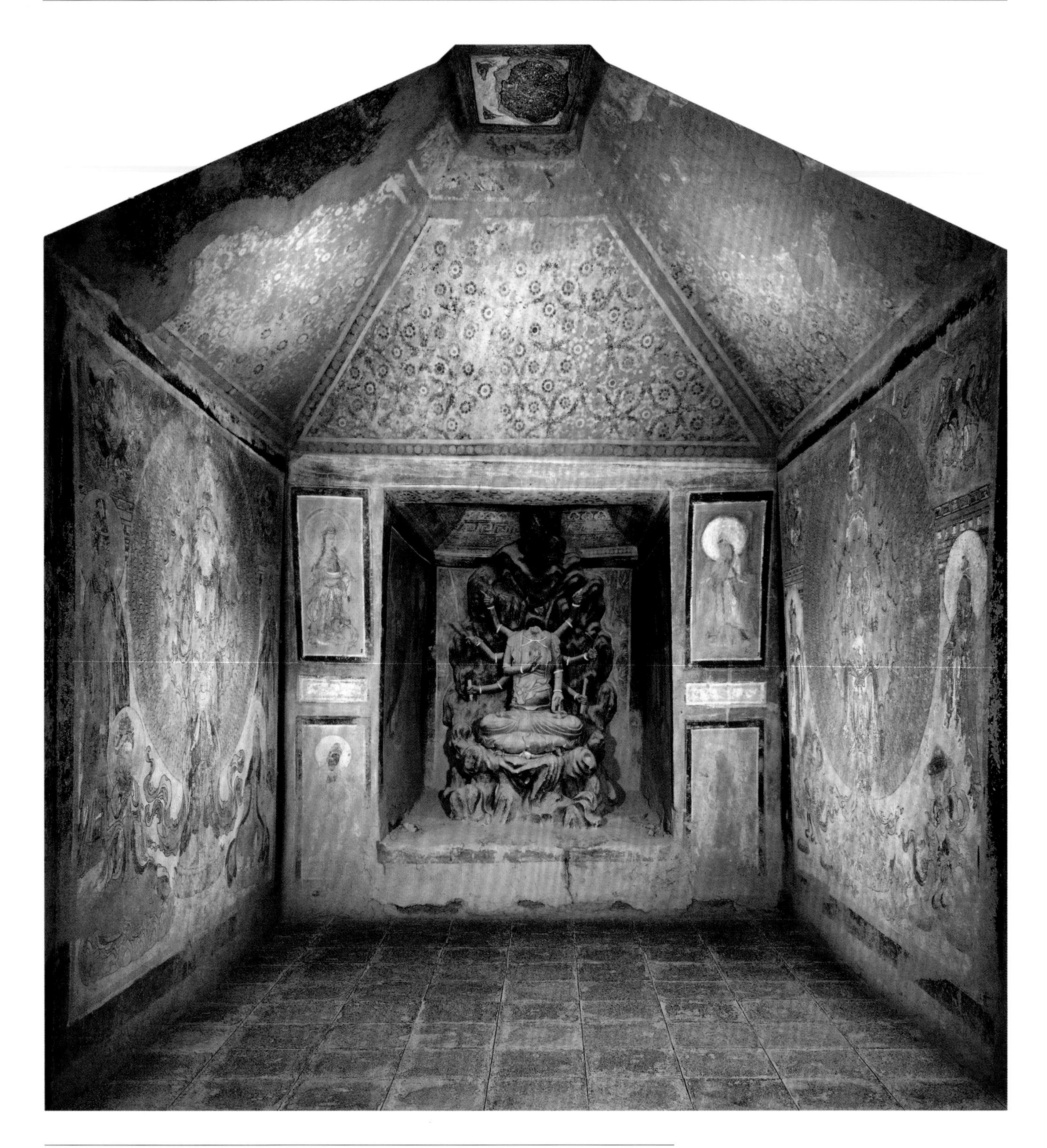

1 **第3窟立體圖**

莫高窟密教代表洞窟之一，也是元代惟一的漢密觀音窟。主室覆斗頂，正壁開龕，正龕兩側作觀音立像，南北壁均作千手千眼觀音經變，中作十一面觀音竺像。東壁門南北兩側各畫一身觀音，北側觀音垂右臂，伸掌，散出珊瑚、瑪瑙金銀等七寶，為千手觀音經變中“七寶施貧兒”的情節，南側觀音手持淨瓶，傾出清水，為“甘露施惡鬼”代的情節。此窟觀音畫像，雖姿態、手勢各異，但風格相同：衣冠服飾一律素色，面相珠圓玉潤，神情莊重善良，堪稱敦煌密教藝術珍品。

元 莫3

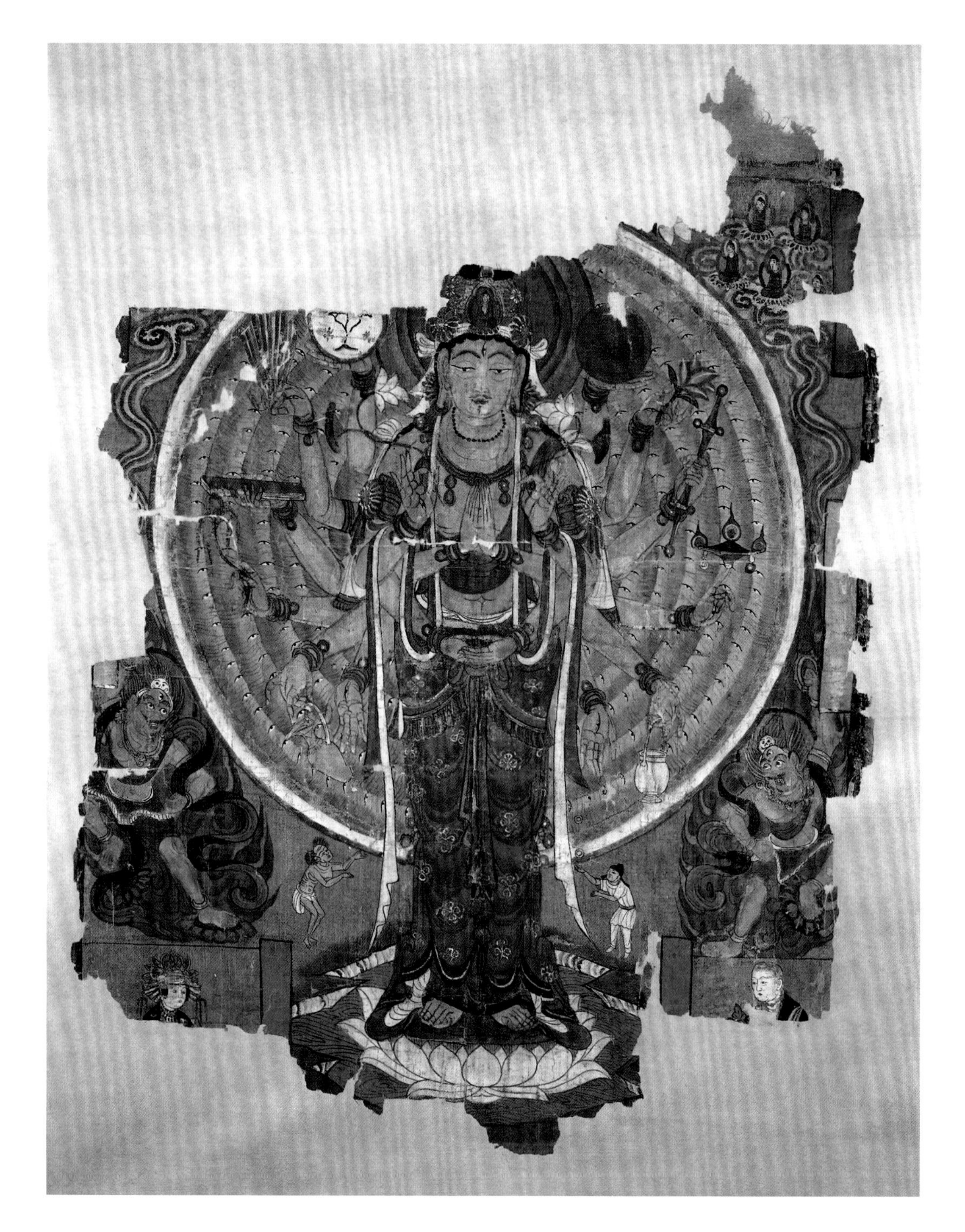

2 千手千眼觀音經變絹畫

敦煌藏經洞所出密教經變絹、紙畫，現多藏於巴黎吉美博物館和英國倫敦大英博物館，國內所存則很少，故十分珍貴。此幅絹畫題材、風格與同期壁畫相同，描繪精細，為五代的絹畫佳作。主尊千手千眼觀音一面三目，戴化佛冠，有大手十八隻，眾多小手環繞於身後。眷屬中可見一貧兒乞錢、一餓鬼乞甘露。左上角殘存坐佛四尊，可能是十方佛赴會。

五代 東千佛洞

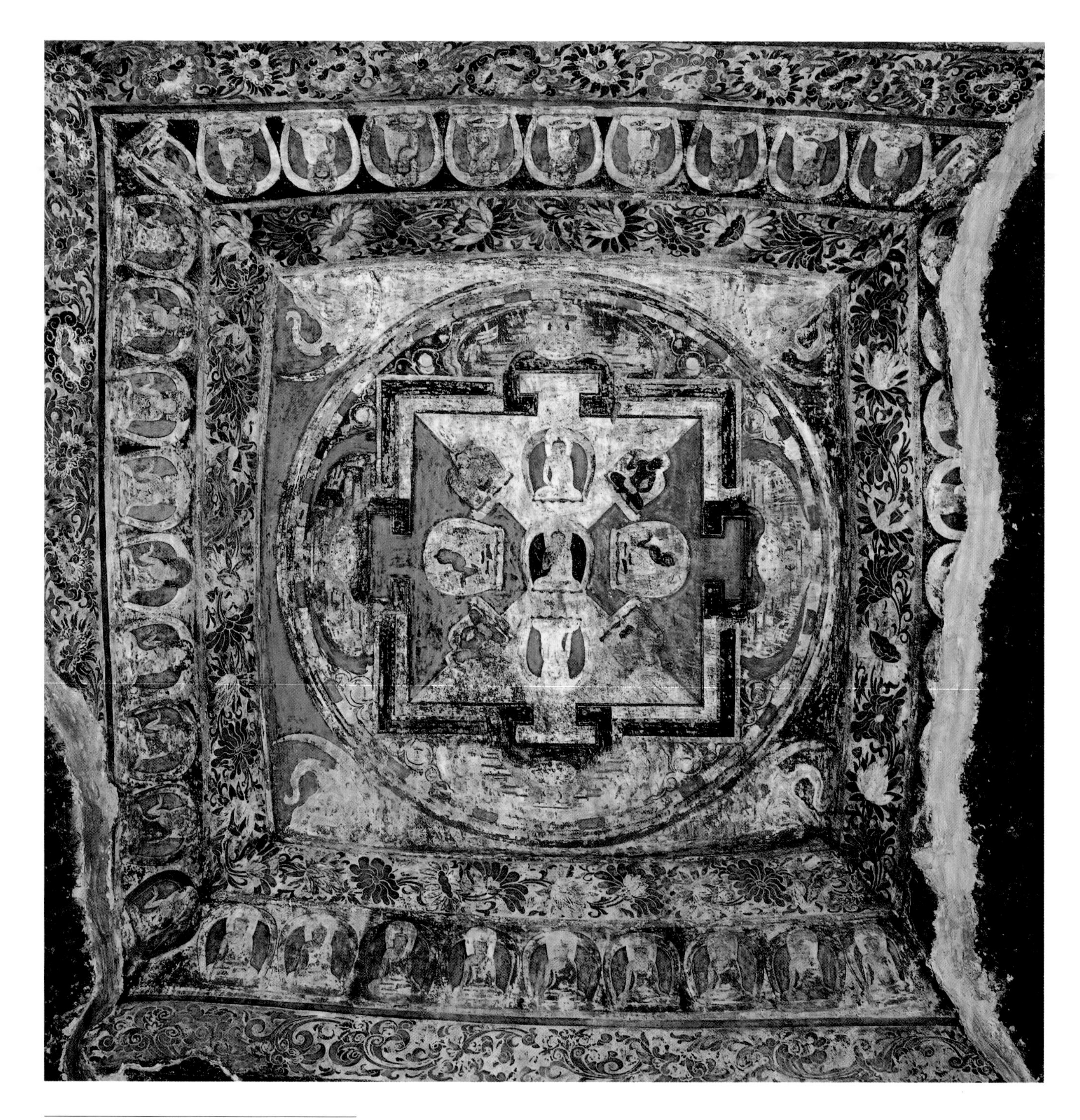

3 **五方佛曼荼羅**

曼荼羅由方形、圓形、方形構成，是典型的曼荼羅形式，最中央為大日如來，大日如來下方為阿閦佛，上方為阿彌陀佛，左側為寶生佛，右側為不空成就佛。四角有四身供養菩薩。圓形之外的方形內，每一方各有坐佛九尊，從手印分析，應分別是阿閦佛（東方）、阿彌陀佛（西方）、寶生佛（南方）、不空成就佛（北方）。

西夏 東2 窟頂

目 錄

敦煌漢傳密教的初創期

隋代——盛唐（公元581～781年）

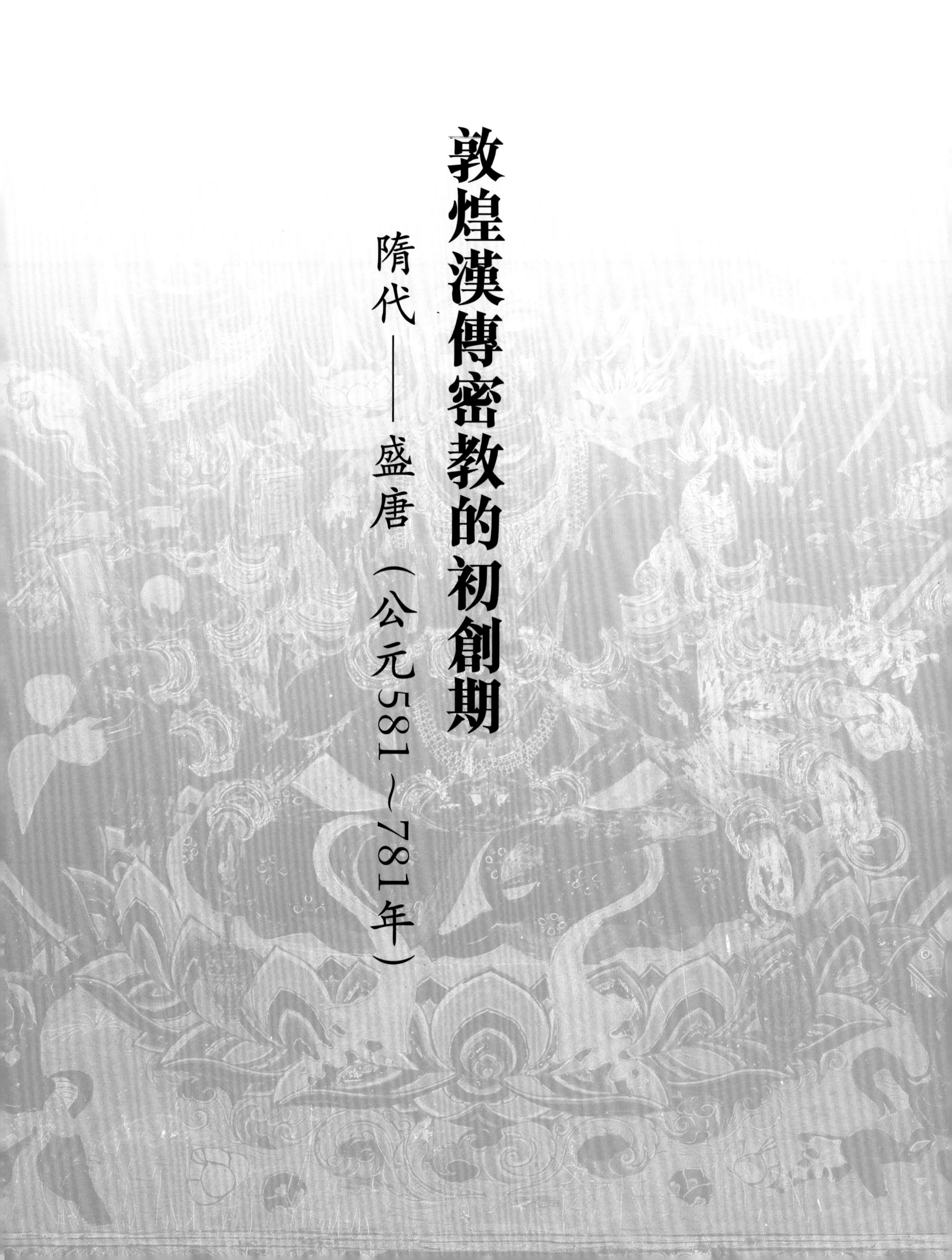

敦煌石窟現存隋代密教遺迹，是目前所知漢地密教遺迹中時代最早的。雖説東漢末年即有釋迦雜咒流行於漢地，但在中國尚未發現早於隋代的密教遺迹，是何原因，有待探討。這一時期僅在兩個隋代洞窟內發現密教壁畫，並未安排在洞窟的主要位置，密教題材不多，每一題材的密教形象數量亦不多，反映密教當時的地位還比較低，處於萌芽階段。

初唐時期，漢譯密教經典風行起來，大力推動了密教的傳播和發展。在敦煌地區，莫高窟和榆林窟有七個洞窟出現了密教形象。其題材及形象有如下特徵：

密教題材仍很少，僅有三種，且均屬觀音類，共十幅。並以獨尊或脅侍形式出現，尚未出現經變或曼荼羅式樣，更未出現專門繪製密教題材的窟龕。密教仍然處於萌芽期，但是種種迹象預示着密教即將進入蓬勃發展的新時代。

到盛唐時期，敦煌密教開始蓬勃興起，各種密教新題材和新形象湧現。尤其圖解密教經變的繪畫，成為在敦煌最為流行、延續時間最久遠的經典之作。

第一節 隋代、初唐密教脫離低微地位

隋代密教處於萌芽階段

據史籍記載，漢獻帝末年大月氏後裔支謙在江南吳地，先後翻譯了《無量門微密持經》、《佛說華積陀羅尼神咒經》、《佛說持句神咒經》、《七佛神咒經》、《八吉祥神咒經》以及與他人合譯《摩登伽經》等中國最早的密典。此後，各種陀羅尼咒經在中土廣為傳播。敦煌也不例外，藏經洞所出北魏延昌三年（公元514）《大方等陀羅尼經》、西魏大統十一年（公元545）《雜咒集》、西魏恭帝三年（公元556）《諸尊陀羅尼經》等，表明陀羅尼密典很早就在敦煌地區流行。

從隋代敦煌石窟密教遺存看，數量和題材均比較少。莫高窟有隋代洞窟七十個，僅在第284窟和第305窟發現了密教遺迹，題材也僅限於多臂菩薩和方壇二種。密教形象矮小，構圖簡單，尚未佔據獨尊的地位。密教主尊雖然已經出現，但無眷屬附從。表明隋代敦煌地區的密教信仰還處於剛剛萌芽的原始階段，信仰密教的人數不多， 密教形象僅有多臂菩薩，尚未出現密教經變或密教曼荼羅，但它們卻是敦煌乃至中國漢地現存最早的漢密形象和密教遺迹。

兩個隋代洞窟的密教遺迹具體情況如下：

第284窟是隋代一個方形小洞窟，位於西魏第285窟前室西壁門南，面積只有1.5平方米，高1.65米。在窟頂西坡繪兩身三面多臂的密教菩薩，每身通高僅0.23米。兩身菩薩均已漫漶，不知寶冠中有無化佛，面相不清晰，手中有無法器及有無結手印亦不詳。這兩個密教菩薩出現於這個不引人注目的小洞窟內，而且繪製粗糙，構圖簡陋，色彩單調，形象矮小，給人的印象是這個時期的密教形象只能偏安一隅，與世無爭。與敦煌石窟隋代壁畫所具有的“賦彩製形，皆創新意”、“迹簡意淡而雅正”、“細密精緻而臻麗”的畫風相比，可說是微不足道。兩身菩薩均未出現眷屬。這些都反映密教在當時佛教中的地位還比較低。

第305窟為隋開皇五年（公元585）開鑿的覆斗頂方形佛殿窟，在該窟後室正中有一方壇，方壇上現存清代塑像一組，原來佈置已不詳。據《獅子莊嚴王菩薩請問經》記載：“道場之處當設方壇，名曼荼羅，廣狹隨時”。據此推斷，此窟內所設的方壇，很可能屬於密教道場的方壇，如果推測不誤，此方壇為中國現存最早的密教壇場遺迹。

初唐密教流行情況

初唐時期，漢譯密教經典風行起來。據《開元釋教錄》記載，從唐高宗顯慶元年（公元656）至唐中宗景龍三年（公元709），玄奘、菩提流志、義淨等高僧

新譯或重譯了大量密教典籍，如《十一面神咒心經》、《佛頂尊勝陀羅尼經》、《不空羂索神咒心經》、《千手千眼觀世音菩薩姥陀羅尼身經》、《如意輪陀羅尼經》、《不空羂索神變真言經》等。這些新譯或重譯的密教經典，除了《不空羂索神咒心經》外，在敦煌藏經洞均發現寫本，表明初唐所譯密典絕大多數在敦煌也有流傳。

隨着密教經典的漢譯和傳播，密教形象也開始流行。見於記載的有：《語石》載如意元年（公元692）史延福於洛陽龍門摩崖刻《尊勝陀羅尼經》；《歷代名畫記》記載武則天長安年間（公元701～704）重建長安慈恩寺塔，“塔下南門尉遲（乙僧）畫西壁千缽文殊”；又云“（尉遲）乙僧今慈恩寺塔前功德，又凹凸花。畫中間千手眼大悲，精妙之狀，不可名焉。”現存密教形象有原藏西安寶慶寺的十一面觀音立像，銘有長安三年（公元703）字樣，以及洛陽龍門某寺原藏大日如來石雕像和龍門石窟的大日如來、千手千眼觀音，龍門石窟和天龍山石窟的十一面觀音造像等。凡此種種，表明初唐時期已有多種密教尊像流行於中原地區。

敦煌的初唐密教藝術

隨着密教經典在敦煌地區傳播，在莫高窟和榆林窟的七個洞窟內都出現了密教形象，但題材較少，都是密教觀音。十一面觀音尤其流行，共有七幅。此外還有八臂觀音兩幅、珞珈山觀音一幅。

十一面觀音是密教中最受尊崇的菩薩之一，十一個顏面象徵菩薩修完“十地”，最終功行圓滿，到達第十一地——佛地。敦煌這七幅十一面觀音，其顏面排列有五種形式，面相各異，有菩薩面、瞋面、狗牙上出面、佛面，其中菩薩面最多，二臂者佔主流。並在十一面觀音兩側出現了菩薩，形成主從關係的眷屬身分。

關於這些十一面觀音壁畫繪製所依據的經典和儀軌，經考察得知，直到初唐，關於十一面觀音的經典，共有《佛説十一面觀世音神咒經》、《十一面觀世音神咒經》、《十一面神咒心經》等在傳播，後兩部分別在唐高宗永徽四年（公元653）和顯慶元年（公元656）初譯或重譯，反映了高宗武周時期對《十一面觀音經》的重視。用初唐及其以前的《十一面觀音經》來審視上述七幅初唐的十一面觀音壁畫，即可發現這些壁畫大致是依據玄奘所譯《十一面神咒心經》繪製的，但並非完全拘泥於該經的規定，壁畫僅僅繪製了主尊，未繪經裏的其他具體內容。不過，敦煌石窟各種題材的壁畫，沒有一幅是原原本本依據某一佛教經典和儀軌繪製的。密教題材的壁畫也不例外。

在敦煌石窟沒有發現初唐時期中原地區繪製的密教主尊大日如來、千手千眼觀音等形象，表明這些密教形象尚不為當時敦煌地區的佛教信徒所供奉和信仰。

這一時期的密教藝術題材還比較少。觀音往往以獨尊或脅侍形式出現。十一面觀音或以菩薩為眷屬，或無眷屬，已經出現了佈局簡單的經變形式，但尚未形成密教曼荼羅式樣。

密教形象或繪製於甬道南北壁，或繪製於主室東壁，尚未進入洞窟的重要位置，更未出現專門繪製密教題材的窟龕。這些現象反映了密教形象的神位不高。但與隋代相比，還是有很大變化，預示密教開始在敦煌的大發展。

初唐敦煌密教形象簡表

窟號	繪製位置	具體形象	數量
莫 321 窟	主室東壁門北	十一面觀音	
莫 331 窟	主室東壁門北	十一面觀音	2 幅
莫 332 窟	主室東壁門上	珞珈山觀音	
莫 334 窟	主室東壁門北	十一面觀音	
莫 340 窟	主室東壁門上	十一面觀音	
莫 341 窟	主室東壁門上	八臂觀音	2 幅
榆 23 窟	甬道南壁、北壁	十一面觀音	2 幅

初唐敦煌十一面觀音簡表

窟號	繪製位置	姿勢			面的排列	面相						臂數	手姿	眷屬
		坐	立	遊戲坐	（從下至上）	菩薩面	瞋面	狗牙面	大笑面	佛面	不詳			
莫 321 窟	主室東壁門北		立		3．5．2．1	7	1	2		1		6	左下手持澡瓶，右下手持柳枝。中兩手施無畏。上兩手似托物	菩薩 2 身
莫 331 窟（2 幅）	主室東壁門北			遊戲坐	3．7．1	10					1	2	左手托澡瓶，右手施無畏	無
莫 334 窟	主室東壁門上	坐			3．2．3．2．1 3．6．2	10					1	2	左手與願印，右手施無畏	菩薩 2 身
莫 340 窟	主室東壁門上		立		1．2．7．1	11						2	左手托澡瓶，右手施無畏	菩薩 6 身
榆 23 窟（2 幅）	甬道南壁和北壁		立								已殘蝕	2	左手托澡瓶，右手柳枝	已殘蝕

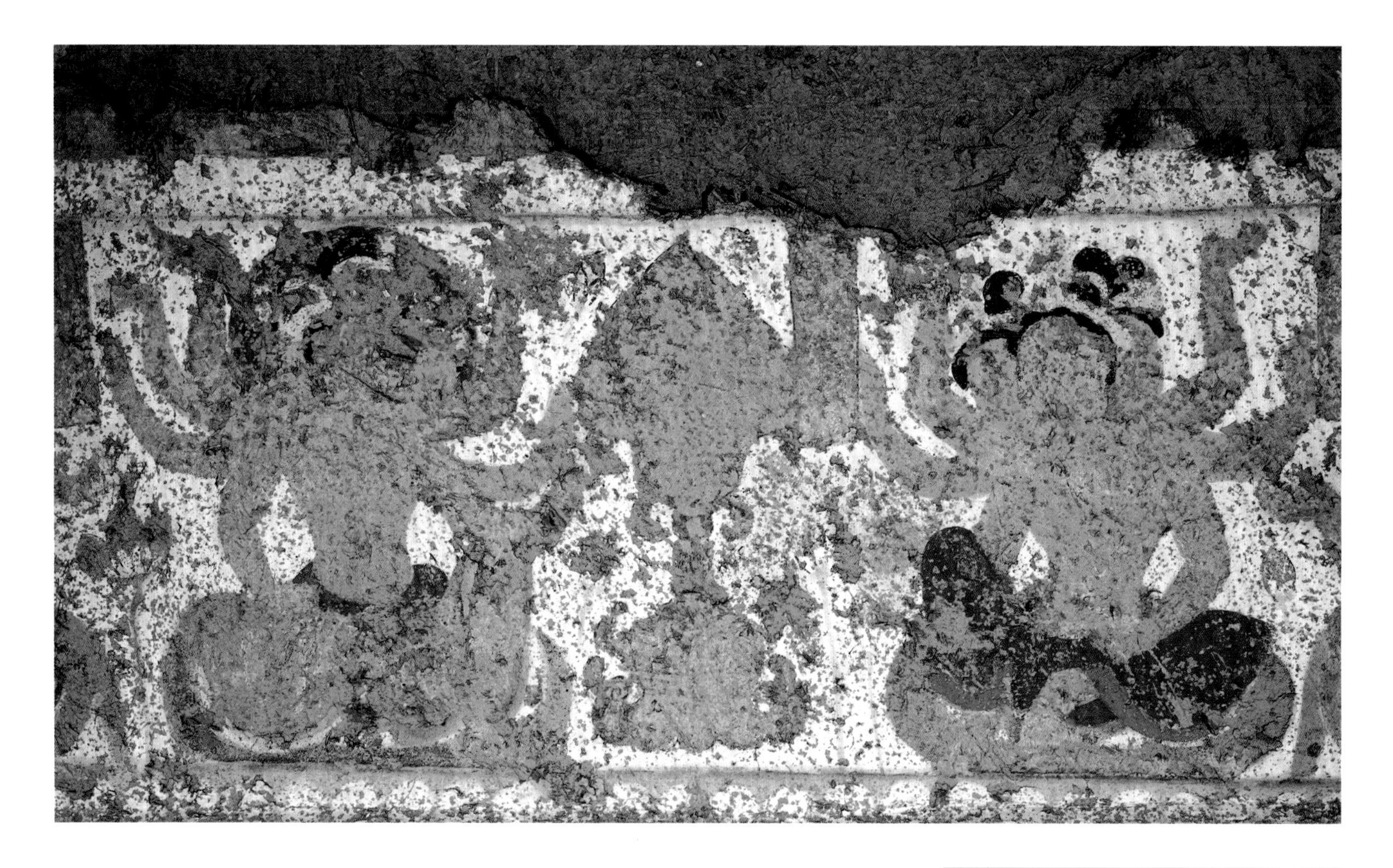

4 **多臂菩薩**

這二身密教菩薩，一身三面六臂，一身三面八臂，由於漫漶，寶冠中有無化佛，菩薩手中有無持法器及有無結手印，不詳，面相亦不清晰。雖繪製技巧欠佳，保存亦較差，但卻是敦煌石窟保存至今最早的密教形象。

隋 莫284 頂西坡

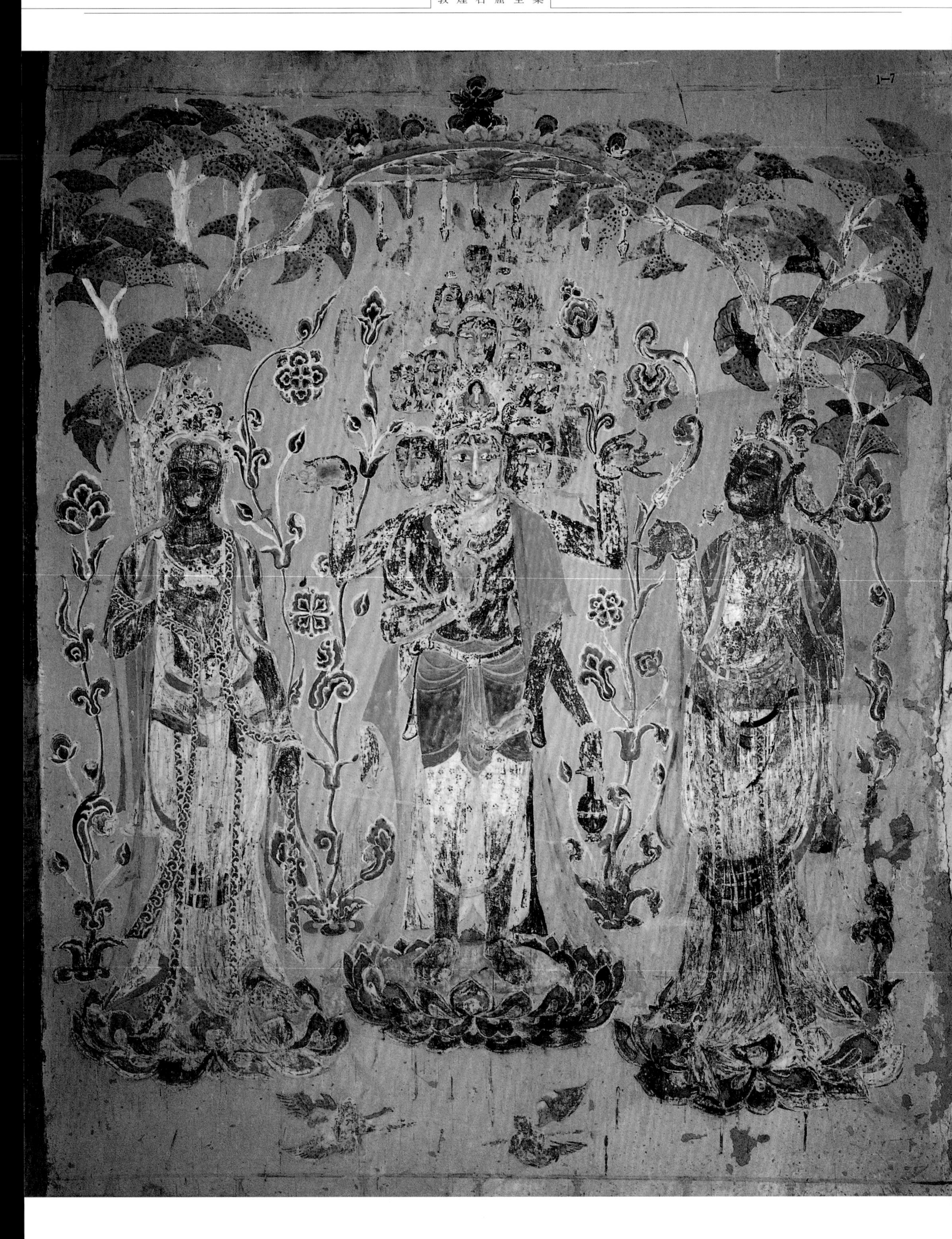
1—7

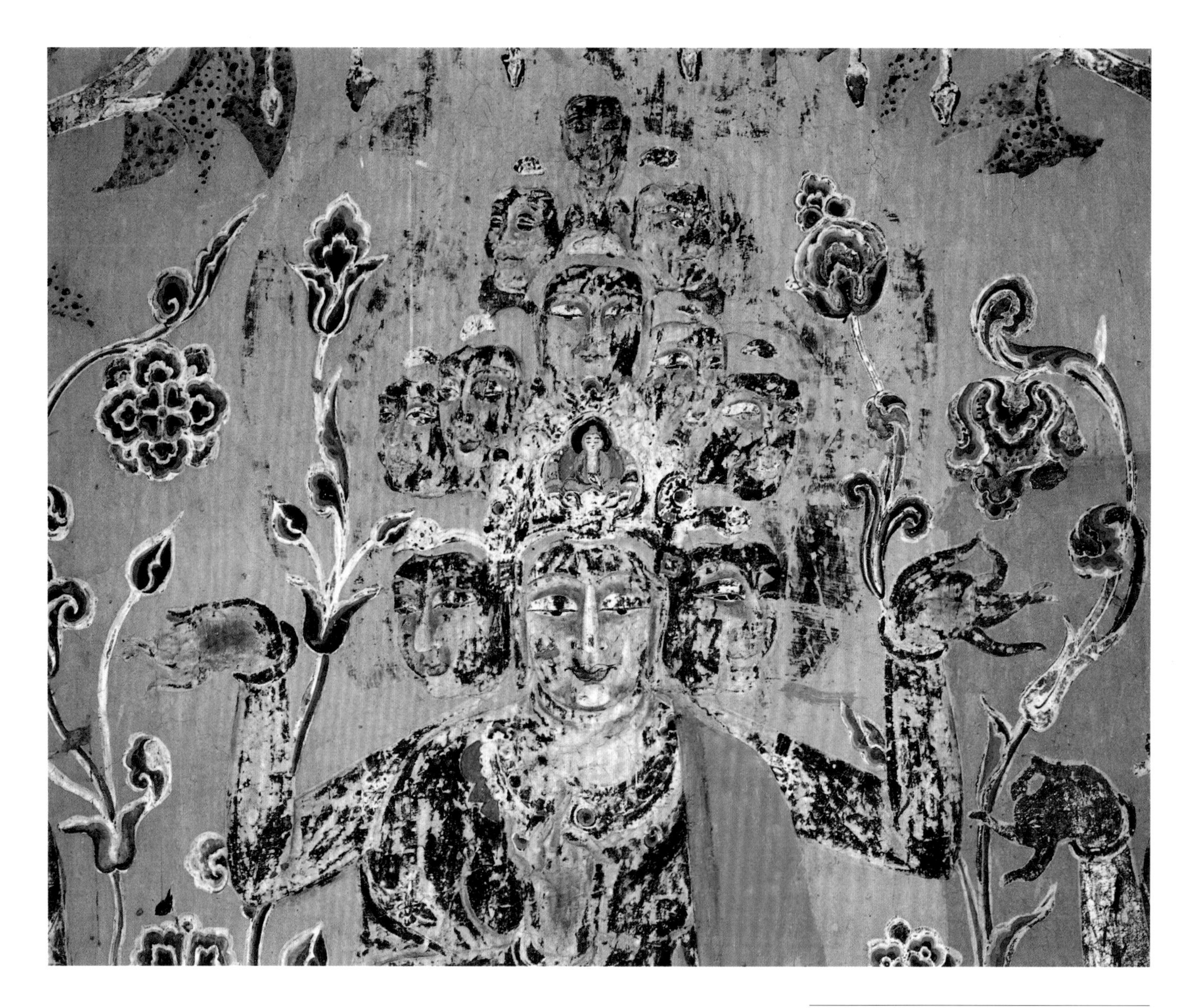

6 十一面觀音頭部

觀音的十一面，面相慈祥，從下至上呈3・5・2・1式排列，遠遠看去宛如一朵盛開的多瓣蓮花，頗有新意。

初唐 莫321 東壁門北

5 十一面觀音經變

此經變主尊觀音既無頭光又無背光，但有傘蓋。戴寶冠，主面寶冠上有化佛。有六臂，手中持淨瓶、持楊柳枝、結手印。羅衣透體站立於雙樹前的蓮花上。兩側的脅侍菩薩，身材修長，婷婷玉立。菩薩身後雙樹上的五色銀杏葉色彩艷麗，雙樹枝葉相交，與十一面觀音的傘蓋構成更大的一個傘蓋，為同期敦煌壁畫所罕見。

初唐 莫321 東壁門北

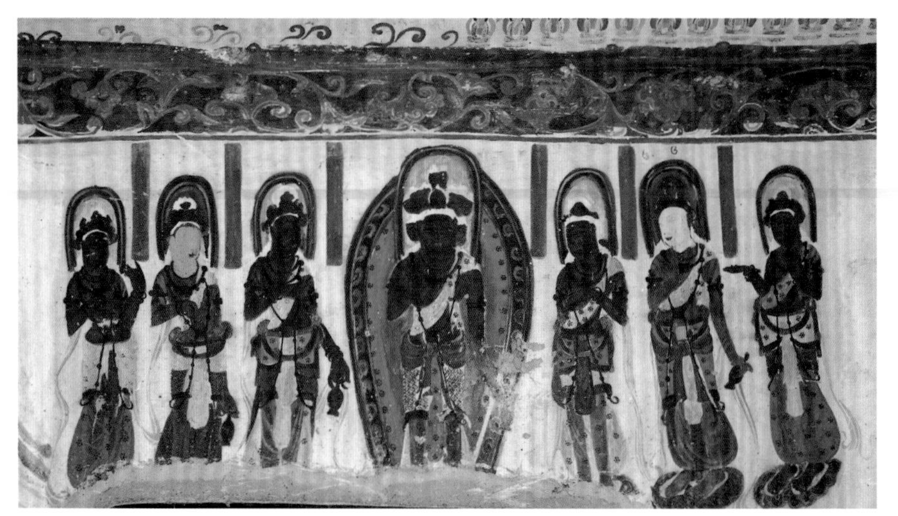

7 十一面觀音經變

主尊位於經變中部。左右兩側有戴寶冠、持淨瓶或結手印的脅侍菩薩，均有頭光，赤足踏在蓮花上。面部微微側向主尊，反映了畫面上的主從關係。人物造型端莊，服飾華麗，薄衣透體，但繪畫較草率。

初唐 莫340 東壁門上

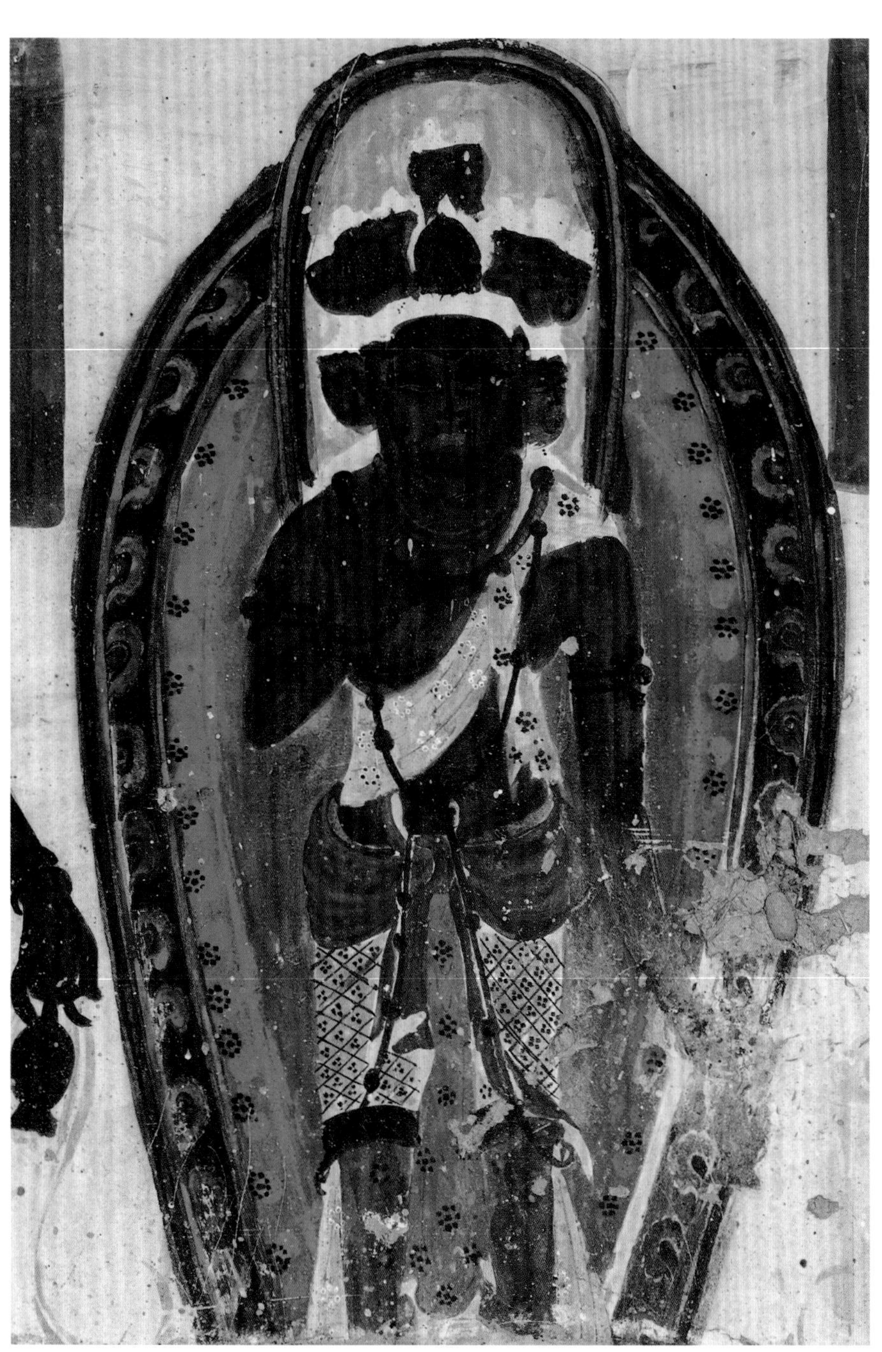

8 十一面觀音

觀音面的排列從下至上呈3．6．2式，最上一層二面，為敦煌石窟現存所有十一面的觀音或千手千眼觀音所僅有。有二臂，左手持淨瓶，右手施無畏印。頭光橢圓形；背光呈舟形，頗罕見。

初唐 莫340 東壁門上

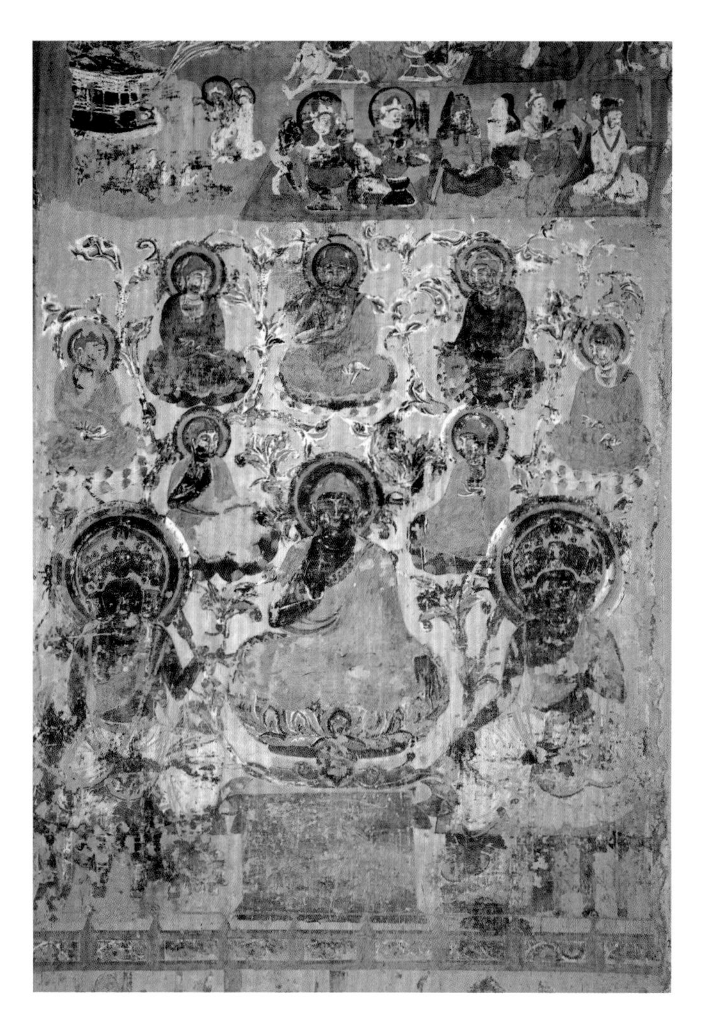

9 **以脅侍身分出現的十一面觀音**

兩側的十一面觀音是作為佛的脅侍出現的，無眷屬相伴。

初唐 莫331 東壁門北

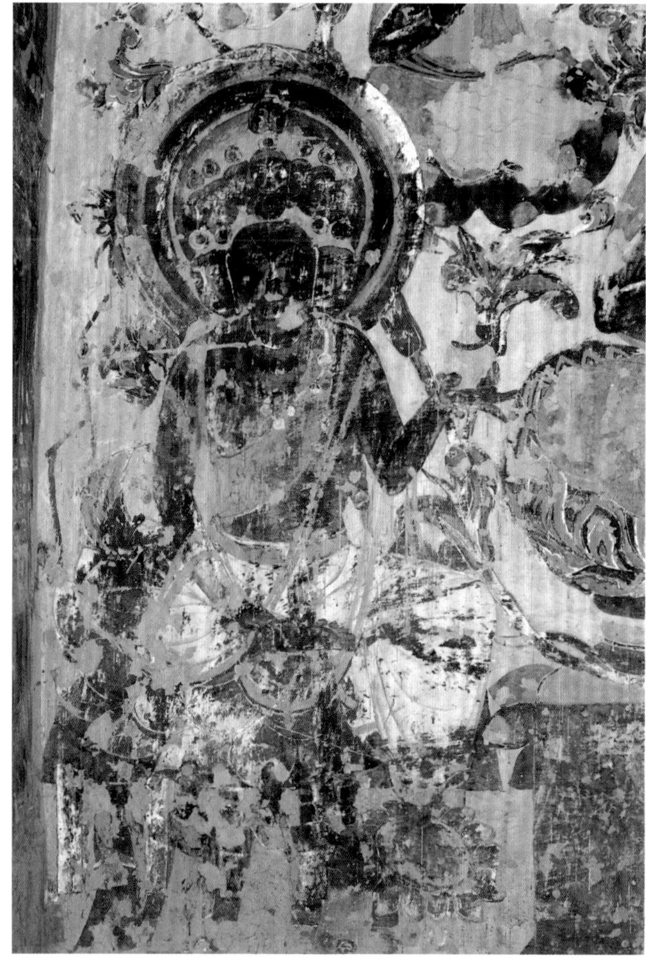

10 **十一面觀音**

十一面的排列從下至上呈3・7・1式。有頭光而無背光，左手托淨瓶，右手似持柳枝，半舒坐。

初唐 莫331 東壁門北

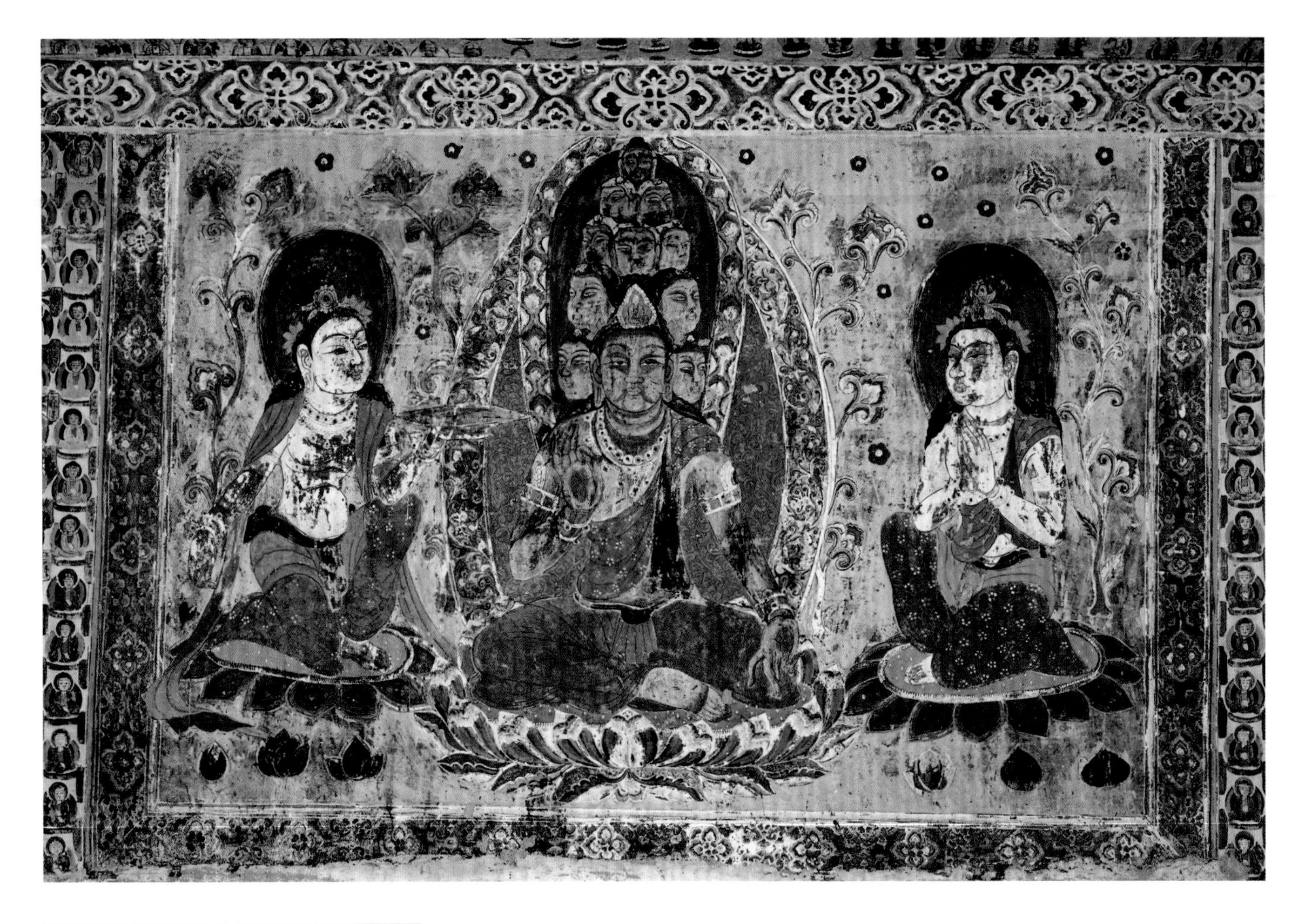

11 十一面觀音經變

觀音的十一面疊頭如塔，頭光和背光均呈橢圓形。兩側各有一身菩薩單腿跪向主尊，虔誠供養。左側一身合掌，右側一身左手托盤，右手持花蕾。主尊和供養菩薩兩側的空間襯以花枝，有很強的裝飾效果。

初唐 莫334 東壁門北

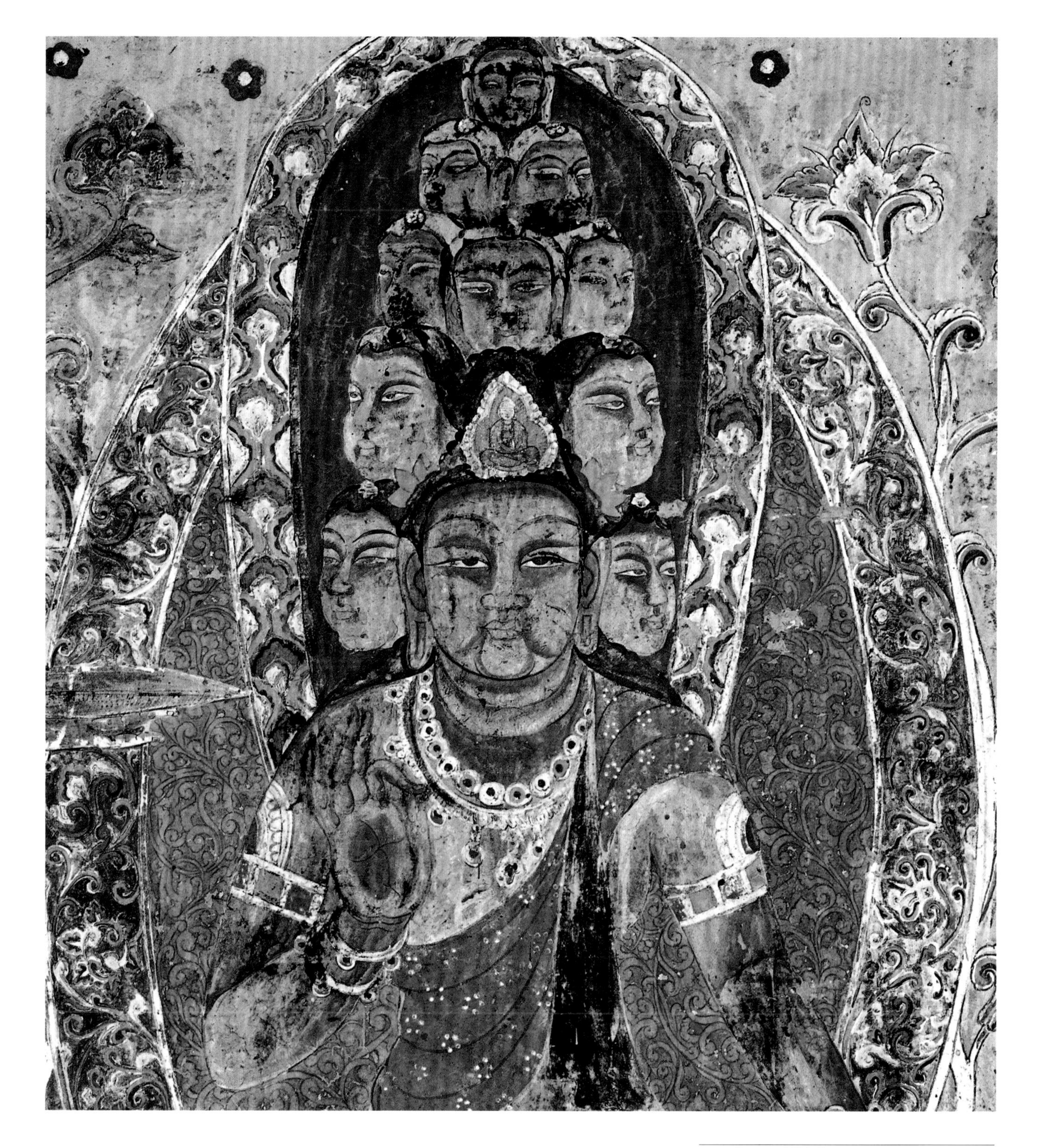

12 十一面觀音

觀音有頭光和背光，無寶蓋。十一面從下而上的排列是3．2．3．2．1式。面相慈祥，最上一面為佛面，菩薩面戴寶冠，主面寶冠上有化佛。兩手，右手在胸前作施無畏印，左手置於左膝上作與願印。結跏趺坐在由水池間生出的蓮花上。

初唐 莫334 東壁門北

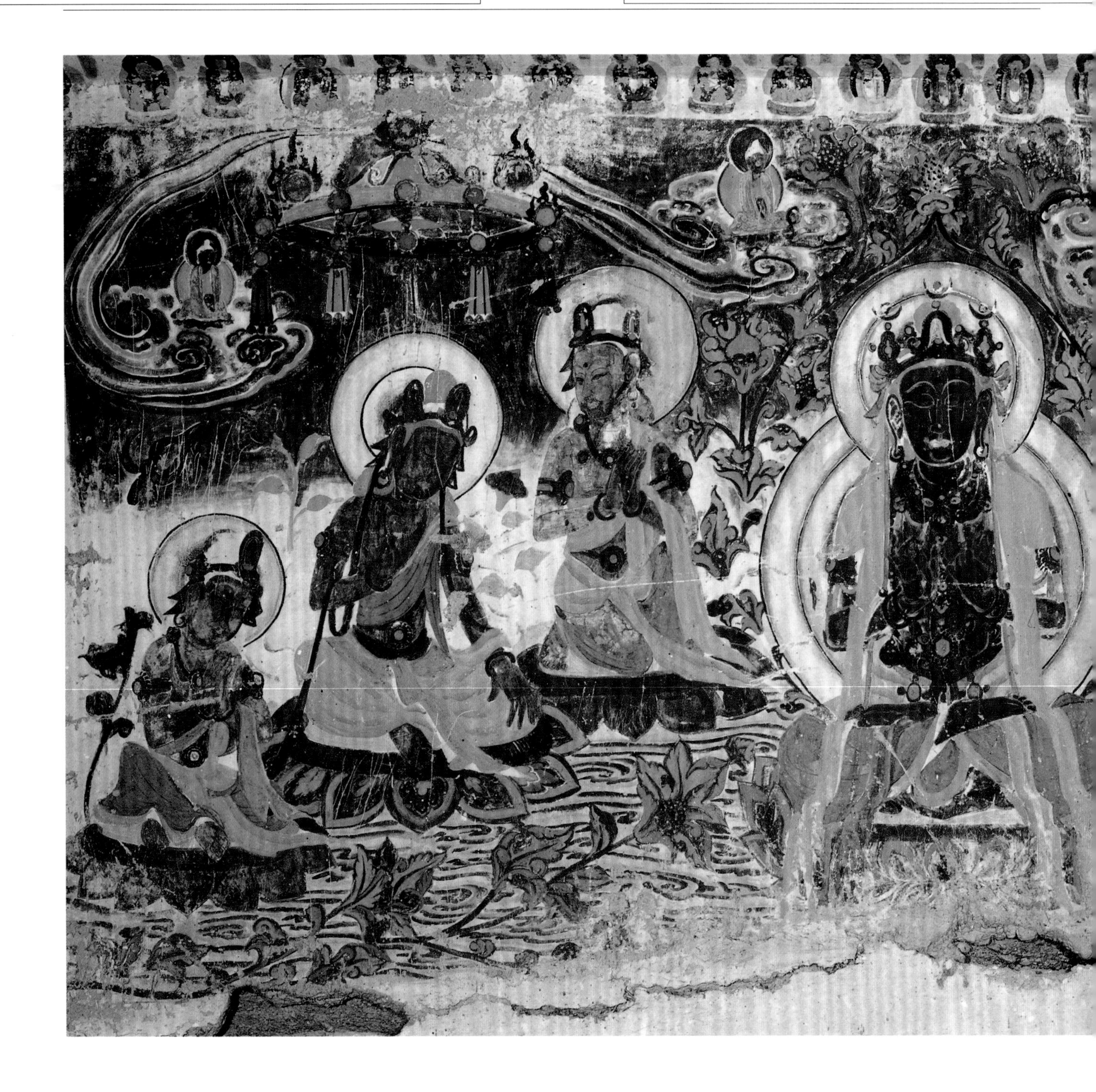

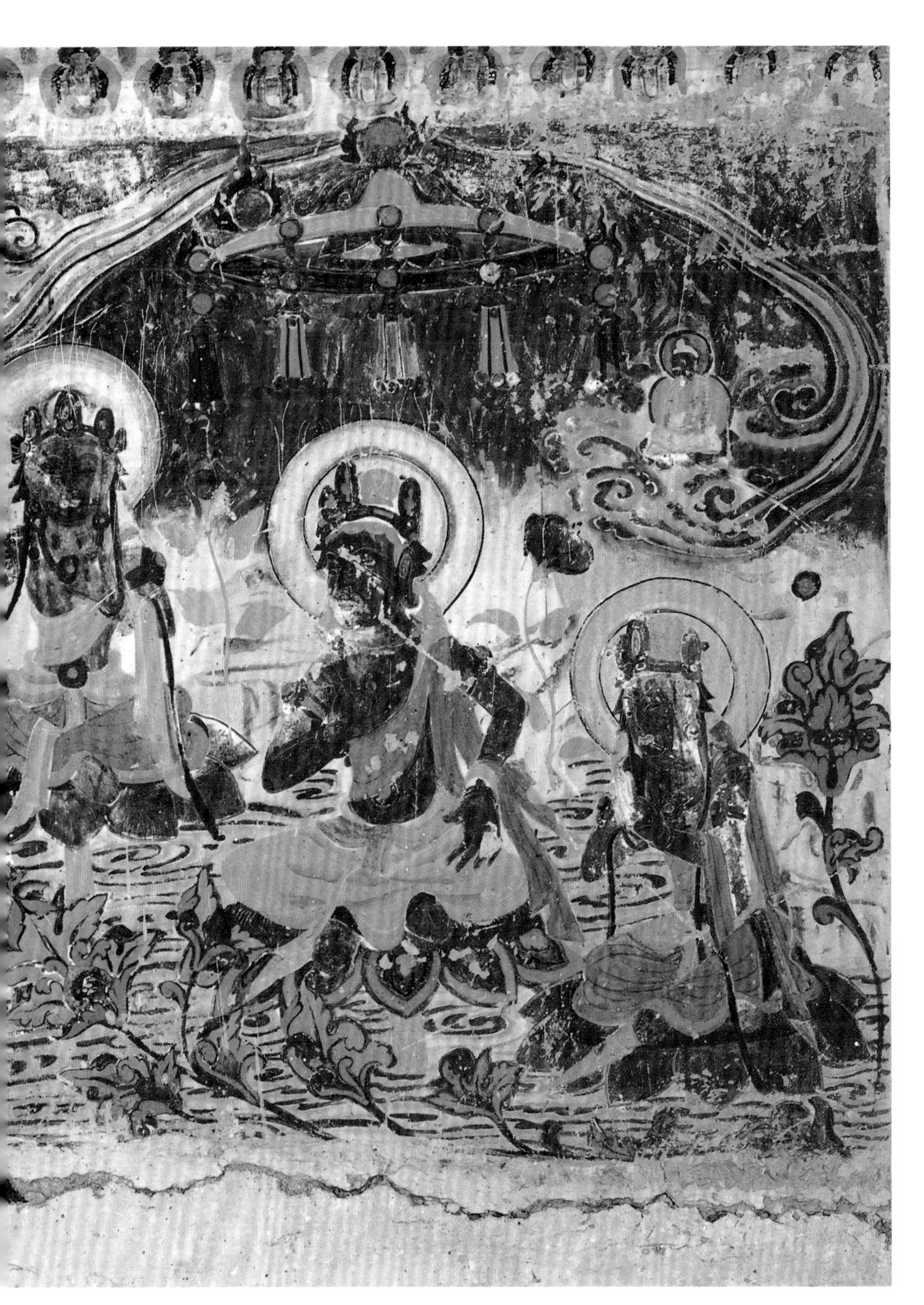

13 珞珈山觀音

珞珈山，又名洛迦山、補怛洛迦，皆梵文音譯，意為小白花山或小花樹山，相傳為觀音菩薩修行的地方。畫面中央的觀音，戴寶冠，合掌，結跏趺坐於從水中生出的蓮花上。其左右各有三身手勢和坐姿各不相同的菩薩。人物臉方正圓潤，有隋代大業遺風。

初唐 莫332 東壁門上

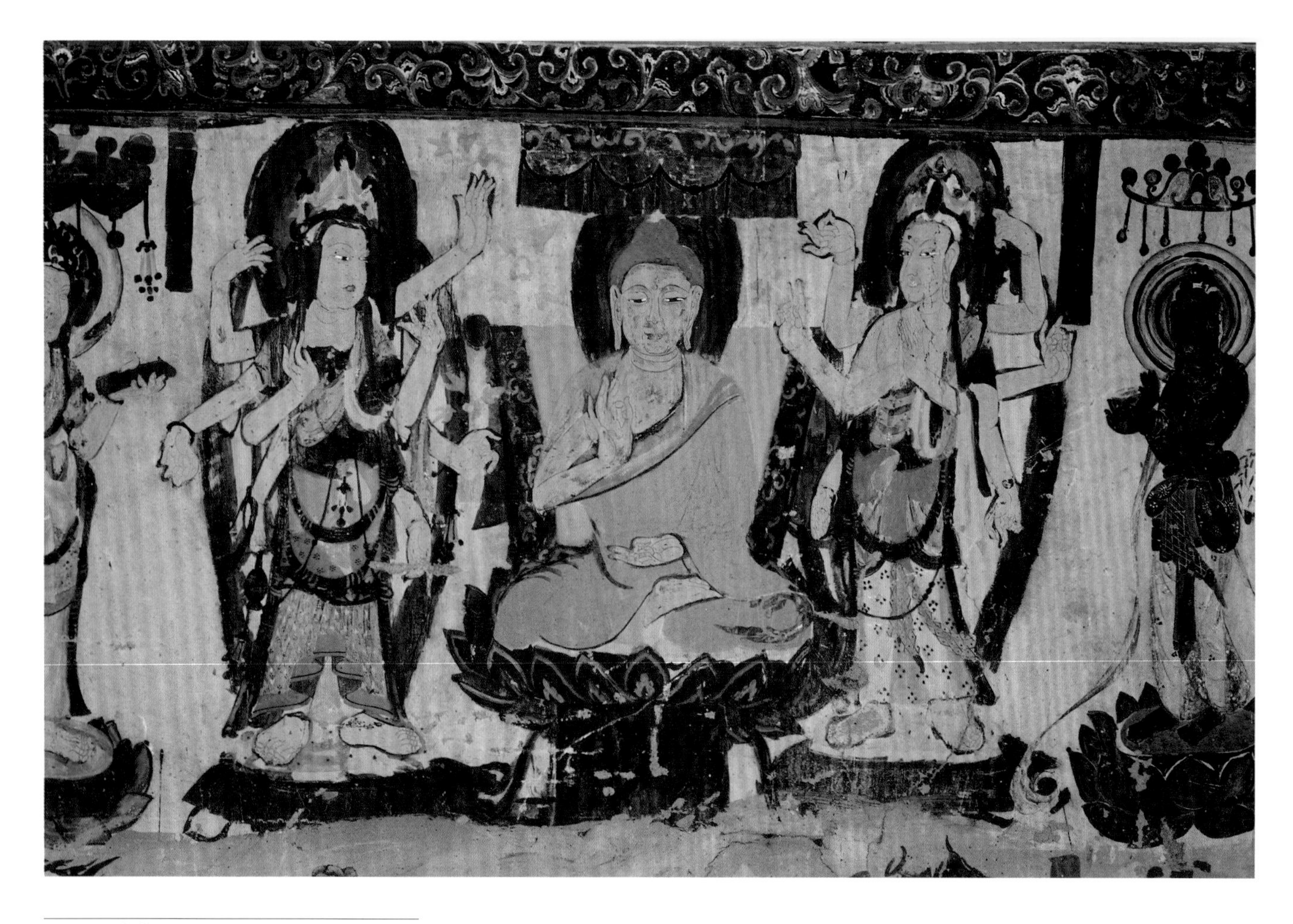

14 **八臂觀音**

兩尊八臂觀音作為佛的脅侍而出現，戴寶冠，冠無化佛，站立於蓮花上。位於佛左側的觀音，右手或上抬，或斜伸，或置於胸前，或持淨瓶；左四手上舉、上抬、斜伸、下垂。佛右側的觀音不持物，兩手合掌，其他的手或上舉，或上抬，或下垂。其姿式與第321窟十一面六臂觀音相似，只是此兩身有頭光和背光。從繪畫技巧而言，線條顯得生硬，繪製水平欠佳，似經後代重描。

初唐 莫341 東壁門上

第二節 盛唐時期密教在敦煌驟然興起

密教在中國完整而系統的傳播，始於盛唐。盛唐開元年間，天竺人善無畏、金剛智、不空三位密教傳人相繼東來中國，他們先後漢譯了密教胎藏界和密教金剛界的本經，還有多部密教經典和大量唸誦儀軌。至此，密教經典廣泛傳播。三人被尊稱“開元三大士”，也成為中國密教的創始人。

開元三大士在中國傳播密教，受到唐朝皇帝的尊崇和厚待，金剛智被唐玄宗敕謚“國師”稱號；不空親自為唐代宗主持灌頂儀式。灌頂本為古代印度國王即位的儀式，國師用“四大海之水”澆灌在國王頭頂，表示祝福。密教也仿效這種儀式，在為僧人嗣阿闍梨位（傳法）時，設壇舉行灌頂儀式。代宗受灌頂以後，為不空賜號“大廣智三藏”，加封“肅國公”。由於皇帝親力親為，密教從此更是遍及大江南北，大行其道。

天寶十二、三年（公元753～754），不空三藏應河西節度使哥舒翰的邀請，親自赴河西武威開元寺“請福疆場”，傳法譯經。這次河西之行必然對敦煌密教的興起和發展帶來深刻影響。目前發現，敦煌藏經洞所出唐代寫經中，有大量密教經典，其中就有由不空在河西譯著的《金剛峻經金剛頂一切如來深妙秘密金剛界大三昧耶修行四十九種壇法作用威儀法則》、《金剛頂經一切如來真實攝大乘現證大教王經深妙秘密金剛界大三昧修習瑜伽迎請儀》以及《大毗盧遮那金剛心地法門法界規則》等不見著錄、又未流傳到內地的密教經典和儀軌。

盛唐時期，由於皇室推崇，密教得到蓬勃發展。尤其在都城長安一帶，密教更是如日中天，理應有諸多密教形象

開元三大士漢譯密教經典簡表

譯者	經典名稱	簡要內容	類別
善無畏、一行	大毗盧遮那成佛神變加持經。即大日經。	為密教胎藏界根本經	經
善無畏	蘇悉地經	密教三部經之一	經
善無畏	蘇婆呼童子經	戒律之秘密要典	經
金剛智	金剛頂瑜伽中略出唸誦法。即金剛頂經。	為密教金剛界根本經	經
金剛智	千手千眼觀自在菩薩廣大圓滿無礙大悲心陀羅尼咒本	陀羅尼咒本	經
不空	金剛頂瑜伽千手千眼觀自在菩薩修行儀軌經	修行儀軌	儀軌
不空	十一面觀自在菩薩心密言唸誦儀軌經	唸誦儀軌	儀軌
不空	大方廣曼殊室利經	專講曼殊室利	經典
不空	觀自在菩薩如意輪唸誦儀軌	專講觀自在菩薩如意輪	儀軌

存世至今，但是實際上現存盛唐密教形象寥寥。據筆者調查、統計，除敦煌石窟以外，保留至今的密教形象有：西安唐代安國寺遺址出土的十尊不動明王石雕像；河南方城縣千佛石窟保存的千手千眼觀音；新疆庫車庫木吐拉石窟的三頭八臂觀音、大日如來、馬頭觀音等，其中，以敦煌石窟保存的盛唐密教形象數量最為可觀的。除以上所列外，其他地區未發現盛唐時期的密教形象，可能是歷史上多次滅佛或其他因素，導致了密教遺迹不復存在。

盛唐時期敦煌密教的新題材與新形象

盛唐時期，敦煌密教湧現各種新題材和新形象。經統計，二十八個洞窟有密教遺迹，題材有十六種，出現了一批初唐時期所沒有的密教題材；密教形象有五十八幅，遠遠多於前一時期。尤其是盛唐後期敦煌石窟內密教形象驟然增多，並持續了相當長的時間，這個現象與不空在武威、安西等地弘揚密教，廣譯經典密切相關。

此時期的新題材和新形象，包括千手千眼觀音經變、如意輪觀音經變、不空羂索觀音經變、毗盧遮那佛、四臂觀音、六臂飛天、毗沙門天王、毗琉璃天王、天王、觀音經變、地藏、文殊變、普賢變等。

其中最重要的是毗盧遮那佛，意譯“光明遍照”，被密教視為“大日如來”，此時盛極一時，備受尊崇，是密教尊奉的主要對象。雖然早在《阿含經》中已有毗盧遮那佛的名字，但用此佛取代釋迦牟尼的地位，並作為理智不二的“法身佛”形象出現，則是《華嚴經》。有學者認為，密教奉毗盧遮那佛（大日如來）為最上根本佛和理法身、智法身不二之體，是提煉和發展了《華嚴經》的思想。據《宋高僧傳》的《唐代州五台山清涼寺澄觀傳》，“大曆十一年（公元776）誓遊五台……居大華嚴寺，專行方等懺法。時寺主賢林請講大經，並演諸論。因慨華嚴舊疏文繁義約，惙然長想，況文殊主智，普賢主理，二聖合為毗盧遮那，萬行兼通，即《大華嚴》之義也。”因此有學者將盛唐及以後出現的毗盧遮那佛以及文殊變、普賢變界定為密教題材，不無道理。

而被中國佛教稱為四大菩薩之一的地藏菩薩，是梵文Ksitgavbha的意譯。佛經中謂其“安忍不動猶如大地，靜慮深密猶如地藏”。故名地藏菩薩。據《宋高僧傳》記載，佛滅度一千五百年，地藏降生於新羅國王族，姓金，名喬覺，唐玄宗時由新羅到中國九華山出家，他按照釋迦牟尼佛所囑，在釋迦牟尼佛既滅，彌勒佛未生之前，自誓必盡度六道眾生，拯救眾生於苦難，始願成佛。以後，九華山就成為他化身說法的道場。

地藏菩薩在隋唐之際極受崇信，為三階教所供奉，在盛唐及其以後歸入金（金剛界）、胎（胎藏界）兩部密像，成為密教供奉神祇之一，亦成為密教題材常見的形象。

洞窟內出現的如意輪觀音經變與不空羂索觀音經變、文殊變與普賢變、毗沙門天王與毗琉璃天王對稱的格局，開創敦煌石窟密教壁畫和絹畫中對稱組合佈局的先河。

盛唐密教的代表——莫高窟第148窟

盛唐時期有密教形象和題材的二十八個洞窟中，具有典型意義的是盛唐後期的莫高窟第148窟，此窟集中三種密教經變，而且有敦煌地區首次出現的完整的密教龕，因此被視為盛唐密教的經典洞窟。

該窟是一座大型臥佛窟，前室有碑記載準確紀年，為唐大曆十一年（公元776）。洞中以繪畫和彩塑相結合，在南壁建造了如意輪觀音龕；北壁建造了不空羂索觀音龕。這兩個龕的全部內容，包括龕頂經變或尊像，均與密教有關，是敦煌石窟最早、也是唯一根據《如意輪陀羅尼經》繪塑的如意輪觀音經變和根據《不空羂索神咒心經》繪塑的不空羂索觀音經變。這兩種密教經變自盛唐出現後就深受敦煌地區居民的喜愛，故如意輪觀音和不空羂索觀音的信仰長盛不衰，直到西夏為止。

此外，在東壁門上還繪製了一幅千手千眼觀音經變，也是敦煌石窟首次出現的頗具規模的密教經變。

莫高窟第148窟示意圖

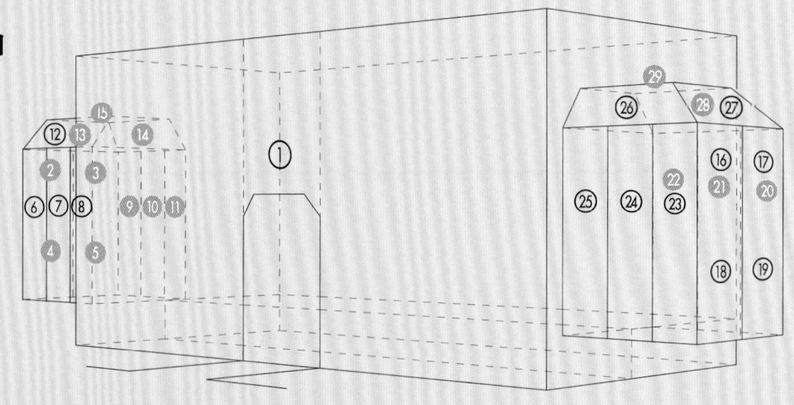

① 千手千眼觀音經變
南壁龕
② 日光菩薩
③ 月光菩薩
④《如意輪陀羅尼經》序品第一
⑤《如意輪陀羅尼經》破業障品第二
⑥⑦⑧⑨⑩⑪《如意輪陀羅尼經》破業障品第二
⑫ 四臂觀音經變
⑬ 八臂觀音經變
⑭ 三面四臂觀音經變
⑮ 六臂飛天
北壁龕
⑯ 日光菩薩
⑰ 月光菩薩
⑱⑲⑳㉑㉒㉓㉔㉕ 不空羂索神咒心經變
㉙ 歡喜摩尼寶勝經變
㉖㉘ 藥王菩薩經變
㉗ 地藏菩薩經變

莫高窟第148窟南壁龕密教形象簡表

	頂部				東壁屏風畫			南壁屏風畫		西壁屏風畫			備注
	頂	東坡	南坡	西坡	北	中	南	南	北	南	中	北	
密教經變或形象	六臂飛天	四臂觀音經變	八臂觀音經變	三面四臂觀音經變	如意輪陀羅尼經變	如意輪陀羅尼經變	如意輪陀羅尼經變	如意輪陀羅尼經變	如意輪陀羅尼經變	如意輪陀羅尼經變	如意輪陀羅尼經變	如意輪陀羅尼經變	
榜題	無	水天神	無法辨認	火天神	不清晰	不清晰	破業障品第二	日光菩薩、序品第一	月光菩薩、破業障品第二	破業障品第二	破業障品第二	破業障品第二	
佛經依據	不詳	不詳	不詳	不詳	如意輪陀羅尼經	如意輪陀羅尼經	如意輪陀羅尼經	如意輪陀羅尼經序品	如意輪陀羅尼經	如意輪陀羅尼經	如意輪陀羅尼經	如意輪陀羅尼經	
塑像							浮塑日光菩薩像	浮塑日光菩薩像					龕中原塑如意輪觀音及其眷屬，現僅存像座
保存情況	好	較好	較好	較好	欠佳	欠佳	欠佳	欠佳	欠佳	欠佳	欠佳	欠佳	

1. 最早的如意輪觀音龕

南壁的如意輪觀音龕是《如意輪陀羅尼經》的圖解。此經是密教的重要經典，由唐代來自天竺的三藏菩提流志漢譯。主要內容是説佛在雞喇斯山時，觀自在菩薩向佛説：他有秘密如意輪陀羅尼，所求一切勝福事業，皆可如意成就。他承佛旨，為大眾宣講此陀羅尼神咒，及其功德、誦唸、法印、壇法、供養法等。全經共有十品，在南壁龕中畫了“序品”和“破業障品”。

龕內的主像為如意輪觀音，現已不存，僅有像座。龕內現存屏風畫八扇，每扇屏風都安排上下兩個畫面，旁有摘錄經文的榜題，構成《如意輪陀羅尼經》的圖解，但其內容又並非完全拘泥於經文。正壁的屏風畫二扇，各以《序品》《破業障品》為主題， 由序品可見，觀自在菩薩宣講《如意輪陀羅尼經》，具有無比神力，天龍八部各宮殿和大地都在震動，魔眾恐懼怖畏，諸天持香、花、瓔珞、寶蓋、天衣供養佛。在該龕東壁和西壁也有屏風畫各三扇，均以“破業障品”為主題，表現觀自在菩薩宣講若持誦《如意輪陀羅尼經》，能夠破除過去的一切罪惡和業障，成就一切功德的情景。每幅畫面有榜題配合，使深奧難解的《如意輪陀羅尼經》深入民心，大力渲染佛的神力。

另外，該龕龕頂還繪製多臂觀音變相多幅，也屬於密教形象。頂部中央所繪壁畫大部脱落，僅存一小部分，其中有一幅六臂飛天保存完好。

2. 最早的不空羂索觀音龕

不空羂索觀音全稱不空羂索觀世音菩薩，為密教胎藏界觀音院之一尊，此尊手持不空羂索，鈎取人天之魚於菩提之岸，其羂索必有所獲，故稱為“不空”。第148窟北壁的不空羂索觀音龕，基本上是依據玄奘所譯密教重要經典《不空羂索神咒心經》繪畫和彩塑的，但不完全拘泥於經文。此經的主要內容是説佛在布怛落迦山觀自在宮殿時，觀自在菩薩在大眾中向佛説，他在過去的九十一劫在世主王如來的處所，受持不空羂索神咒心，從此神咒力獲得了種種功德，以及神咒持誦、觀修、供養法等。

龕內原有不空羂索觀音塑像，也已不存。現存的八扇屏風畫，與南壁的如意輪觀音龕佈局相同，每扇屏風均安排上、下兩幅畫面，旁有榜題，摘錄相關經文。主壁的兩扇屏風表現自在天、大自在天等諸天神守護供養不空羂索神咒和持咒所獲得的功德。左右六扇屏風畫表現一系列的修持供養神咒之法，由此可以免除各種災難或病痛，獲得各種功德利益的場景。

盛唐以後，敦煌密教形象越來越多，但是以《不空羂索神咒心經》為主題的僅此一例，同時也是最早的密教龕。

3. 首次出現的千手千眼觀音經變

第148窟東壁門上的千手千眼觀音經變，也是敦煌石窟首次出現的頗具規模的密教經變。它無疑是盛唐後期千手千眼觀音信仰的具體反映，標誌着敦煌密教又有新發展。

千手千眼觀音被列入佛教六大觀音之一，其形象是根據唐代諸多高僧漢譯的一系列有關“千手千眼觀音”的經文塑造。據智通譯《千眼千臂觀世音菩薩陀羅尼神咒經》序記載，“千手千眼菩薩者，即觀世音之變現，伏魔怨之神迹也。”觀世音發誓要普渡一切眾生，於是生出千手千眼，“千眼照見，千手護持”，還有“隨諸眾生類，執持雜寶物”的四十手法，隨時隨地滿足芸芸眾生的願望和期盼。由於供奉千手千眼觀音可獲得“無願不果”等諸多功德利益，深受各階層的歡迎。因而千手千眼觀音經變自盛唐時期在敦煌石窟出現後就久盛不衰，並一直延續到元代。早期千手千眼觀音手中所持之物基本上符合《千手千眼觀世音經》、《軌》記載，而到西夏以後，則有諸多世俗之物也加入到千手觀音所持法器、寶物的行列，反映了敦煌佛教世俗性越來越濃。

該經變是敦煌石窟極流行的漢密題材，連藏經洞所出絹、紙畫，敦煌石窟保存至今的千手千眼觀音經變有七十一幅，數量僅次於如意輪觀音經變和不空羂索觀音經變。

敦煌石窟的千手千眼觀音經變，從出現的初期到元代，雖跨越近六個世紀，就畫面內容和表現形式而言，卻一直遵循相對穩定的基本格局：即畫面呈方形或長方形，構圖採用所謂“眾星捧月式”，中央繪千手千眼觀音。相同的觀音戴化佛寶冠，頭頂上方有寶蓋，結跏趺坐或站立在從水池中生出的蓮花上。其差異則表現在主尊的面數（一面、三面、七面、十一面、五十一面）；大手的數目（從二、八、十、十二、二十、二十四、二十八、三十、三十四、四十、四十二、五十、六十二、七十二、乃至一百隻）；其眷屬的多、少、有、無；小手的有無；手中所持法器、寶物的分別。

第 148 窟的千手千眼觀音經變並沒有依照《千手千眼觀世音經》和儀軌的規定，繪成圓形或方形並開四門的曼荼羅形式，而是繪成橫長方形。構圖採用“眾星捧月式”，在主尊兩側伴有眷屬二十尊，眷屬組成尊卑分明，職能明確，已經形成了密教經變的基本組合，也是這一時期密教經變中人物最多、場面最壯觀的一幅經變。

這幅經變裏，有兩種構圖形式，影響深刻。首先觀音眾多小手於身後呈圓形排列，類似菩薩的背光。這種構圖形式影響以後同類的觀音經變。其次，眷屬對稱佈置形式，則對此後千手千眼觀音經變、十一面觀音經變、如意輪觀音經變、不空羂索觀音經變的佈局帶來深刻的影響。

根據眷屬的形象判斷，可知其中有密教金剛界三十七尊中內四供養、外四供養菩薩 、四方之守護神十二天、龍王等。這些眷屬出自不同經文或儀軌。據此可知，第148窟千手千眼觀音經變沒有拘泥於某一具體經典和儀軌，而是依據《千手經》、《千光眼觀自在菩薩秘密法經》、《千手觀音造次第法儀軌》等多部經典和儀軌繪製的，故稱為千手千眼觀音經變。

盛唐是敦煌壁畫史上的黃金時代：各種經變畫的形式發展成熟，經變內容豐富、人物眾多，主、次分明，井然有序，自由奔放的蘭葉描技法大盛，色彩豐富。由於賦彩、渲染技巧高度純熟，使盛唐時期成為敦煌莫高窟最富麗、絢麗的時期。第148窟千手千眼觀音經變就是經典作品之一，雖然場面不大，人物不多，卻已充分體現了盛唐壁畫的神韻和高超的繪畫水平。

總之，此時敦煌出現了比較完整的、具有漢傳密教特徵的經變壁畫。密教形象開始出現在甬道頂部及主室南北壁等相對重要的位置，完整的密教龕更標誌着敦煌漢傳密教發展進入一個新階段。

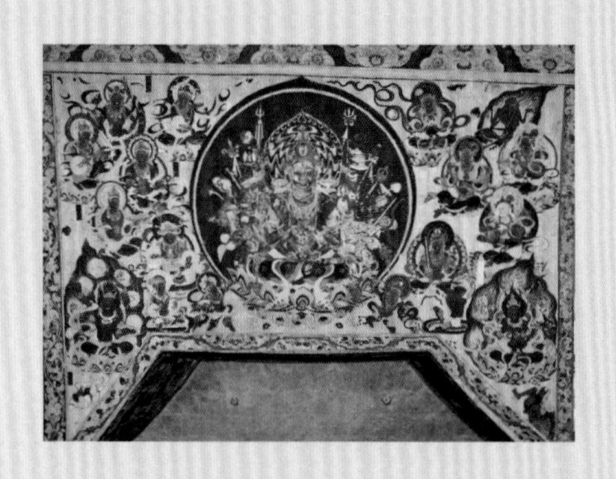

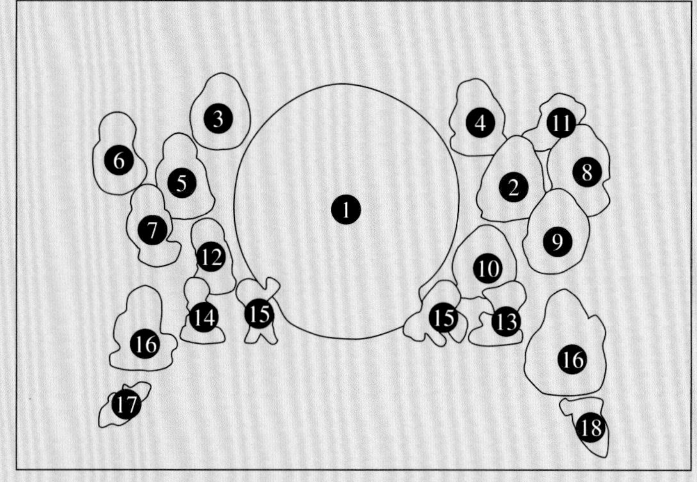

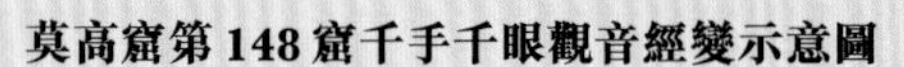
莫高窟第148窟千手千眼觀音經變示意圖

① 主尊
密教金剛界三十七尊之內四供養菩薩
② 金剛歌菩薩
③ 金剛舞菩薩
④ 金剛嬉菩薩
⑤ 金剛縵菩薩
密教金剛界三十七尊之外四供養菩薩
⑥ 金剛香菩薩
⑦ 金剛花菩薩
⑧ 金剛燈菩薩
⑨ 金剛塗香菩薩
密教十二天
⑩ 水天神，又稱水神
⑪ 火天神，又稱火神、火天、火仙、火光尊等
⑫ 風天神，又作風天、風大神
⑬ 婆藪仙，十大仙之一，唐代開始進入密教經變
⑭ 功德天，本為婆羅門神，後入於佛教及密教千手觀音二十八部眾
⑮ 龍王
⑯ 忿怒尊
⑰ 毗那勒迦（豬頭人身）
⑱ 毗那夜迦（象頭人身）

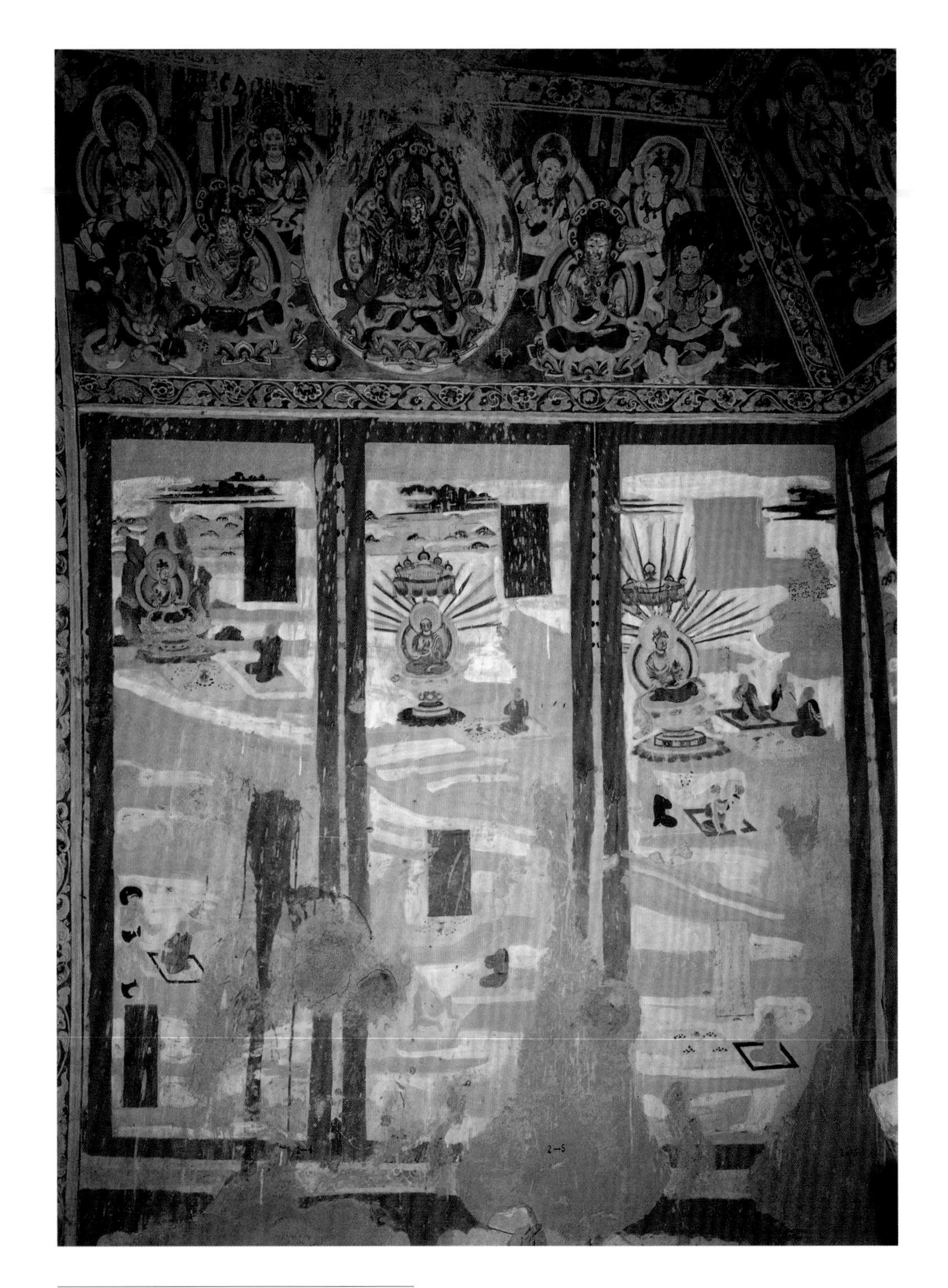

15 如意輪觀音經變屏風畫

如意輪觀音龕的三幅屏風畫，圖解《如意輪陀羅尼經．破業障品第二》。屏風畫的上部逐一表現觀自在菩薩無所不在，如在人前現身，使其所求願望得以實現；或使人看見阿彌陀佛真身；或見觀自在菩薩所住的普陀落山七寶宮殿等。屏風畫的下部逐一表現若信持《如意輪陀羅尼經》，則能夠抵禦各種人禍、天禍、惡魔鬼怪等。上下畫面內容相互呼應。

盛唐 莫148 南壁龕東壁

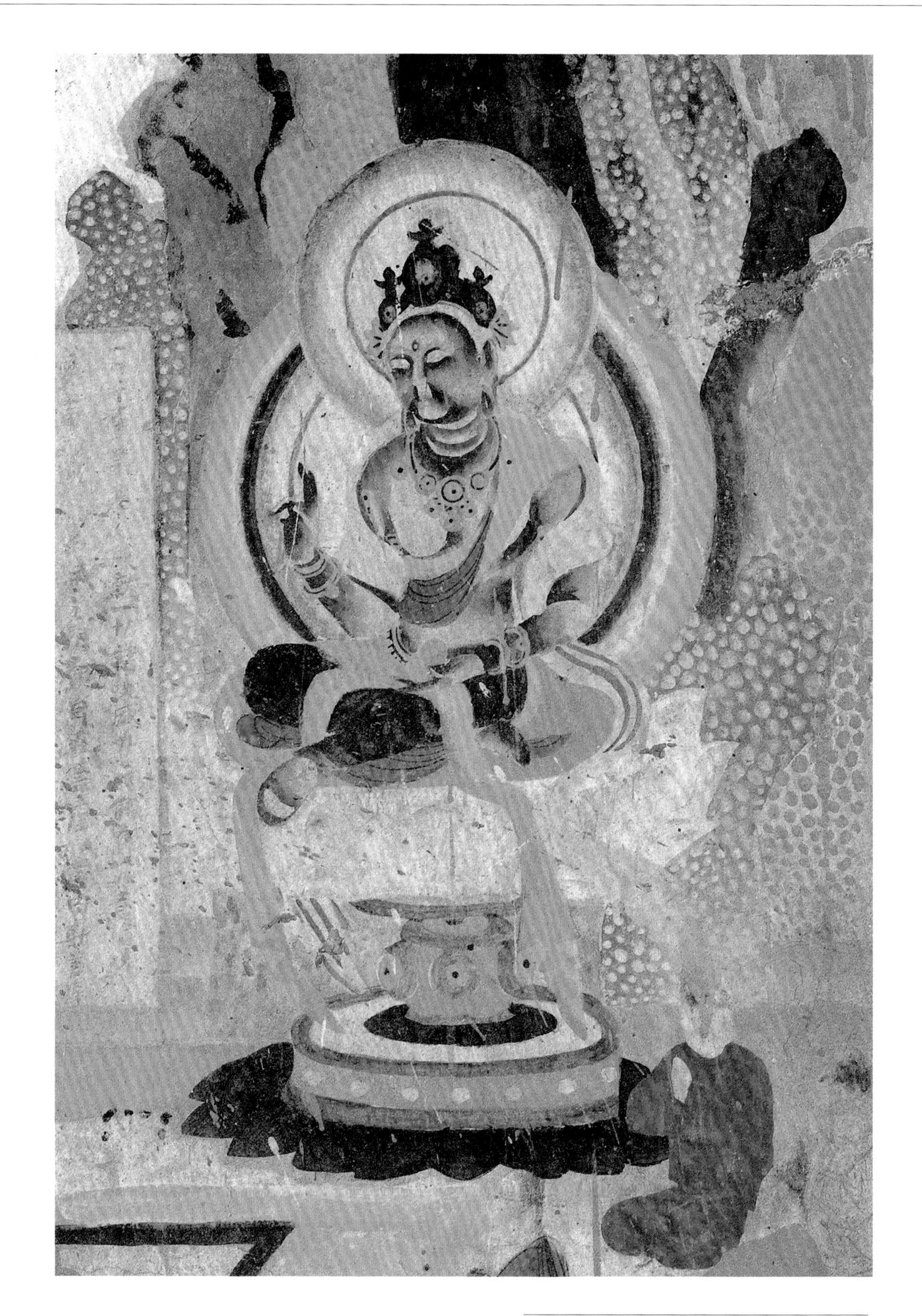

16 如意輪觀音經變局部

如意輪觀音龕屏風畫的一部分，圖解《如意輪陀羅尼經．破業障品第二》。觀自在菩薩高坐在重層蓮花座上，五俗人合掌，似在誦持如意輪陀羅尼咒。

盛唐 莫148 南壁龕南壁西側

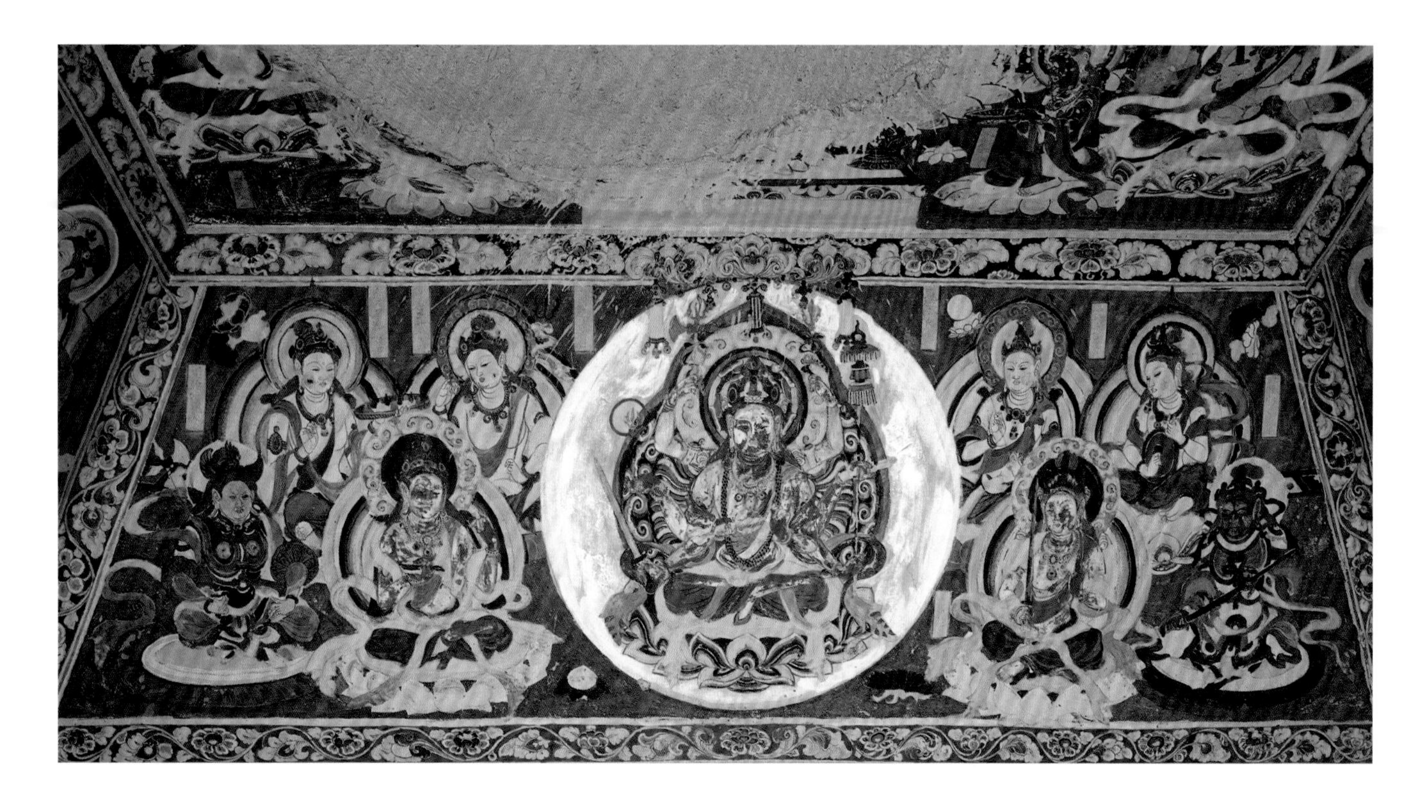

17 八臂觀音經變

主尊戴化佛冠，八臂分別持斧鉞、龍索、寶劍、金剛杵、梵夾、三叉戟、幢或結手印。有頭光和背光，結跏趺坐在蓮花座上。兩側分別有三菩薩一天王為眷屬，菩薩分持花、梵夾、三叉戟、劍、鏡，其中一個所持蓮花上有日輪。構圖嚴謹，人物刻畫細膩。

盛唐　莫148　南壁龕頂南坡

18 四臂觀音經變

主尊一面四臂，戴化佛冠，手中持物已無法辨認。有頭光和背光，結跏趺坐於水中的蓮花座上。左右各有眷屬四身，主尊右側有金剛燈菩薩、持花菩薩、持金剛鈴菩薩、持金剛杵菩薩等，左側有金剛花菩薩、水天神等。人物端莊秀麗。

盛唐　莫148　南壁龕頂東坡

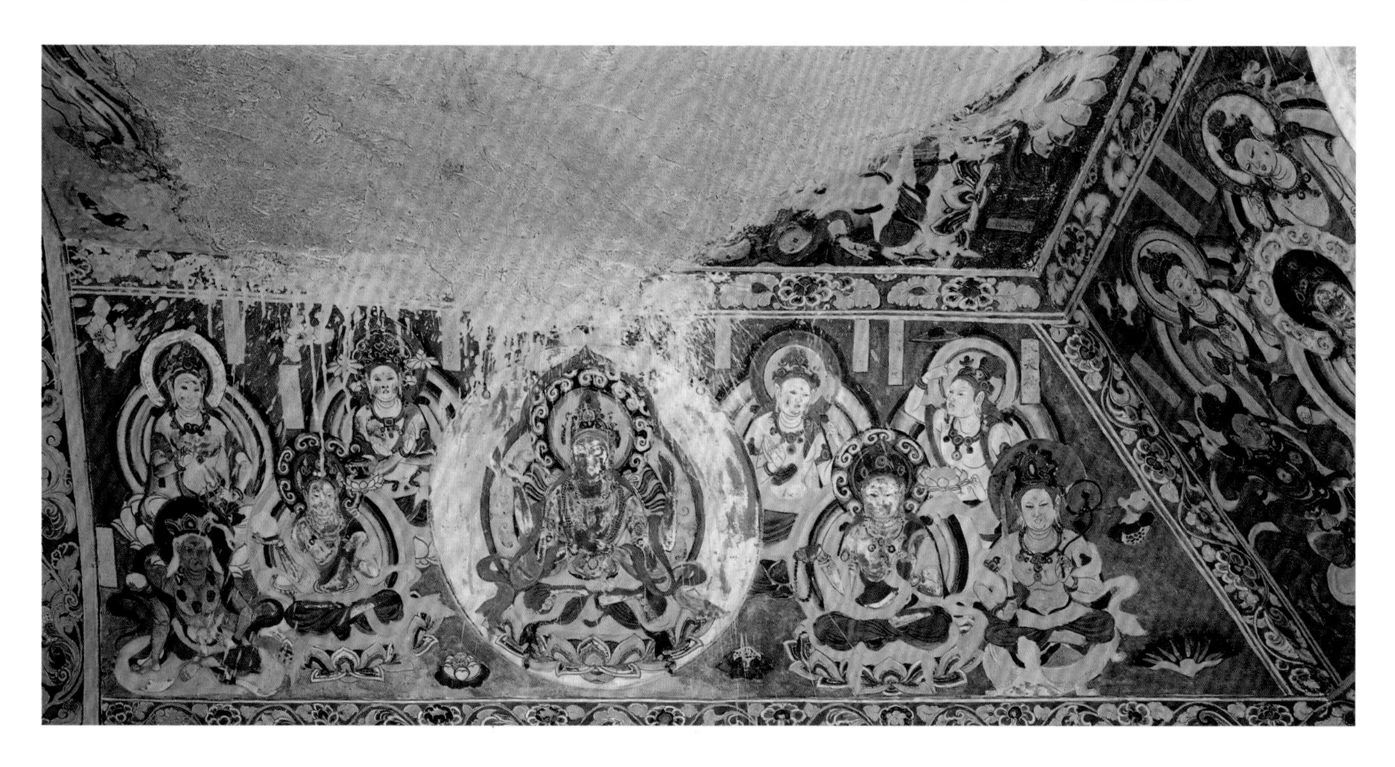

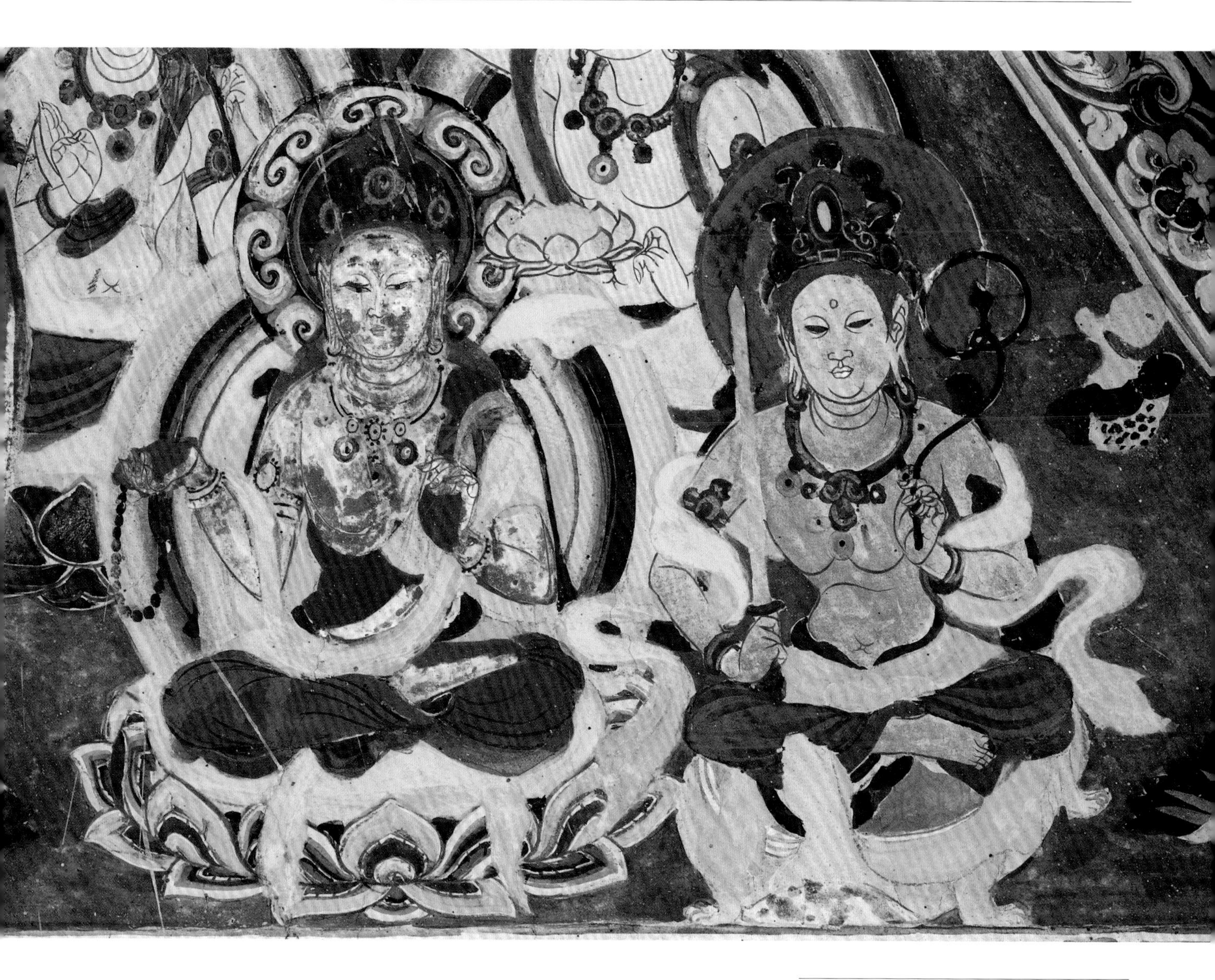

19 水天神　持唸珠菩薩

為四臂觀音的眷屬，右側一尊為持龍索和寶劍，坐在烏龜背上的水天神。烏龜高抬頭部，似在張望，生動有趣。水天神梵名Varuna，音譯作縛樓那、婆樓那、成樓拿。為密教十二天及護世八方天之一，係四方之守護神。

盛唐 莫148 南壁龕頂東坡

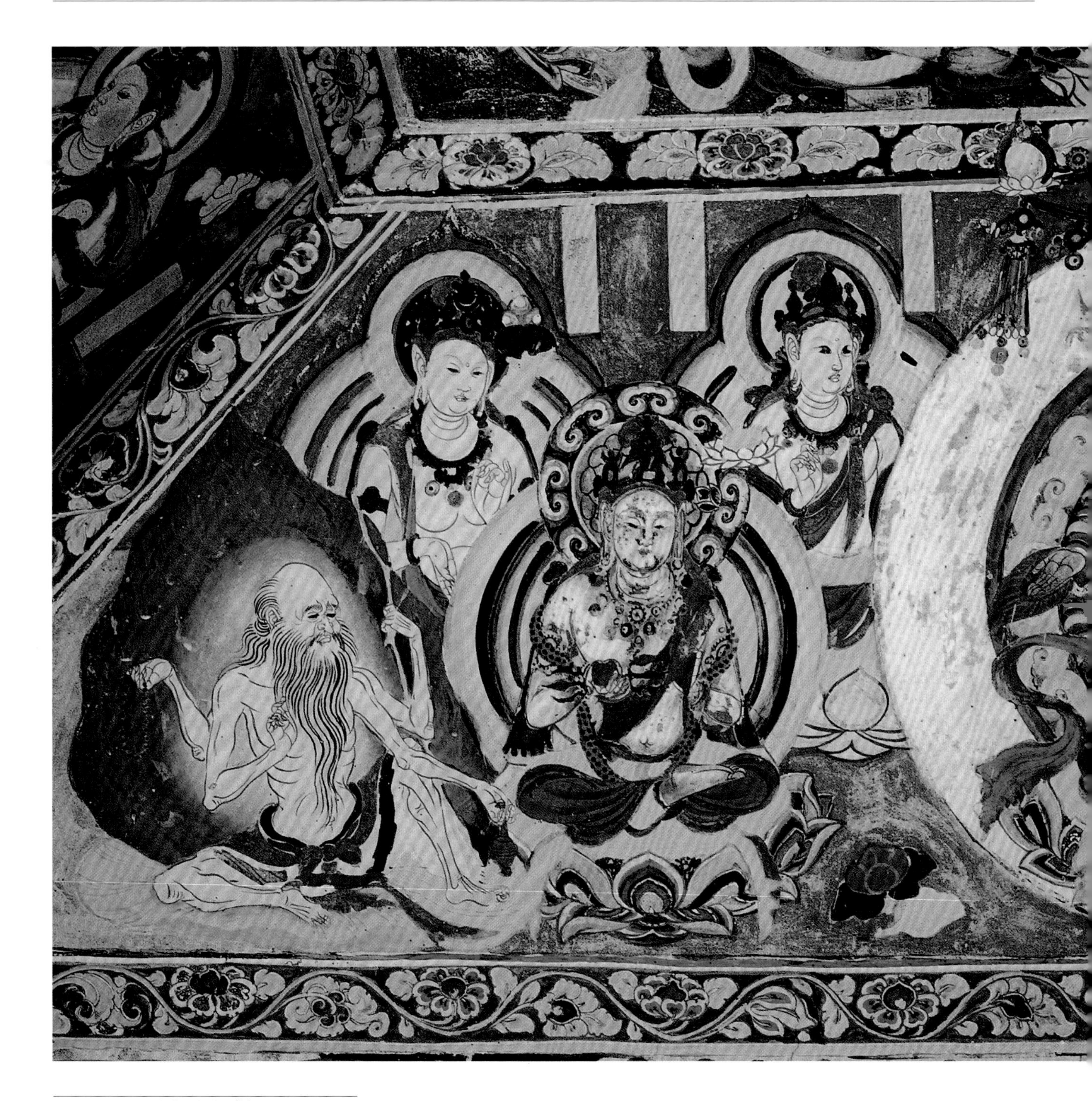

20 三面四臂觀音經變

主尊三面四臂，戴寶冠，主面頭冠中有化佛。四臂或持三叉戟，或為火燄手，或持蓮花，或結手印。有頭光和背光。頭頂上有寶蓋。結跏趺坐在蓮花座上。左右各有眷屬四身，其中有手持風幡的風天神和手持竹杖的火天神。

盛唐 莫148 南壁龕頂西坡

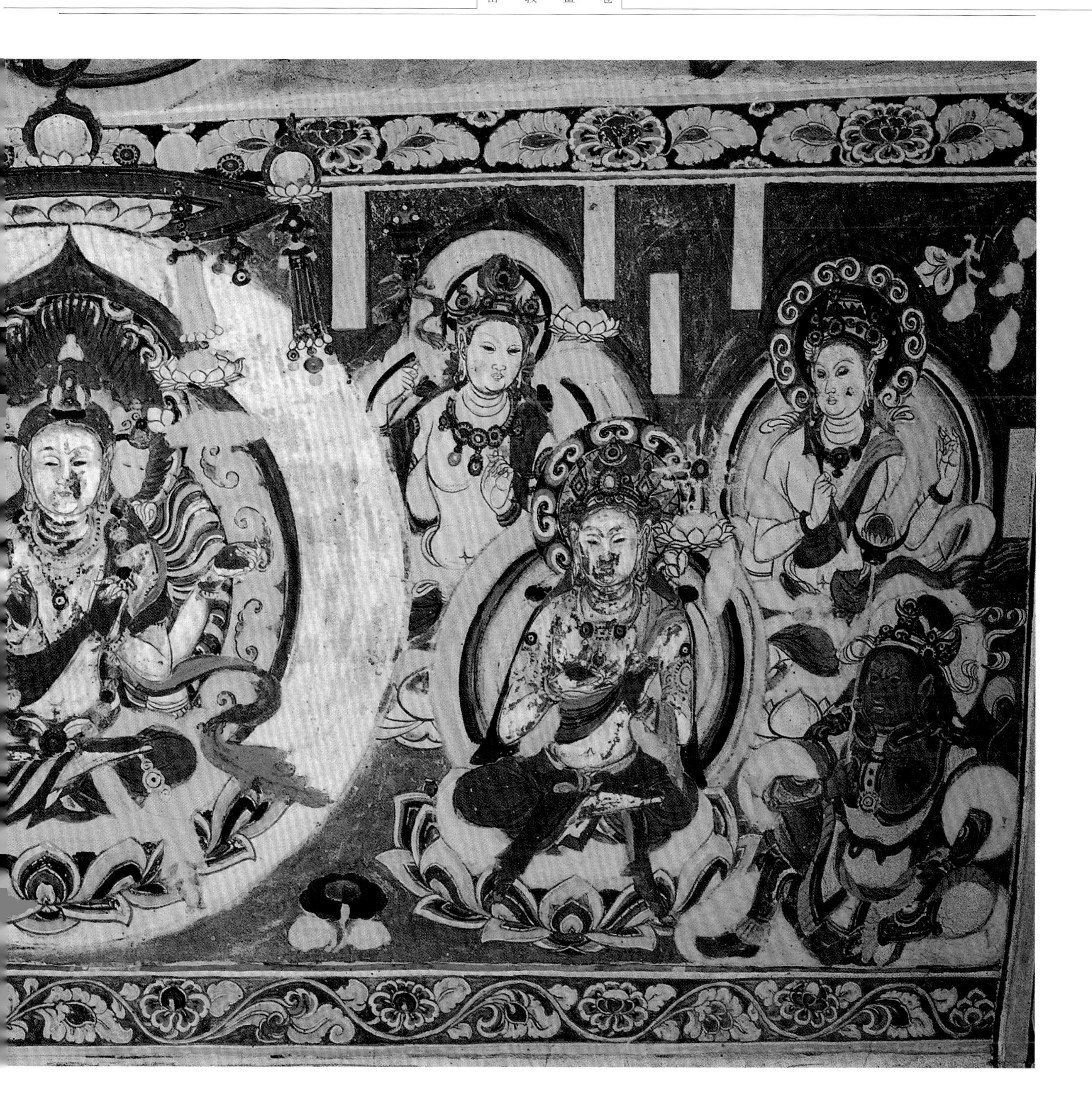

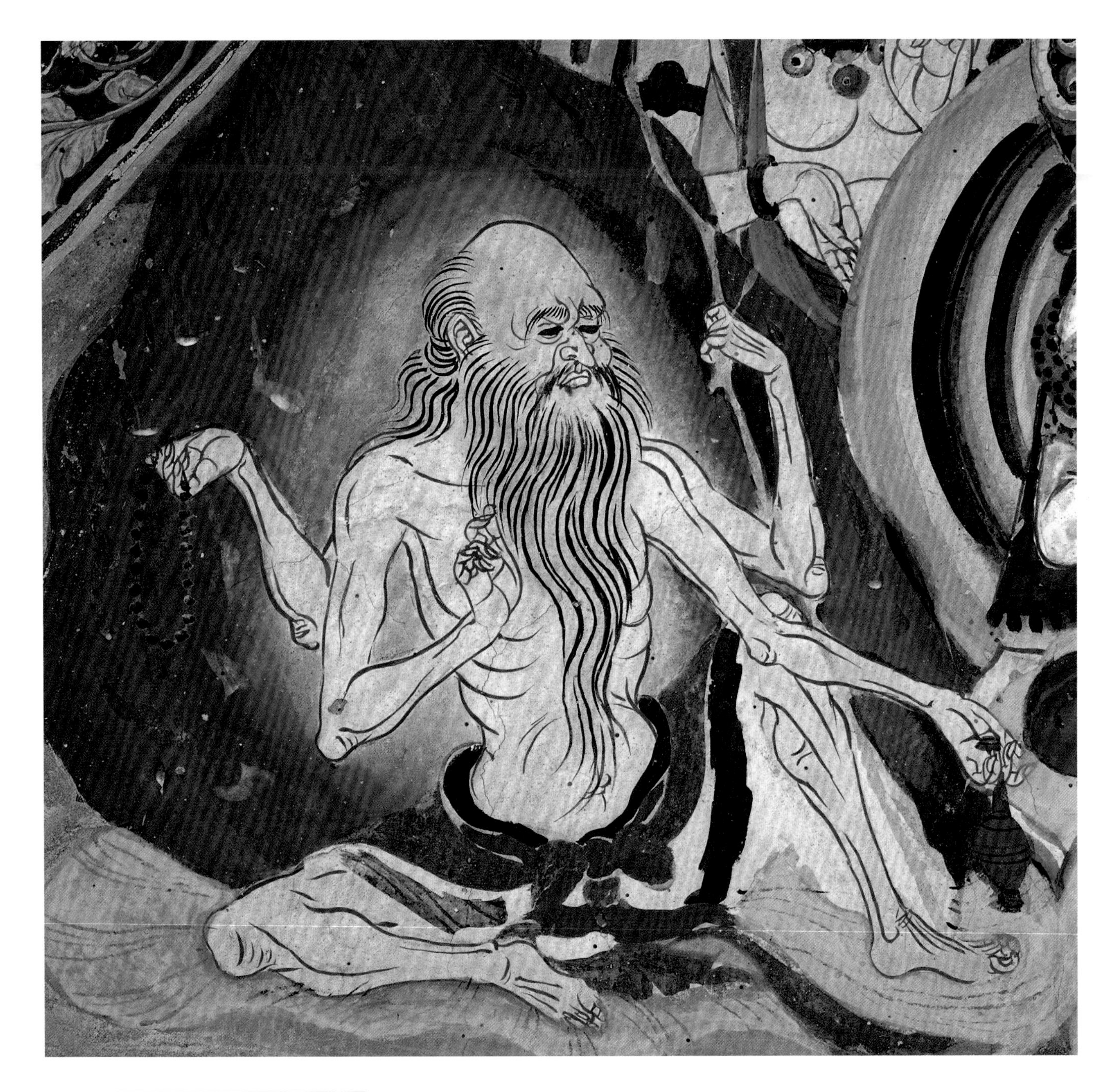

21 火天神

梵名Agni，音譯阿耆尼、阿哦那、惡祁尼。又名火天、火仙、火神、火光尊。為密教十二天之一，八方天之一。密教護法神，密號護法金剛。以老仙姿態出現，有二臂四臂之分，此尊為四臂像，四手中右一手曲臂置胸前，一手持數珠，左一手持淨瓶，一手持竹杖。禿頂長鬚，作瘦骨嶙峋的苦行老者形象。上身赤裸着短裙，赤足，呈遊戲坐姿坐在蓮花座上。為敦煌密教經變中首次出現的火天神。該火天神線描流暢，形象生動。

盛唐 莫148 南壁龕頂西坡

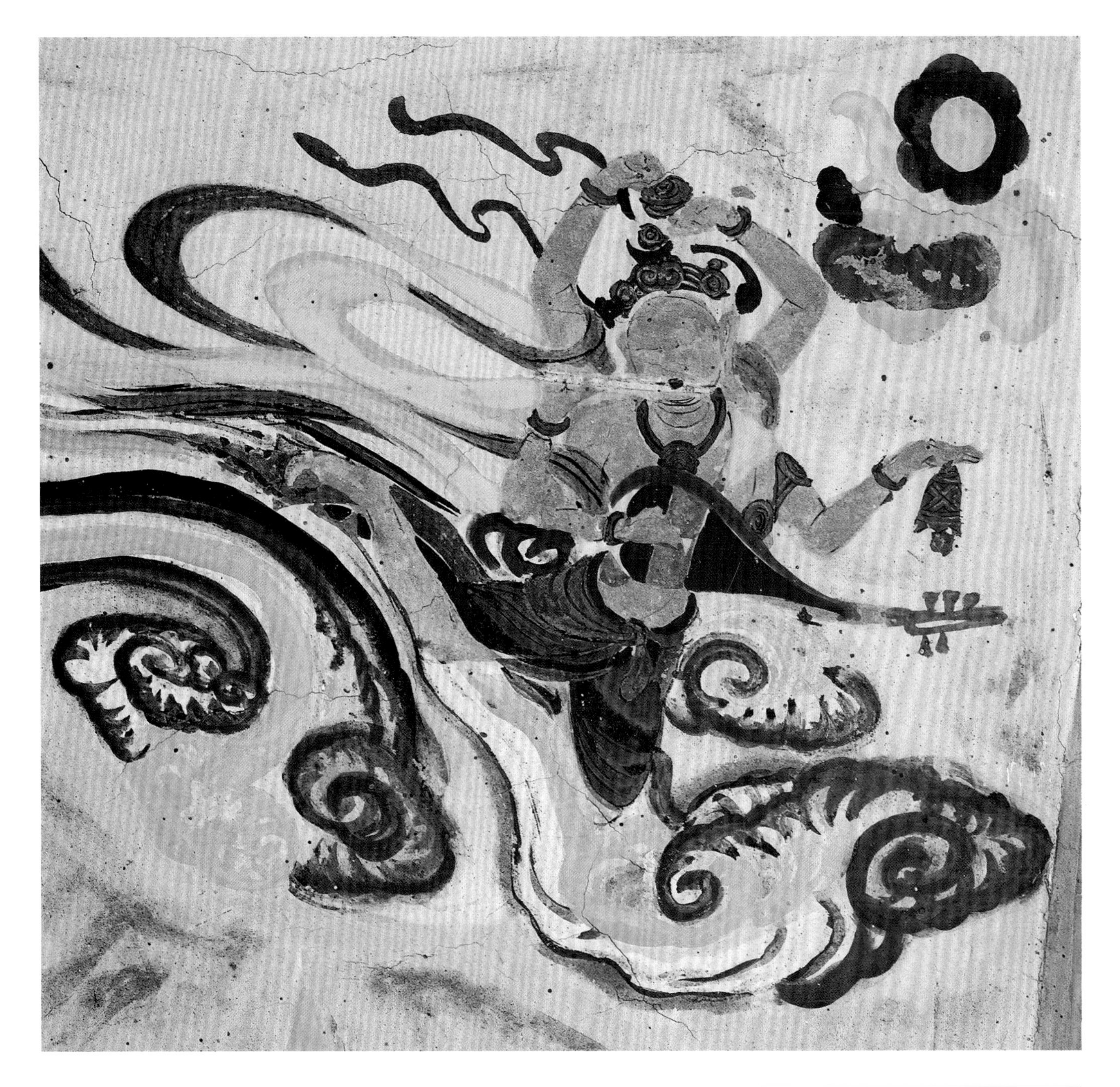

22 **六臂飛天**

在敦煌壁畫中，二臂飛天比比皆是，但六臂的密教飛天卻只有此例，極為珍貴。該飛天前兩手撥弄琵琶，中間一手持橫笛，一手搖擺鐸鈴，後兩手高舉頭上擊鐃。飄帶長曳，姿態瀟灑，極富音樂韻味。

盛唐 莫148 南壁龕頂

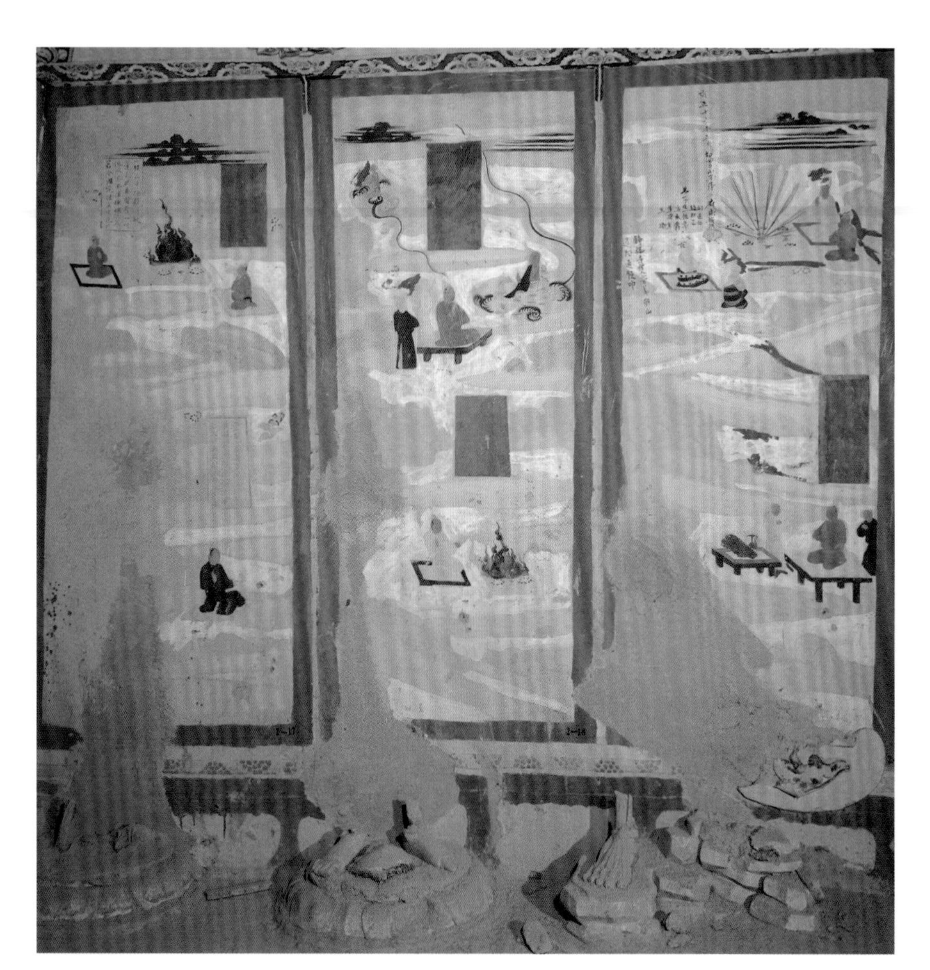

23 不空羂索觀音經變屏風畫

讀誦不空羂索神咒、受持神咒、書寫供養、為人讚說、令畜生聽聞、書寫並禮拜供養神咒心經、蓮花供養、取藥丸唸咒等，可得到種種好處， 此為不空羂索觀音龕東壁繪的三幅屏風畫，據殘存的榜題，與蓮花供養等有關。

盛唐 莫148 北壁龕東壁

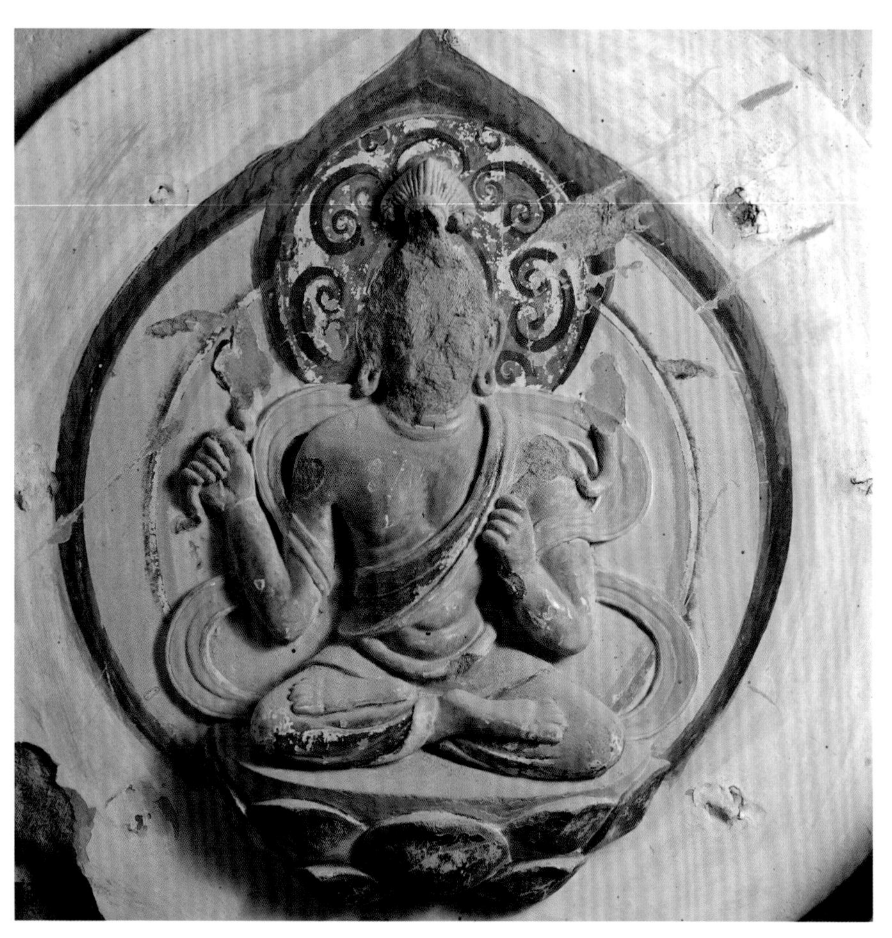

24 月光菩薩

浮塑於不空羂索觀音龕的月光菩薩，雙手持蓮花，結跏趺坐在蓮花座上。

盛唐 莫148 北壁龕北壁西側上部

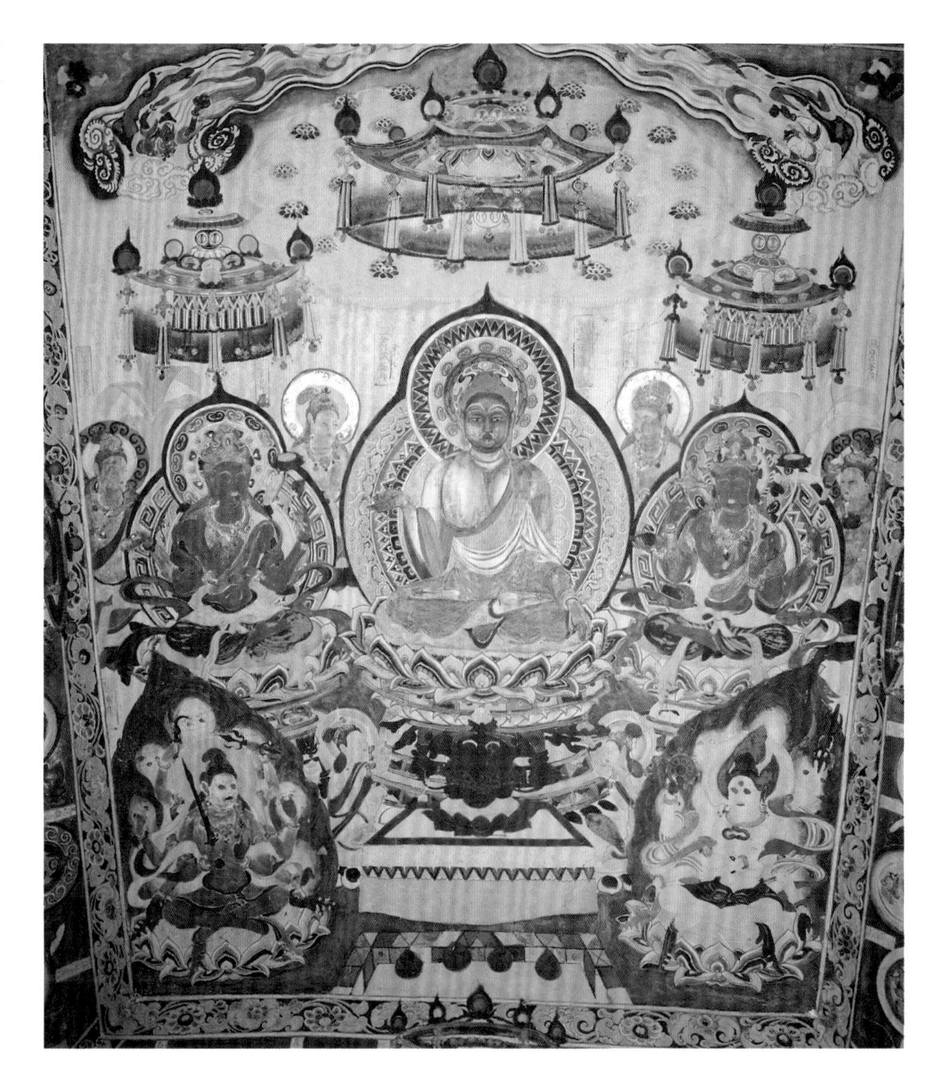

25 歡喜藏摩尼寶勝經變

從榜題可知，此幅畫為歡喜藏摩尼寶勝經變。左側有嚴土菩薩、蓮華因菩薩、觀自在菩薩及忿怒尊。右側有金剛藏菩薩、蓮華光菩薩、蓮華會菩薩及忿怒尊。此外還有兩飛天，兩供養菩薩。

盛唐　莫148　北壁龕頂

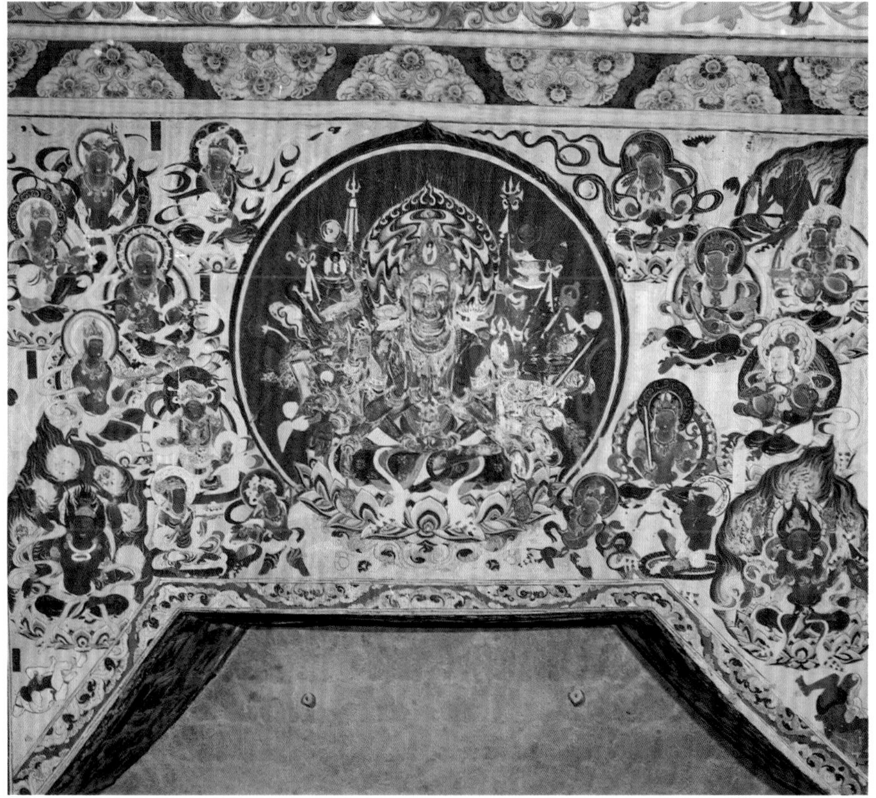

26 千手千眼觀音經變

這是敦煌石窟最早的千手千眼觀音經變。主尊千手千眼觀音位於中部，二十身眷屬錯落有致地排列於主尊兩側，其中內四供養菩薩（金剛歌、金剛舞、金剛嬉、金剛鬘），外四供養菩薩（金剛香、金剛花、金剛燈、金剛塗），均為首次出現於敦煌石窟的密教供養菩薩。此外，火天、水天等天神亦為第一次出現於密教經變中。此幅經變內容豐富，構圖層次分明，敷色濃麗，造型精到，線描嫻熟，為盛唐力作之一。

盛唐　莫148　東壁門上

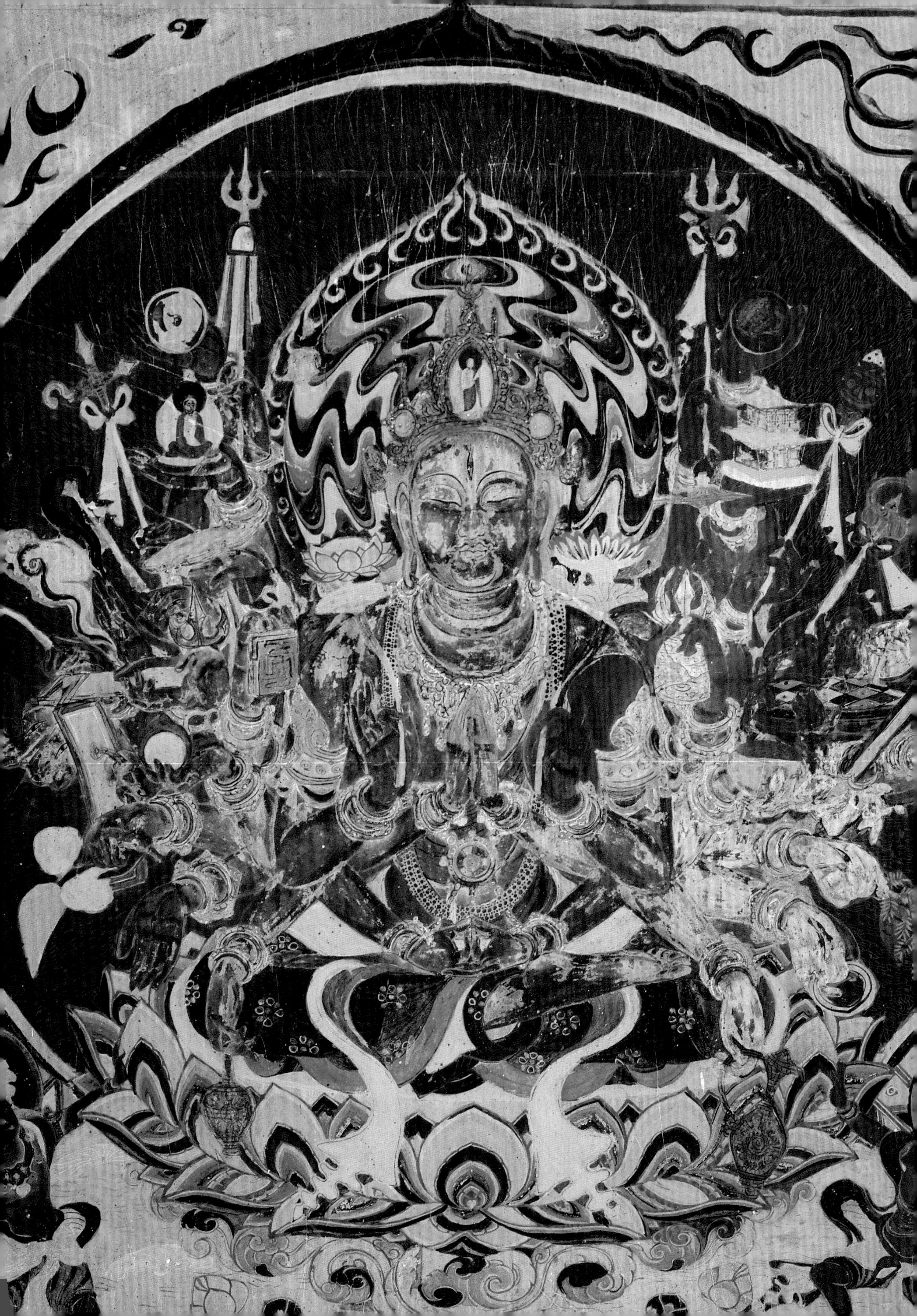

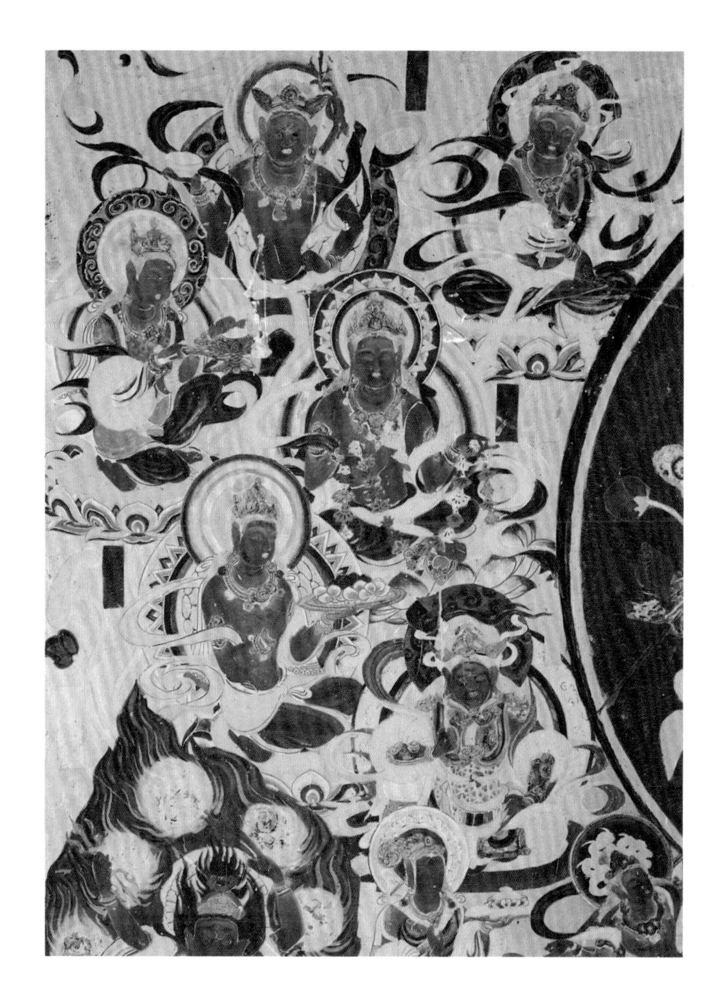

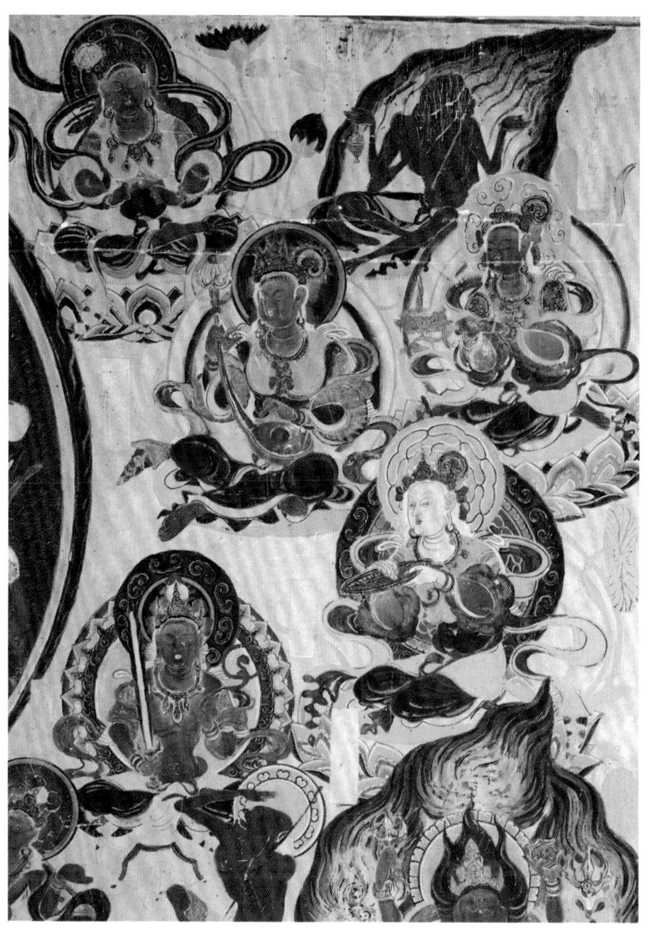

28 **金剛舞　金剛鬘　金剛香**
金剛花菩薩　風天神

金剛舞菩薩左手在上曲臂，右手斜伸腹前，舞姿優美。金剛鬘菩薩雙手執花鬘橫於胸前。金剛花菩薩左手托盛有蓮花的花盤，呈跪姿。金剛香菩薩雙手持曲柄香爐。下面的風天神戴寶冠，披甲冑，右手持風幡，十分威武。

盛唐　莫148　東壁門上

29 **金剛歌　金剛嬉　金剛燈**
金剛塗菩薩　水天神

金剛歌菩薩彈奏曲頸琴，琴首為三叉戟，具有明顯的密教特徵。金剛嬉菩薩雙手半握拳置於腰側。金剛燈菩薩捧帶柄蓮花燭台，細長的蠟燭冒出一縷黑煙。金剛塗菩薩雙手持盤向外傾斜，似在用盤中的“塗香”供養。這四身菩薩姿態優美。水天神持龍索和寶劍。

盛唐　莫148　東壁門上

27 **千手千眼觀音**

此為千手千眼觀音經變的主尊，一面三眼，有頭光和背光，結跏趺坐於蓮花座上，形象優美。冠中化佛是立佛，極為罕見。四十隻大手所呈手相和所持法器、寶物，與伽梵達摩譯《千手千眼陀羅尼經》中記載“四十手法” 基本相符。或雙手腹前結印、施無畏印、合掌手，或分別執持如意寶珠、羂索、寶缽、寶劍、金剛杵、日精摩尼、月精摩尼、寶弓、寶箭、楊柳枝、白拂、胡瓶、旁牌、斧鉞、玉環、白蓮華、青蓮華、紫蓮華、紅蓮華、寶鏡、寶篋、五色雲、君持、寶戟、寶螺、骷髏杖、數珠、寶印、俱尸鐵鈎、錫杖、化佛、化宮殿、寶經、金輪、跋折羅、寶鐸。此外還有眾多小手。大小手中均有一慈眼。

盛唐　莫148　東壁門上

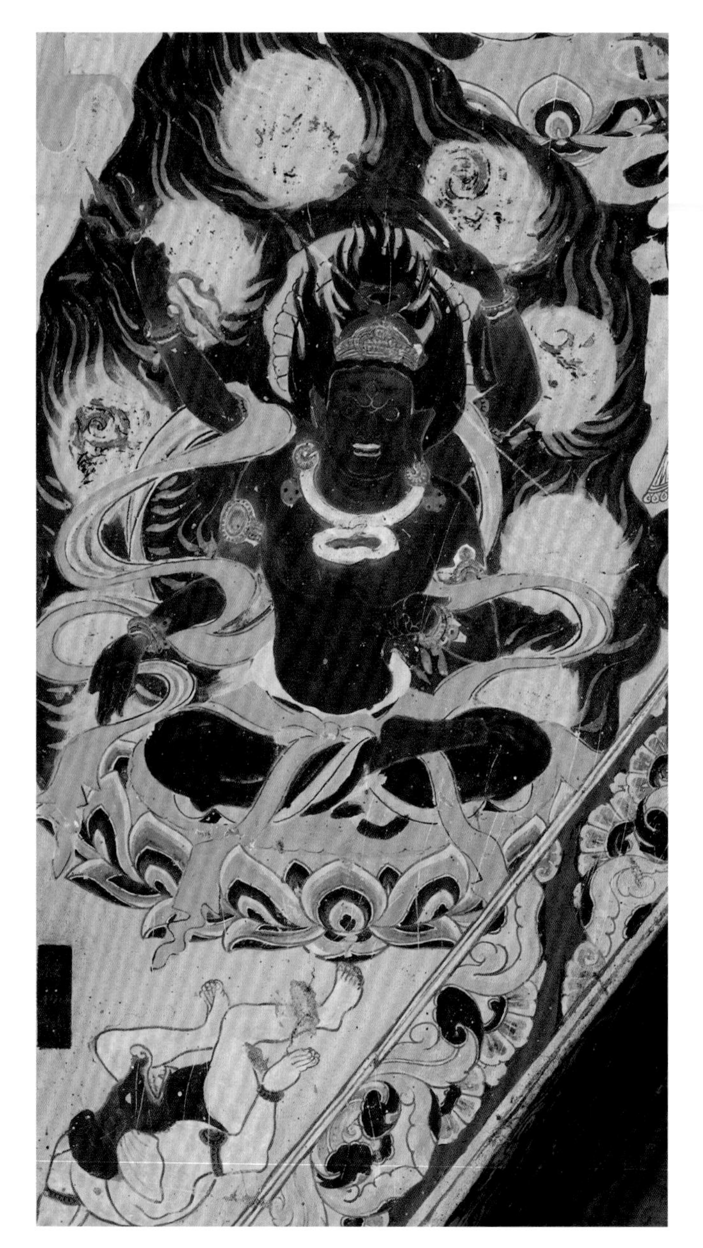

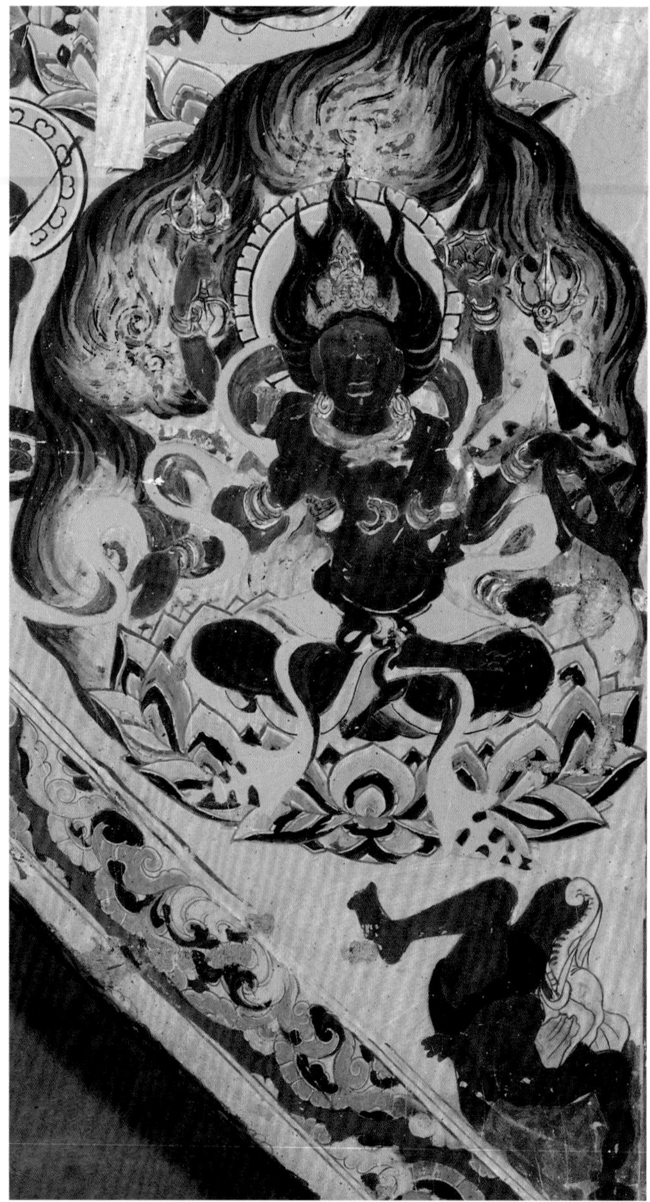

30 **忿怒尊　毗那勒迦神**

忿怒尊一面四臂，持金剛杵或結手印，呈極大忿怒相，以火燄為背光，表示摧毀一切魔障。榜題為"夜迦神"的豬頭人身尊即佛經上所説的毗那勒迦神，是一位障礙神，常見於敦煌密教經變。將其繪成頭朝下足朝上，卻為敦煌石窟所僅見。

盛唐　莫148　東壁門上

31 **忿怒尊　毗那夜迦**

忿怒尊一面六臂，手持金剛杵、金剛輪、三叉戟、羂索等，呈忿怒相，以火燄為背光，表示無堅不摧。毗那夜迦象頭人身，亦為敦煌密教經變所常見，但雙足朝天者在敦煌石窟卻僅此一例。

盛唐　莫148　東壁門上

32 十一面觀音經變

十一面觀音位於經變中部，十一面從下至上呈3．7．1式排列，除佛面外均戴寶冠，六臂，手中持物多不清晰，僅可見淨瓶，有頭光而無背光。站立於蓮花座上。主尊兩側有眷屬二身，一為菩薩，一為比丘。右下角有數身形體較小的人物，面目不清。

盛唐 莫32 東壁門北

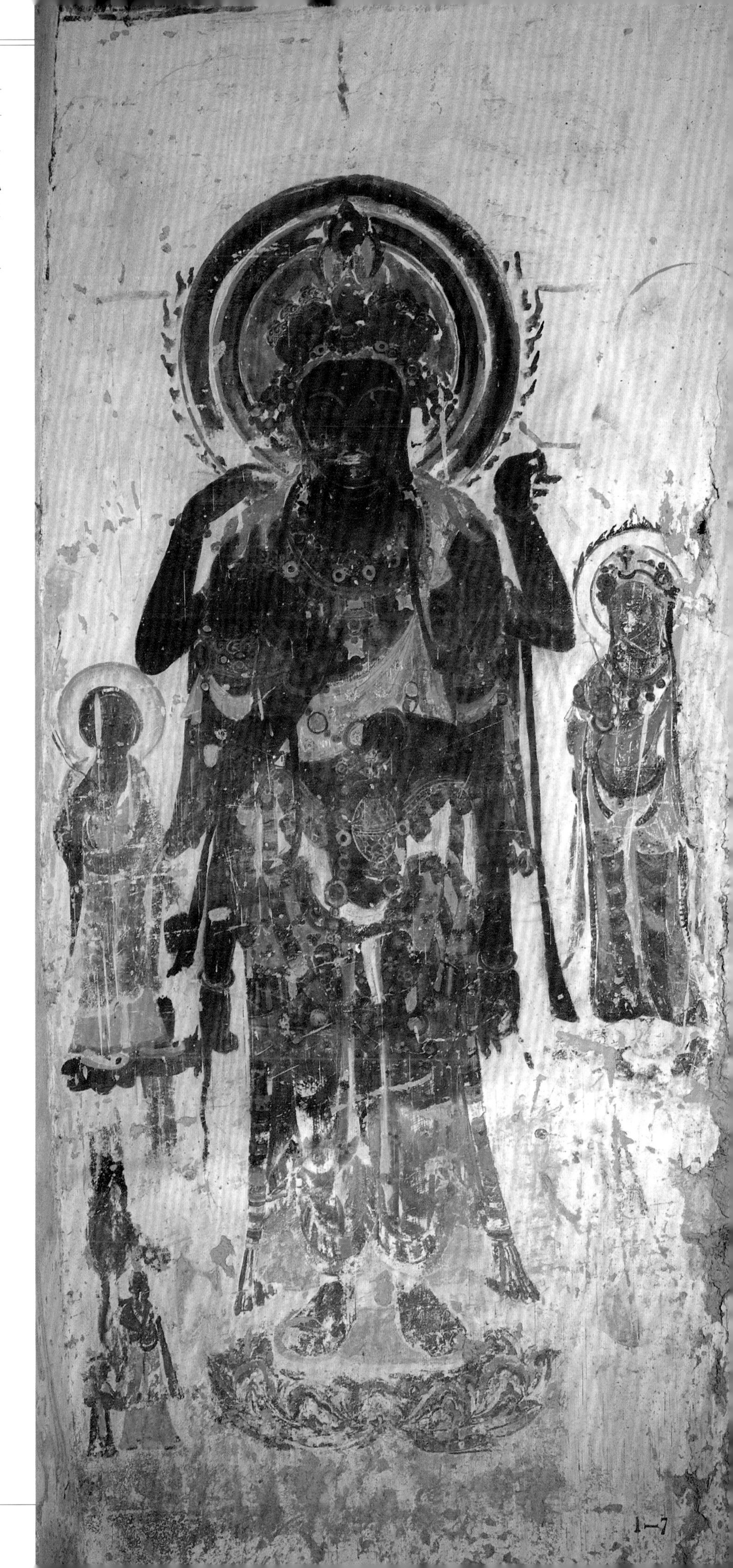

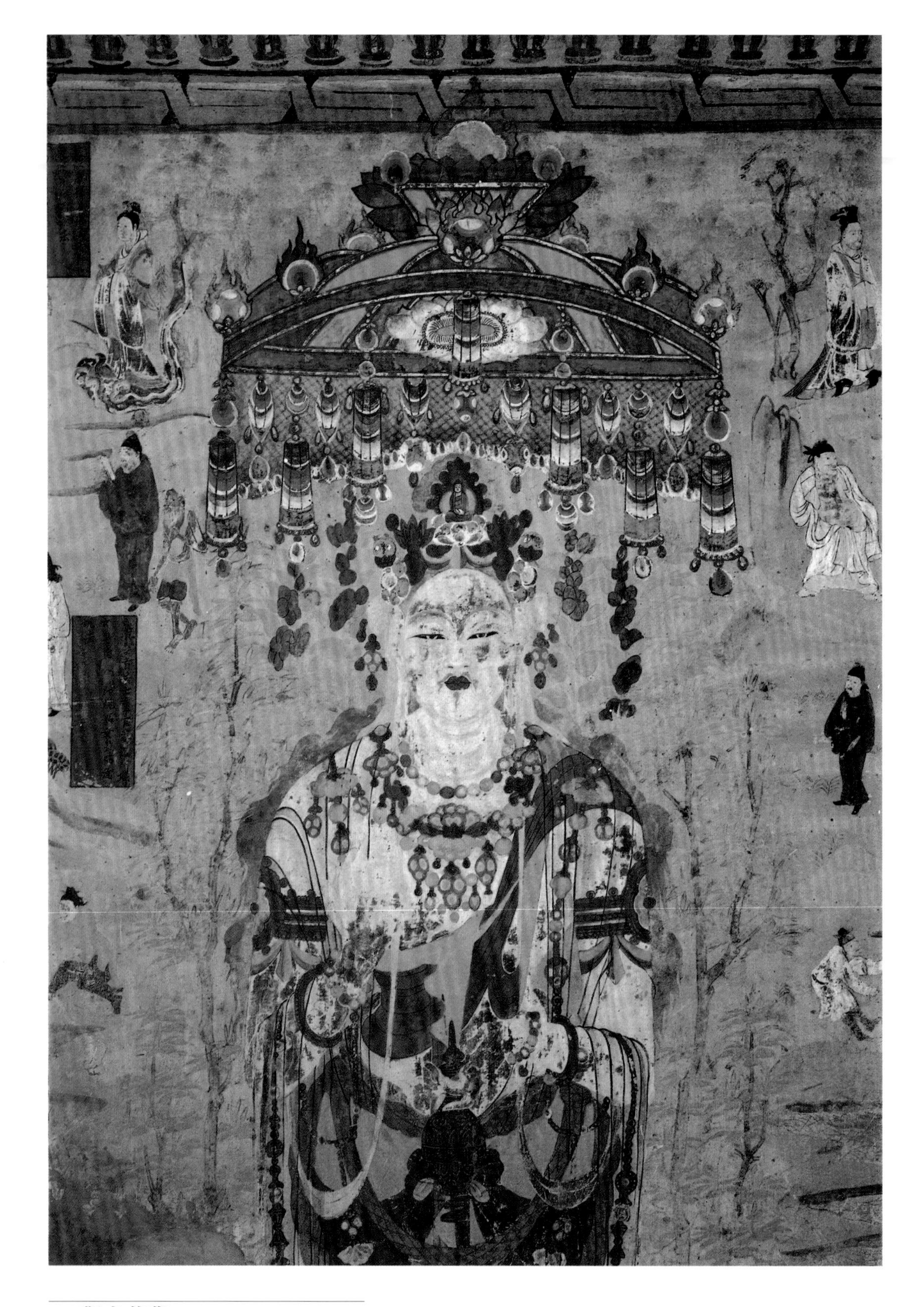

33 觀音菩薩

此為觀音經變中的主尊，戴化佛冠，瓔珞釧環華麗，左手於腹前提一淨瓶，右手上舉，結手印。眉目慈憫，描繪精細。

盛唐 莫45 南壁

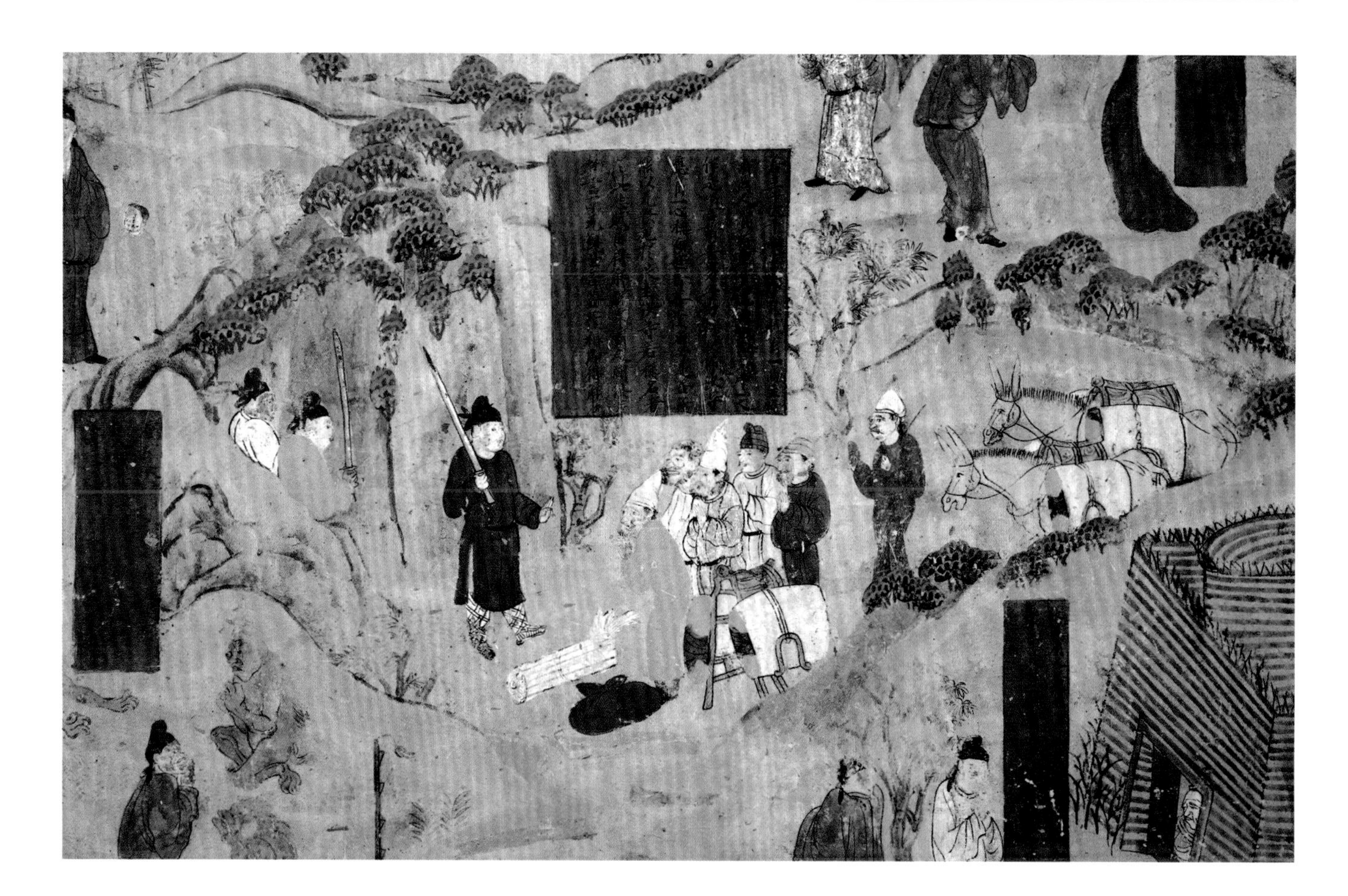

34 **救劫難**

幾名深目高鼻，或戴氈帽、或以巾纏頭、或一頭捲髮、或滿面虬髯、或僅有髭鬚的胡商，路遇持刀強盜，表情各不相同。但因其中有人祈禱觀音而平安無事。人物眉目表情、體態裝束描繪生動。

盛唐 莫45 南壁

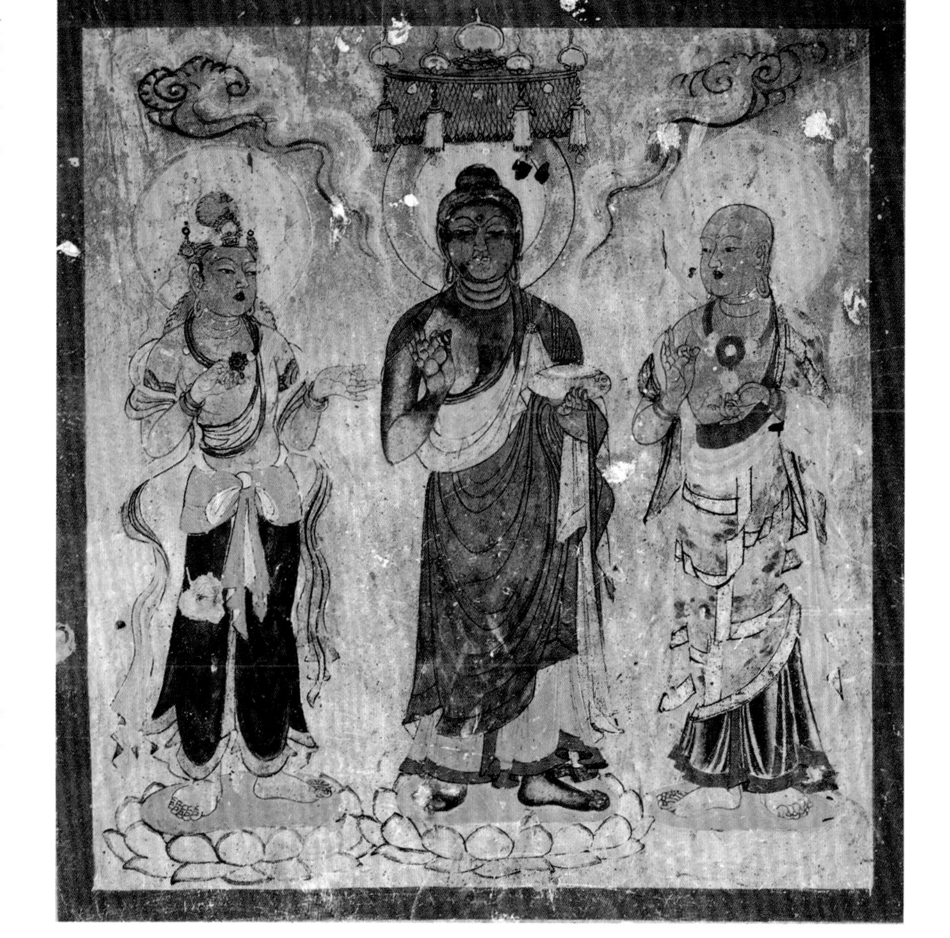

35 **地藏菩薩**

手托寶缽的藥師佛居中，左側為作沙門貌的地藏菩薩。這是作為密教的地藏菩薩首次出現於敦煌石窟。線描工整細膩，圓潤有力。

盛唐 莫176 北壁

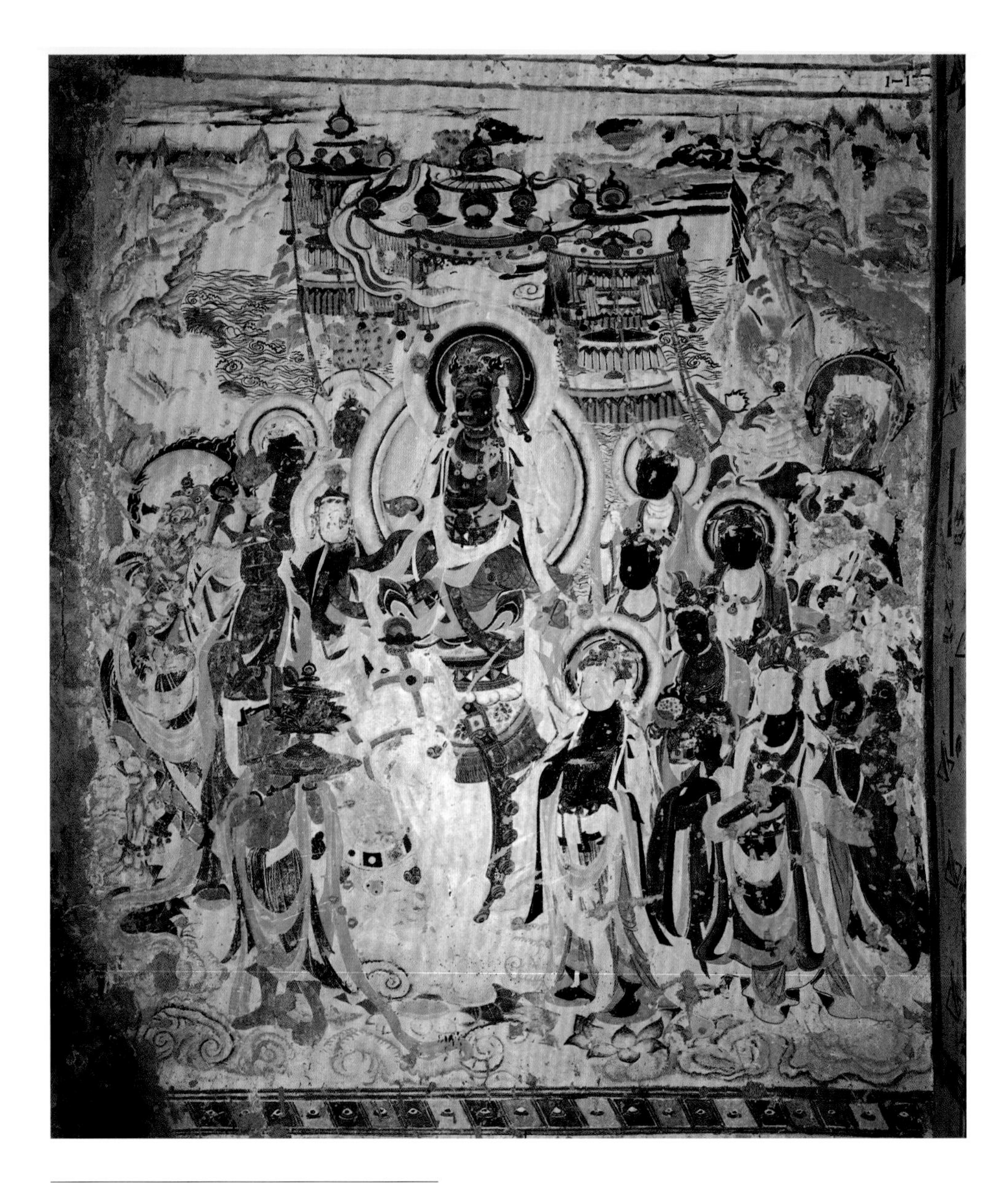

36 普賢變

普賢以理性、普行著稱，常乘坐白象。一般多繪畫在洞窟內的兩壁、窟門、帳門兩側，與文殊變對稱，此幅普賢變為最早出現的密教普賢變之一，也是盛唐普賢變的經典之作。

盛唐 莫172 東壁門南

敦煌漢傳密教的鼎盛期

中唐——宋代（公元781～1035年）

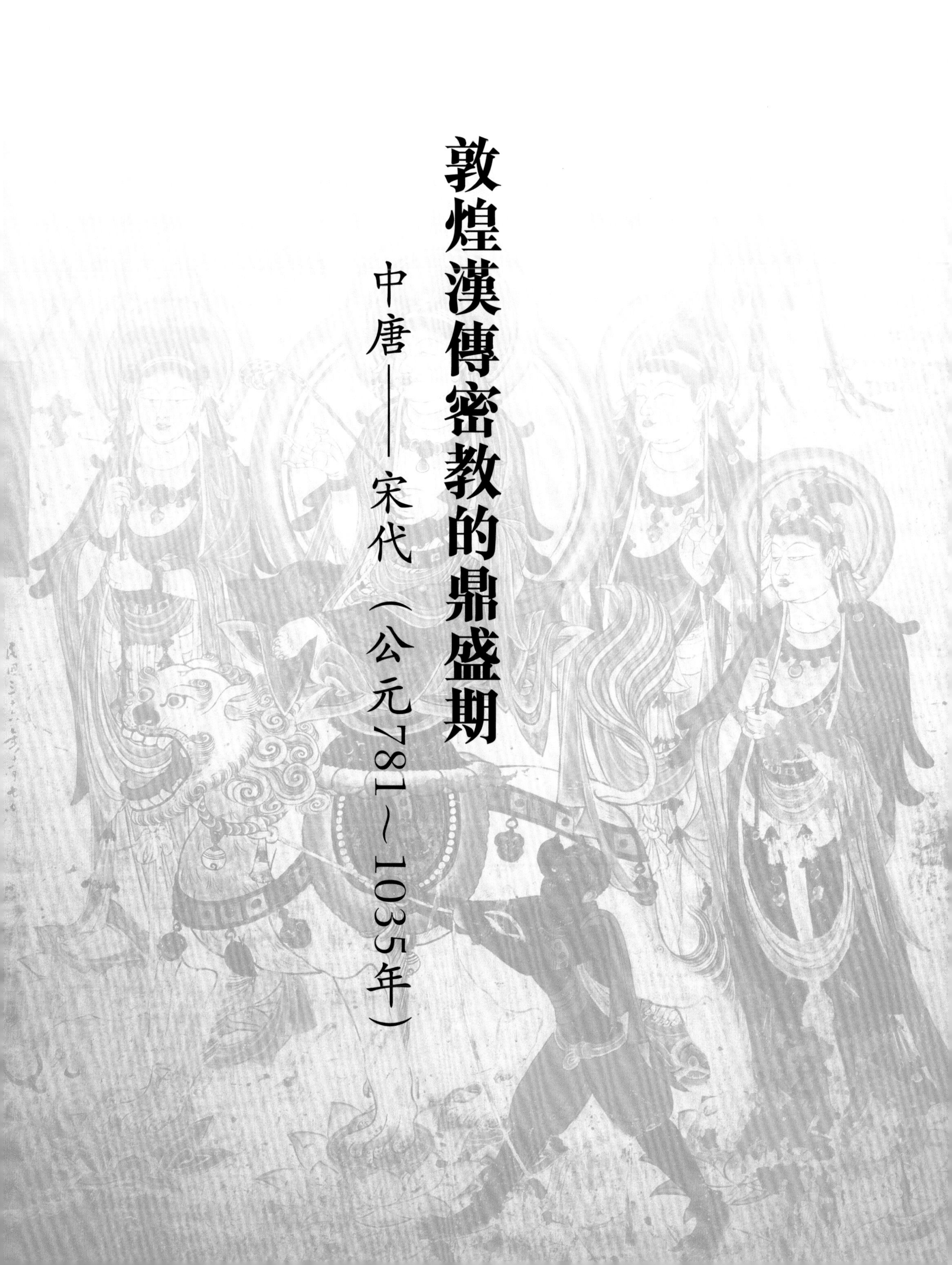

敦煌石窟的密教自中唐至宋代初期，進入鼎盛時代。

中唐時期敦煌為吐蕃佔據（公元781～848），晚唐至宋初時期敦煌則為張氏、曹氏歸義軍所統治（公元848～1035）。吐蕃佔領期間，敦煌雖然政治上與中原隔絕，但僧人間的佛事往來並未中斷。張氏歸義軍統治時期，敦煌與密教盛行的都城長安、四川益州交往頻繁，敦煌密教大有發展。而曹氏歸義軍統治下的瓜沙二州，與中原王朝使節仍然往來不斷，佛事因緣更為密切。在中唐末年，雖然發生了吐蕃本土的達摩滅法（公元838）和中原的唐武宗廢佛（公元845）兩次重創，但因敦煌或遠處吐蕃邊陲，或不屬唐王朝統治，兩次法難都得以幸免，敦煌密教依舊順利發展。

這一時期，敦煌密教呈現出繁盛的景象，在莫高窟藏經洞曾出土大批中晚唐的密教經典和密教絹畫。石窟內密教壁畫以及密教形象數量驟增。密教窟龕的數量多於盛唐時期，密教形象已經佔據洞窟各主要壁面，甚至在洞窟主室最重要的位置——頂部，也繪製了密教曼荼羅、密教經變和密教形象。不僅如此，還出現了畫幅巨大、場面宏偉、眷屬眾多的各種題材的密教曼荼羅，通過多種藝術形象將密教神祇隊伍不斷壯大，強化了密教大日如來體系統轄佛教大千世界的地位。

第一節　中唐初步繁盛的密教

從唐天寶至貞元年間，在諸代皇帝倡導，以及高僧不空與其弟子的大力弘揚下，以長安為中心的中原漢傳密教發展到鼎盛時期，並迅速傳遍全國，此時所譯經典亦多為密教經典。但由於一些佛寺仗勢強霸，唐武宗於公元845年詔令打擊佛教勢力，此後中原佛教受到重創，一度衰微。從已刊發的資料所見，原唐都城長安一帶至今沒有發現屬於中唐時期的密教遺迹。就全國而言，敦煌以外，似亦只見新疆庫木吐拉石窟的千手千眼觀音、河南大海寺遺址出土十一面觀音石雕像，最豐富的就是敦煌壁畫中保存大批這一時期的密教形象。究其原因可能與唐武宗廢佛密切相關。但唐武宗死後第二年宣宗已下詔恢復佛教。此後，都城長安密教迅速恢復，青龍寺、大興善寺的高僧各建大曼荼羅，廣傳兩部密法。青龍寺與唐代密教關係密切，並且是日本佛教真言宗的發源地，日本僧人圓真曾從青龍寺求得胎藏界、金剛界兩部密法等一百一十五卷及道具等，足見當時都城密教之盛。發現於西安晚唐墓葬的絹本墨書經咒、印本陀羅尼，以及法門寺地宮的完整密教曼荼羅、諸多密教尊像、密教法器以及大興善寺高僧於咸通十二年（公元871）供奉的金函、銀瓶及敬造的銀函等，反映了當時都城長安密教的繁盛程度。另外，從《益州名畫記》的記載可知，晚唐時期密教的另一個繁盛地區在四川，成都大聖慈寺繪有千手千眼大悲變相、水月觀音、如意輪觀音、八大明王、孔雀王變相等，雖然該壁畫早已蕩然無存，但現存“成都縣□龍池坊……卞……印賣”的印本陀羅尼咒，以及在四川資中、安嶽和重慶大足等石窟保存的晚唐時期的地藏、毗沙門天王、千手千眼觀音、如意輪觀音、地藏與十王、毗盧佛等密教造像，也足以反映出晚唐時期四川密教之繁盛。敦煌所稱的中唐指公元781年吐蕃佔領敦煌之後。吐蕃統治達七十年之久，由於吐蕃人崇信佛教，敦煌的密教呈現一派繁盛的景象，不僅密教題材和形象比盛唐時期均大有超越，而且初現具有印度波羅密教藝術風格的曼荼羅壁畫。敦煌石窟有五十九個洞窟內出現了中唐的密教作品，共有密教題材二十二種，密教形象總計一百七十二幅（不包括藏經洞所出絹紙畫），比盛唐時期多一百一十四幅。其中新出現的題材有十種：毗盧遮那佛與八大菩薩曼荼羅、釋迦曼荼羅、千手千鉢文殊經變、羯摩杵、西方無量壽佛、東方不動佛、毗沙門決海、毗沙門赴那吒會、提頭賴吒天王、五台山圖。此外，還新出現五種組合形式：即千手觀音經變與地藏菩薩、千手千眼觀音經變與千手千鉢文殊經變，以及兩幅十一面觀音經變、兩幅地藏菩薩、兩幅天王成組對稱的形式。

不僅如此，密教作品分佈的位置也有顯著變化，進入主室已經逐漸趨向於主流，尤其是密教中表現堅利之智主題的羯摩杵，出現在主室頂部最重要的中心位置。羯摩杵，又稱交杵，為金剛杵的一種，金剛杵是佛教的法器，原為古印度的兵器，後演變成為印度教雨神因陀羅的象徵，在密教中表示堅利之智，具有斬斷煩惱，降伏惡魔的神力，又是大日如來金剛智的象徵，在密教有極重要的地位。密教舉行儀式時，金剛杵與金剛鈴常相對成組出現，在壁畫中亦如是。羯摩杵出現在主室頂部最重要的中心位置，代表大日如來金剛智佔據了中心位置，證實密教的地位更加顯要、尊貴。

首次出現的印度波羅密教藝術風格

波羅密教風格源於公元 8 世紀中葉，在東印度孟加拉地方興起的波羅王朝。該王朝大約存在了四百年，至十二世紀中葉滅亡。波羅王朝的實際創始人瞿波羅（Gopala，公元750～770）在摩揭陀建立了歐丹多富梨寺（有稱飛行寺）（Odantpuri），據説西藏桑耶寺就是仿造它建立的。此後的達摩波羅（Dharmapala，公元770～810）在摩揭陀建立了超戒寺（Vikramasila），該寺規模比著名的那爛陀寺還大，僧尼人數亦多，在印度佛教史上都首屈一指。以那爛陀寺、歐丹多富梨寺和超戒寺這三個寺院為中心的當時印度的佛教教義，全以密教為主。特別是超戒寺，它是印度佛教最後的據點，此寺的佛教組織、典籍等有很多原封不動地傳到西藏，促成了藏傳密教的形成。

印度波羅王朝信仰的密教何時傳入中國，因無文字記載而不詳。但從中唐榆林窟第 25 窟出現的具有印度波羅密教藝術風格的壁畫分析，至遲在九世紀中葉以前的吐蕃王朝時期，這一支密教已經傳入西藏，並由西藏傳入敦煌。傳入敦煌的印度波羅密教藝術風格，體現在繪製的人物形象“曲髮披肩，坦胸露背，斜披天衣，着緊身透體長褲，釧環佩飾華麗”。這種風格的藝術形象自中唐出現以後，經晚唐、五代、西夏，一直延續到元代。

在榆林窟第 25 窟的正壁的毗盧遮那佛與八大菩薩曼荼羅，是這一時期新見而有代表性的密教題材。這幅曼荼羅的構圖和人物裝飾都有濃郁的印度波羅密教藝術風格，是敦煌石窟首次出現的另一種外來藝術風格。有認為此圖是依據藏經洞所出藏文《佛説大乘八大曼拏羅經》繪製的。

毗盧遮那佛是密教的最高尊神，稱為“大日如來”，是釋迦牟尼佛永恆不變的法身。《大方廣佛華嚴經》云：“無盡平等妙法界，悉皆充滿如來身”；“佛身充滿諸法界，普現一切眾生前。”因此，密教認為宇宙萬物都是由大日如來所顯現的，毗盧遮那佛不僅是宇宙萬物的主宰，也統轄着整個佛教神界。密教的毗盧遮那佛與其他教派的毗盧遮那佛裝束不同，是菩薩裝，梳高髻，戴寶冠，曲髮披肩，裸上身着胸飾，斜披天衣，穿緊身長褲，衣飾華貴，在眾神之中，更顯一派帝王氣勢。主尊兩側原有八大菩薩侍奉，現僅存四尊， 此時出現了以毗盧遮那佛為主尊，並繪畫於洞窟正壁的八大菩薩曼荼羅，可見密教已經成為顯赫的宗派。

無獨有偶，在藏經洞內亦有多幅中唐時期絹畫，如“胎藏大日八大菩像”、“蓮花部八尊曼荼羅”、“不空羂索五尊曼荼羅”、“不空羂索五尊曼荼羅”絹畫等，同樣具有印度波羅密教藝術風格，反映這種外來印度波羅密教藝術在敦煌地區已有傳播之勢。

值得一提的是，從敦煌石窟現存遺迹看，不同時期波羅密教藝術傳播途徑有所不同。中唐時期的波羅密教藝術風格（如榆林窟第25窟）由西藏傳入；晚唐（如第14窟）、五代（如榆林窟第20窟）、宋代（如莫高窟天王堂、第76窟東壁南側壁畫的降生塔和初轉法輪塔等）的波羅密教藝術，有學者認為是從中亞傳入的，因為這一時期敦煌與吐蕃關係緊張，密教原來的傳播途徑中斷，從中亞開闢了新途徑；到西夏（如東千佛洞第2窟）、元代（如第465窟），波羅密教藝術又恢復了從西藏傳入的途徑。

中唐新題材千手千缽文殊經變

千手千缽文殊經變是繼盛唐的千手千眼觀音經變以後，敦煌石窟新出現的千手形象的密教經變題材。據記載，釋迦佛曾上升至摩醯首羅天宮中，與毗盧遮那如來共演“金剛性海蓮花藏會”，毗盧遮那佛告訴釋迦佛及千釋迦、千百億化身釋迦：文殊菩薩是他往昔修持金剛秘密菩提法教的老師，他以認識本來清淨自性之因緣而得“毗盧遮那”的佛號。所以從毗盧遮那佛清淨心中出現千臂千缽，千缽中顯現千釋迦，千釋迦複現千百億化身釋迦，顯現修行加持秘密性海法藏，令一切眾生得入瑜伽大教王經的境界。由於文殊菩薩是一切諸佛如來金剛本母，所以從他的金剛般若身心，能生出一切諸佛菩薩，於是千手千缽中出現了千釋迦。

千手千缽文殊經變一出現就有穩定的格局，常與千手千眼觀音經變構成組合形式，各居左右對稱出現，因此可知這兩個題材的經變在密教中有同等重要的地位。此後這一題材一直延續到西夏，成為密教藝術的主要題材。

這經變基本採用方形或長方形畫面，構圖無一例外均採用“眾星捧月式”：中央位置是文殊菩薩，他的千隻手均托寶缽，寶缽中多現須彌山，山頂端坐釋迦牟尼佛。這些千手千缽形成主尊身後多層圓圈，類似菩薩的背光。

第361窟千手千缽文殊菩薩經變繪於主室東壁門南，文殊菩薩戴化佛冠，位於正中央，上有寶蓋，下有水池，結迦趺坐於從水池中生出的、由雙龍纏繞的須彌山頂的蓮花上。有大手四隻，托寶缽，寶缽中現須彌山，山頂端坐釋迦。眾多小手托寶缽置於主尊身後形成多重圓圈，靠近主尊兩側小手所托寶缽中現須彌山，山頂端坐釋迦。主尊兩側為眷屬，有乘五馬座的日光菩薩、乘五鵝座的月光菩薩、金剛歌菩薩、金剛舞菩薩、金剛縵菩薩、金剛嬉菩薩、金剛燈菩薩、金剛香菩薩、忿怒尊，主尊下方的水池中有二龍王、二阿修羅和二夜叉。整個畫面突出主尊、左右對稱，主次有序，佈局巧妙，畫風細膩，筆力精湛，色彩鮮艷，為中唐時期的優秀作品。經研究，敦煌的千手千缽文殊經變主要是依據不空所譯《大乘瑜伽金剛性海曼殊室利千臂千缽大教王經》繪製的，因該經典未列舉畫像法和壇法，故在繪製時又參考了不空譯《金剛頂經瑜珈文殊師利菩薩法一品》所説：“畫文殊師利菩薩坐月輪中，輪內周旋書五字，四面畫八供養及四攝，如大壇法”。

依然盛行的如意輪觀音經變與不空羂索觀音經變

如意輪觀音經變和不空羂索觀音經變，雖早在盛唐時期就出現於第148窟，但是主尊如意輪觀音和不空羂索觀音的塑像早已不存，具體形象無法得知。中唐時期的十二幅如意輪觀音經變（含藏經洞所出絹畫）和九幅不空羂索觀音經變，使我們得以看到以主尊形象出現的如意輪觀音和不空羂索觀音。

敦煌石窟現存歷代如意輪觀音經變七十八幅（未包括藏經洞的絹、紙畫），是敦煌常見的漢傳密教經變、密教曼荼羅中數量最多的一種，時代從盛唐一直延續到西夏，表明該經變曾是歷時長久，深受時人喜愛的密教題材。

從經變所見，如意輪觀音一面，多戴寶冠，冠中多有化佛。常作六臂，另有個別二臂、八臂的。所持法器、寶物不盡相同。姿勢是左右舒坐或站立，以舒坐為主。兩側的眷屬多寡不一，多者達32位，少者僅有2位，亦有無眷屬的。

中唐的如意輪觀音經變佳作繪於第358窟主室東壁門北，構圖簡練，形象優美。此經變主要依據《如意輪觀音經》和儀軌繪製，但並不拘泥於此經。其眷屬中，難陀龍王、跋難陀龍王、四方天王、二忿怒尊等在此經中均有記載；屬於內四供養的金剛縵菩薩、金剛舞菩薩，屬於外四供養的金剛香菩薩、金剛花菩薩，在此經中僅記載 “結手印供養”，無具體形象；而婆藪仙、功德天則見於《千手千眼觀音經》和儀軌。

至於不空羂索觀音經變，敦煌石窟歷代保存七十四幅（未包括藏經洞的絹、紙畫），時代也是從盛唐一直延續到西夏，數量僅次於如意輪觀音經變，也是敦煌常見的密教經變。

不空羂索觀音多數為八臂，少數六臂；手中法器、寶物不盡相同；以結跏趺坐式者佔絕大多數，少有立像；寶冠中絕大多數有化佛，主尊兩側眷屬多寡不一，多者達三十六位，少者僅有一位，無眷屬佔少數。第384窟南壁的不空羂索觀音經變可以作為這時期的代表。從該經變主尊有六臂，十六身眷屬中有四方天王、功德天、難陀龍王、跋難陀龍王、二忿怒尊等，表明該經變是依據《不空羂索觀音經》繪製的。而該經和儀軌中所記載的“花鬘供養”、“燈明供養”等，沒有在此經變中出現，表明此經變亦未拘泥於經文和儀軌。綜觀中唐時期敦煌壁畫，從內容、形式到技法都進入一個新階段。畫風細膩，筆力精湛，雖然在內容、造型與表現細節上仍是繼續敦煌藝術傳統，但由於吐蕃佔領，經吐蕃傳來的藝術必然影響敦煌原有的藝術傳統，榆林窟第 25 窟的壁畫就是其中代表，大膽吸收傳到吐蕃的印度波羅密教藝術形式，因而在優秀而豐厚的傳統藝術基礎上，創造了新風格。

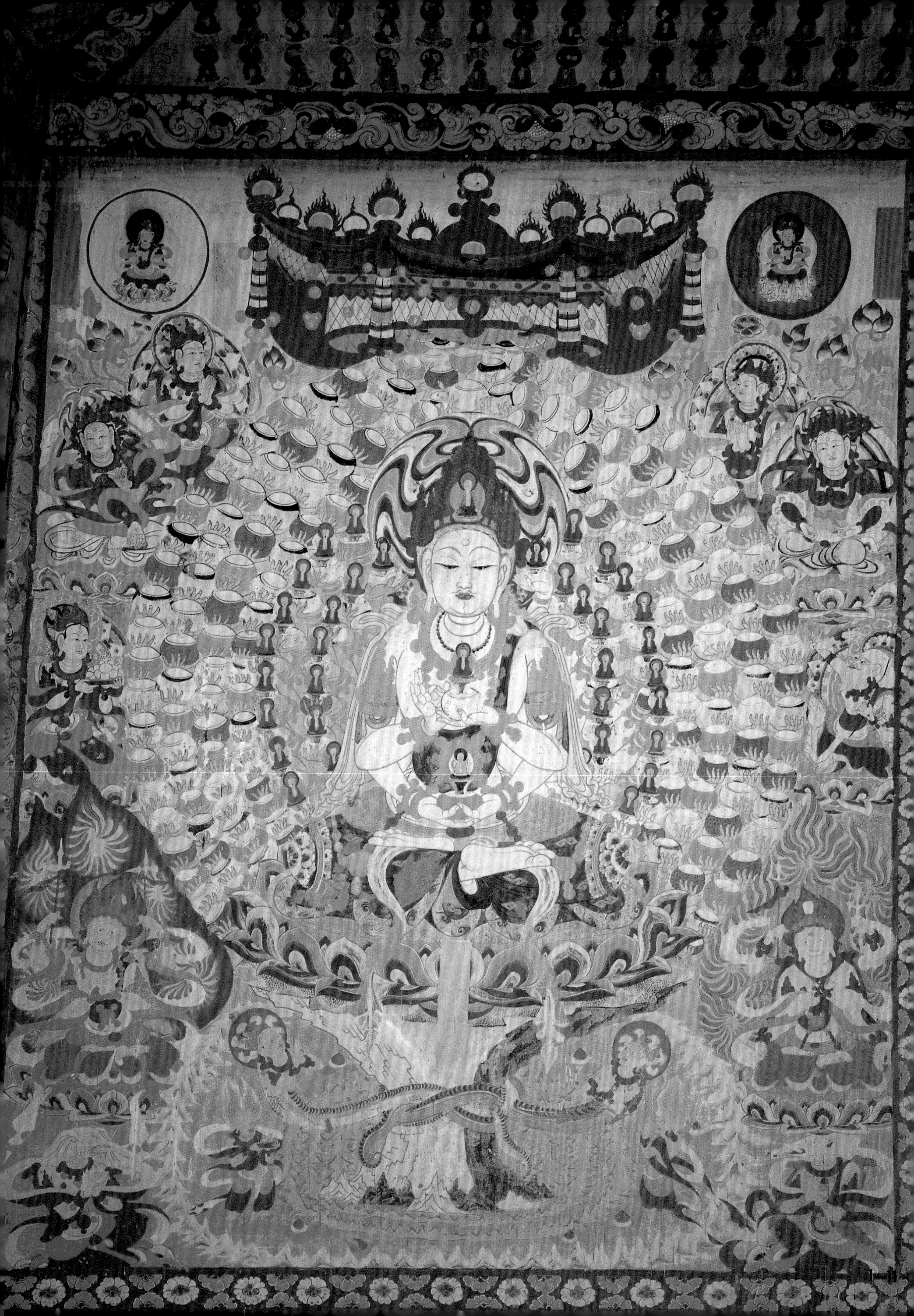

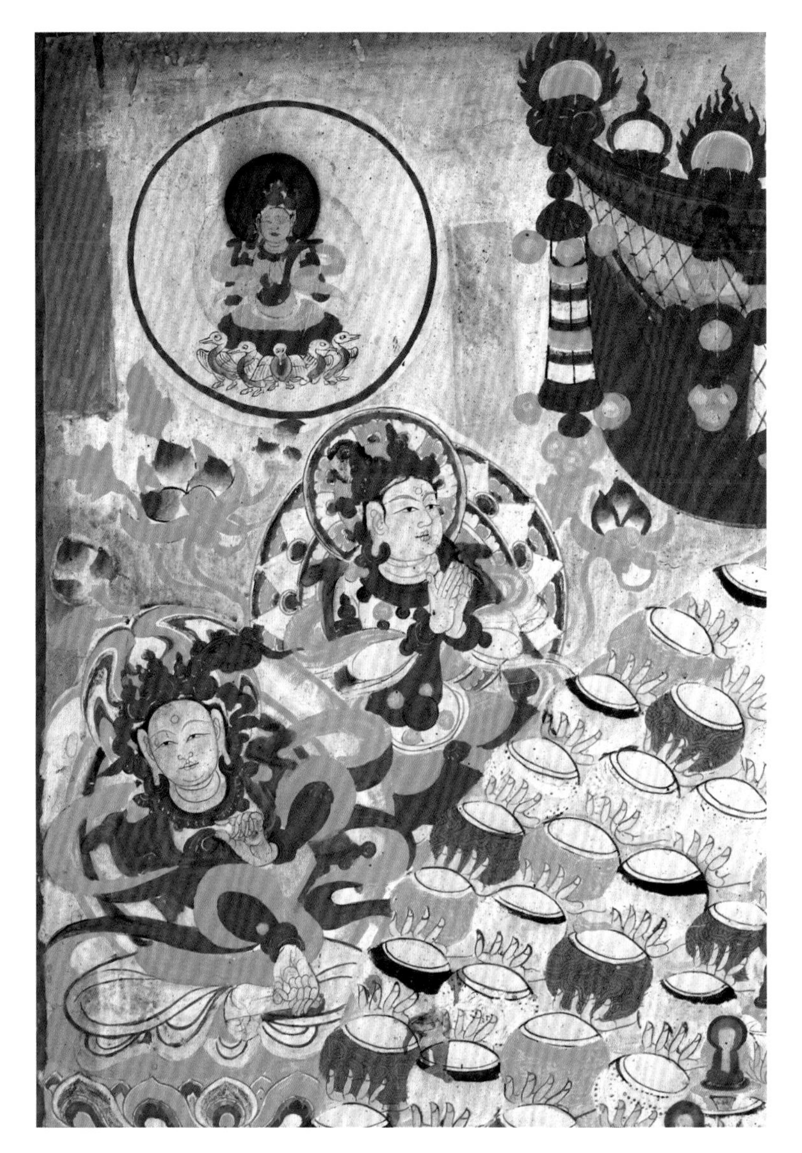

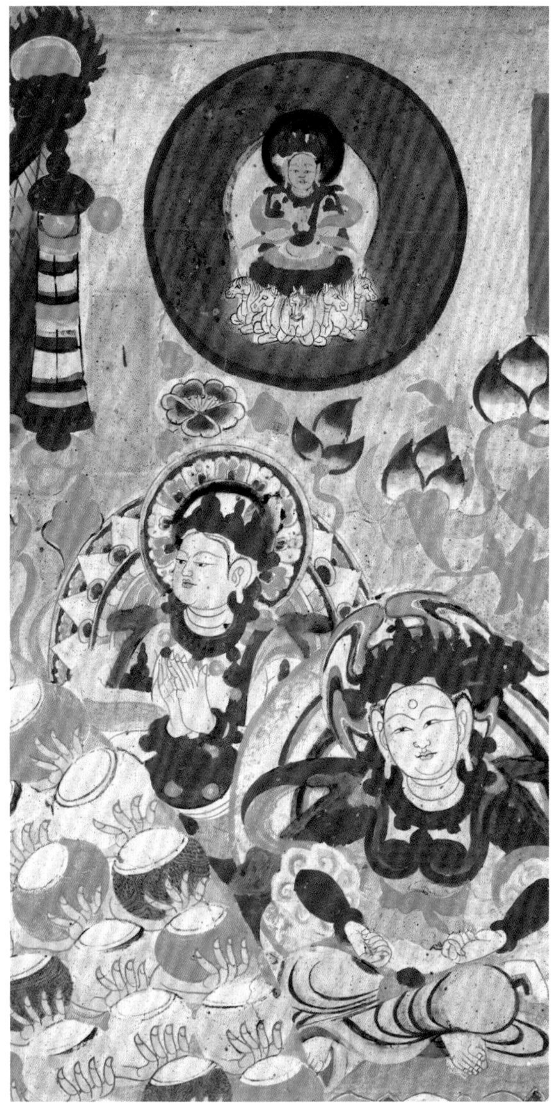

38 **金剛舞菩薩與月光菩薩**

內四供養菩薩之一的金剛舞菩薩，雙手上下舞動，手姿優美柔和，飽含內勁。月輪內的月光菩薩坐在五鵝上，五鵝雙翅欲展，生動有趣。

中唐 莫144 東壁門北

39 **金剛嬉菩薩與日光菩薩**

內四供養菩薩之一的金剛嬉菩薩，兩肘外張，雙手握拳置於腰間，頭微右傾，姿態柔中帶剛。位於日輪中的日光菩薩雙手合掌，乘五馬。五馬呈臥姿，形象生動。

中唐 莫144 東壁門北

37 **千手千缽文殊經變**

文殊菩薩位於經變中央，戴化佛冠，千手托缽，組成多個同心圓環繞主尊，部分缽中有釋迦。結跏趺坐在雙龍纏繞的須彌山頂的蓮花座上。有眷屬十六身，即密教內四供養菩薩之金剛舞菩薩和金剛嬉菩薩、乘五馬的日光菩薩、乘五鵝的月光菩薩、婆藪仙、功德天、忿怒尊、二龍王、二夜叉、象頭的毗那夜迦、豬頭的毗那勒迦、二供養菩薩等。此經變構圖緊湊，畫風細膩，用筆精到，為中唐時期敦煌壁畫佳作。

中唐 莫144 東壁門北

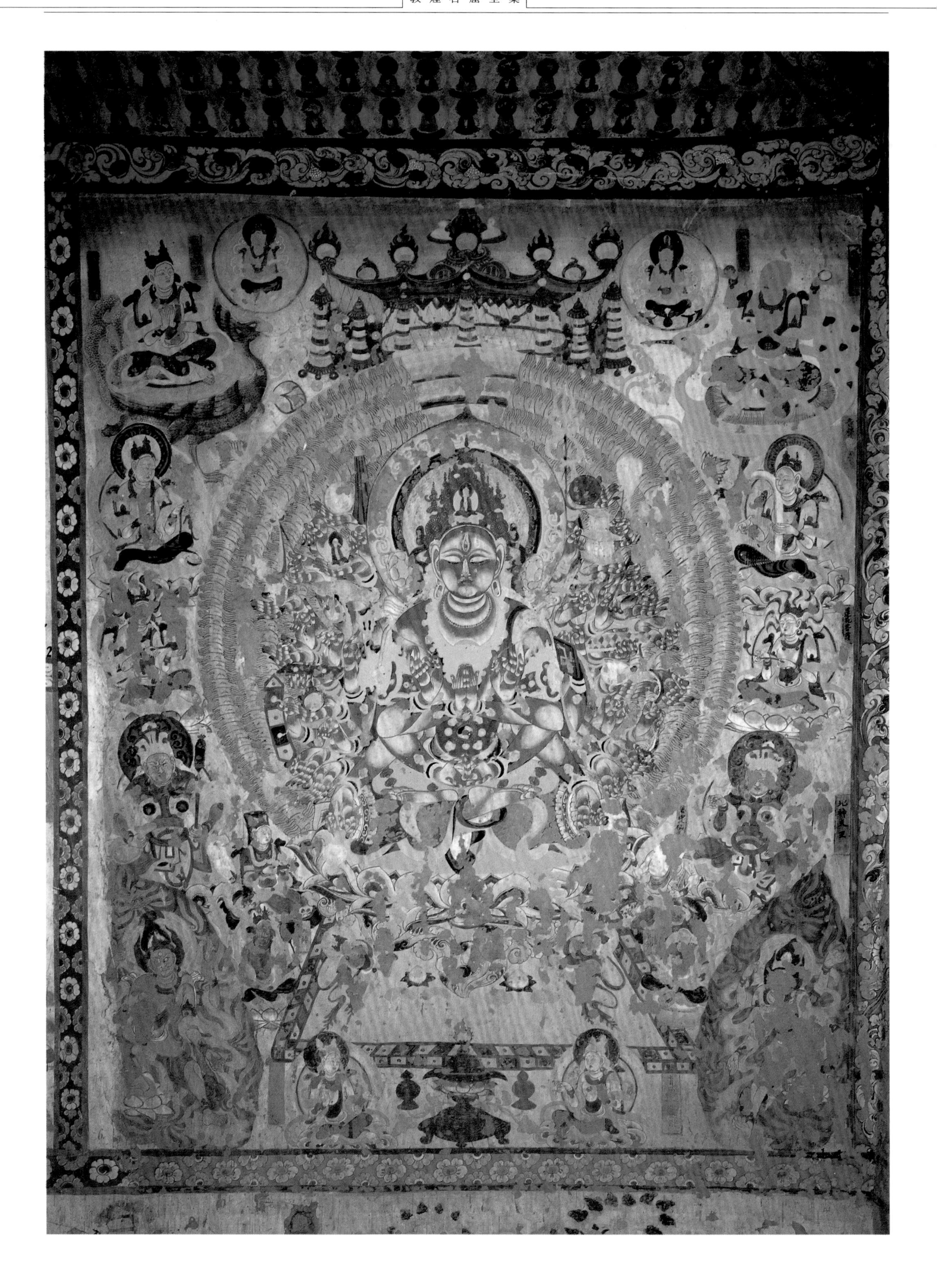

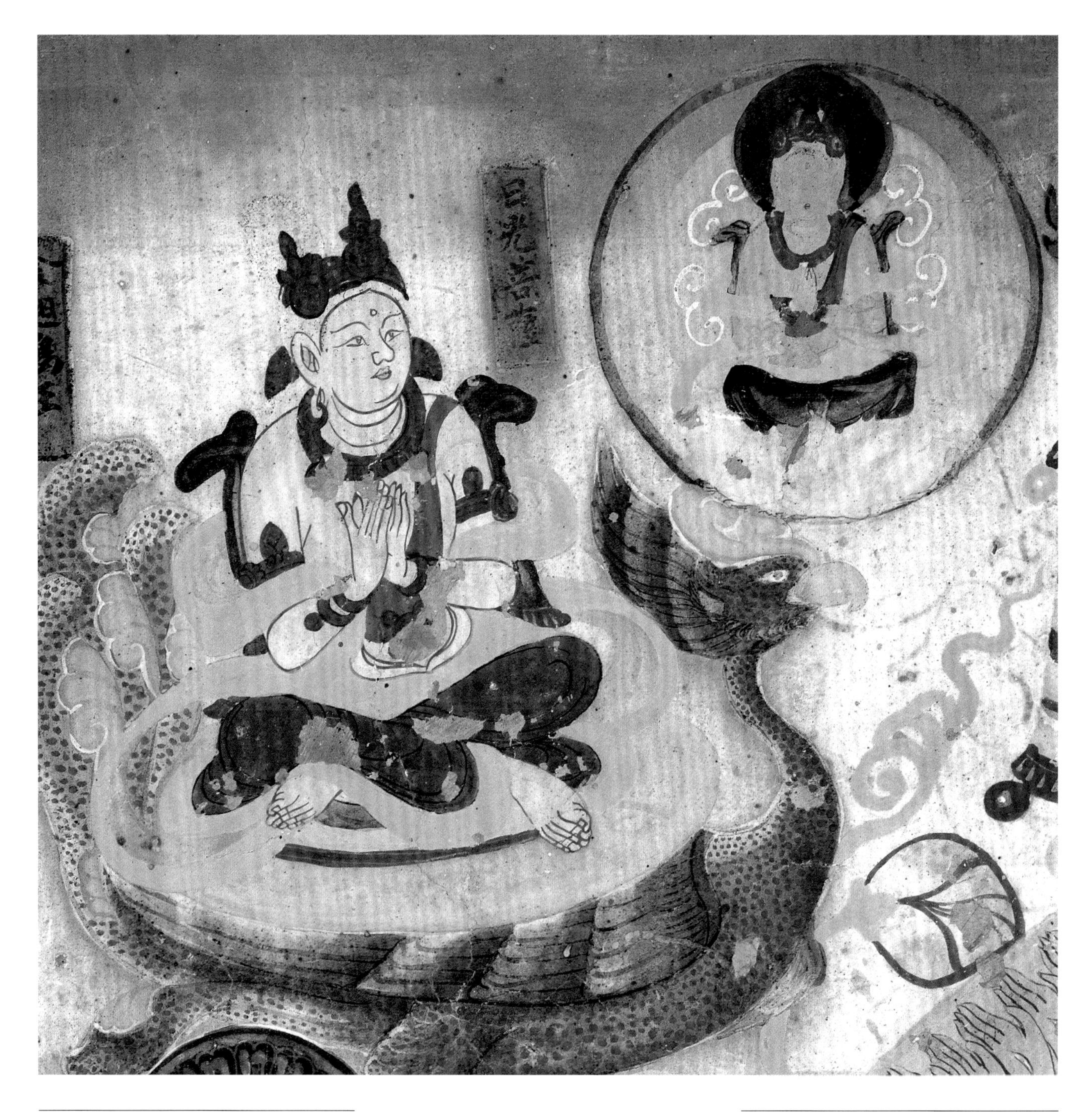

40 千手千眼觀音經變

此經變與文殊經變對稱出現於門兩側，中央為千手千眼觀音，兩側有眷屬二十身，其中日光菩薩、月光菩薩、金翅鳥王、孔雀王、音聲菩薩、蓮花菩薩、地神天王、婆藪仙、水神、火神、青面金剛、馬頭金剛等，榜題清晰可辨。其他榜題雖不可辨認，但從其形象判斷有二龍王、功德天、風神天王、金剛緩菩薩、金剛香菩薩、二供養菩薩。此經變構圖緊湊，線描精煉，色調柔和，是中唐時期的傑作。

中唐 莫144 東壁門南

41 金翅鳥王與日光菩薩

金翅鳥王是佛經常見的護法八大神將之一，巨大的神鳥每天要吃一大龍、五百小龍，展開雙翅可飛翔三百三十六萬里。金翅鳥王合掌，呈蓮花跏趺坐姿，坐在金翅鳥上。合掌的日光菩薩，坐在日輪中五匹馬上，由於壁畫變色，五馬中現僅隱約可見中間一馬頭。

中唐 莫144 東壁門南

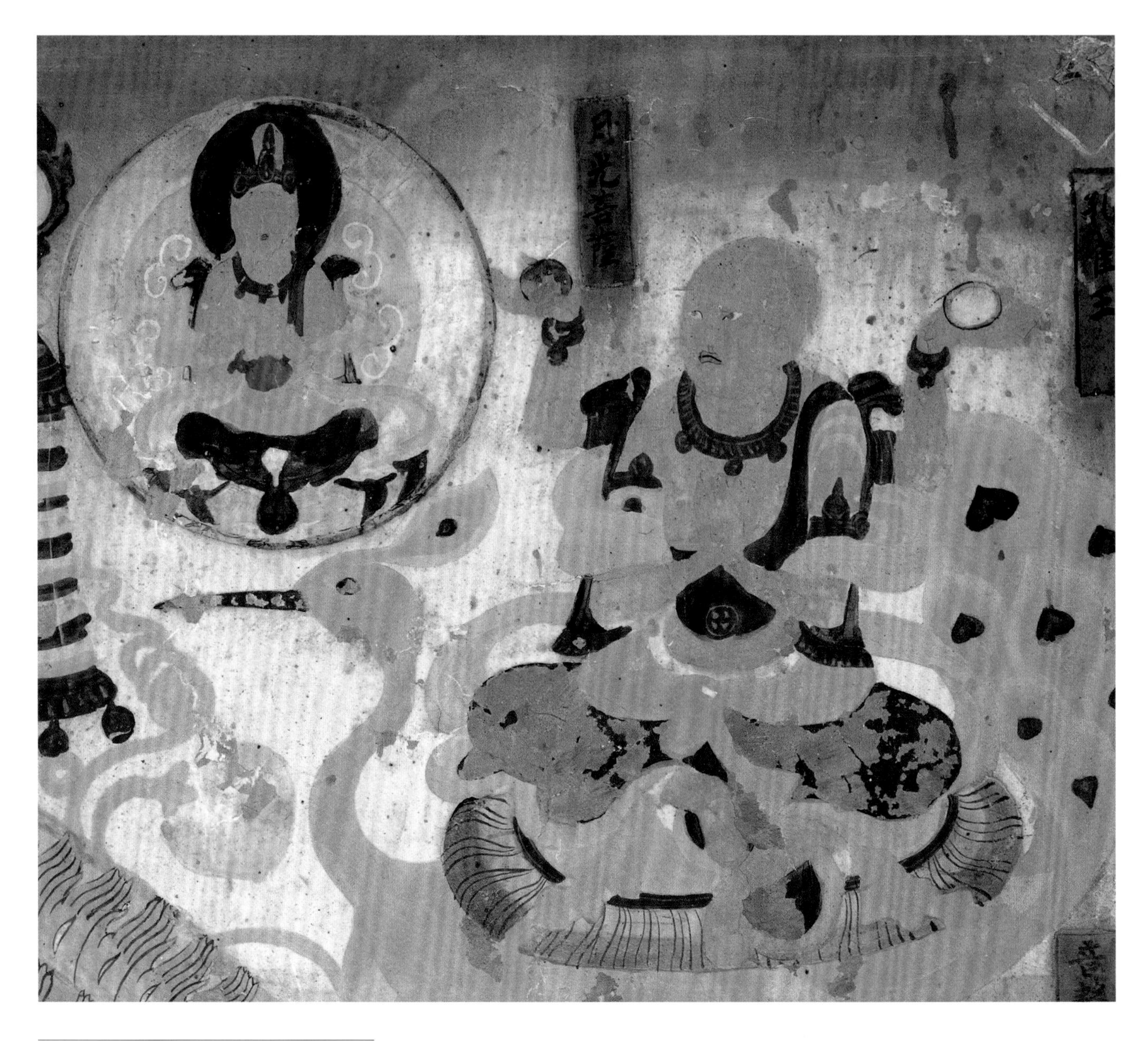

42 **孔雀王與月光菩薩**

孔雀王是護法神之一，較早傳入中國的雜密佛典就有《孔雀明王經》。密教認為孔雀王具有消除毒蛇等造成的毒害、恐怖、災禍，並能夠給人帶來安樂、滿足的神力。孔雀王有四臂，其中兩臂分別托紅色的日精摩尼和白色的月精摩尼，呈蓮花跏趺坐式，坐在綠色孔雀背上。月光菩薩合掌，坐在月輪中五鵝背上，由於壁畫變色，僅隱約可見鵝頭。

中唐 莫144 東壁門南

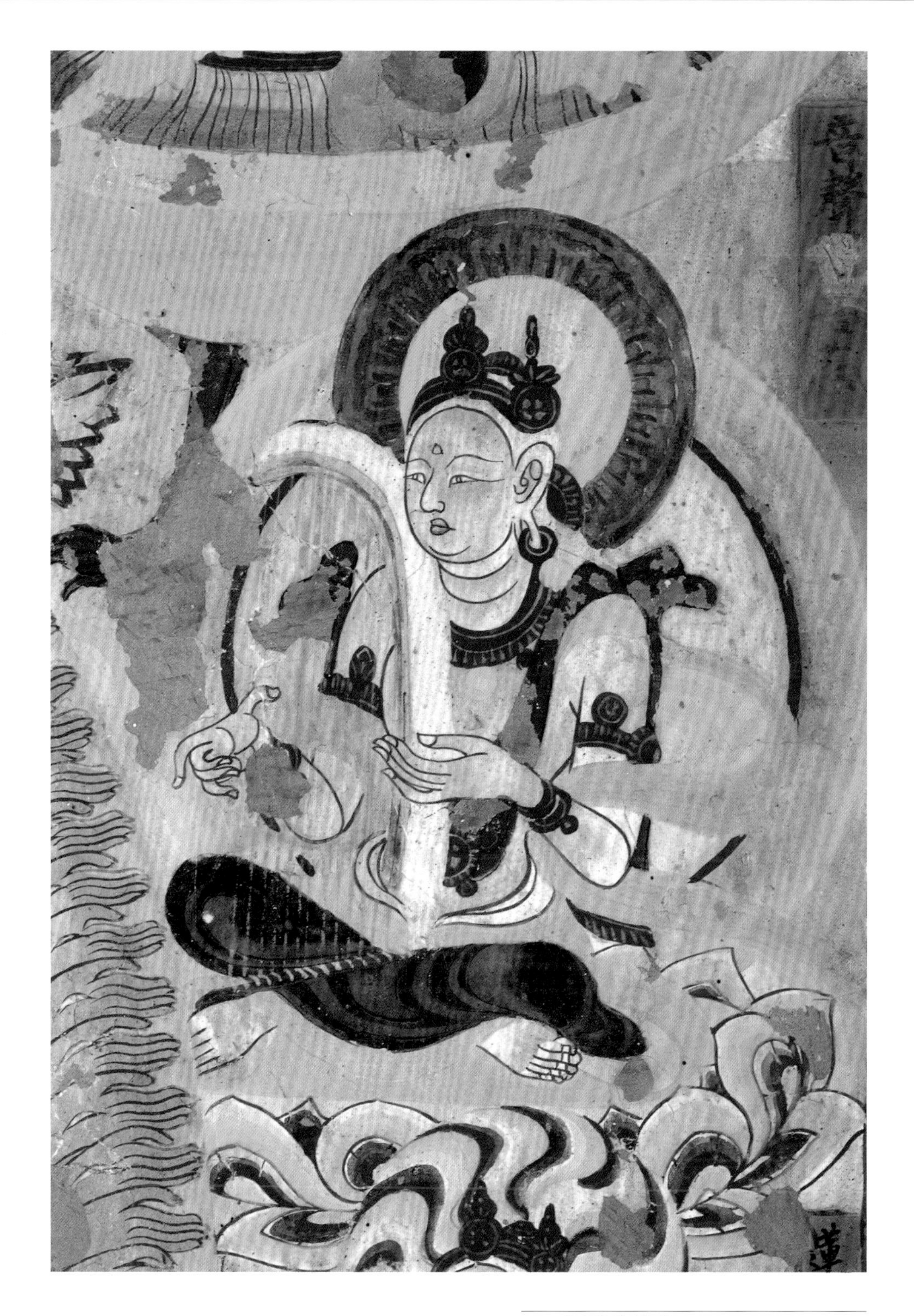

43　金剛歌菩薩

榜題為“音聲菩薩”，即內四供養菩薩中的金剛歌菩薩。菩薩懷抱十三弦的箜篌，雙手一前一後撥弦彈奏。

中唐　莫144　東壁門南

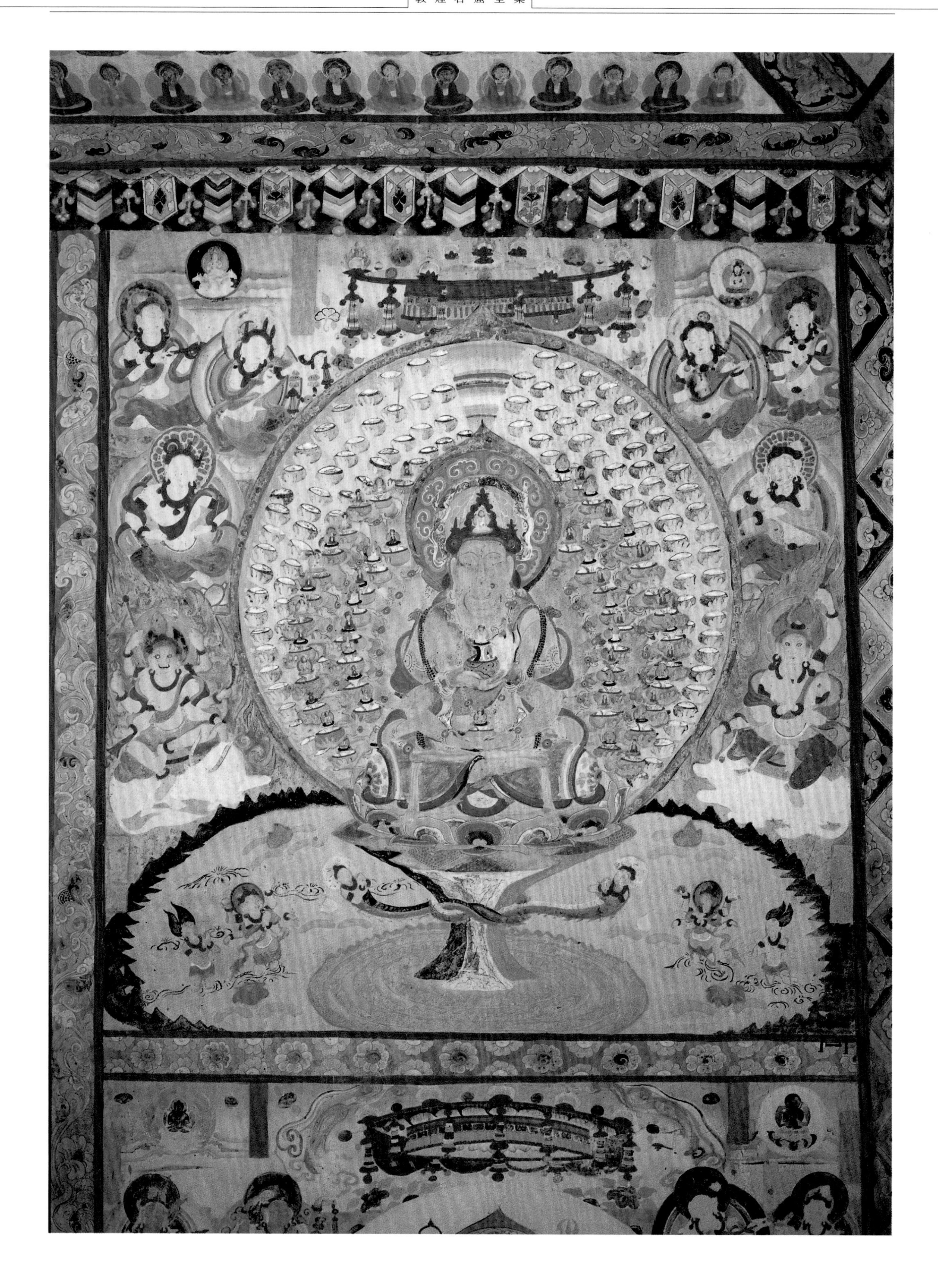

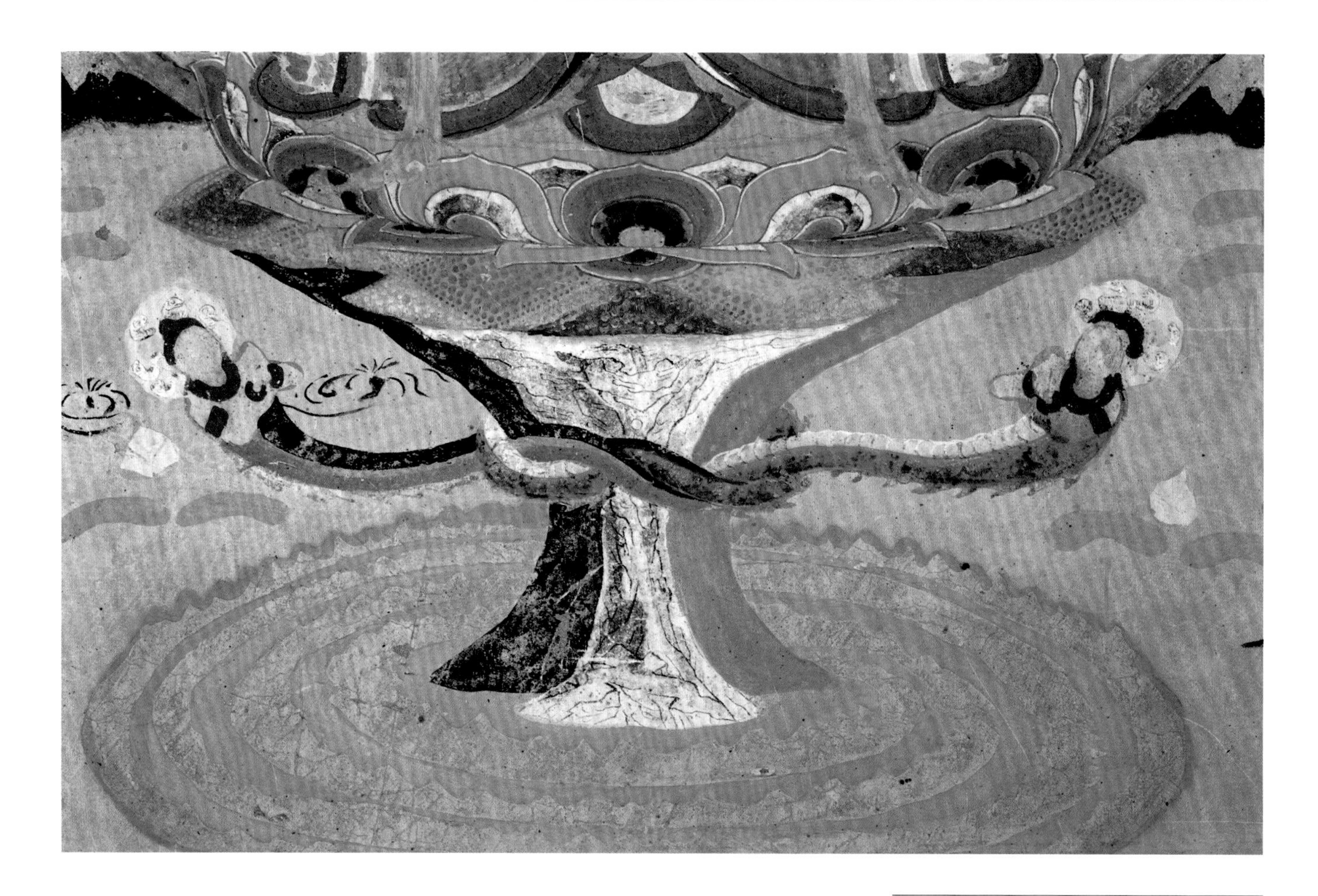

45 二龍王

二龍王人面，人上身，戴五蛇冠，合掌，蛇身纏繞於須彌山腰。構圖奇妙，形象有趣，令人產生無限遐思。

中唐 莫361 東壁門南

44 千手千鉢文殊經變

千手千鉢文殊經變自中唐以來經常與千手千眼觀音經變相對畫在窟門左右，也是人物佈局最密集的密教經變。主尊文殊千手托鉢組成五圈環繞，部分鉢中現釋迦佛。眷屬十六身，有供養菩薩、日光菩薩、月光菩薩、二忿怒尊、二龍王、二阿修羅、二夜叉。構思巧妙，繪製精細。

中唐 莫361 東壁門南

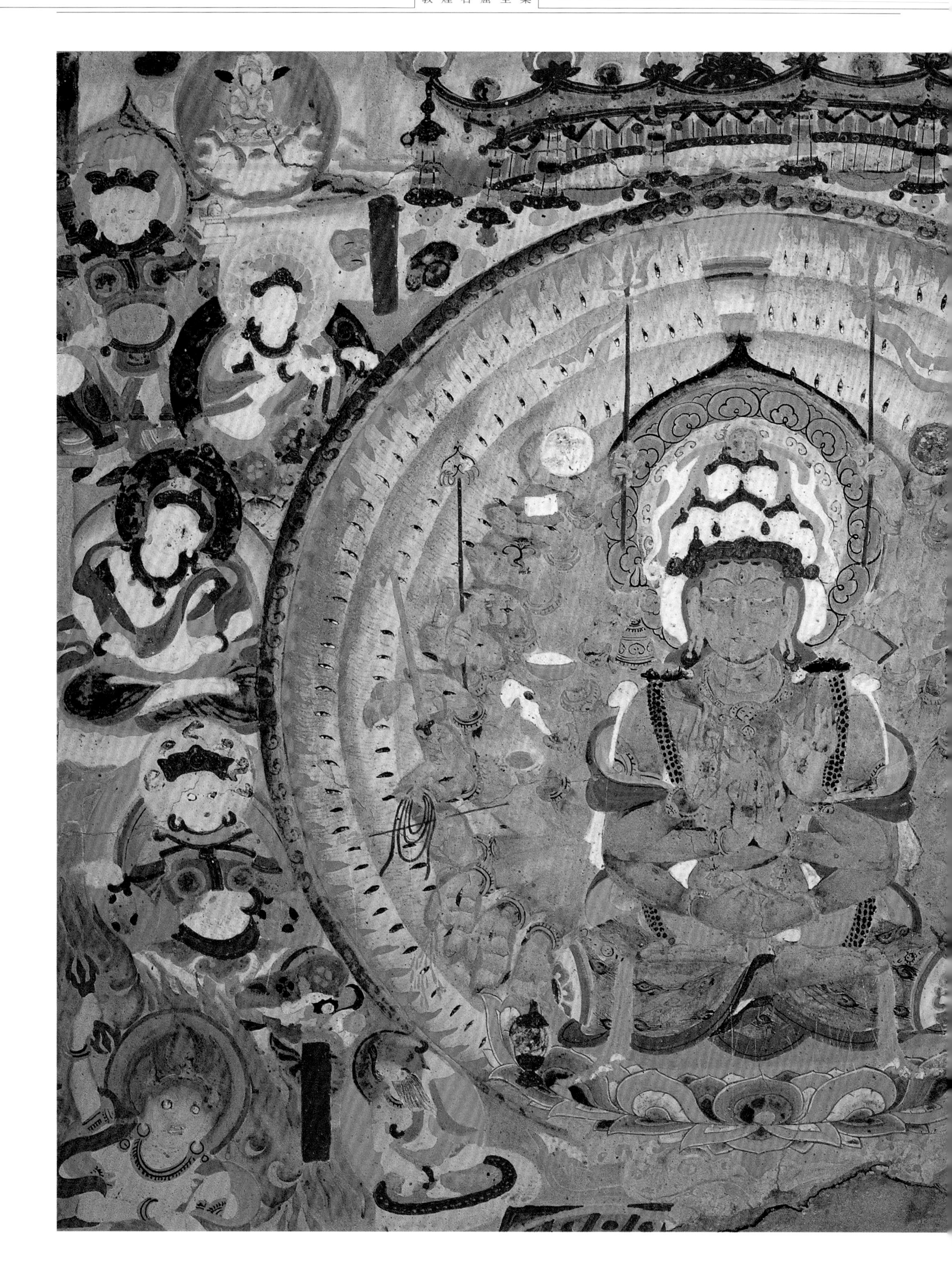

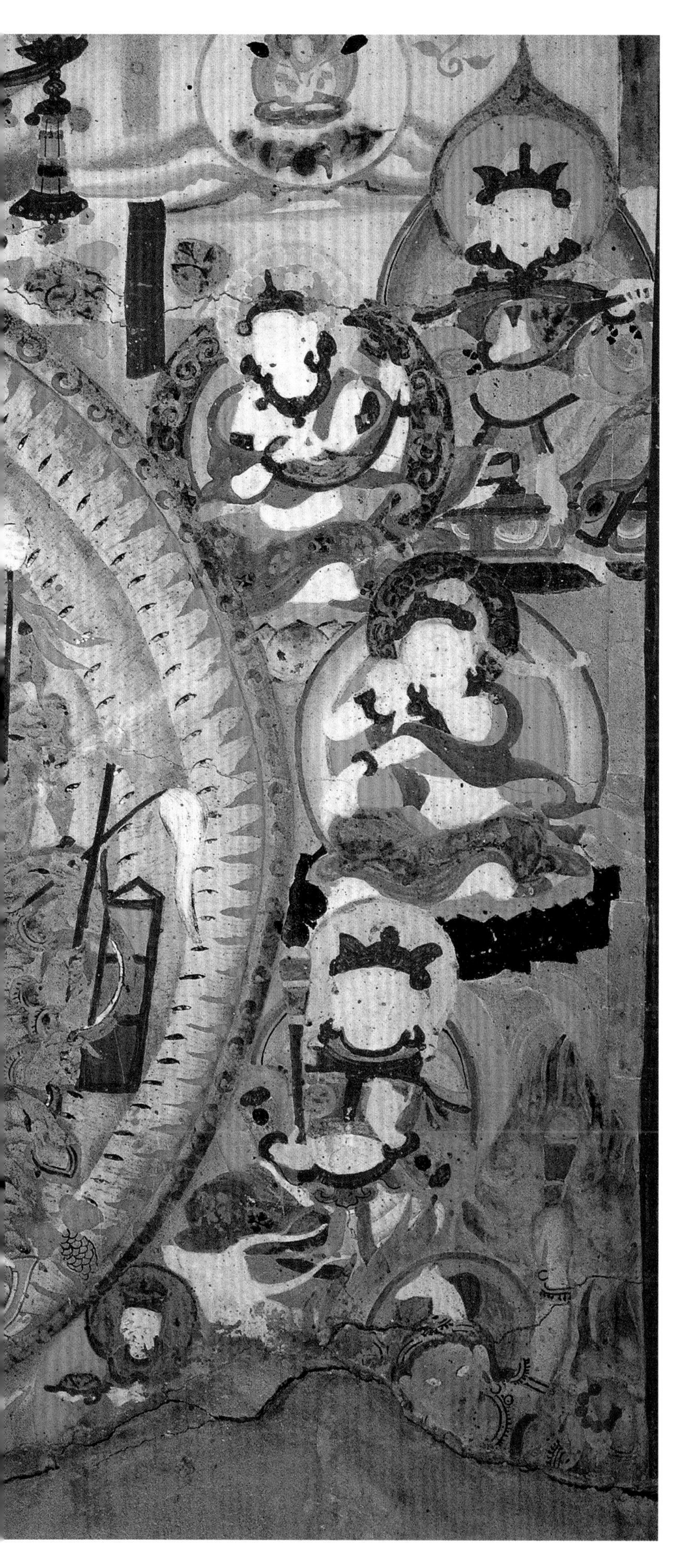

46 千手千眼觀音經變

千手千眼觀音有十一面，眷屬有：金剛歌菩薩、金剛舞菩薩、金剛嬉菩薩、金剛縵菩薩、日光菩薩、月光菩薩、四大天王、婆藪仙、功德天、馬頭金剛、忿怒尊等。其中，馬頭金剛頭冠內馬頭高仰，諸菩薩的動作優美。

中唐 莫361 東壁門北

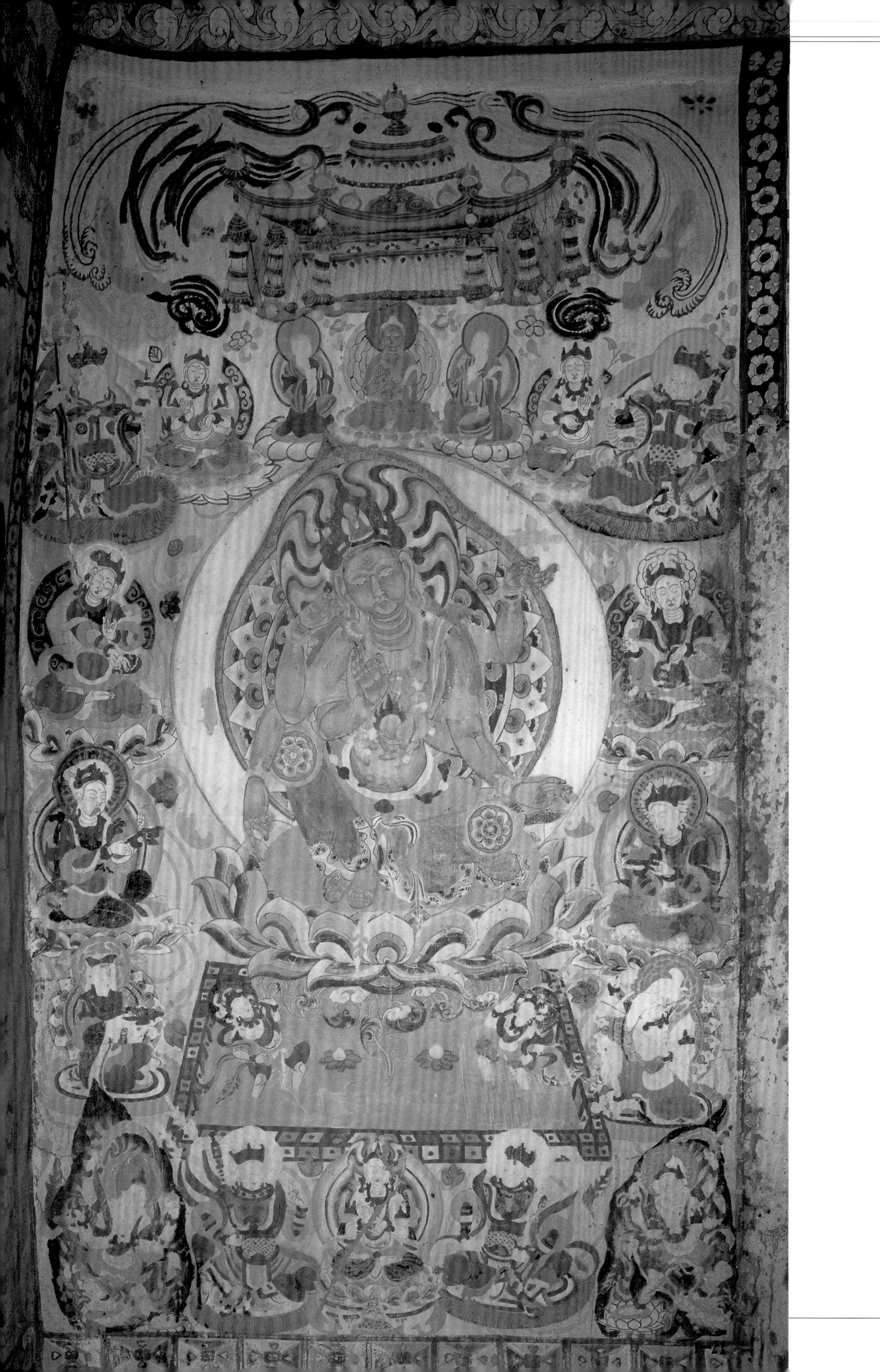

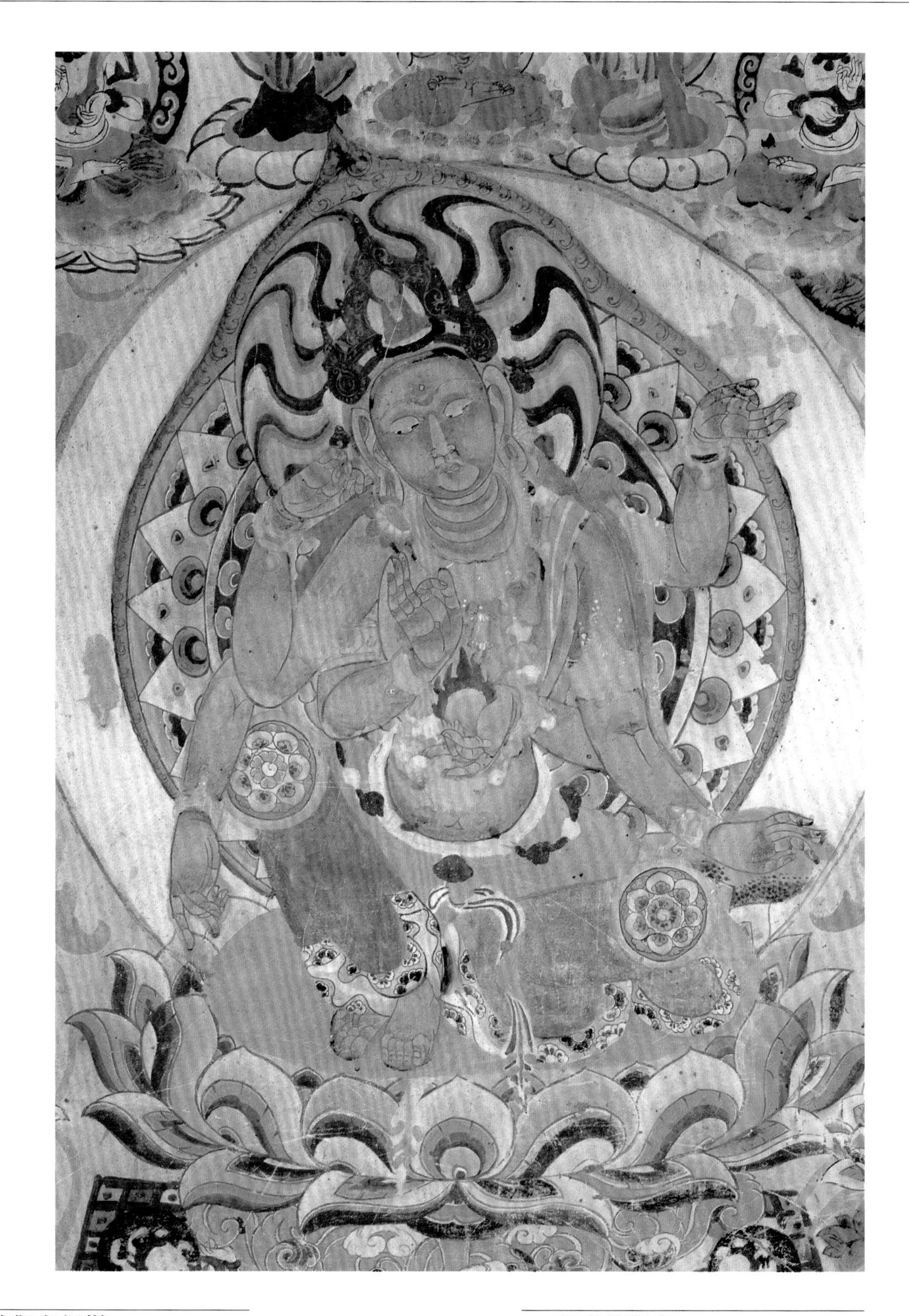

47 如意輪觀音經變

如意輪觀音有頭光和背光。頭頂上方有一佛二傳法僧人，再上有寶蓋。眷屬十九身，有金剛舞菩薩、金剛縵菩薩、金剛香菩薩、金剛花菩薩、婆藪仙、功德天、二龍王、四天王、二飛天、二忿怒尊，此外還有三身供養菩薩。這幅經變的構圖簡練，線條細膩，形象優美，堪稱中唐的藝術佳作。

中唐 莫358 東壁門北

48 如意輪觀音

觀音戴化佛冠，六臂，右手或思惟，或持蓮花，或下垂，左手持如意輪，托寶珠，按光明山。頭稍稍右傾，頗有動感，舒坐在水中生起的蓮花上，神態顯得很優美。

中唐 莫358 東壁門北

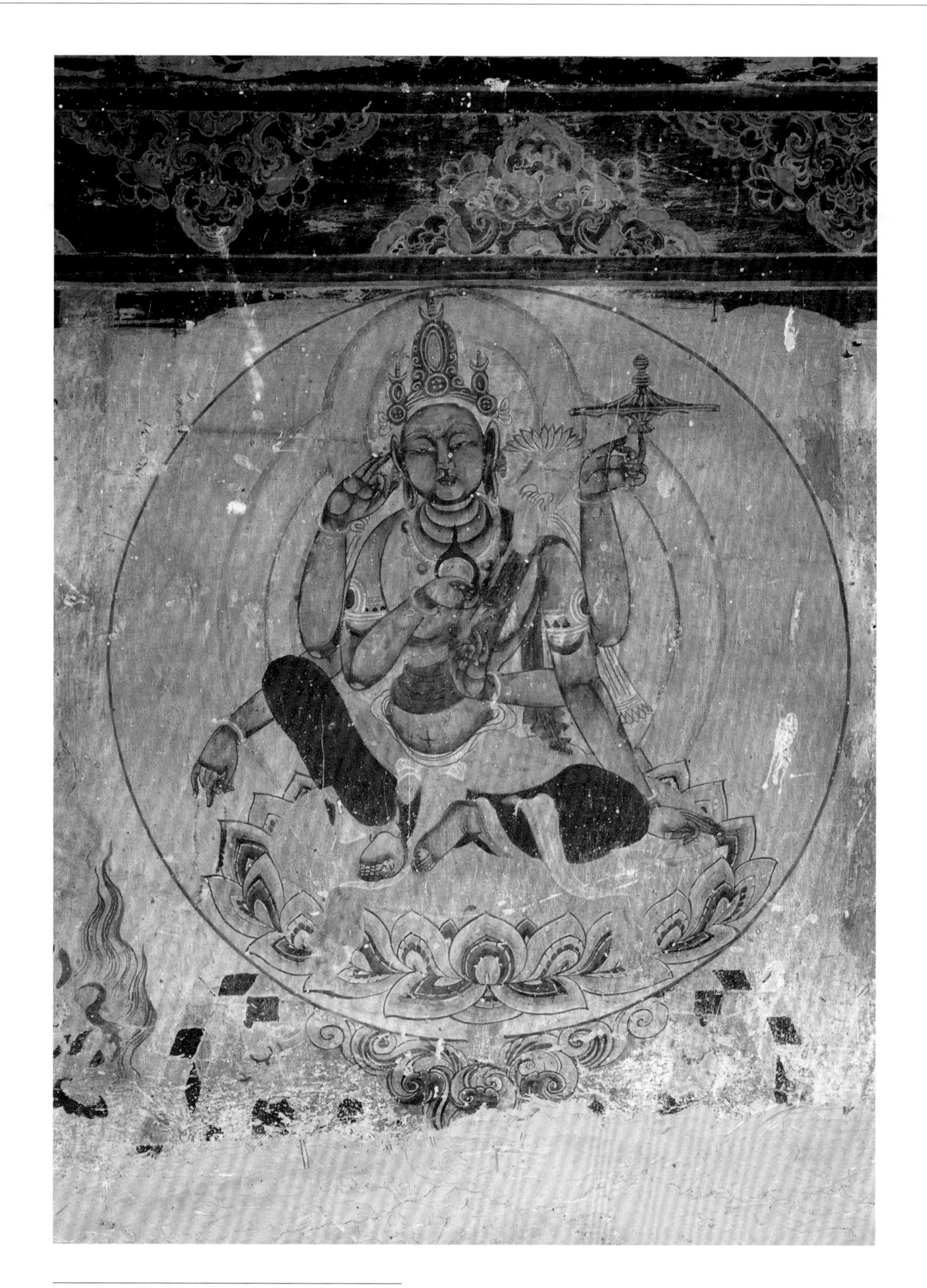

49 **如意輪觀音經變**

如意輪觀音戴寶冠，六臂，右一手思惟，一手托寶珠，一手持唸珠，左一手持如意輪，一手持蓮花，一手按光明山。有頭光和背光。右舒坐於水池中生出的蓮花座上。眷屬僅可見二龍王。畫面簡潔，線條流暢。光明山即普陀洛伽山、普陀山（梵文Potalaka音譯），觀音道場。據佛經記載，如意輪觀音手按光明山是為了“成就無傾動”。

中唐 莫176 東壁門上

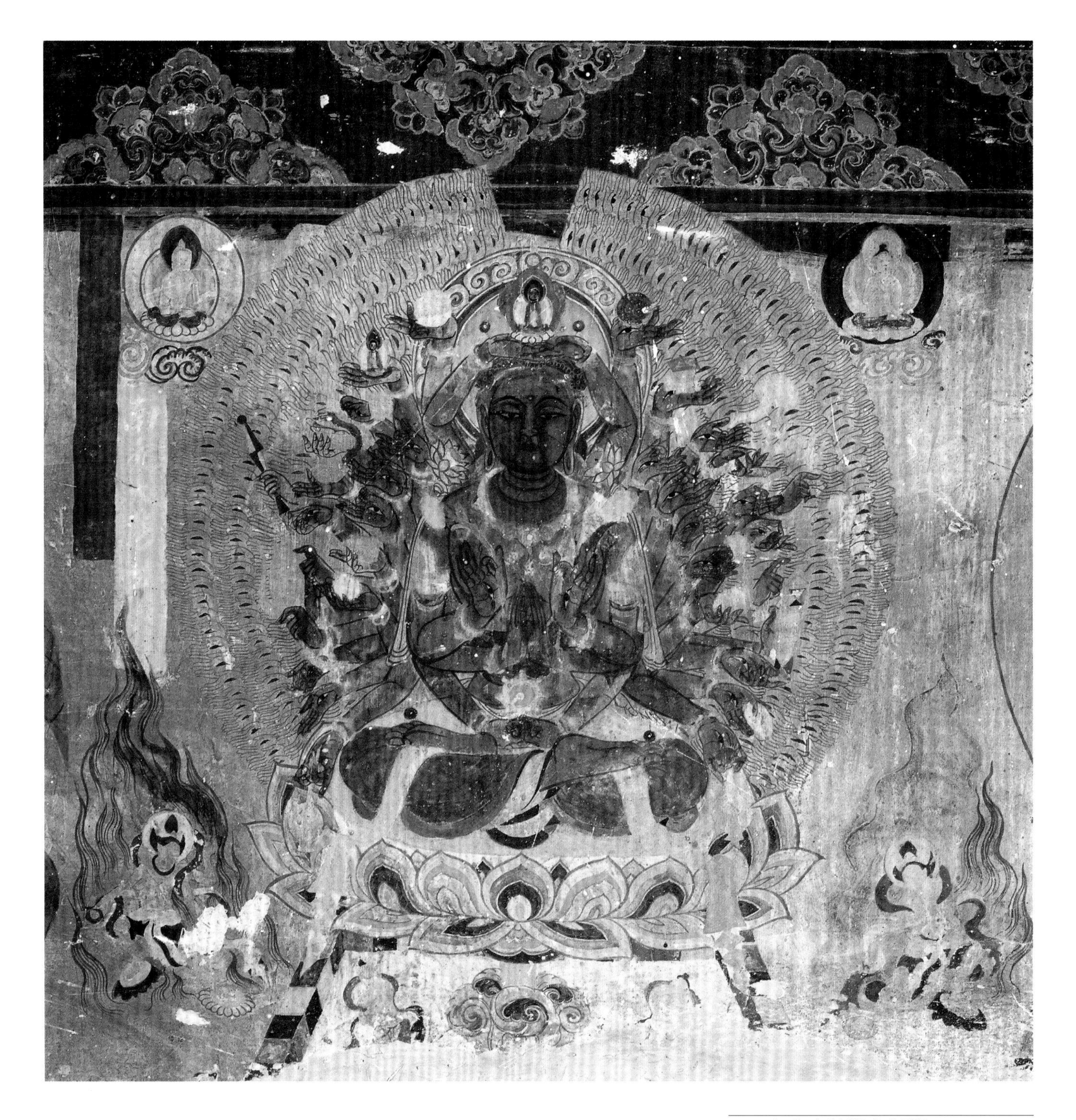

50 千手千眼觀音經變

主尊戴寶冠，冠中的化佛構思巧妙，其實是觀音高舉於頭上的化佛手所托化佛。主尊四十隻大手，執持法器、寶物或結手印。還有眾多小手環繞。手中各有一眼。眷屬較少，有日、月光菩薩、二龍王、二忿怒尊等。

中唐 莫176 東壁門上

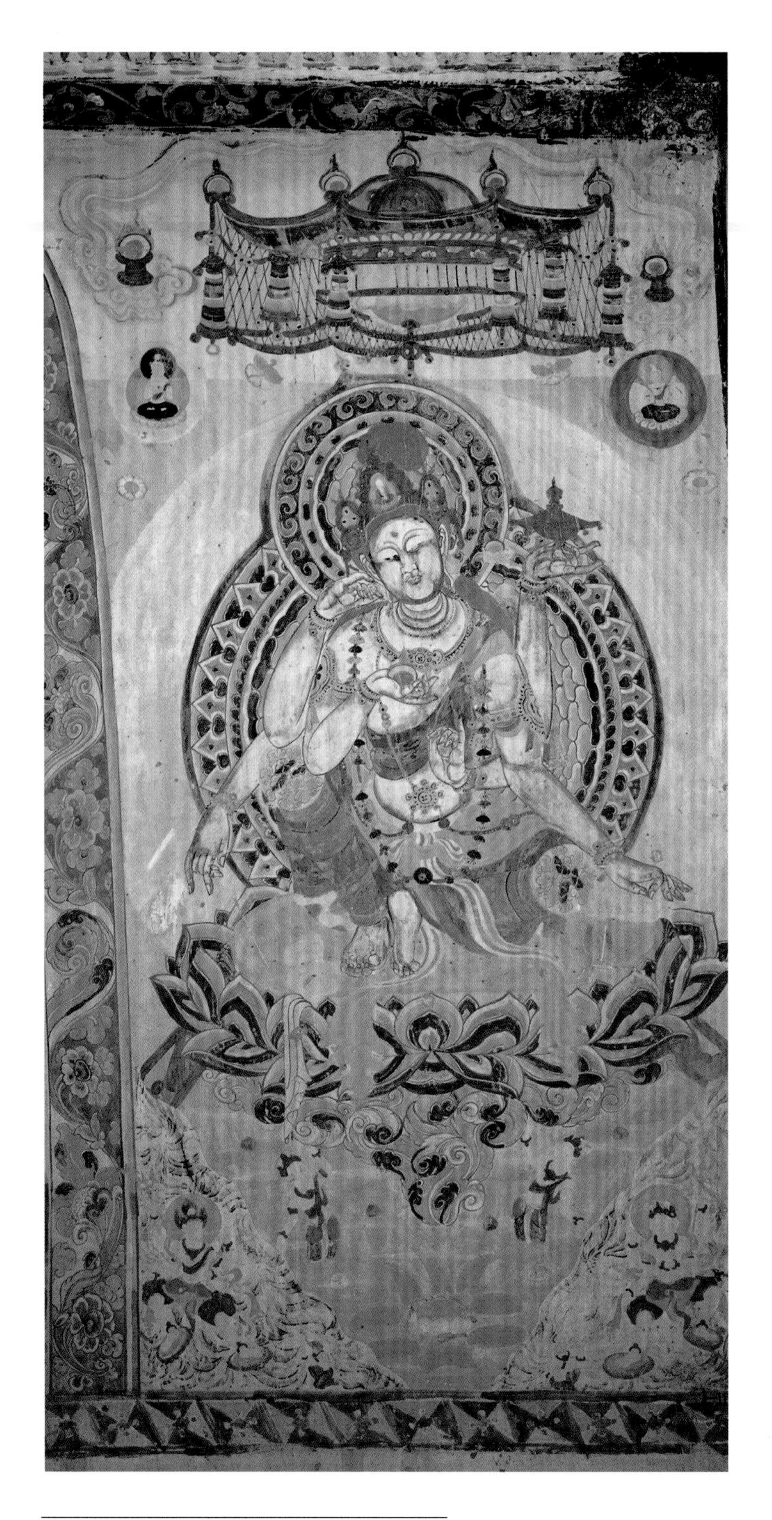

51 如意輪觀音經變

主尊位於經變中部，上有寶蓋，下有水池，眷屬有日光菩薩、月光菩薩、二龍王、二忿怒尊、毗那夜迦、毗那勒迦。

中唐 莫384 北壁

52 如意輪觀音

菩薩戴化佛冠，六臂，右一手思惟，一手托寶珠，一手下垂，左一手持如意輪，一手持蓮花，一手按光明山。有頭光和背光，右舒坐於從水中生出的蓮花座上。頭微右傾，姿態優美。

中唐 莫384 北壁

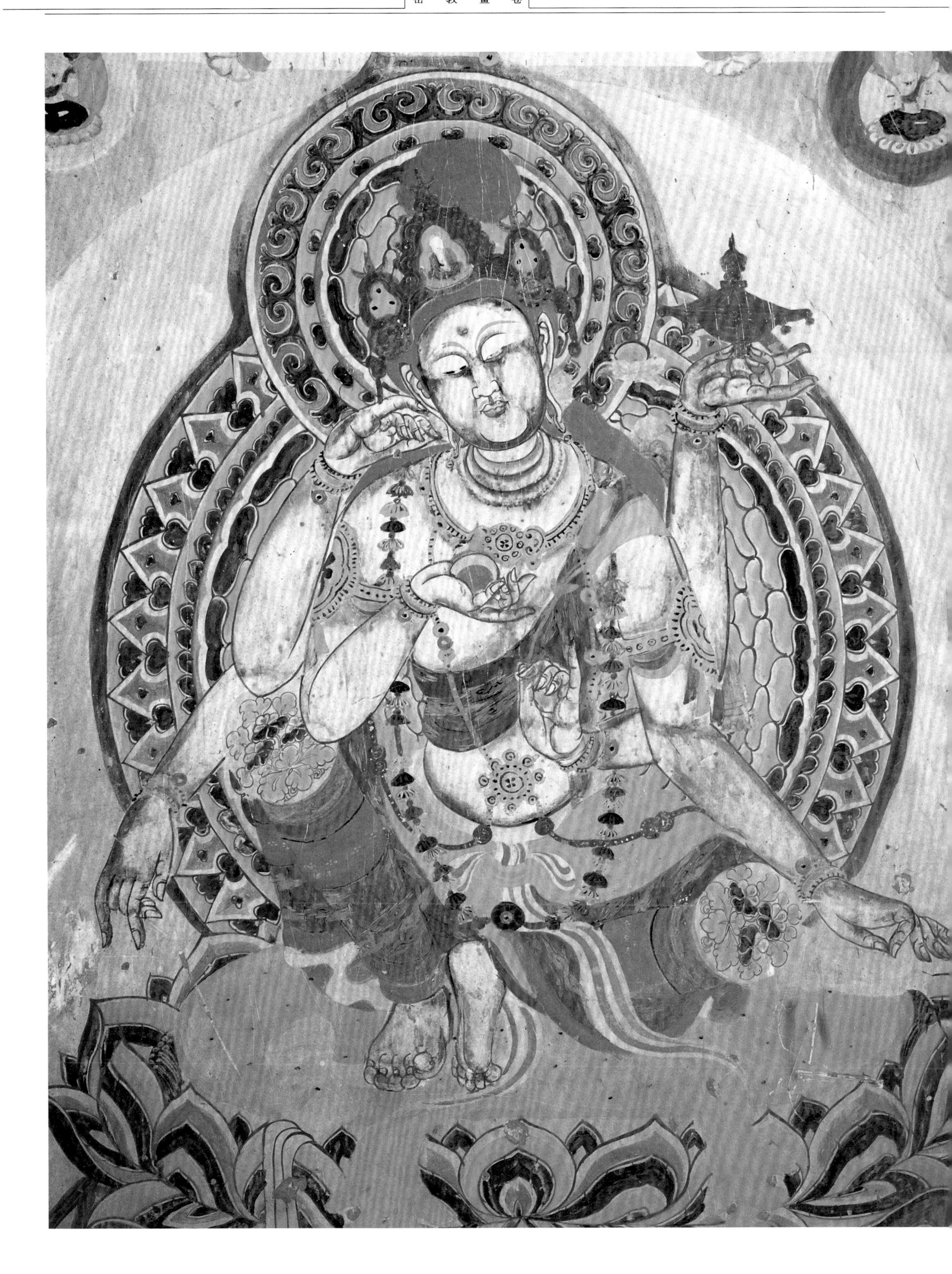

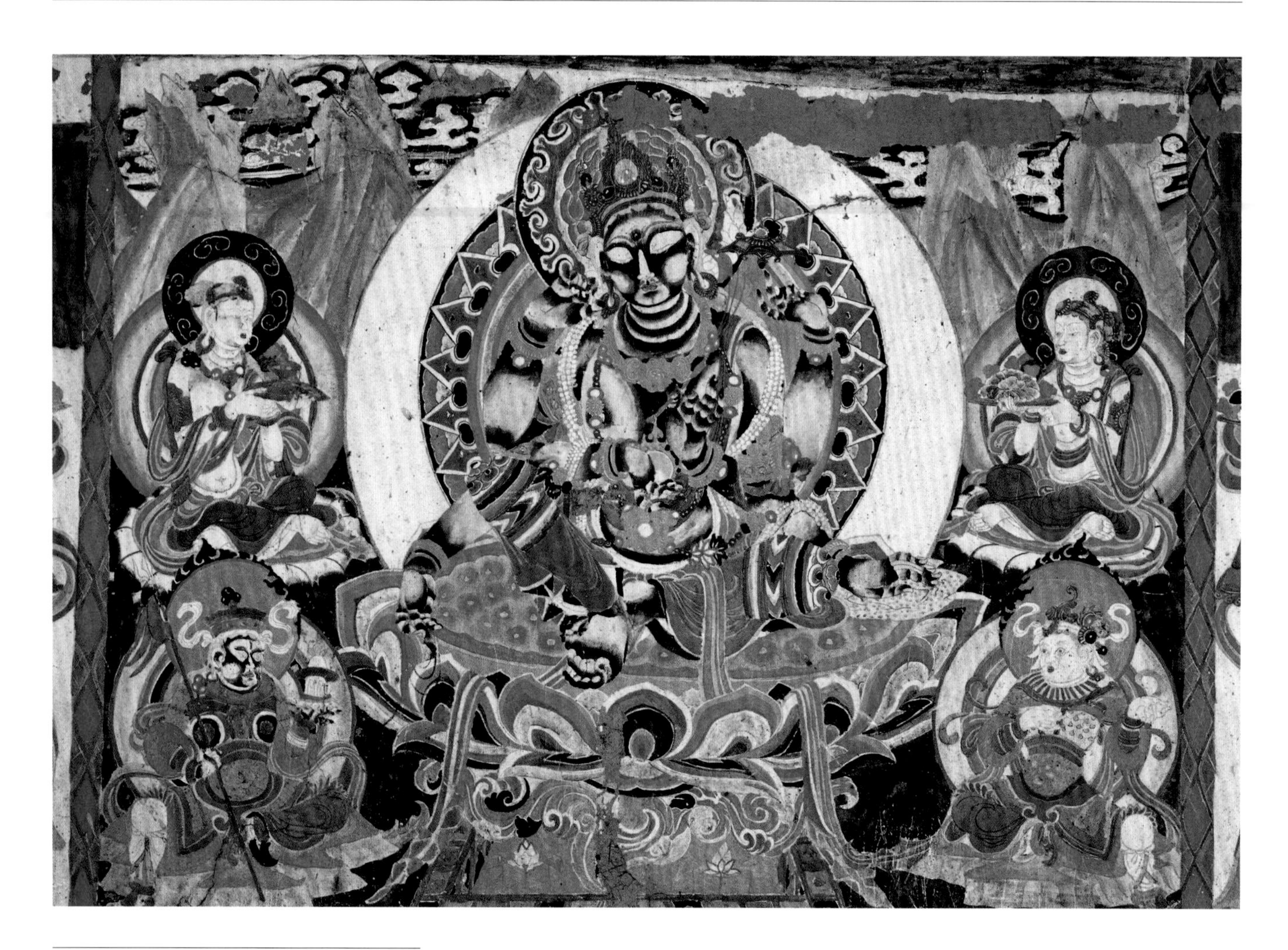

53 如意輪觀音經變

主尊位於經變中部，戴寶冠，冠中無化佛，六臂，右一手思惟，一手托寶珠，一手持羂索，左一手持如意輪，一手持蓮蕾，一手按光明山。有頭光和背光，右舒坐在蓮花座上。眷屬有金剛燈菩薩、金剛花菩薩、二天王，其中一身為托寶塔的毗沙門天王。暈染與線描運用巧妙，有滿壁生輝的效果。

中唐 莫158 東壁門上

54 不空羂索觀音經變

主尊位居中央，頭頂上方有寶蓋。由十六身護法神環繞，有日光菩薩、月光菩薩 、四方天王、婆藪仙、功德天、二龍王、二飛天、二忿怒尊、毗那夜迦、毗那勒迦等。整個畫面繪製精美。

中唐 莫384 南壁

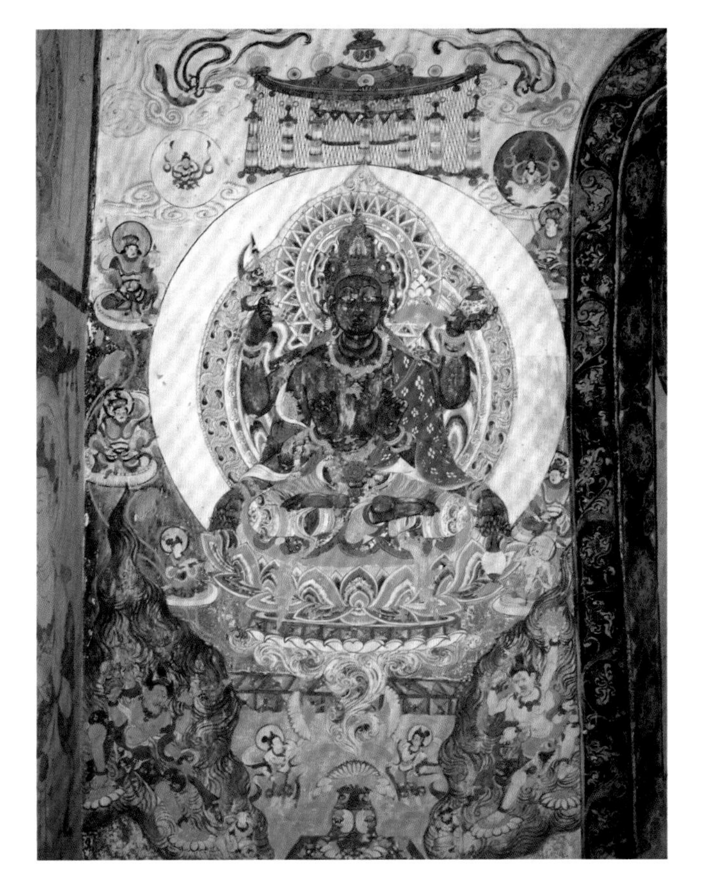

55 不空羂索觀音

戴化佛寶冠，左肩披鹿皮衣，有六臂，右手分別持二叉戟、持柳枝、羂索，左手托寶瓶、持蓮花、持淨瓶。有頭光和背光。

中唐 莫384 南壁

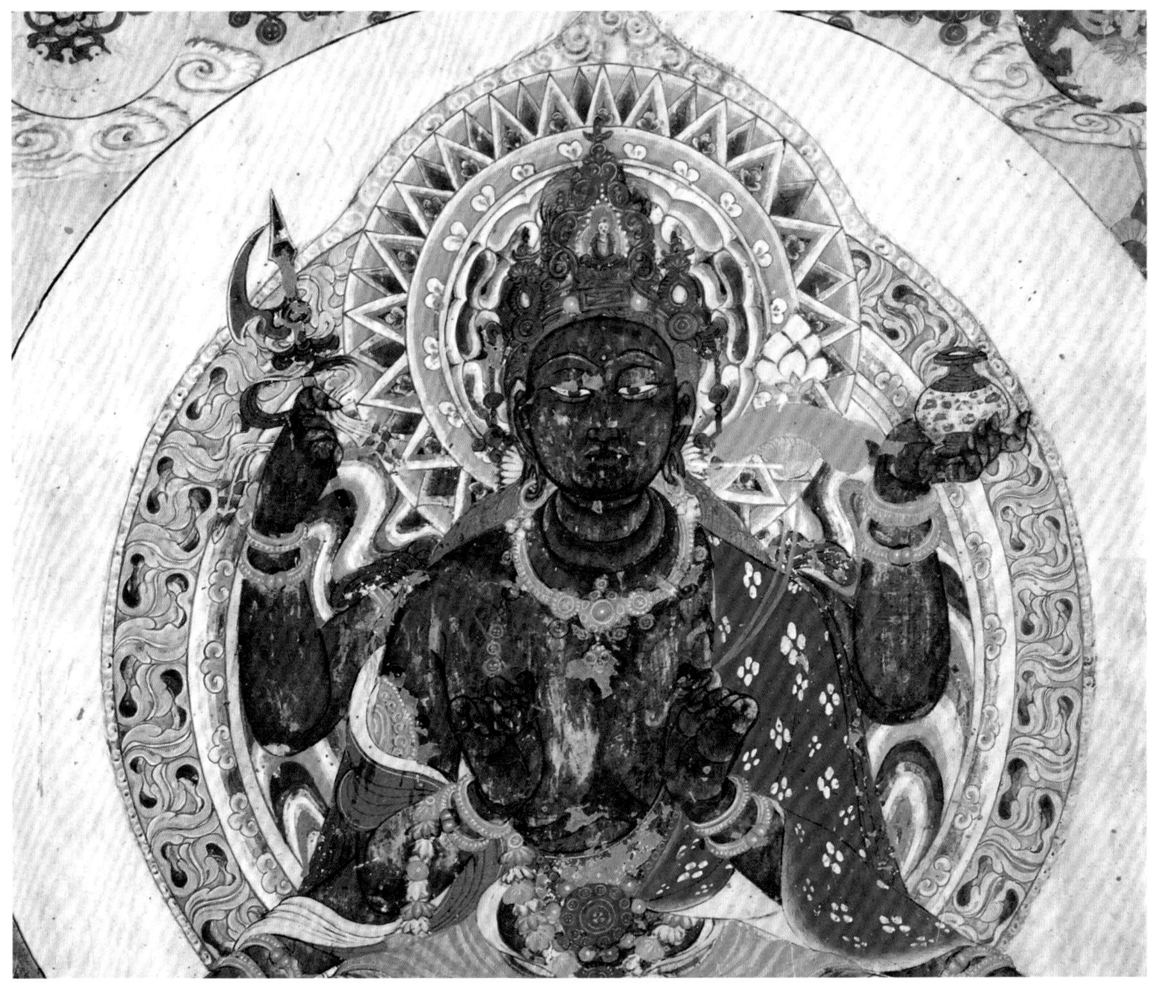

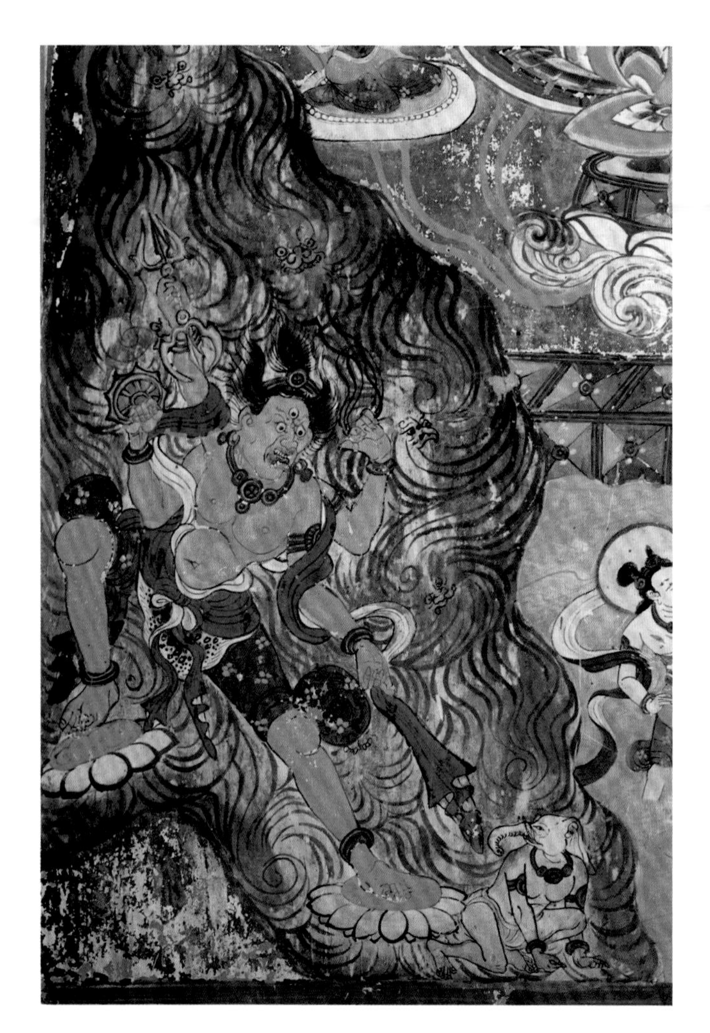

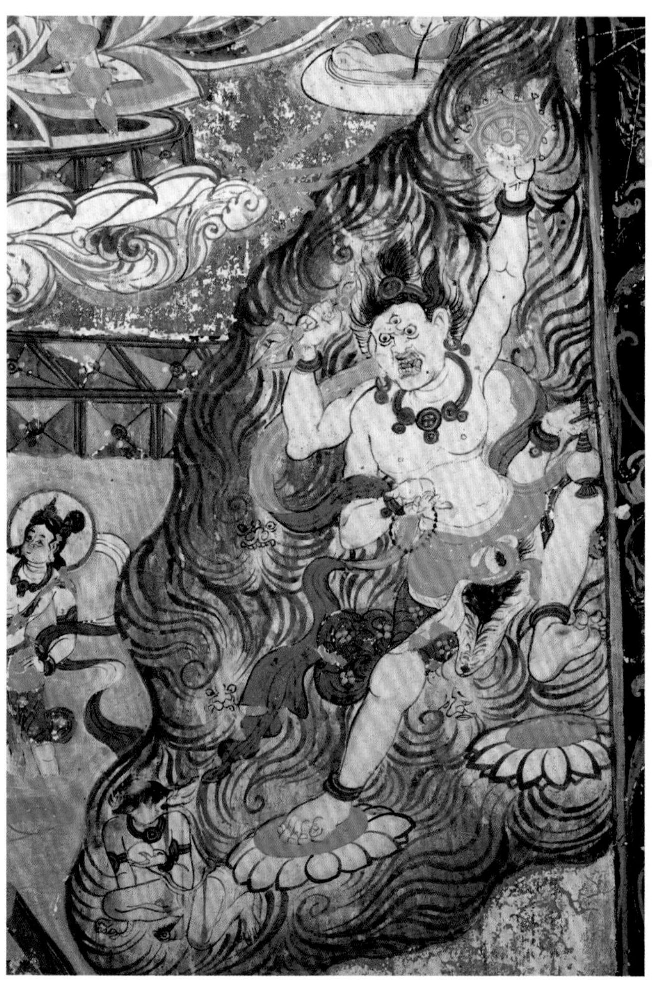

56 忿怒尊與毗那夜迦

忿怒尊與毗那夜迦都是護法神，經常是相伴成組在密教經變中出現。忿怒尊四臂，手持法器，呈極大忿怒狀。毗那夜迦原是印度教濕婆系統的神怪，傳說為濕婆與雪山女神所生之子，名伽涅沙。按照《大日經疏》的解釋，此為障礙之神，諸凡世事，遇其均受阻礙。毗那夜迦與忿怒尊相比，形象矮小，人身象鼻，單腿跪姿，呈恐慌狀。

中唐 莫384 南壁

57 忿怒尊與毗那勒迦

忿怒尊四臂，手持法器，怒目圓睜，令人生畏。毗那勒迦豬頭人身，一手持缽，形象矮小萎靡，異常恐慌。

中唐 莫384 南壁

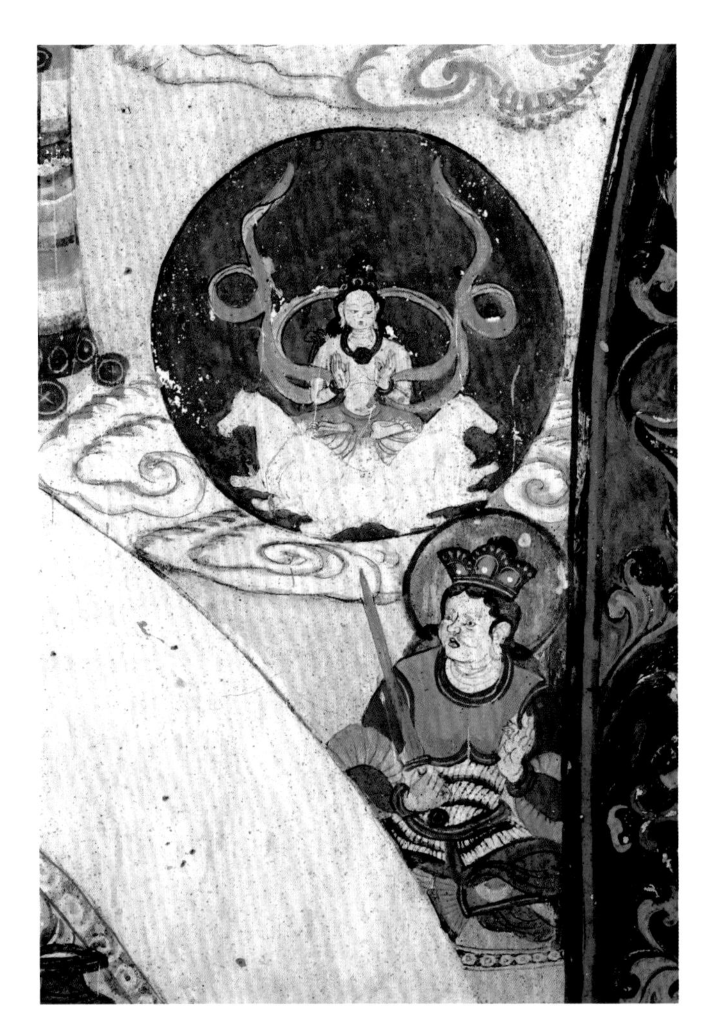

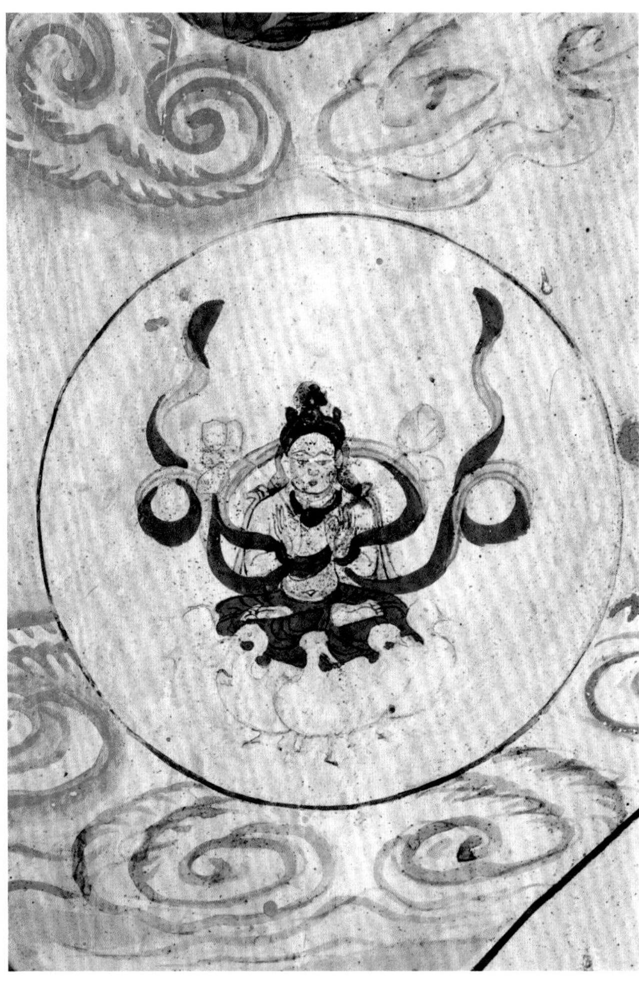

58 日光菩薩

菩薩位於紅色日輪中，雙臂彎曲揚掌置於胸前，結跏趺坐於五馬背上，彩帶飄飄，動感強勁。

中唐 莫384 南壁

59 月光菩薩

菩薩位於白色月輪中，曲臂，雙手各持一蓮花，彩帶飛揚，有動感，結跏趺坐於五鵝背上。

中唐 莫384 南壁

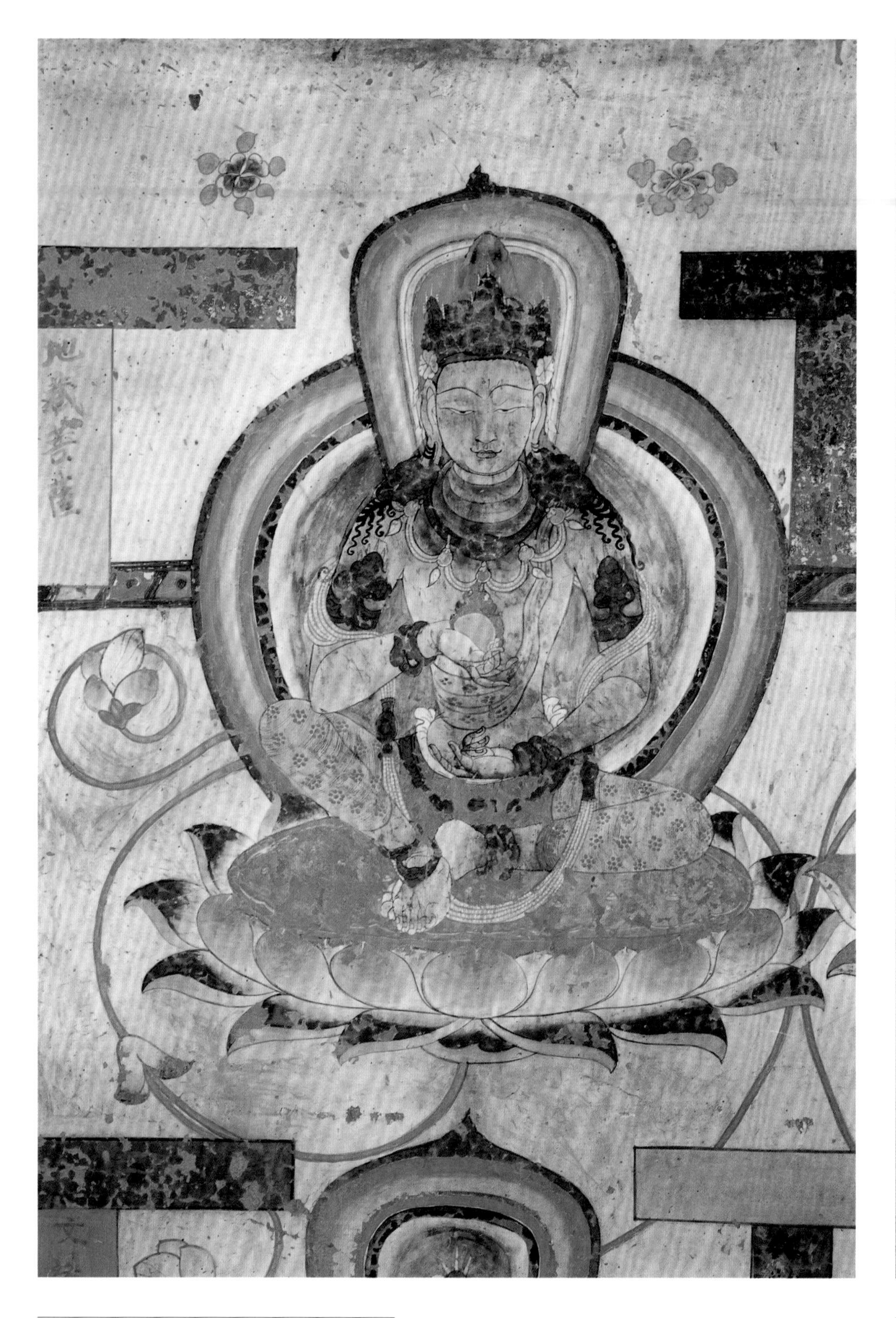

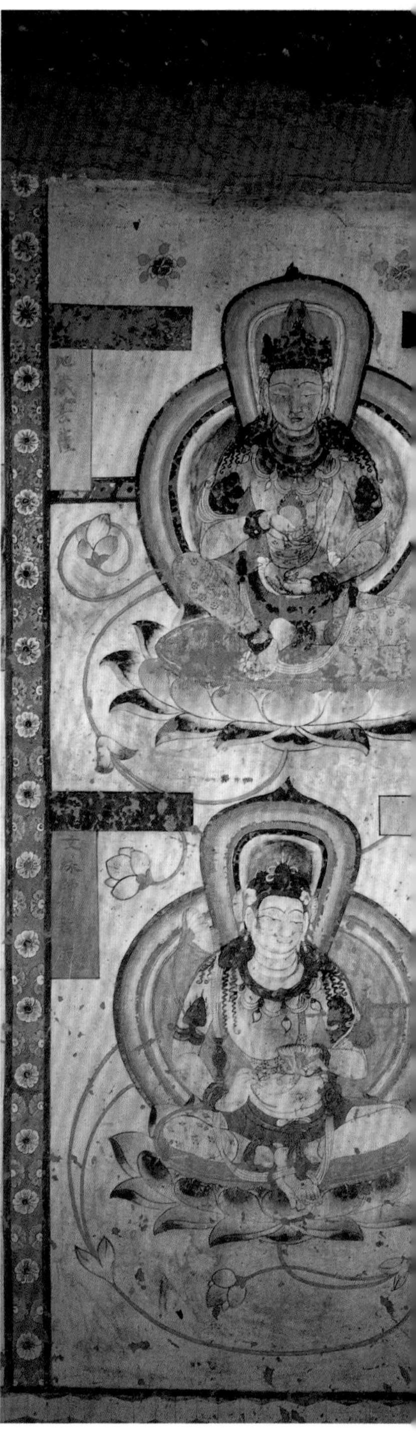

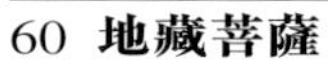

60 地藏菩薩

戴寶冠，髮髻高聳，項飾華美，肩披曲髮，左手置於腹前，右手托寶珠，上身天衣斜披，緊身透體，長褲華麗。

中唐　榆25　東壁

61 四大菩薩

此為位於曼荼羅右側的四大菩薩，頗有密教菩薩特色。地藏菩薩左手置於腹前，右手托寶珠。文殊菩薩左手托蓮，右手持長莖蓮花。虛空藏菩薩左手舉起，右手持寶劍。彌勒菩薩左手持寶瓶，右手持長莖蓮蕾。

中唐　榆25　東壁

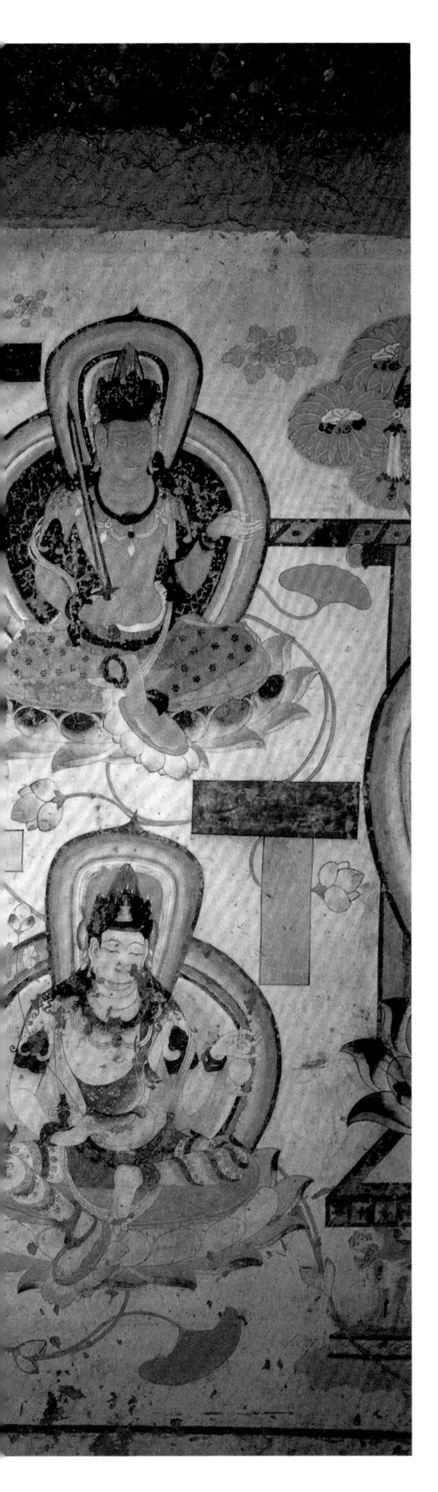

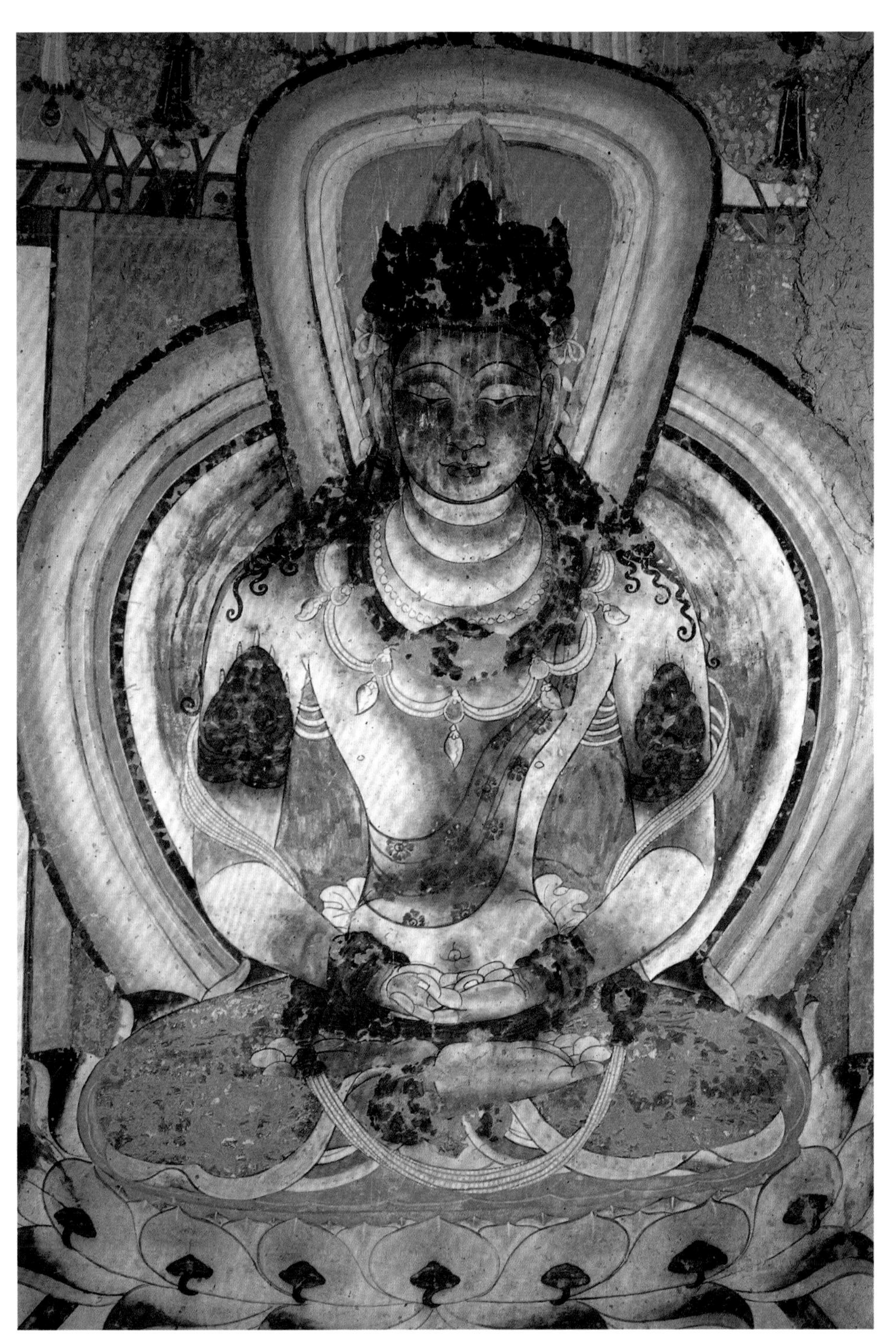

62 **毗盧遮那佛**

作菩薩形，寶冠巍峨，寶髻高聳，項飾重環，曲髮披肩，注目內視，莊嚴沉靜。雙手重疊置於臍下，結跏趺坐於蓮花座上。人體比例勻稱，肌肉豐滿，展示密教佛像特色。

中唐 榆25 東壁

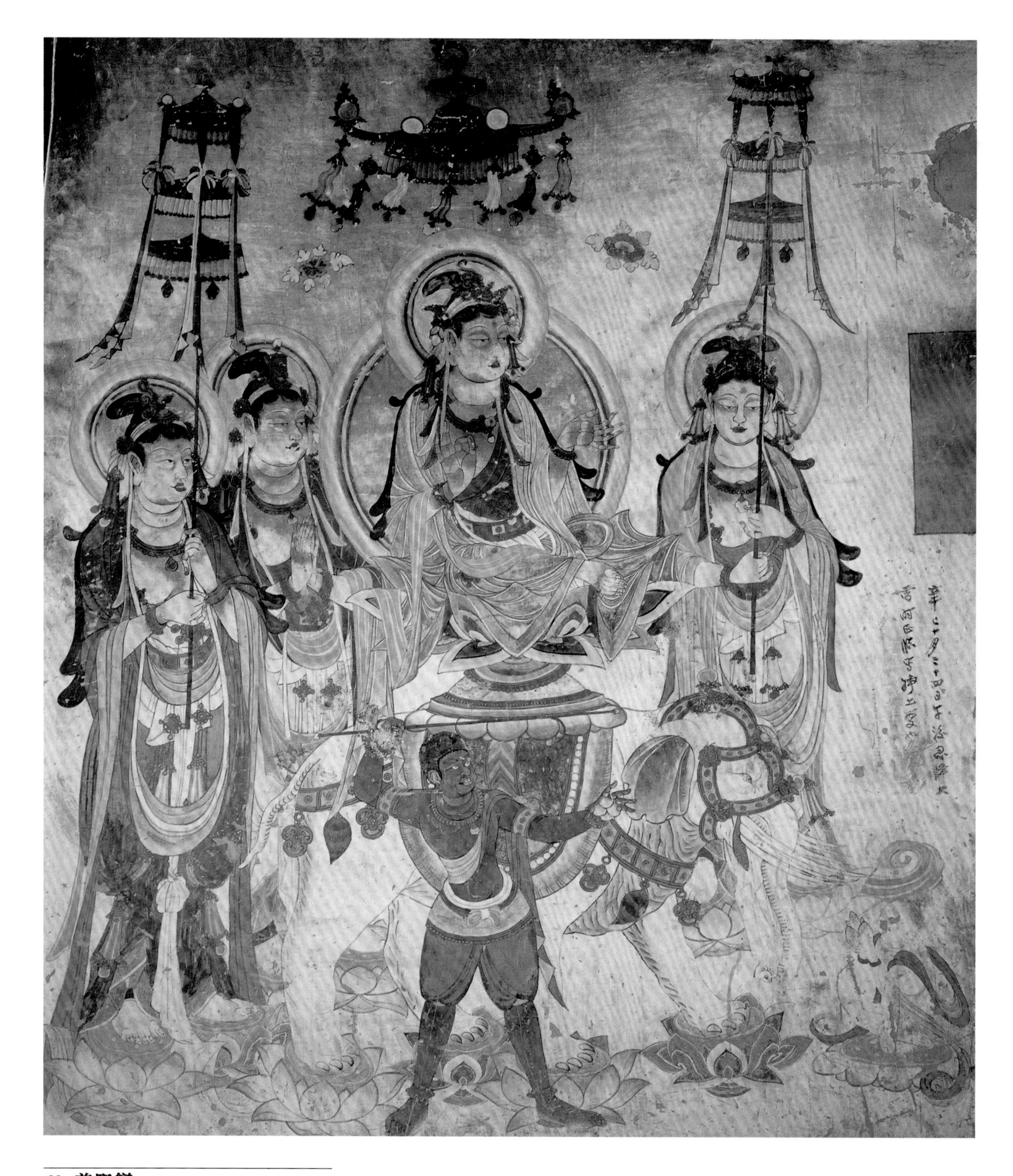

63 普賢變

此普賢變與文殊變相對。菩薩乘六牙白象，崑崙奴揚鞭，驅趕大象，黑膚象奴在白色大象襯托下，神采盎然。

中唐 榆25 西壁門南

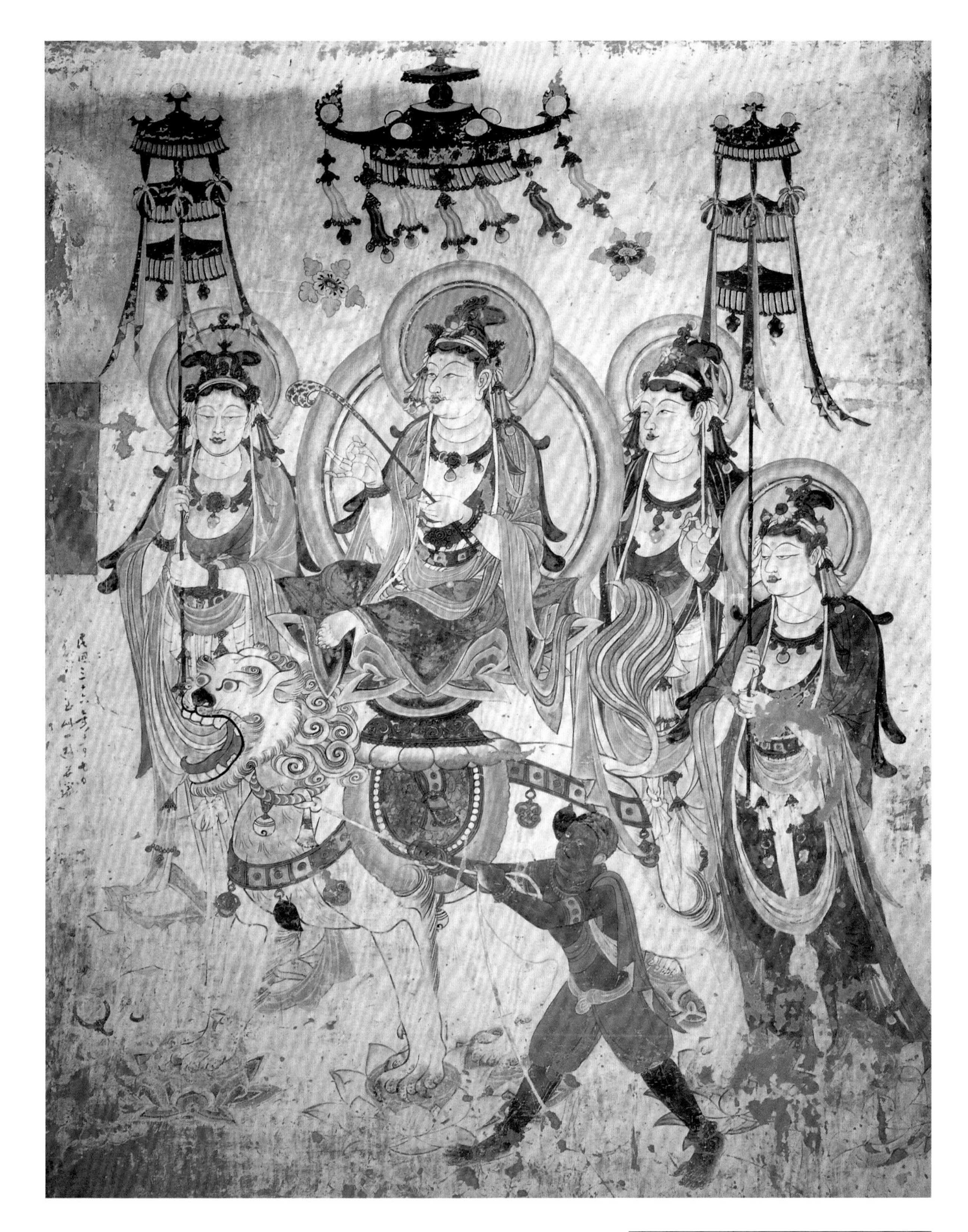

64 文殊變

文殊變與普賢變是中唐密教中常見的一組題材，在壁門左右分立，形成對稱佈局。文殊菩薩，寶冠裙帔，手持如意，乘青獅，侍者執幢蓋。畫面結構簡潔，形象生動。

中唐　榆25　西壁門北

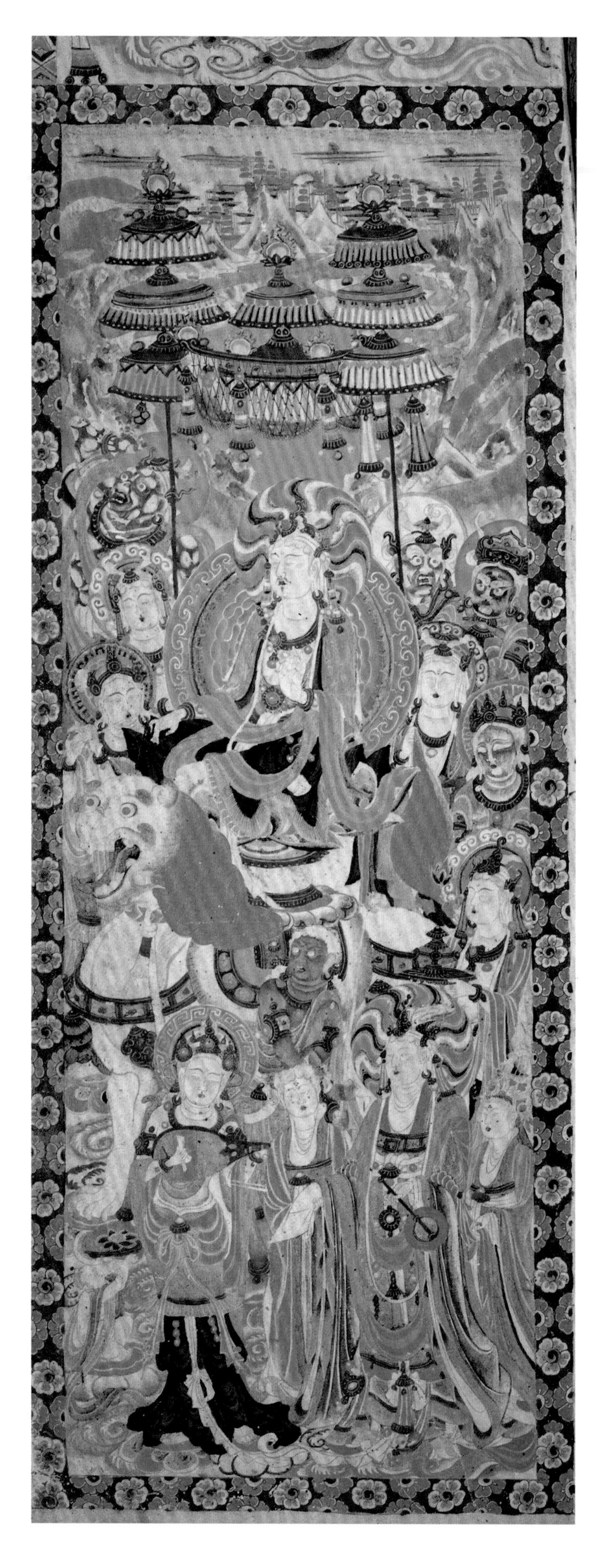

65 文殊變

文殊菩薩高坐於雄獅背上的蓮花座上，眾多眷屬相伴隨，其中有雙手彈奏琵琶的金剛歌菩薩。畫面上人物雖多，但並不顯得擁擠。此幅文殊變是中唐的經典之作。

中唐 莫468 西壁龕外北側

66 普賢變

此圖與前圖相對。普賢菩薩高坐於大象背上的蓮花座上，眾多眷屬相伴隨，其中有持拍板的金剛歌菩薩。畫面構圖嚴緊，繪製精細。

中唐　莫468　西壁龕外南側

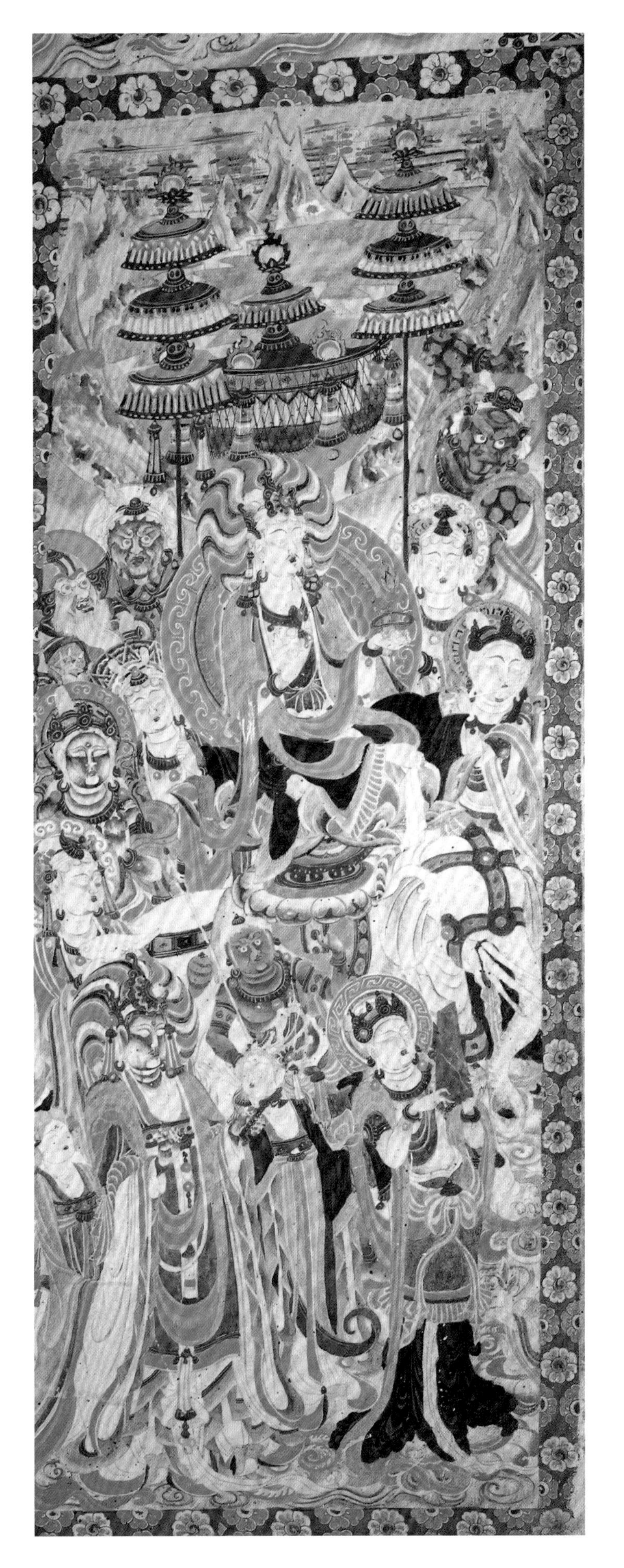

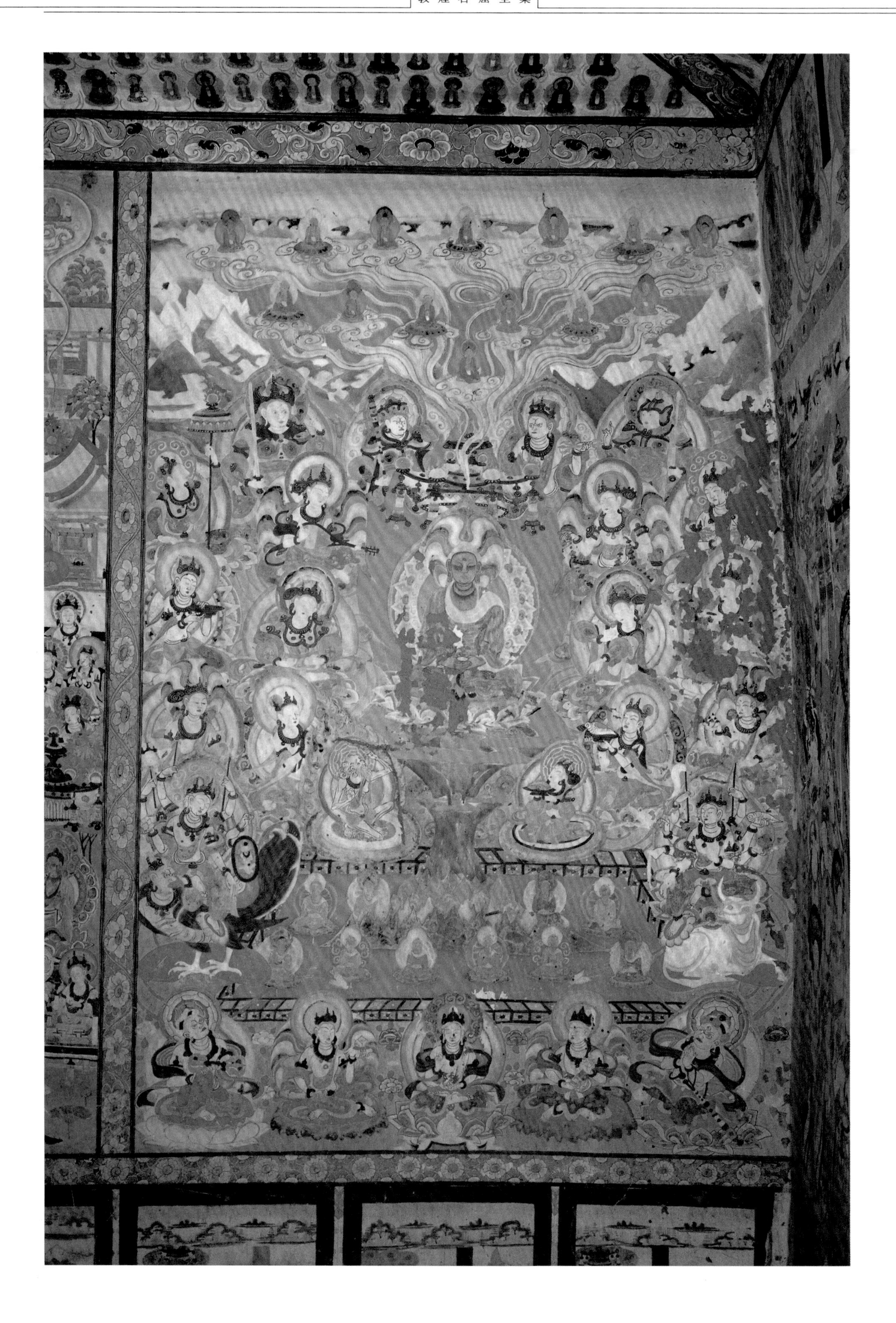

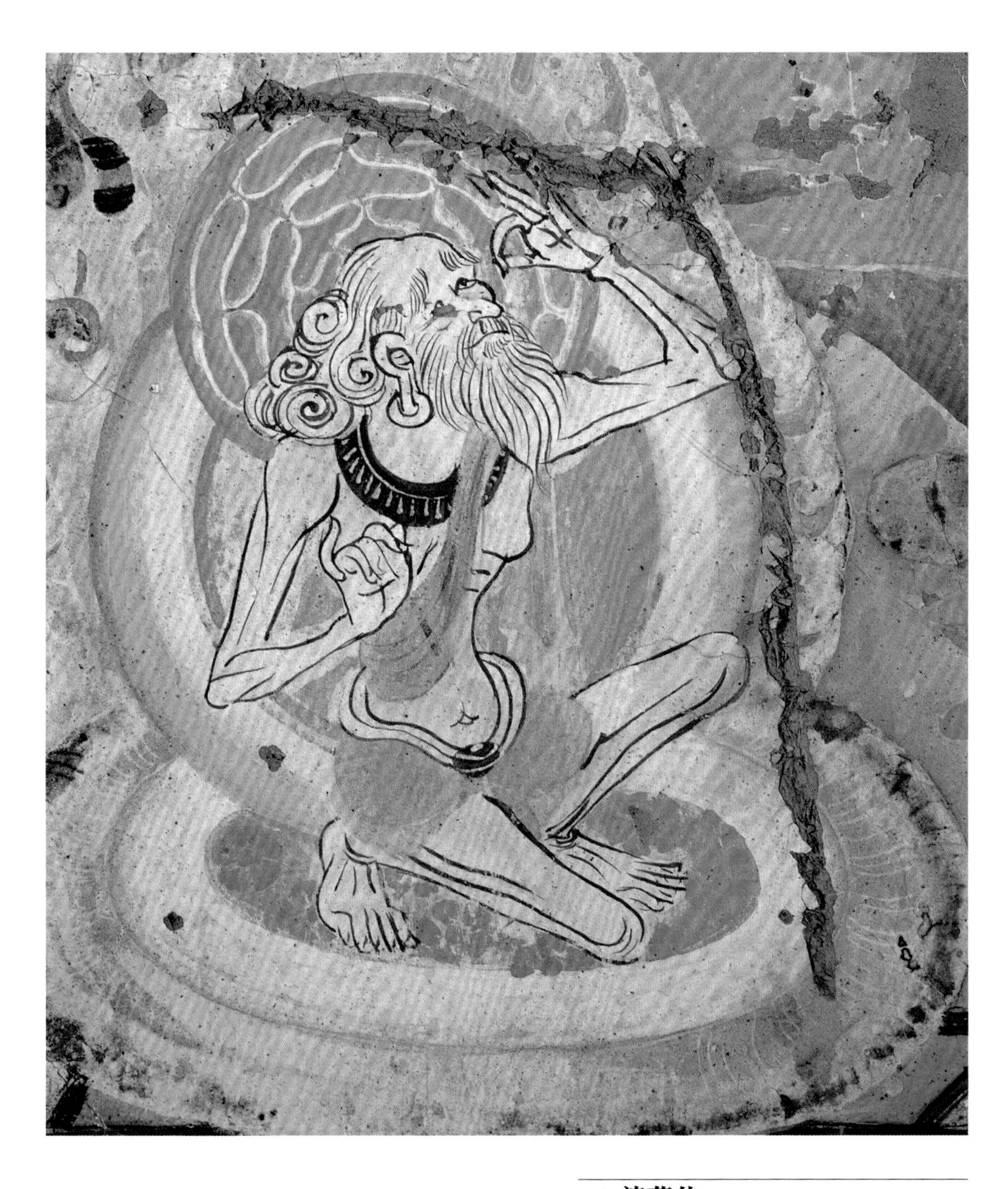

68 **婆藪仙**

婆藪仙見於《大智度論》，說他原是古印度一位國王，由於支持殺牲祭天大辯論中的殺牲派，使後世殺牲祭天、殺生吃肉有了依據，因此受到沉淪大地之苦。其形象長鬚捲髮，深目高鼻，瘦骨嶙峋，裸體圍裙，是典型的外道老者苦難的形象。密教經變中出現婆藪仙，是告誡信徒嚴禁殺生。

中唐 莫360 南壁

67 **釋迦曼荼羅**

主尊釋迦位於曼荼羅中央，四周眷屬圍繞，有眾多內外供養菩薩，還有婆藪仙、功德天、天王、持金剛杵與持傘蓋菩薩、以及騎牛和騎迦樓羅的三面八臂菩薩等。華蓋上方和水池內還有多尊坐佛。整個畫面構圖精妙，線描細膩，形象優美。

中唐 莫360 南壁

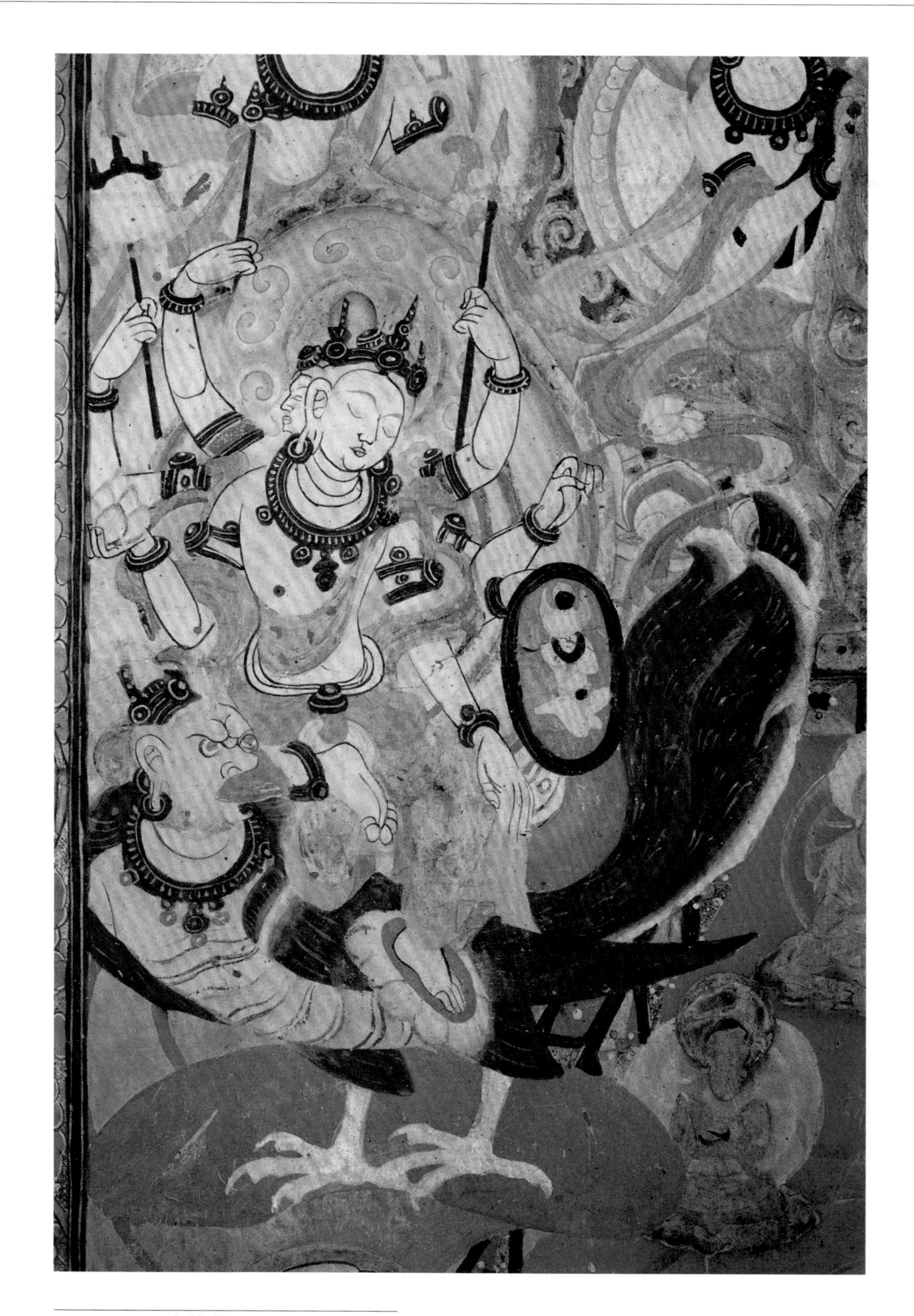

69 三面八臂菩薩

頭戴寶冠手持法器的三面八臂菩薩騎在迦樓羅背上。

中唐 莫360 南壁

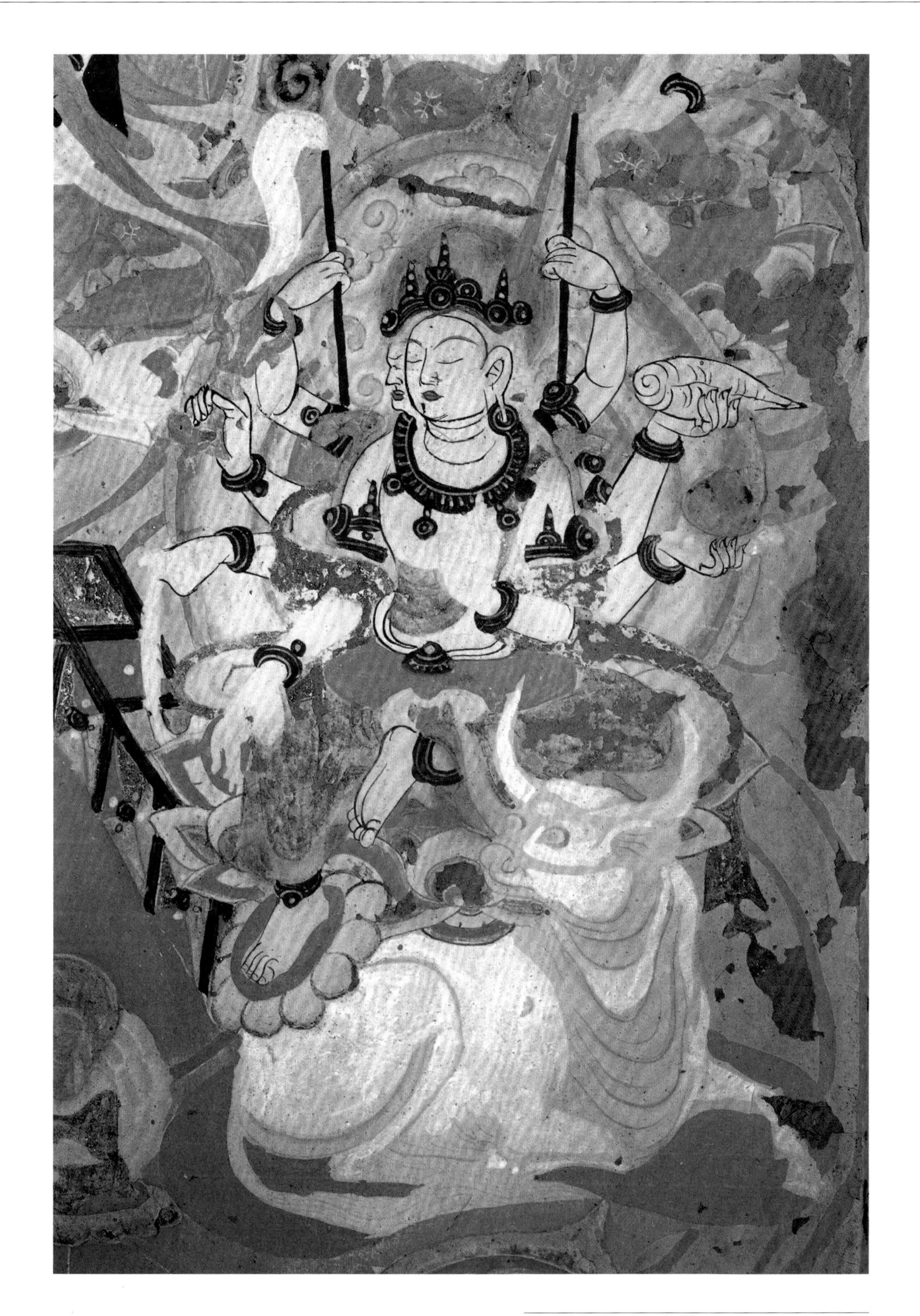

70 三面八臂菩薩

頭戴寶冠手持法器的三面八臂菩薩騎在牛背上。

中唐 莫360 南壁

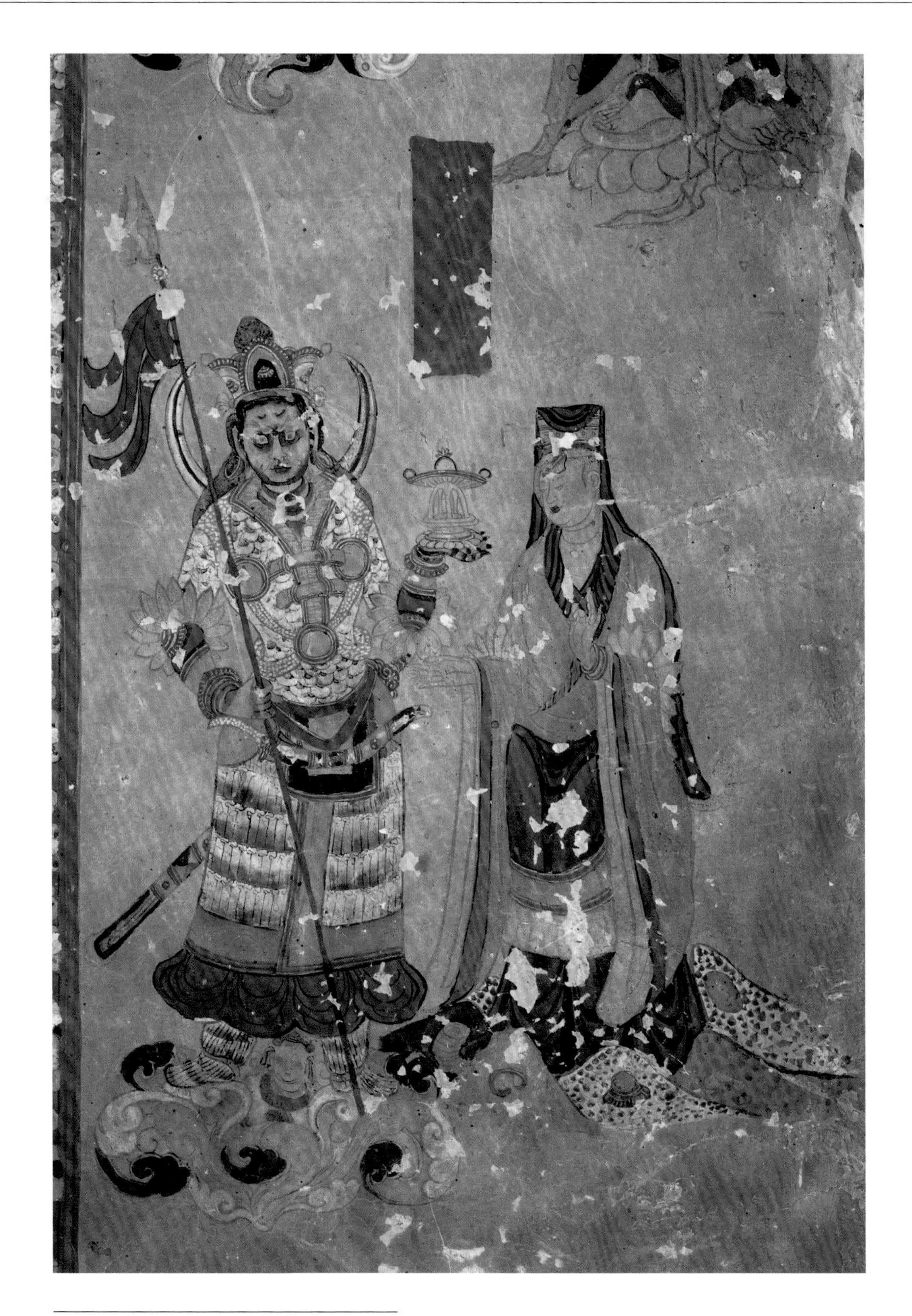

71 毗沙門天王與地藏菩薩

毗沙門天王是佛教四大天王之一，即北方多聞天王。古代敦煌人認為毗沙門天王是沙洲（敦煌）的守護神。天王左手托塔，右手持戟，戴寶冠，腰懸寶劍，全身戎裝，威武雄壯。在地下湧出半身的天女，是監牢女神，她托舉天王雙腳，助其威力。地藏菩薩頭戴帔帽，雙手結手印，雙目下視，似有所思。

中唐 莫154 南壁

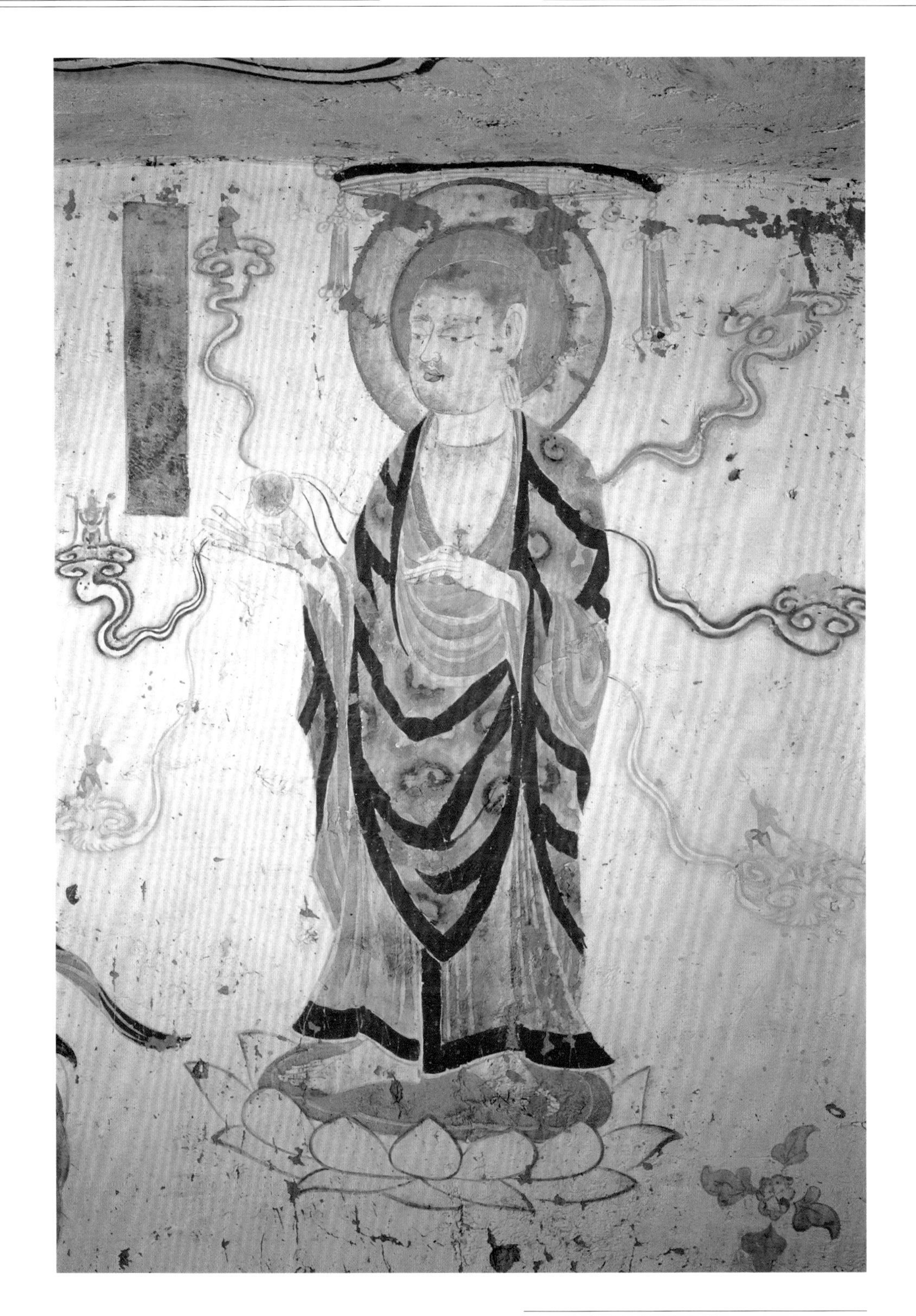

72 **地藏菩薩與六道**

地藏菩薩左手置胸前，右手托寶珠，站立於蓮花上。有六條彩色雲團從身後升起，其上分別繪有天人、俗人、阿修羅、畜牲、餓鬼、牛首獄卒，以代表輪回轉生的六道。此圖將地藏菩薩與六道巧妙地繪製在同一畫面上，構思十分巧妙。

中唐 榆15 東壁門南

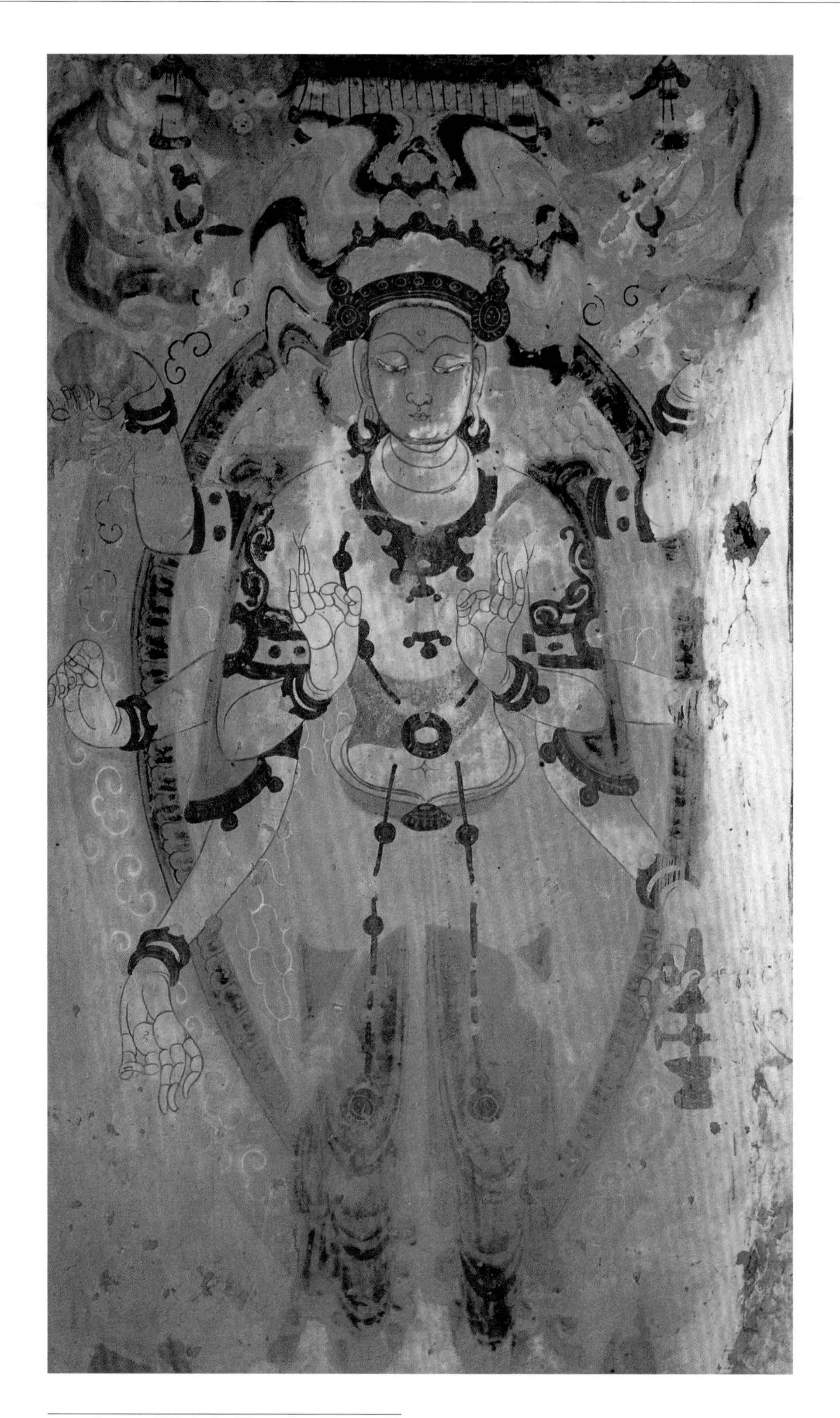

73 **十一面觀音經變**

十一面觀音，除佛面外均戴寶冠，八臂，分別執持日精摩尼、月精摩尼、淨瓶、蓮花或結手印。畫雖褪色，但依然可從手足等細部看出畫風細膩，用筆精到的藝術特點。

中唐 莫370 東壁門北

第二節　晚唐達到鼎盛的密教

晚唐時期，密教在敦煌進入最輝煌的時期。

敦煌有五十五個晚唐的洞窟出現密教題材藝術，共二十六種、一百九十六幅，有七種為新出現的密教題材，密教形象的數量比中唐時期多二十四幅。原來陪侍主尊的部分眷屬也發展為各自的經變和曼荼羅，新出現的密教題材有：金剛三昧曼荼羅、密嚴經變、金剛薩埵曼荼羅（或稱為金剛杵觀音變）、金剛母曼荼羅（或稱為金剛杵觀音變）、八臂寶幢菩薩、毗樓博叉天王，還有不知名的曼荼羅。

千手千眼觀音經變、十一面觀音經變也開始佔據主室頂部的中心位置，形式更加繁縟而華貴，氣勢更加宏大，這説明晚唐時期密教神祇的地位極其崇高。這一時期的密教藝術除繼續流行中唐時期的組合對稱的形式外，又新出現了十一面觀音經變與觀音經變或不空羂索觀音經變、千手千眼觀音經變與不空羂索觀音經變、金剛薩埵曼荼羅與金剛母曼荼羅等新組合。

晚唐畫風細膩，手法寫實，具有濃厚的生活氣息，延續了中唐時期的藝術形式。具有印度波羅密教藝術風格的曼荼羅壁畫更是大行其道，煥發出異域的光彩。

晚唐密教的經典洞窟

第14和156、161窟是這一時期的經典洞窟，以密教題材為主，此前敦煌未曾有過。

第161窟主室設方壇，窟頂的頂心繪千手千眼觀音經變，西壁繪十一面觀音經變，東壁門上繪珞珈山觀音，南北兩壁繪文殊變和普賢變。窟頂部及四壁所繪製的均為密教觀音或文殊普賢變，壁畫內容都與密教有關，故該洞窟很可能是一處供奉密教觀音的壇場。

第14窟的壁畫題材有顯有密，顯教經變對稱繪畫，密教經變、密教曼荼羅亦自相對稱繪畫，佈局均衡，顯密呼應。該窟又是集密教經變與密教曼荼羅大成的經典洞窟，在東壁、南壁、北壁和頂部都繪滿了密教經變和密教曼荼羅。 包括前室西壁門北的天王， 主室南壁的金剛母曼荼羅、十一面觀音經變、不空羂索觀音經變、千手千眼觀音經變；北壁的金剛薩埵曼荼羅、觀音經變、如意輪觀音經變、千手千鉢文殊經變；東壁門側的普賢變、文殊變；覆斗頂由中心的羯摩杵，內四坡的四幅説法圖，共同構成五方曼荼羅。

佛教題材中最為複雜的莫過於密教的曼荼羅。密教眾多的曼荼羅，分為兩大系統，即金剛界曼荼羅和胎藏界曼荼羅。金剛界曼荼羅由九種曼荼羅組成，稱為九會曼荼羅，第七會是理趣會，是以金剛薩埵為中心的曼荼羅。依佛經記載，理趣會曼荼羅中央為雙手持金剛杵的金剛薩埵，四方安置慾、觸、愛、慢四金剛，四隅安置意生、計裏吉羅、愛樂、已氣四金剛女；外院則安置四攝菩薩及金剛歌、舞、嬉、緩內四供養菩薩。第14

窟北壁和南壁有兩幅印度波羅密教藝術風格濃郁的曼荼羅，從內容看，表現的可能就是理趣會。

北壁該幅的主尊是金剛薩埵，並有理趣會的四攝菩薩、內四供養菩薩，有學者認為也與理趣會近似，故也是以理趣會為藍本的說法圖。又有外四供養菩薩，以及分別持梵夾、君持、幢、撒播叉戟等六菩薩及四護法天、飛天等共二十二身，可見此圖未拘泥於佛經記載的理趣會曼荼羅，故也可根據其主尊，稱為金剛薩埵曼荼羅。

南壁一幅現稱為金剛母曼荼羅，主尊金剛母菩薩亦可能是密教胎藏界曼荼羅中同體異名的金剛手院金剛手持金剛菩薩，因此有以為與北壁配合，有融金（金剛界）、胎（胎藏界）二部精義的可能。但也有學者認為該曼荼羅亦與金剛界曼荼羅的理趣會近似，是依據理趣會藍本繪製的。

總之，整個洞窟按照繁縟的密教經典，用各種密教經變和密教曼荼羅有條不紊地表達佛經內涵，反映了晚唐時期的敦煌密教已經進入頂峯。其藝術表現力也達到爐火純青的境界，整個洞窟的壁畫着色飽滿，顯示出佛國世界溫和、光明、平靜、壯麗的總體藝術效果。人物形神俱佳，氣象深沉，意境幽玄，不愧為晚唐時期的壁畫佳作。

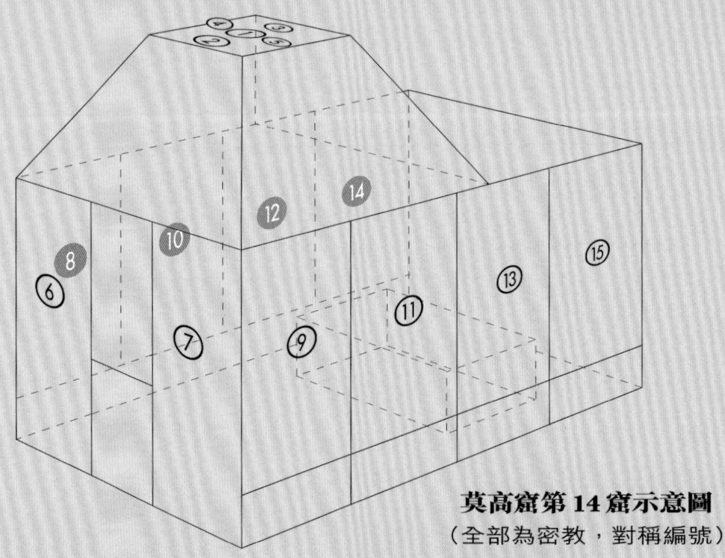

莫高窟第 14 窟示意圖

（全部為密教，對稱編號）

① 羯摩杵（交杵）
② 東方香積世界阿閦佛赴會說法圖
③ 西方極樂世界無量壽佛赴會說法圖
④ 南方歡喜世界寶相佛赴會說法圖
⑤ 北方蓮花莊嚴世界微妙聲佛赴會說法圖
⑥ 普賢變
⑦ 文殊變
⑧ 千手千眼觀音經變
⑨ 千手千缽文殊經變
⑩ 不空羂索觀音經變
⑪ 如意輪觀音經變
⑫ 十一面觀音經變
⑬ 觀音經變
⑭ 金剛毋曼荼羅
⑮ 金剛薩埵曼荼羅

根據唐玄奘譯經繪製的十一面觀音經變

十一面觀音經變仍然是密教的重要題材之一，莫高窟在這一時期共有八幅，可見其強盛的生命力。

第14窟南壁的十一面觀音經變很有特點。主尊形象突出，但兩側沒有繪眷屬，卻繪製了十九幅小畫面，其內容是受持、書寫、流佈、唸誦《十一面神咒心經》"現身即得十種勝利"和"復得四種功德勝利"的情節，與初唐時玄奘所譯《十一面神咒心經》記載的內容基本相符。

敦煌石窟現存十一面觀音或十一面觀音經變共三十四幅（未含藏經洞所出絹、紙畫和木雕），但只有第14窟十一面觀音經變，既突出主尊十一面觀音形象，又將《十一面神咒心經》的主要警世經典用通俗易懂的畫面詮釋出來。

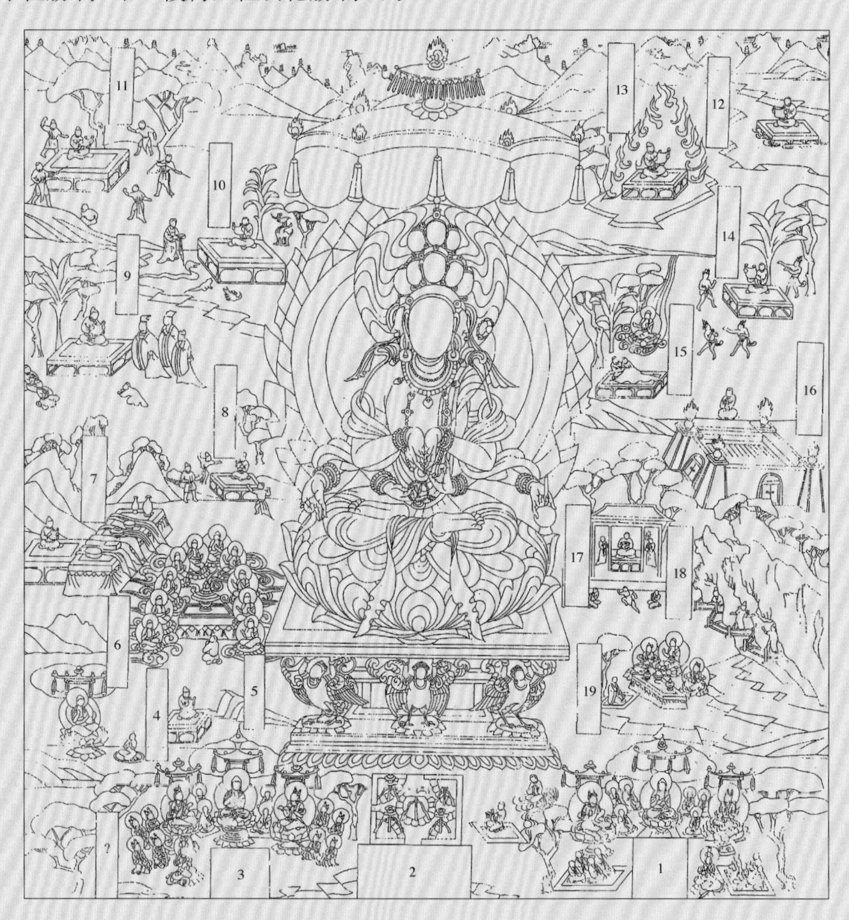

莫高窟第14窟南壁十一面觀音經變

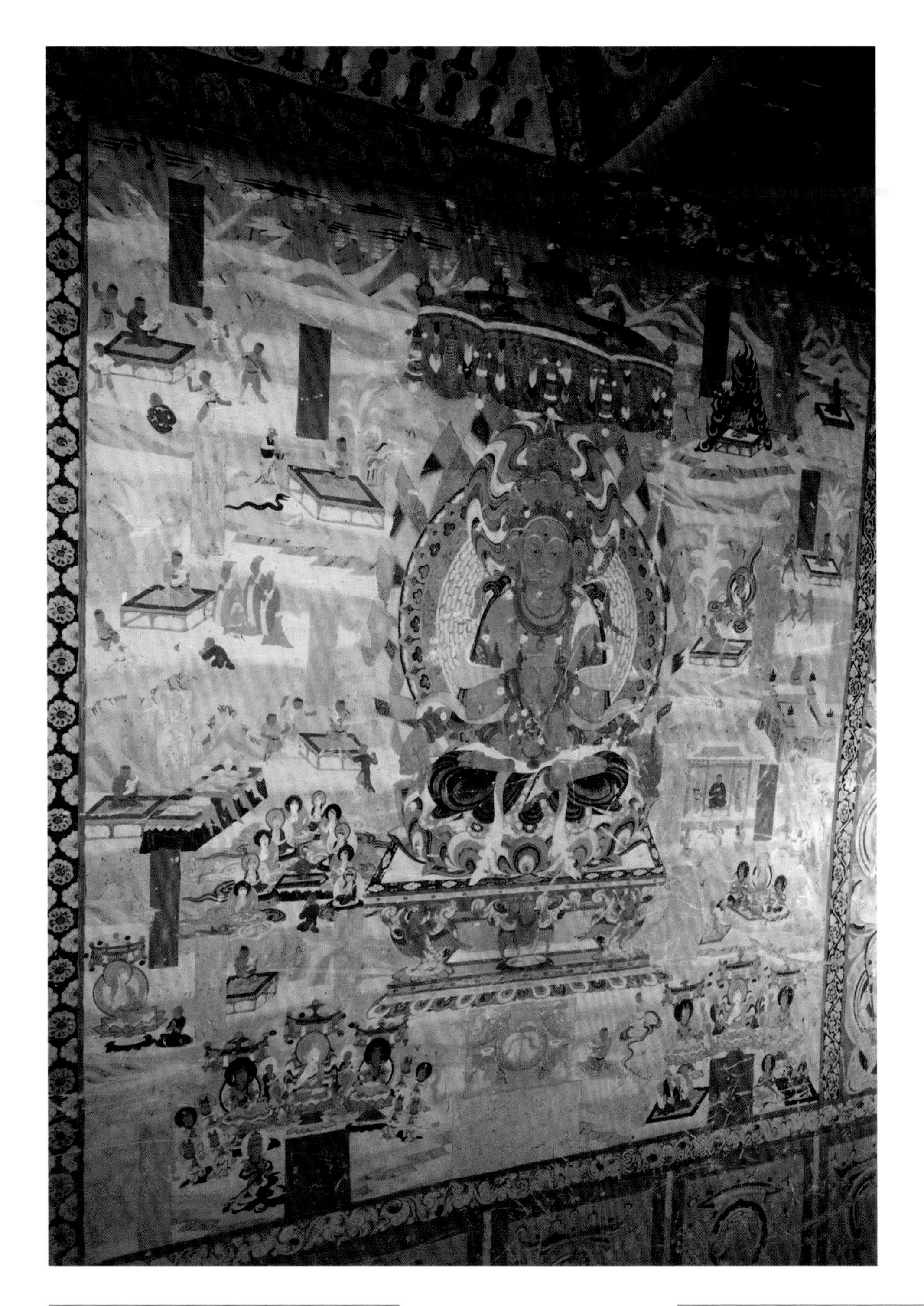

74 十一面觀音經變

主尊兩側繪出了受持、書寫、流佈、唸誦《十一面神咒心經》"現身即得十種勝利"和"復得四種功德勝利"的情節。整體錯落有致，畫面通俗易懂，生動有趣。其詳細內容，參見正文所附線圖。

晚唐 莫14 南壁

75 十一面觀音

觀音位於經變中部，結跏趺坐於由伽陵頻迦所托的蓮花座上。十一面作慈悲相、菩薩相、瞋相和白牙出相。均戴寶冠，但在諸寶冠中卻不見"佛身"。本面三眼，有鬍鬚，身具瓔珞，有頭光、背光，頭頂上方有寶蓋。六隻手中，最上二手結與願印；中間二手持蓮花，執唸珠；最下二手左持淨瓶，右結施無畏印。

晚唐 莫14 南壁

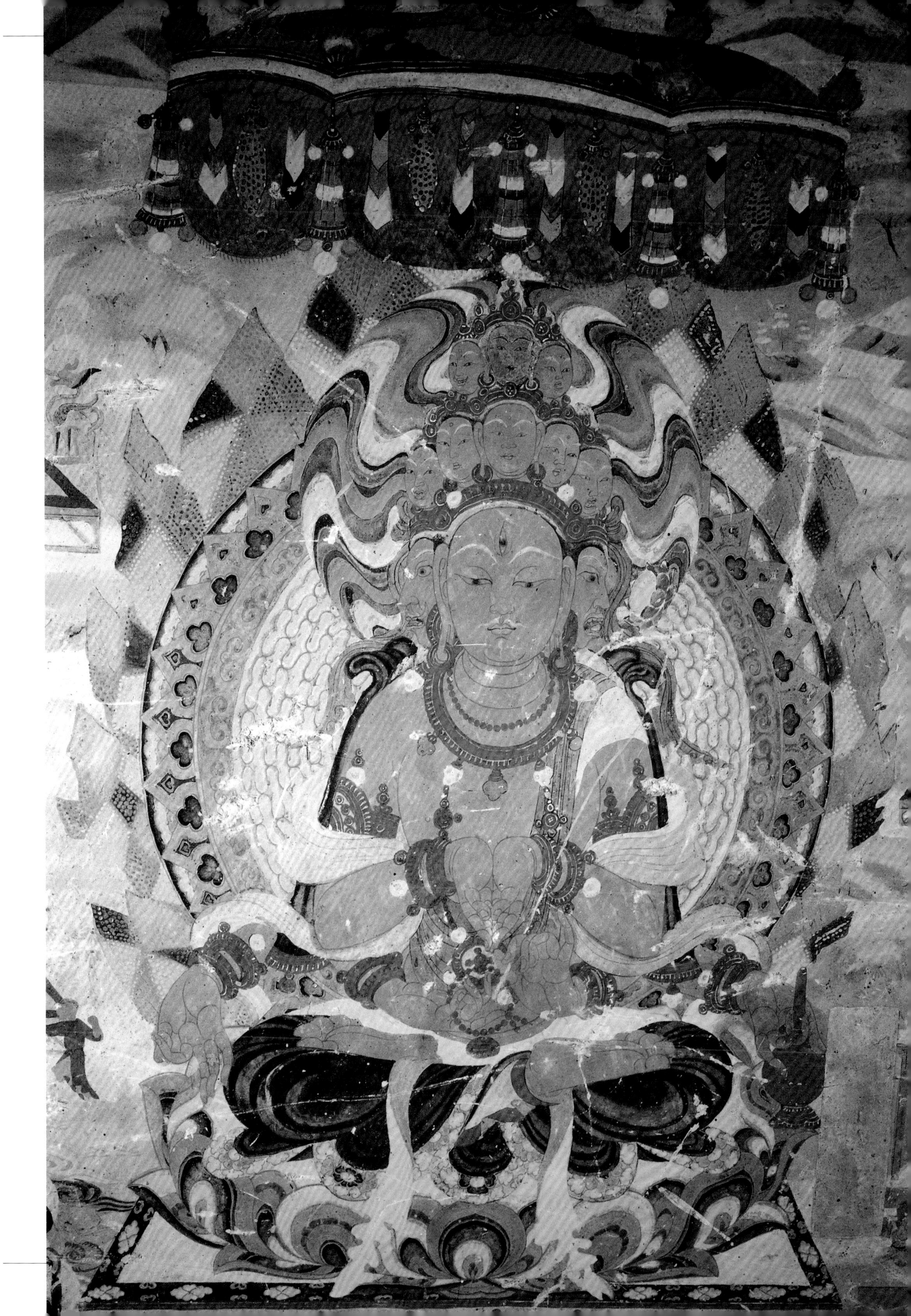

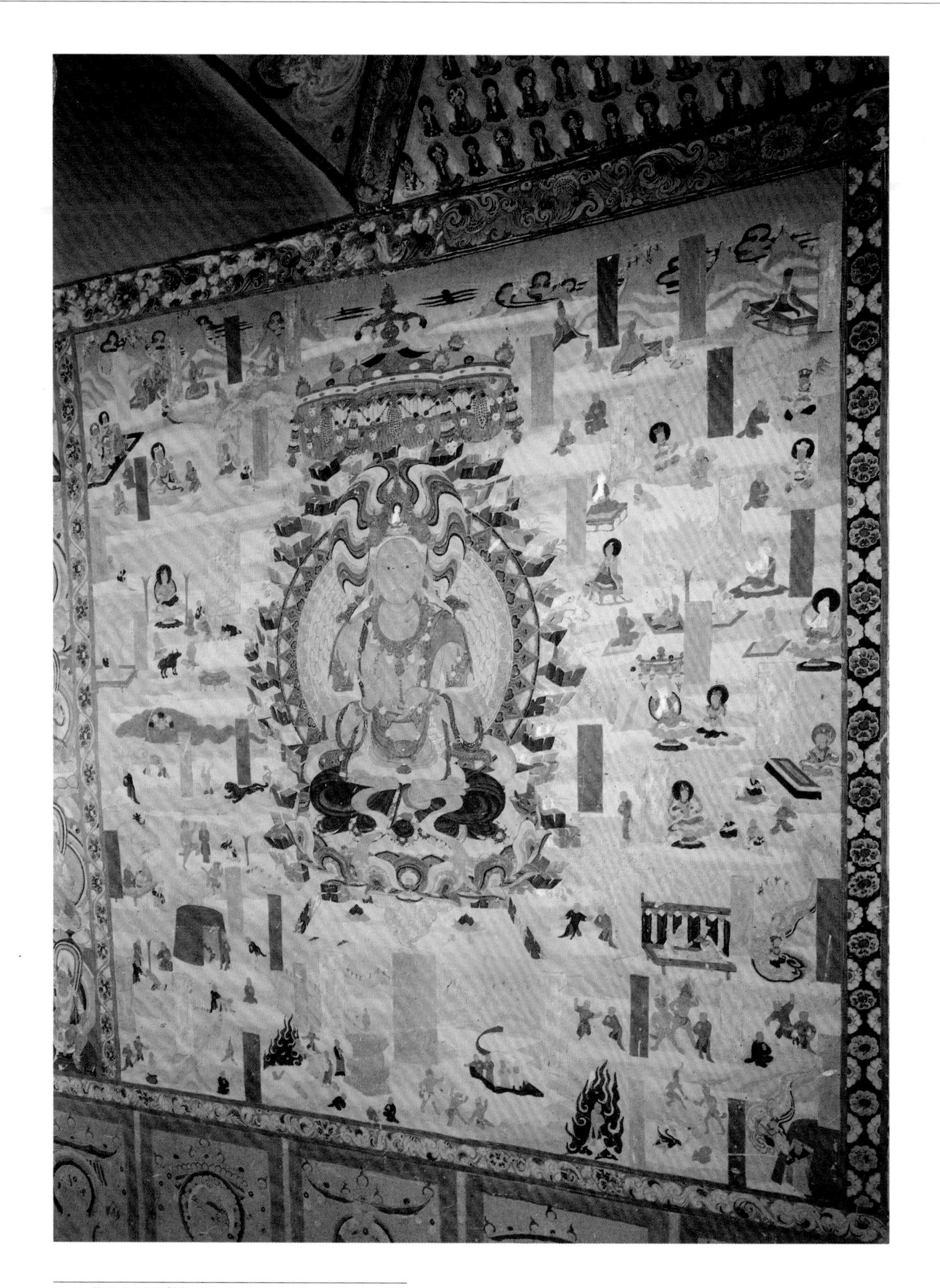

76 **觀音經變**

此圖與十一面觀音經變相對應，這種對稱組合形式，是晚唐密教的新形式。主尊上方有寶蓋，下方有水池。兩側及水池下繪觀音以三十三應化身相拔救眾生之苦和十九說法相化導眾生。此經變在有限的畫面上，以山水相隔，繪出不同情節，構圖巧妙。

晚唐 莫14 北壁

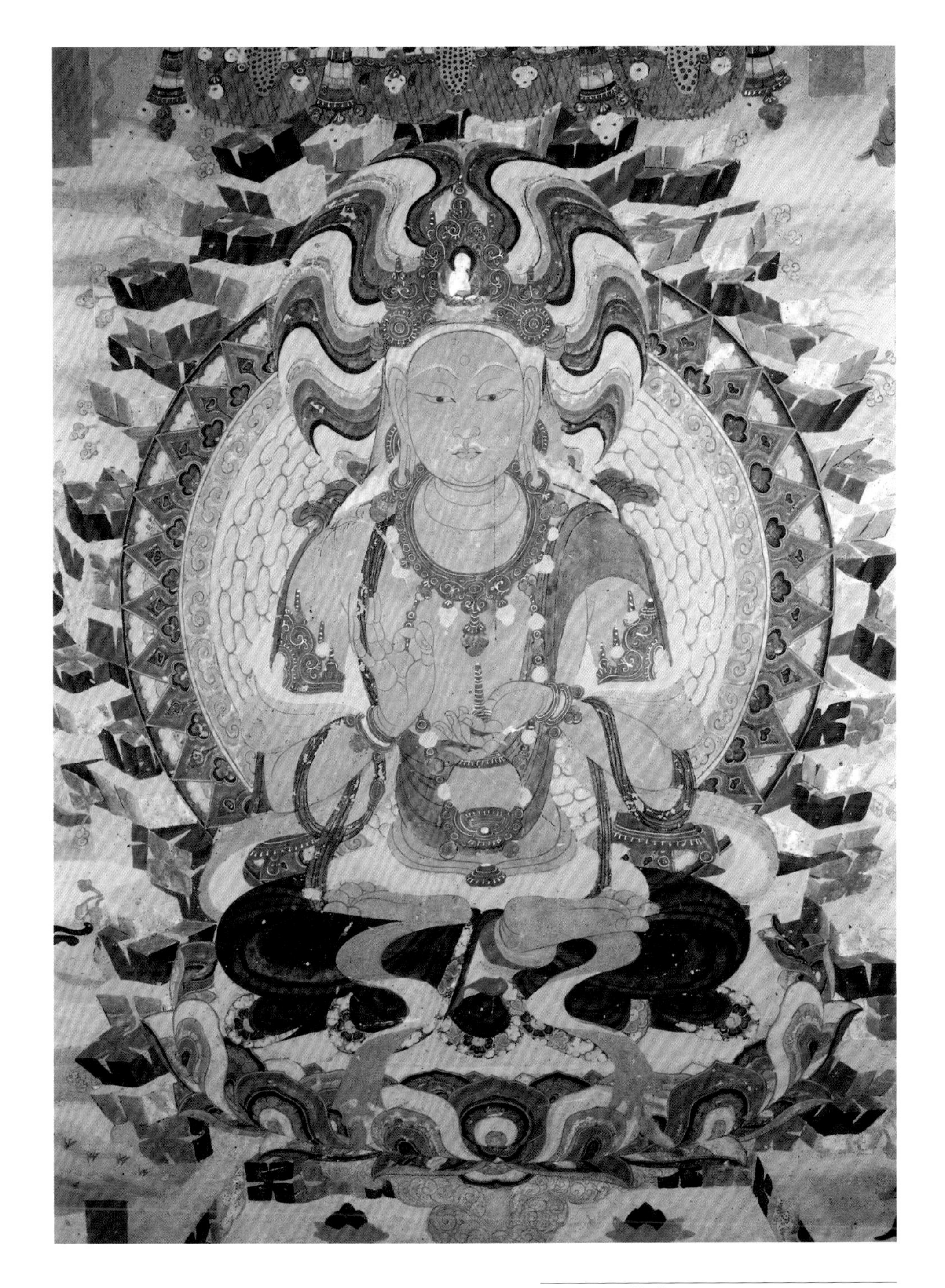

77 **觀音菩薩**

此為前圖的主尊，右手持柳枝，左手持淨瓶，結跏趺坐於蓮花座上。頭戴化佛冠，有頭光和背光。面如圓月，五官清秀，兩耳垂肩，身形腴美。

晚唐 莫14 北壁

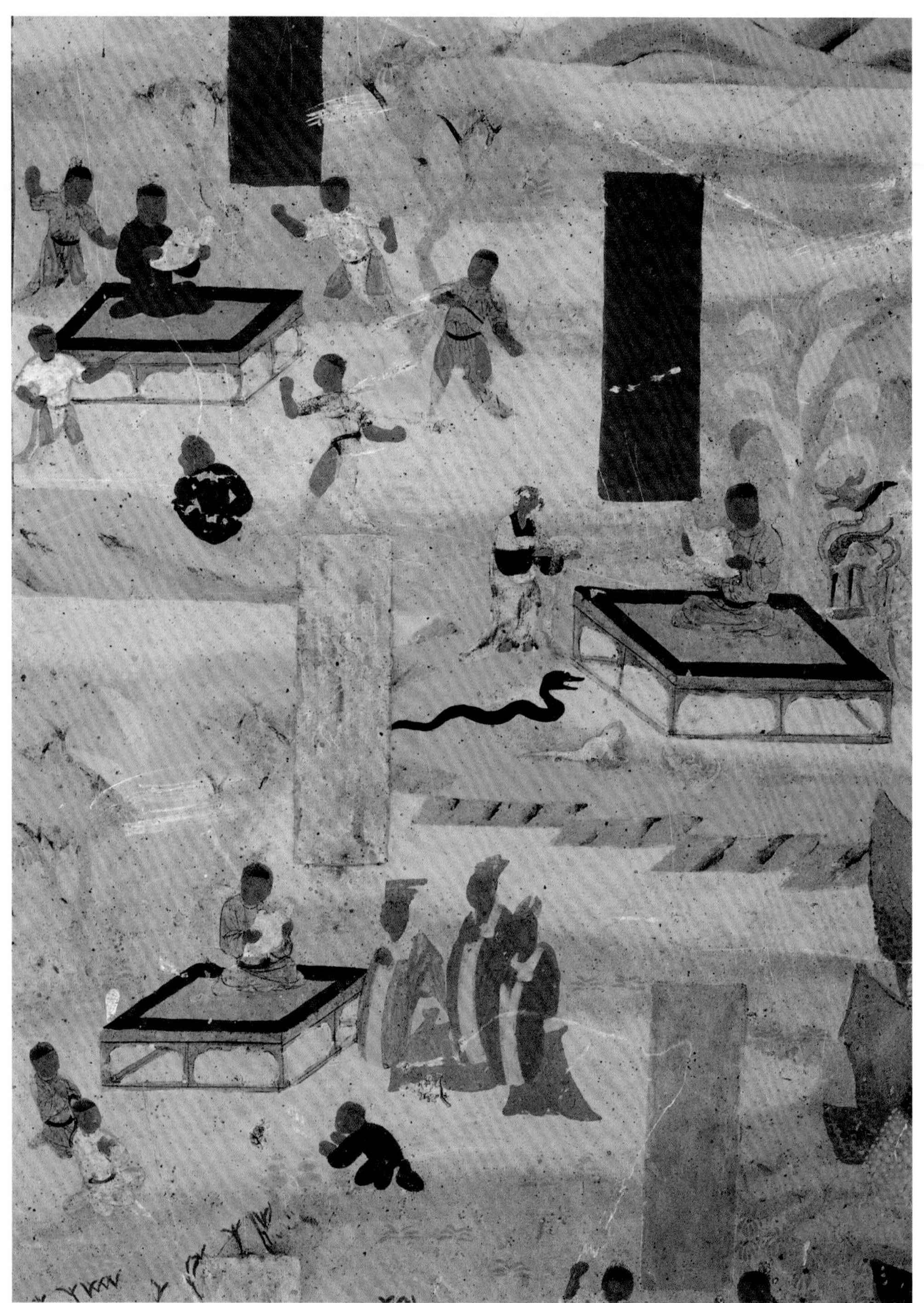

78 信仰《十一面神咒心經》的好處

此畫面表現的是受持、書寫、傳播、唸誦《十一面神咒心經》，可以得到的好處：能伏怨敵而無畏；蠱毒鬼魅不能中傷；令諸尊貴恭敬先言；一切刀杖所不能害。

晚唐 莫14 南壁

信仰《十一面神咒心經》的好處分解圖

① 一切刀杖所不能害
② 蠱毒鬼魅不能中傷
③ 令諸尊貴恭敬先言
④ 能伏怨敵而無畏

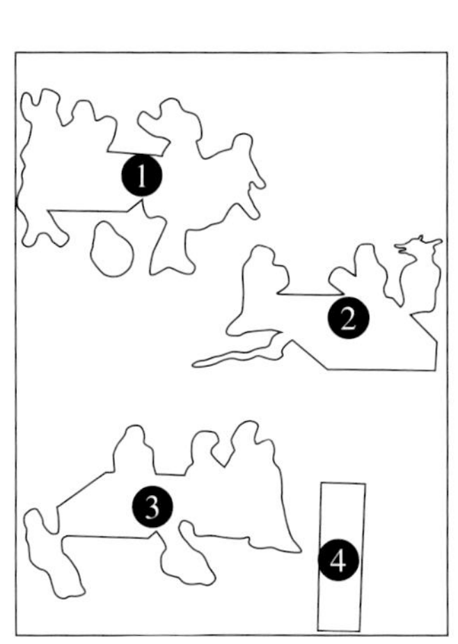

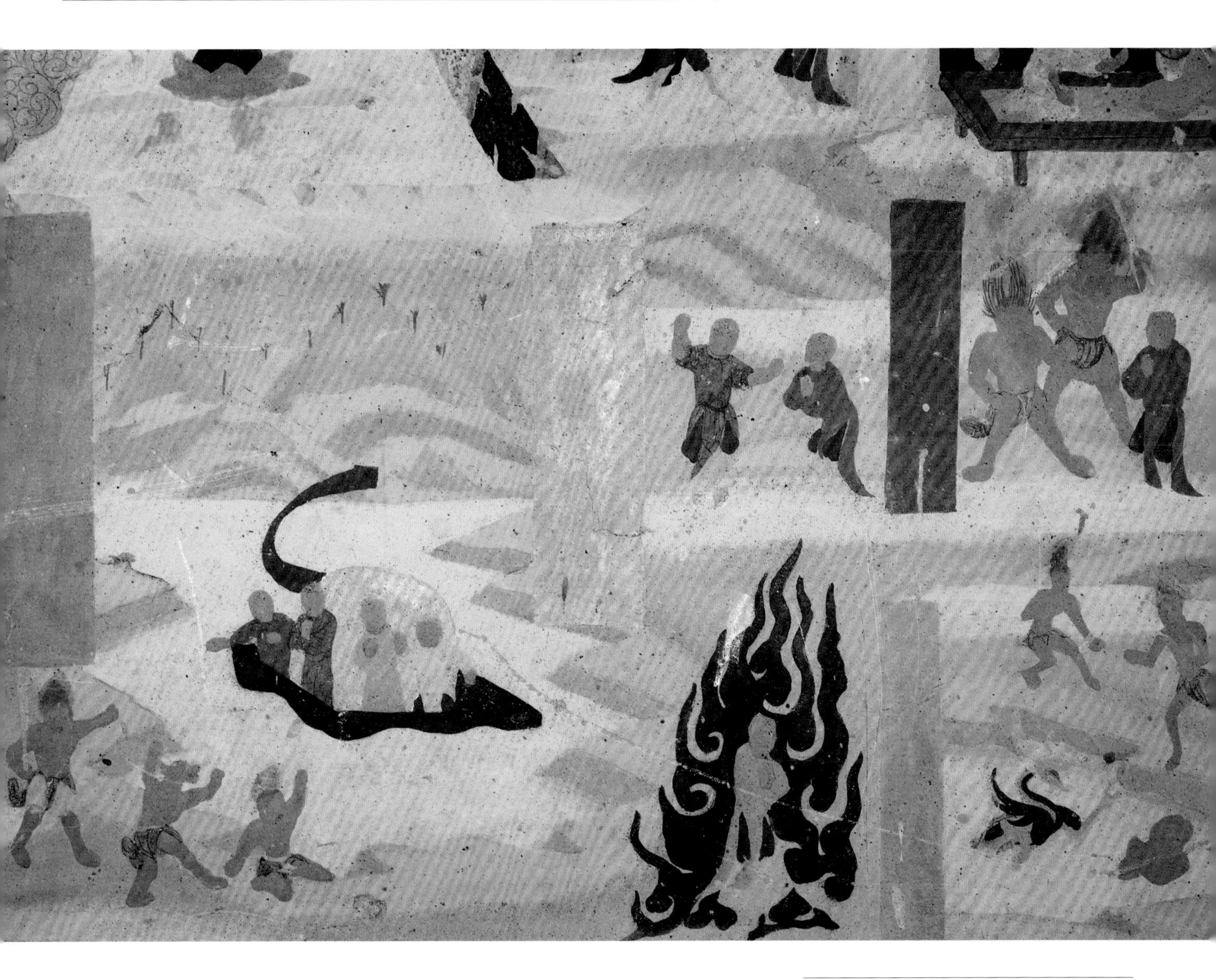

79 **救諸難**

此為觀音經變中救羅剎難、救火難、救水難、救鬼難、救劫難、救惡鬼難的畫面。

晚唐 莫14 北壁

救諸難分解圖

① 救羅剎難
② 救火難
③ 救水難
④ 救鬼難
⑤ 救劫難
⑥ 救惡鬼難

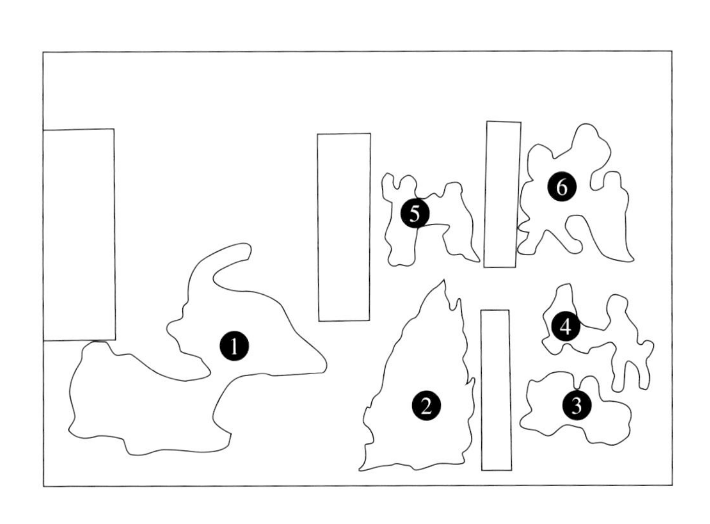

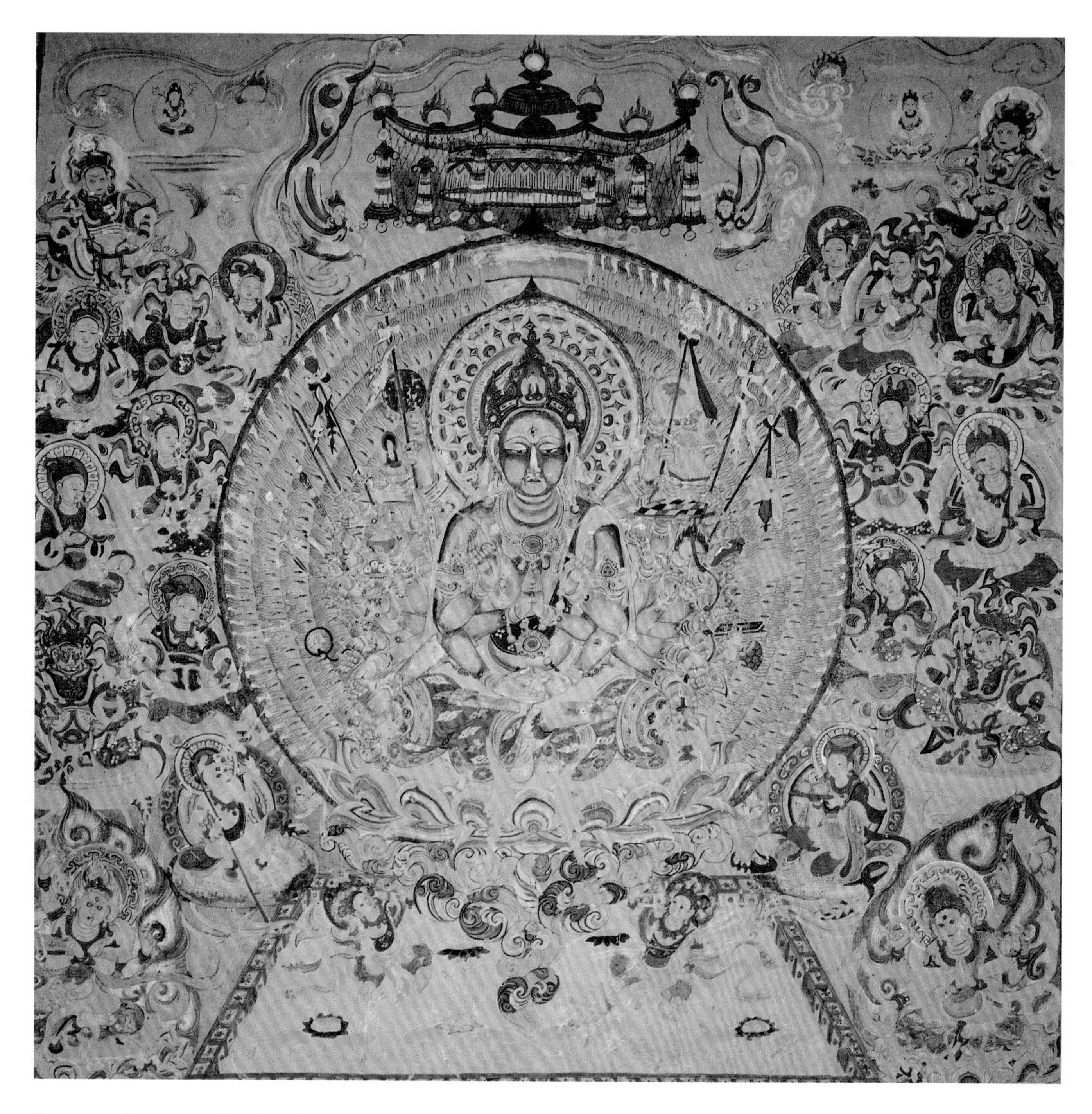

80 **千手千眼觀音經變**

主尊戴化佛冠，有三眼，四十二隻大手執持法器、寶物或結手印，結跏趺坐於蓮花座上。上方有寶蓋，下方有水池。眷屬在兩側，其中馬頭明王為其它密教經變所少見。此幅經變構圖嚴謹，畫風細膩，為晚唐時期的傑作。

晚唐 莫14 南壁

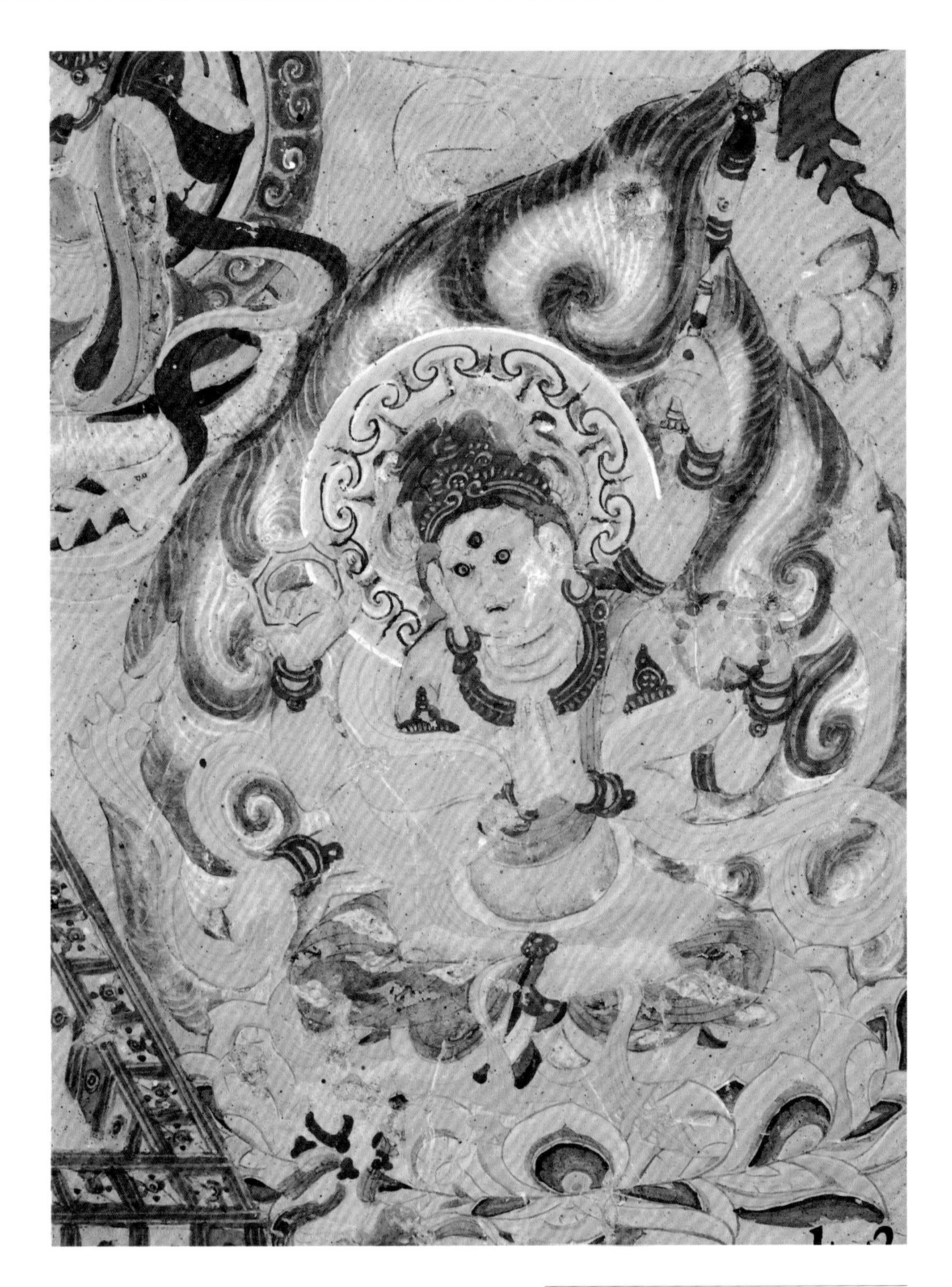

81 **馬頭明王**

密教對示現忿怒、威猛狀的諸神、菩薩，統稱為明王，取以智慧之光明破除愚癡煩惱業障之意。密教認為佛可以顯現三身，其中教令輪身是為了教化受到魔障遮蔽的眾生而變化的，因此顯現忿怒形，以喝醒或嚇退魔障。此馬頭明王頭頂現白馬，呈忿怒相。有六臂，分持金剛輪、寶棒、唸珠，二手合掌，一手結手印。其右下角為豬頭人身的毗那勒迦。

晚唐 莫14 南壁

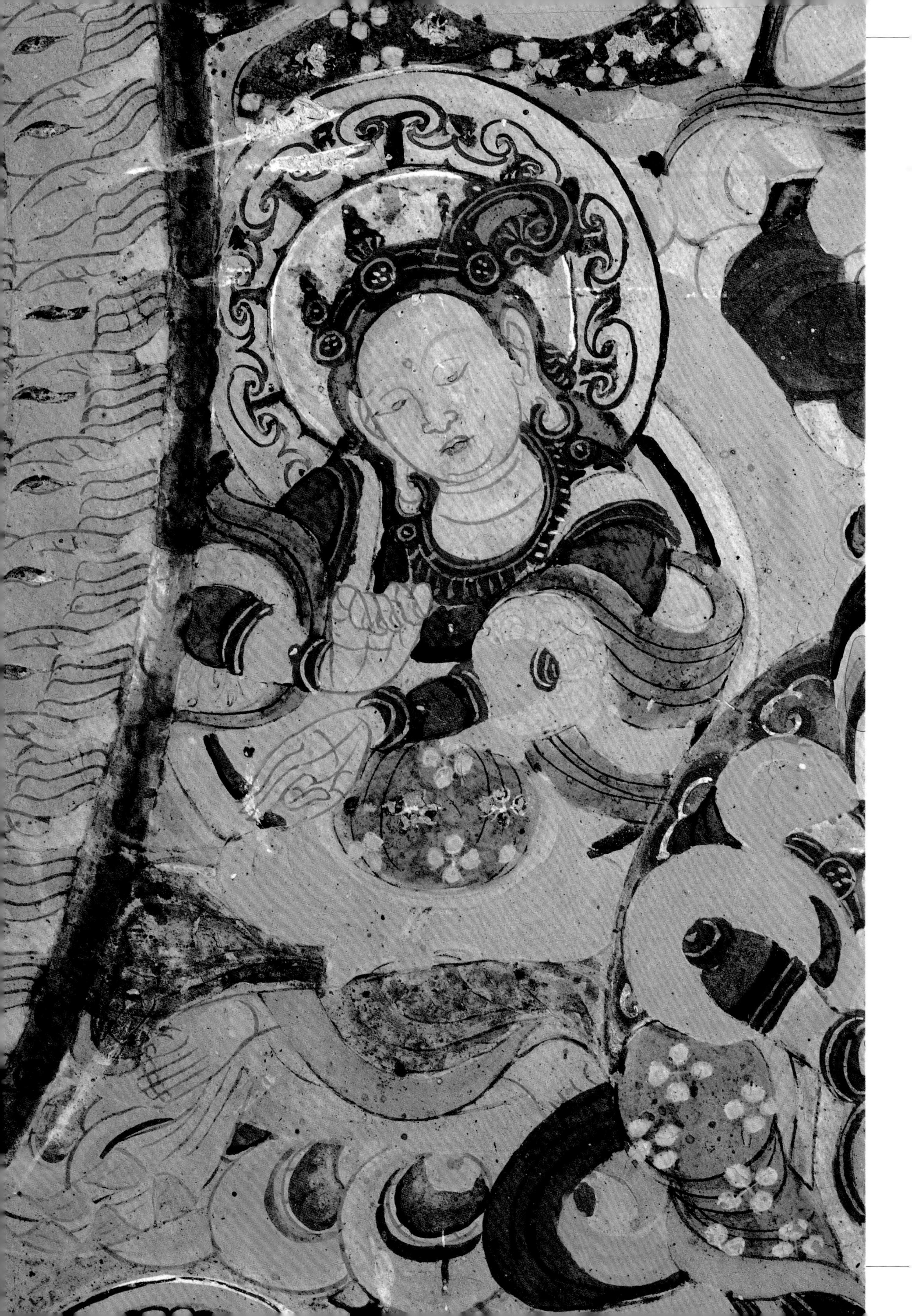

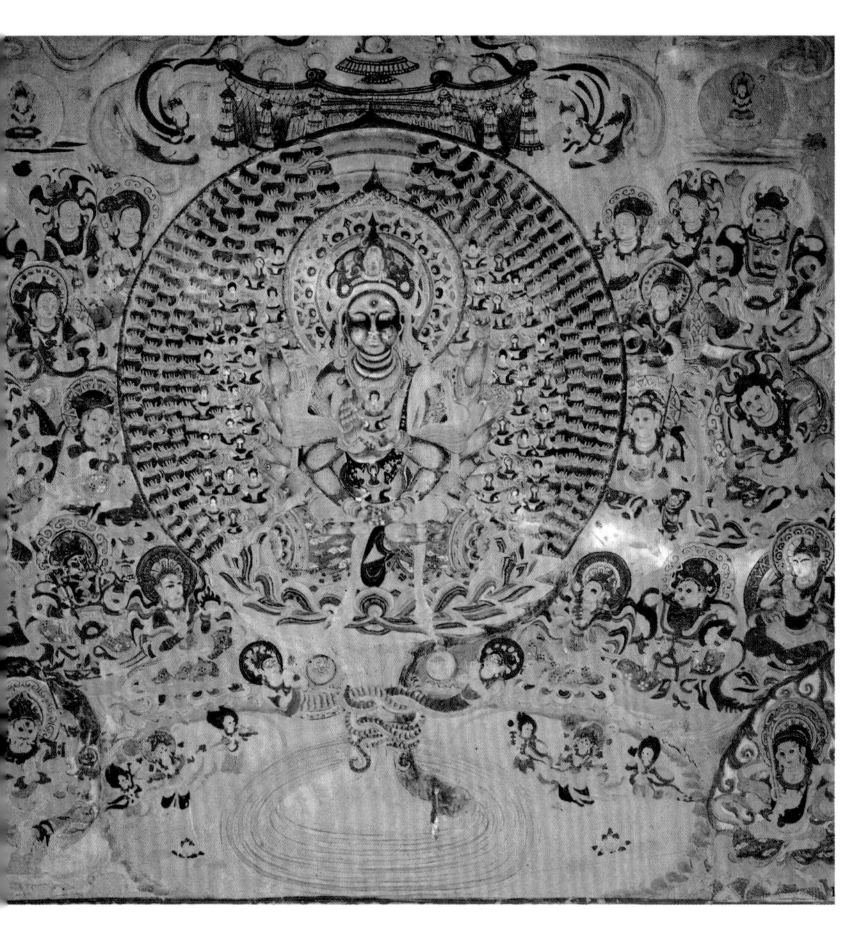

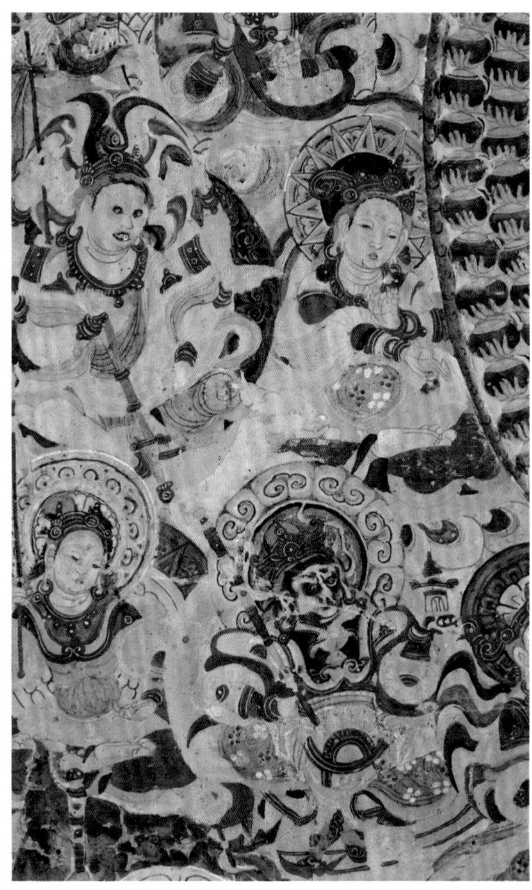

83 **千手千鉢文殊經變**

文殊戴化佛冠，手托寶鉢，部分鉢中有須彌山，山頂現釋迦佛。結跏趺坐於蓮座上，下為須彌山。有眷屬三十二身，畫面上人物眾多，疏密有致。

晚唐 莫14 北壁

84 **金剛舞菩薩與毗沙門天王**

這一身雙手一上一下，舞姿優美。毗沙門天王即北方多聞天，為四天王之一，着甲冑，左手托寶塔，右手持寶棒，守護佛法。

晚唐 莫14 北壁

82 **金剛舞菩薩**

金剛舞菩薩為密教內四供養菩薩之一，菩薩身穿舞衣，右手在上，左手在下，扭轉翻動，呈手舞動作，姿態優美柔和。

晚唐 莫14 南壁

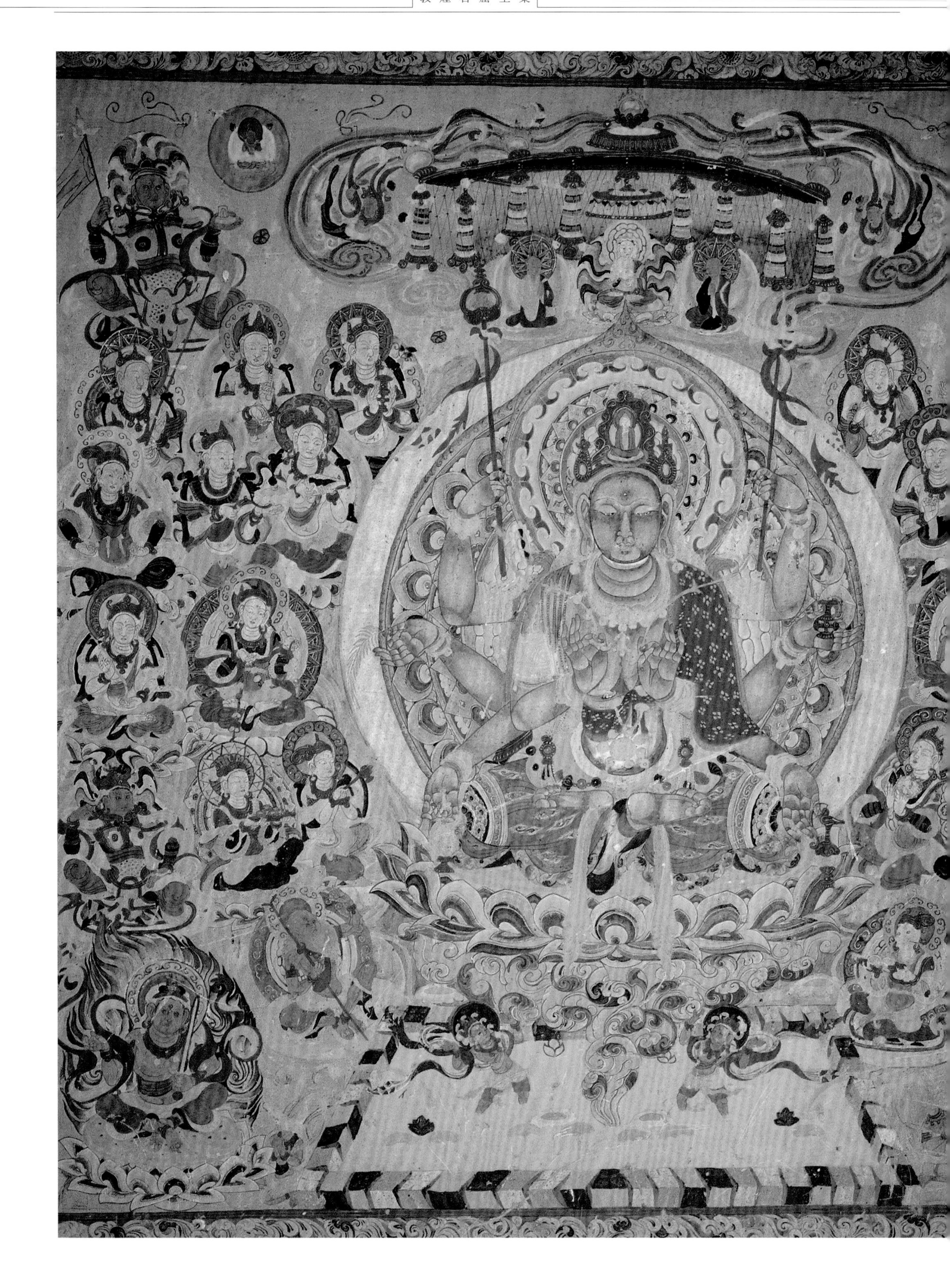

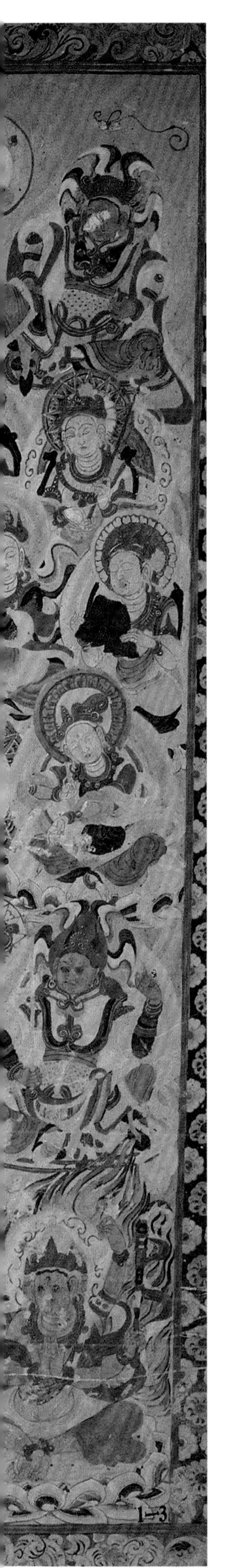

85 不空羂索觀音經變

觀音頭戴化佛冠，八臂分別執持三叉戟、錫杖、寶瓶、柳枝、君持、胡瓶、蓮花。有頭光和背光，結跏趺坐於蓮花座上。上方有寶蓋，下有一佛二弟子和眷屬三十六身，為敦煌石窟眷屬最多的密教經變之一。尤以內四供、外四供以及四攝菩薩、四大士匯聚於同一個密教經變而著稱。此經變為這一時期的傑作。

晚唐　莫14　南壁

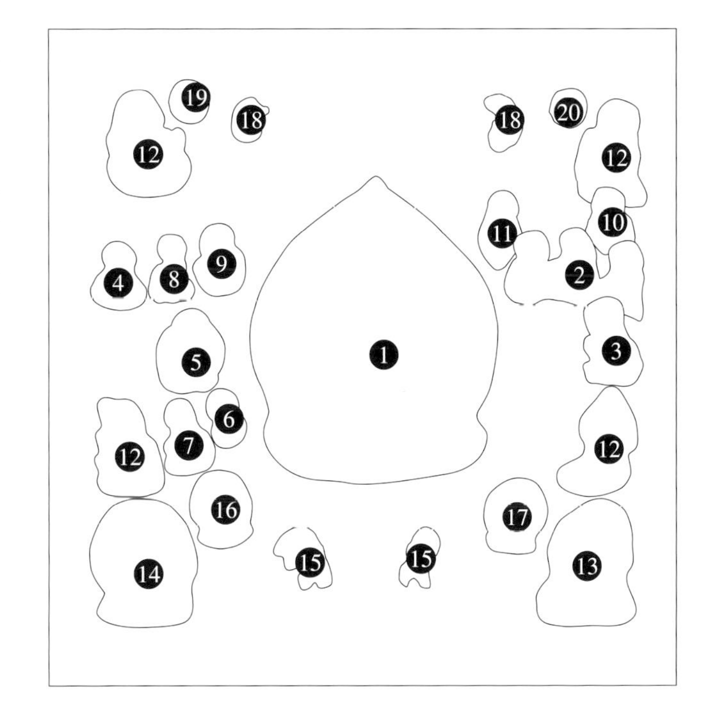

不空羂索觀音經變分解圖

① 主尊

內四供養菩薩：
② 金剛歌
③ 金剛舞
④ 金剛嬉
⑤ 金剛鬘

外四供養菩薩：
⑥ 金剛香
⑦ 金剛花
⑧ 金剛燈
⑨ 金剛塗

四攝菩薩：
⑩ 金剛鉤
⑪ 金剛鈴
⑫ 四天王
⑬ 馬頭明王
⑭ 忿怒尊
⑮ 二龍王
⑯ 婆藪仙
⑰ 功德天
⑱ 二飛天
⑲ 日光菩薩
⑳ 月光菩薩

86 金剛嬉菩薩　金剛燈菩薩　金剛塗菩薩

內四供養菩薩中的金剛嬉菩薩雙手半握拳置於腰側。外四供養菩薩中的金剛燈菩薩雙手持蓮花，上有一點燃的燈，手法寫實，具有濃厚的生活氣息，由於變色，火苗現呈黑色。金剛塗菩薩雙手持海螺，用以代表塗香器，為敦煌地區首次出現，並成為敦煌石窟金剛塗菩薩的標幟物，為此後密教經變所仿效。

晚唐　莫14　南壁

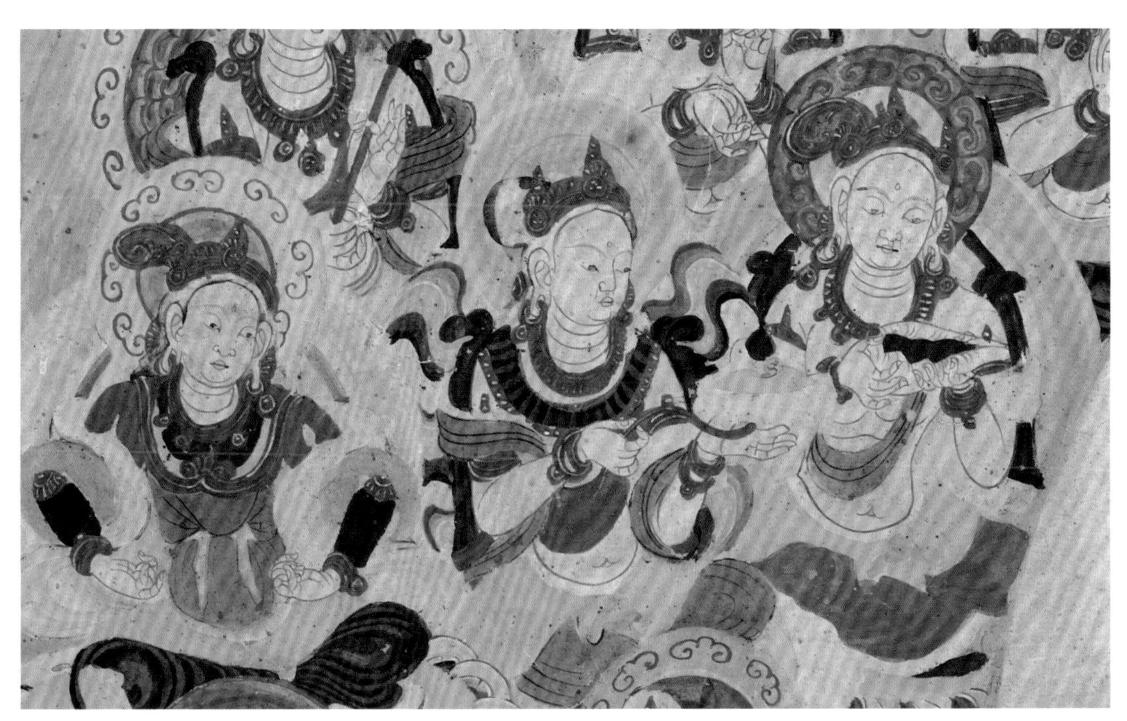

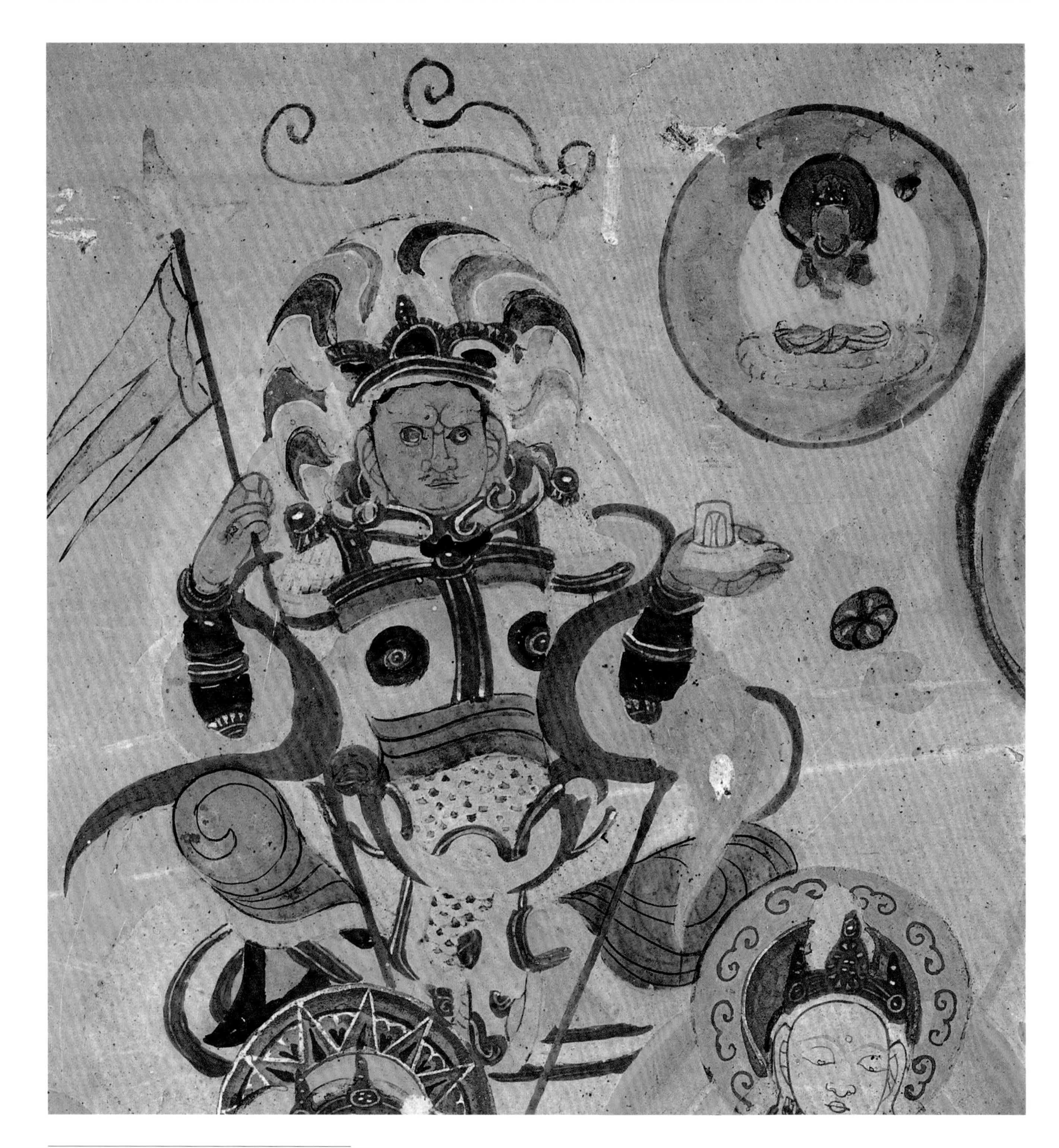

87 **毗沙門天王　日光菩薩**

毗沙門天王即北方多聞天王，為四天王之一，着甲冑，左手托寶塔，右手持鈎戟，意在護法。日光菩薩位於紅色日輪中，雙手各持一蓮蕾，結跏趺坐於蓮花座上，但未見騎五馬形象。

晚唐 莫14 南壁

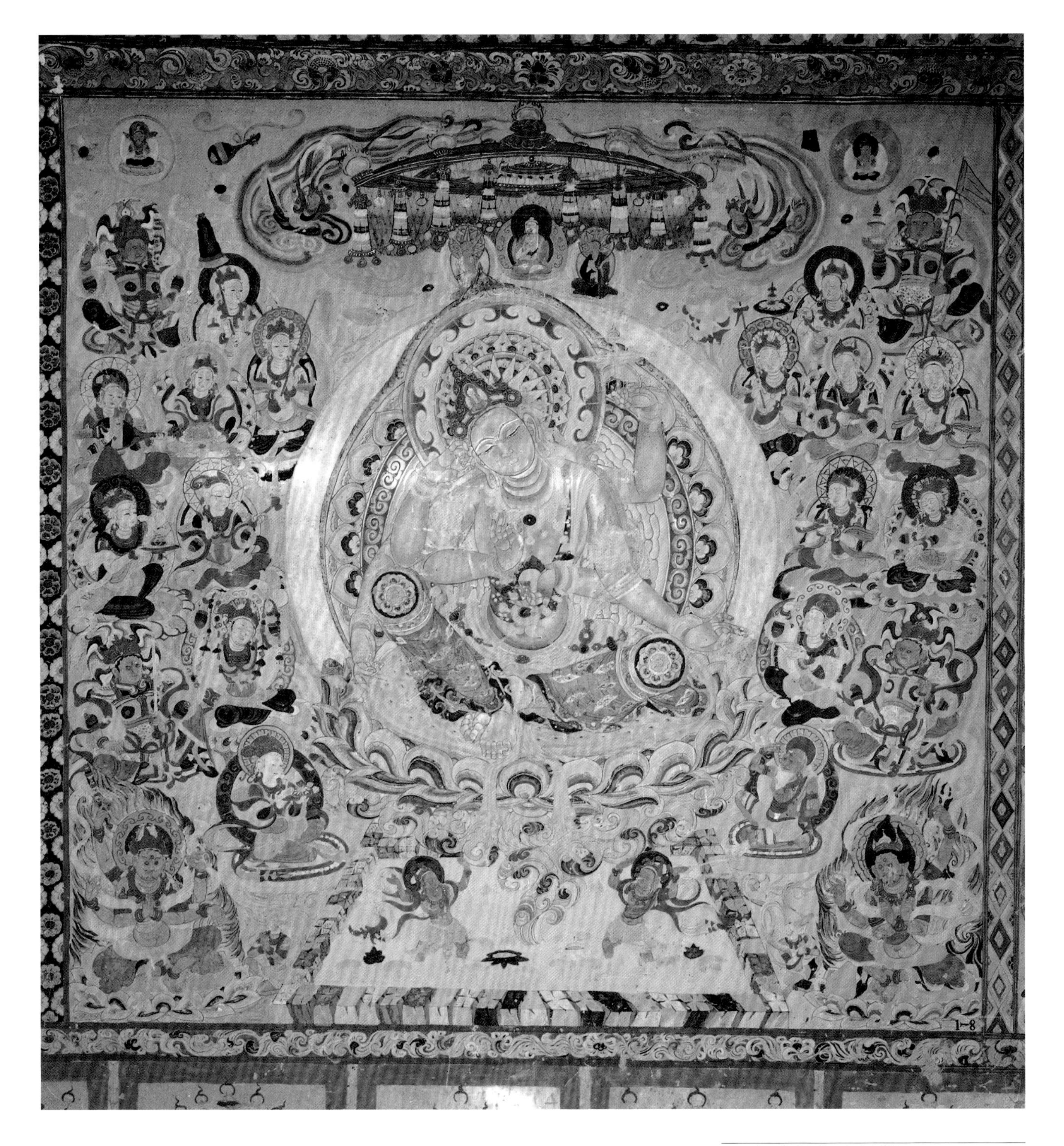

88 **如意輪觀音經變**

主尊位於經變中央，頭光背光齊備，坐在蓮花座上。上方有一佛二僧和寶蓋。有眷屬三十身，內四供養菩薩、外四供養菩薩、四攝菩薩、四天王、婆藪仙等匯聚一堂。

晚唐 莫14 北壁

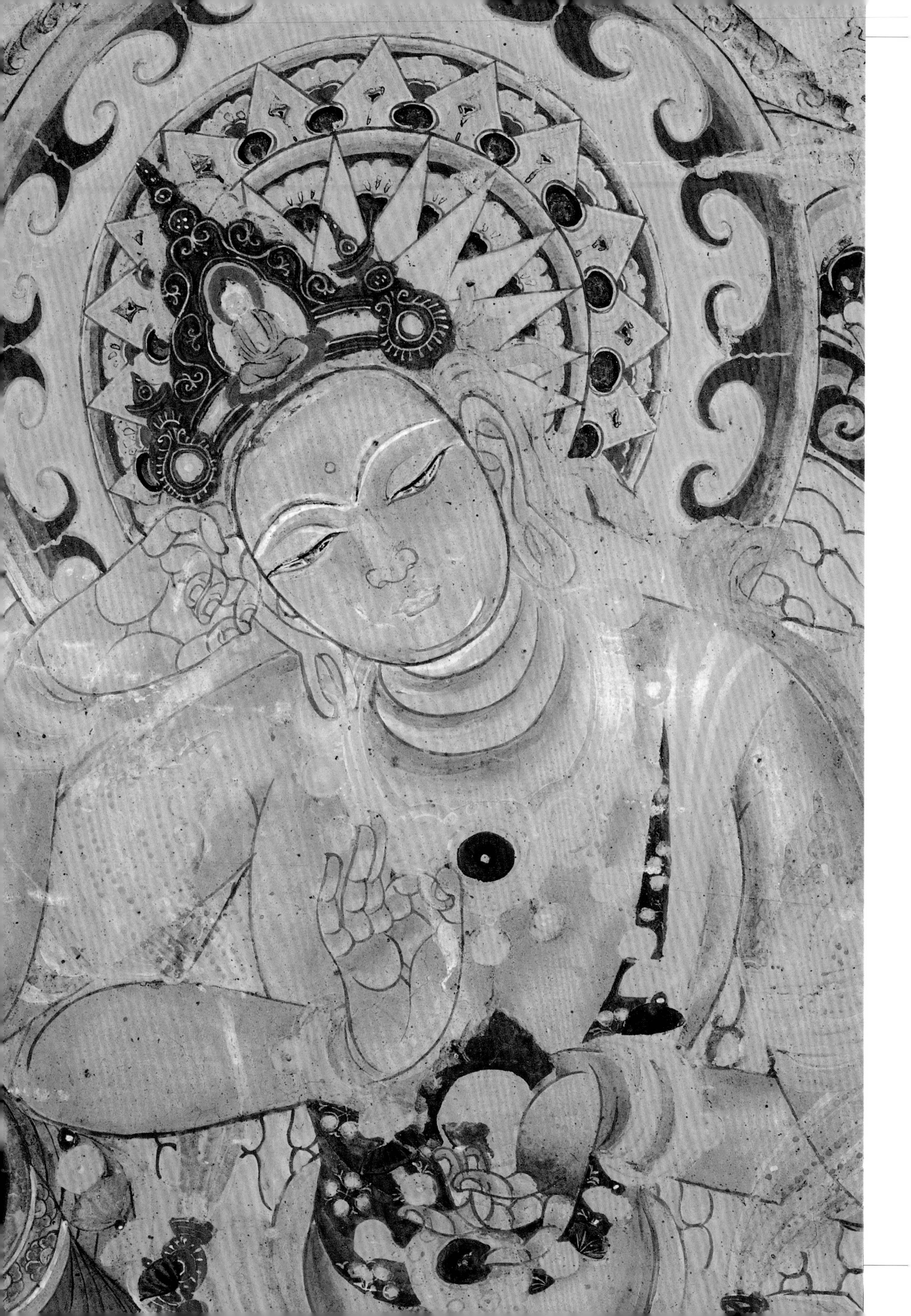

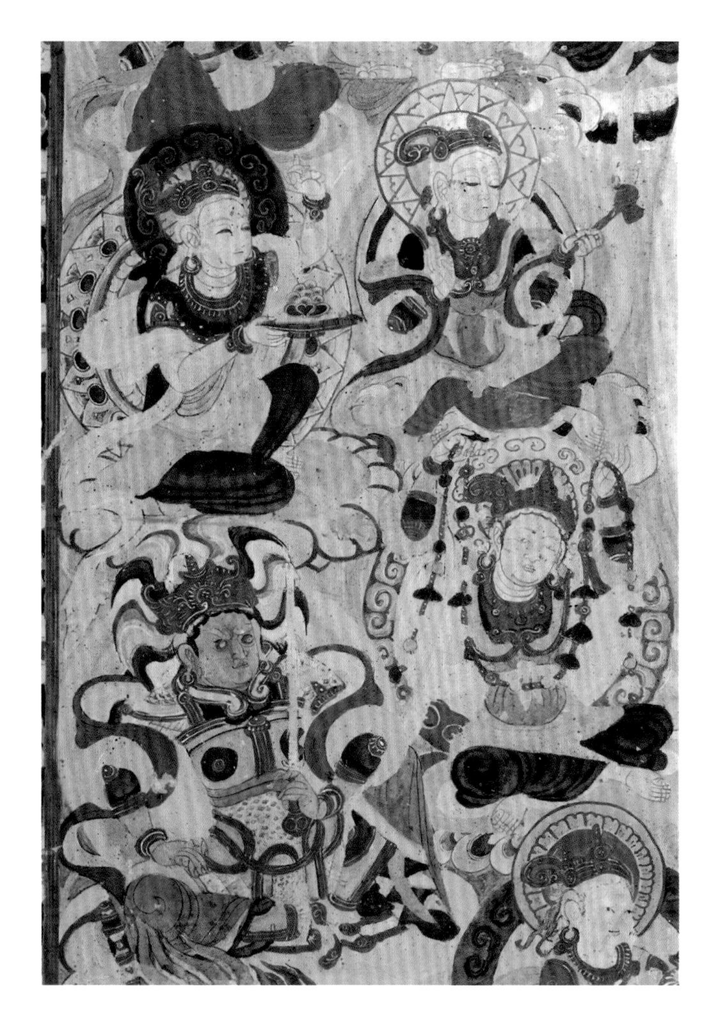

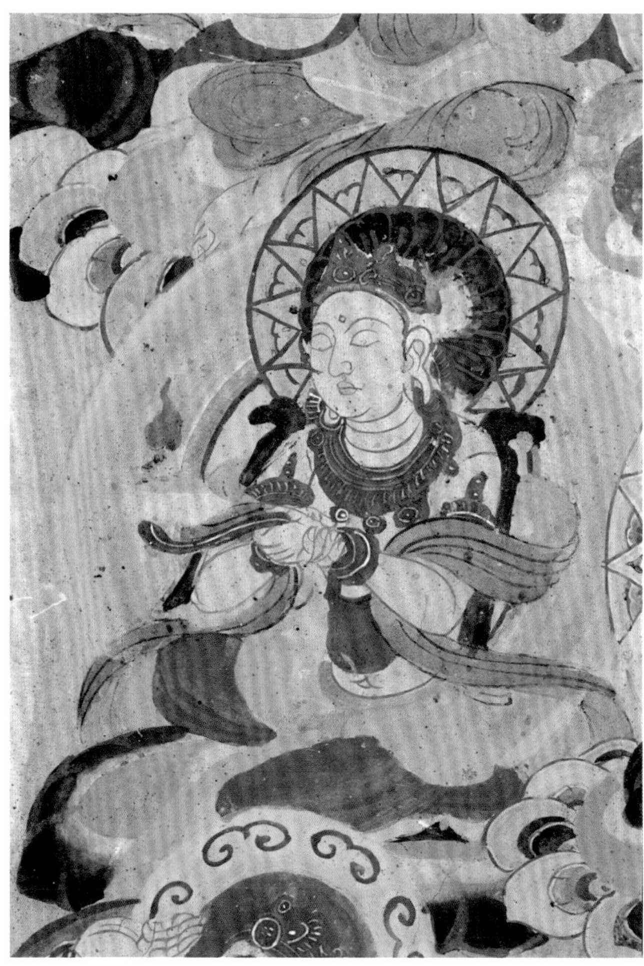

90 **金剛縵菩薩　金剛香菩薩**
金剛花菩薩

金剛縵菩薩高舉花縵供養主尊。金剛香菩薩右手持長柄香爐。金剛花菩薩右手持盛滿蓮花的花盤，單腿跪向主尊。

晚唐　莫14　北壁

91 **金剛燈菩薩**

右手握左手腕，左手持一曲柄蓮花燈座，燈座上一盞燈已點燃，冒着紅紅的火苗。

晚唐　莫14　北壁

89 **如意輪觀音**

主尊戴化佛冠，六臂，右一手思惟，一手持蓮花，一手結手印，左一手持如意輪，一手寶珠，一手按光明山，頭稍傾，姿態十分優美。

晚唐　莫14　北壁

92 金剛薩埵曼荼羅

此幅屬於金剛界理趣會。主尊金剛薩埵即普賢菩薩，位於曼荼羅中央，兩側眷屬二十二身，有內四供和外四供菩薩以及持梵夾菩薩、持寶瓶菩薩、二飛天、四忿怒尊等，卻不見密教經變通常所見婆藪仙、功德天及龍王。主尊及其眷屬除飛天外，均戴寶冠，曲髮披肩，裸上身，斜披天衣，着重裙及緊身透體長褲，具有印度波羅密教藝術風格。

晚唐 莫14 北壁西側

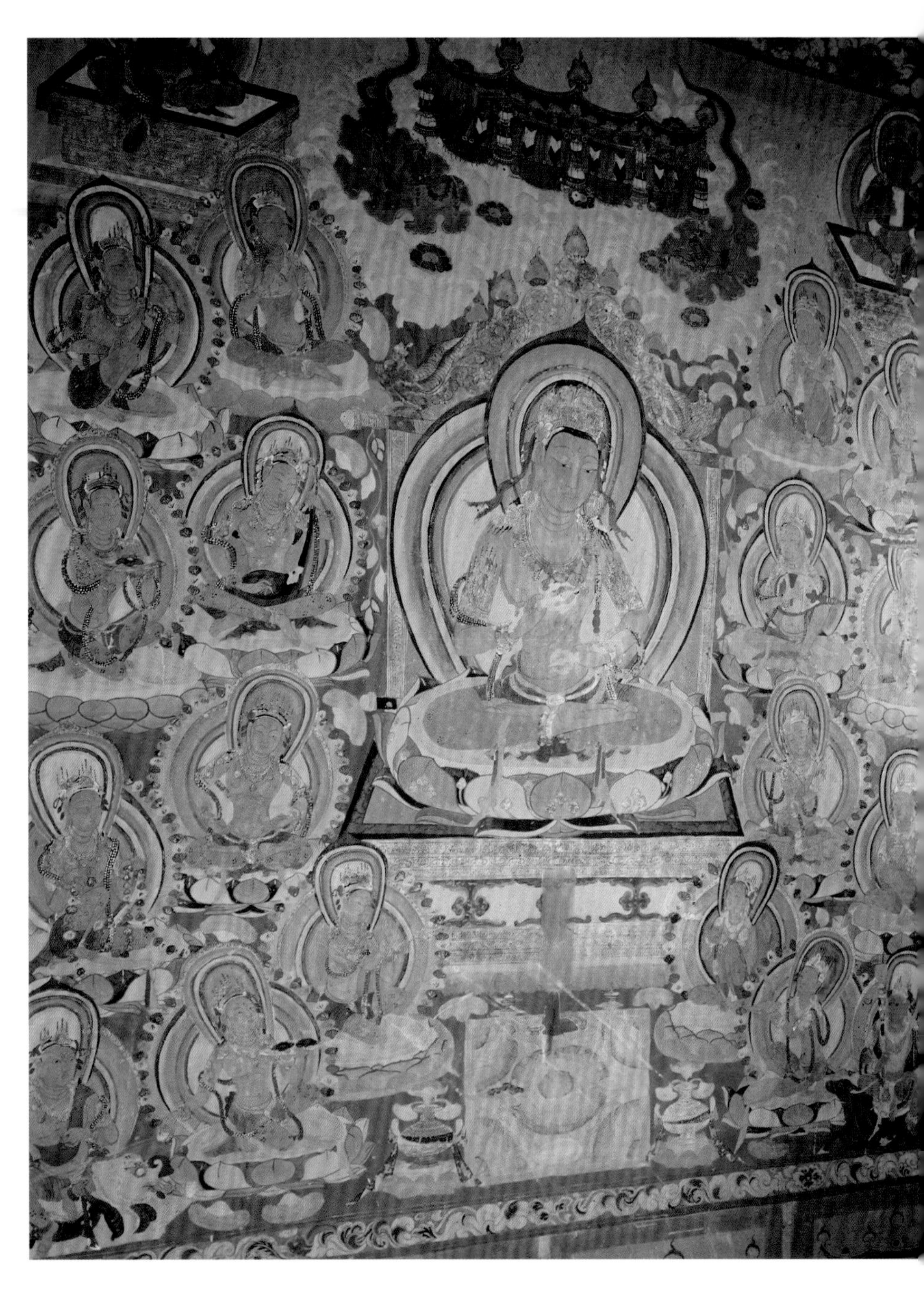

金剛薩埵曼荼羅分解圖

① 主尊
② 金剛歌菩薩
③ 金剛舞菩薩
④ 金剛嬉菩薩
⑤ 金剛鬘菩薩
⑥ 金剛香菩薩
⑦ 金剛花菩薩
⑧ 金剛燈菩薩
⑨ 金剛塗菩薩
⑩ 金剛鈎菩薩
⑪ 金剛鈴菩薩

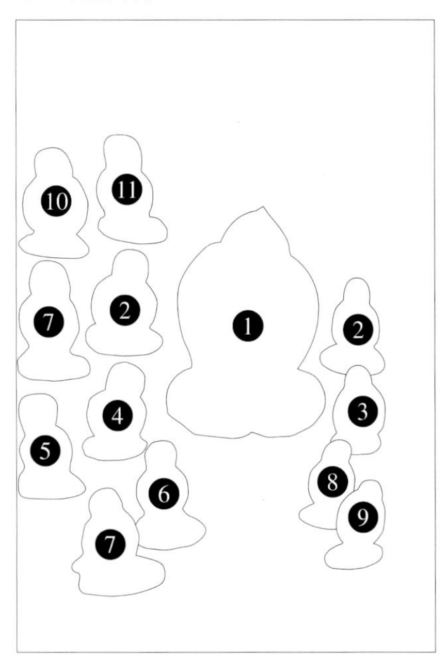

93 金剛薩埵菩薩

金剛薩埵菩薩即普賢菩薩，是金剛界曼荼羅成身會三十七尊之一，也是理趣會十七尊之主尊；在胎藏界曼荼羅中也是金剛部院大智金剛部的主尊。一手持金剛杵，一手持金剛鈴，結跏趺坐於有背屏的蓮花座上。造型為一秀麗女形，豐乳蜂腰，天衣透體，佩飾華麗，具有外來藝術因素， 此圖堪稱敦煌藝術的上乘之作。

晚唐 莫14 北壁

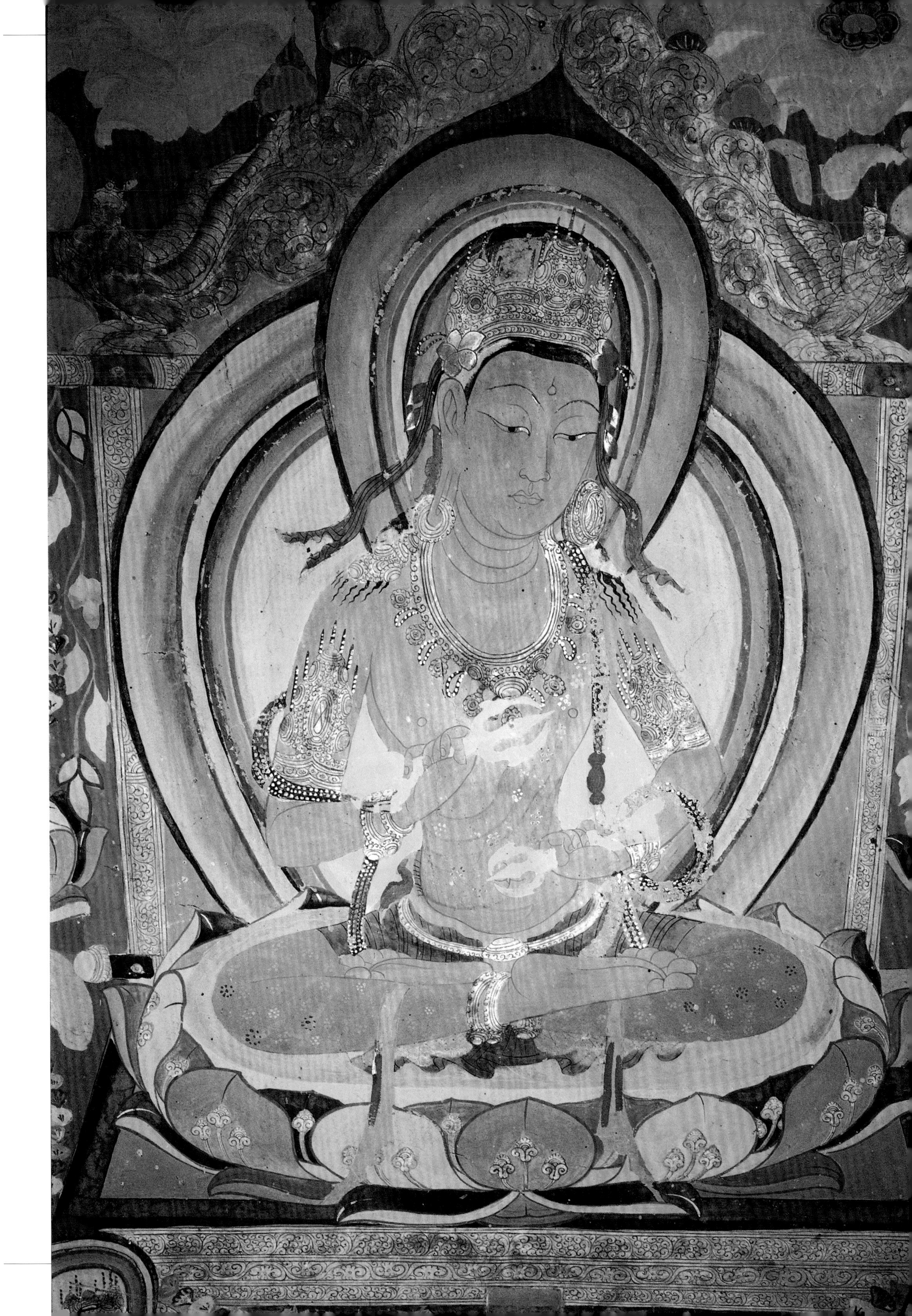

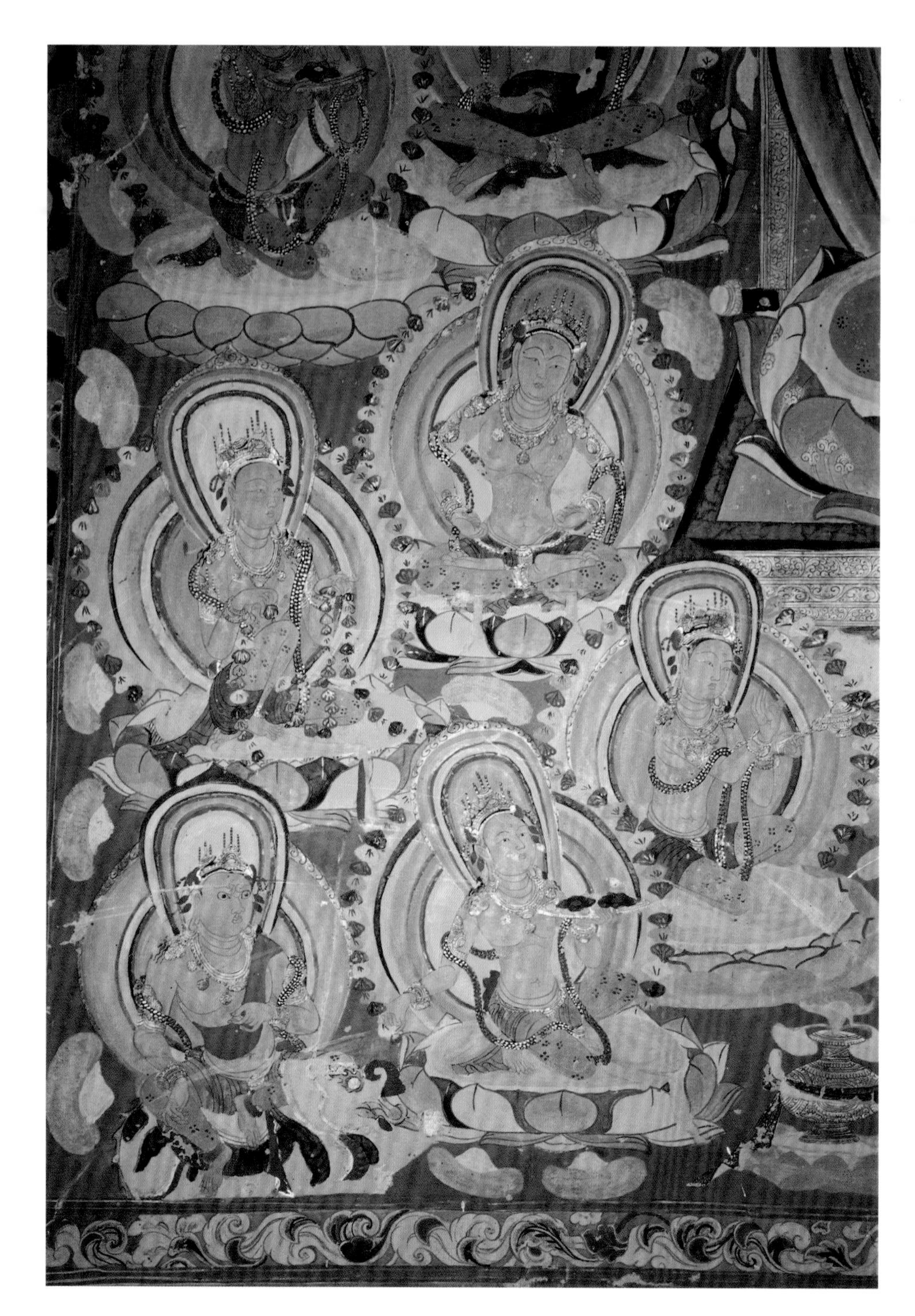

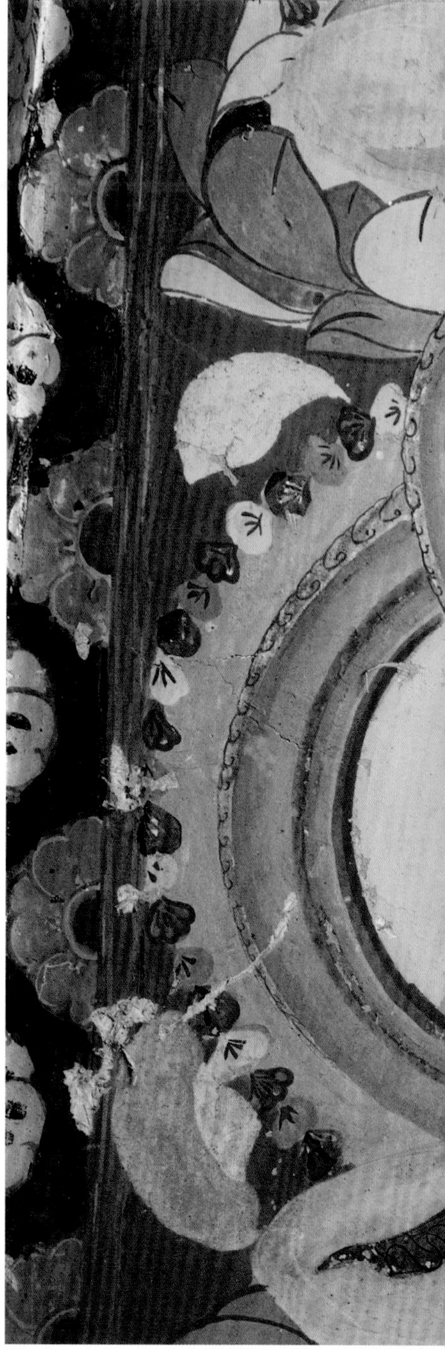

94 四身菩薩

金剛薩埵曼荼羅的主要眷屬內四供養的金剛嬉菩薩、金剛緩菩薩和外四供養的金剛香菩薩、金剛花菩薩，均風姿綽約，楚楚動人。

晚唐 莫14 北壁

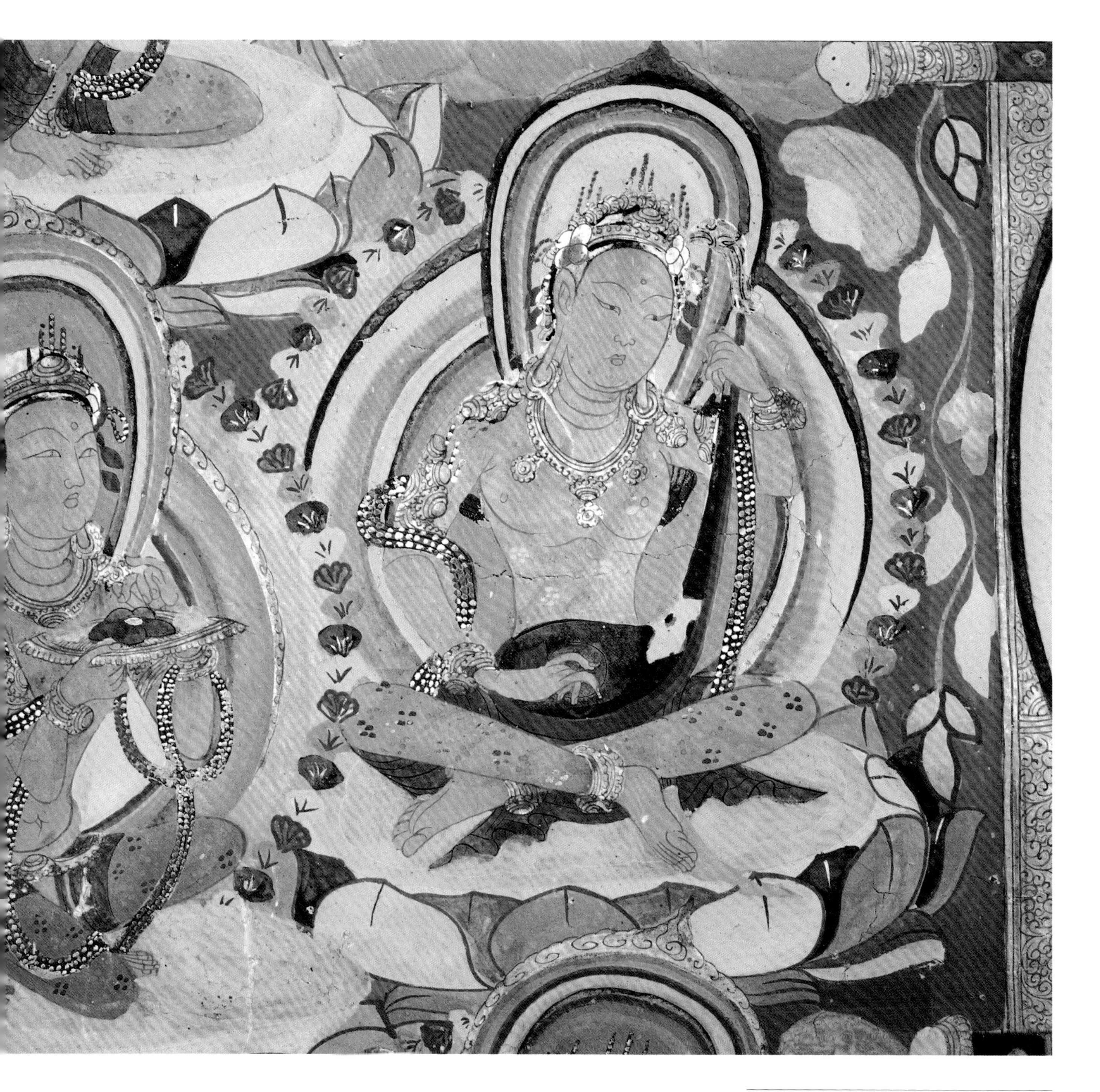

95 金剛歌菩薩　金剛花菩薩

此幅曼荼羅有兩身金剛歌菩薩，在主尊左右。左側一身在彈琵琶，此為右側一身，懷抱曲頸鳳首琴彈奏。金剛花菩薩手托花盤恭敬供養。以上兩身密教供養菩薩，均為青年女子形象，充分表現出青年女性的容顏秀美、體形優雅、氣質文靜。

晚唐　莫14　北壁

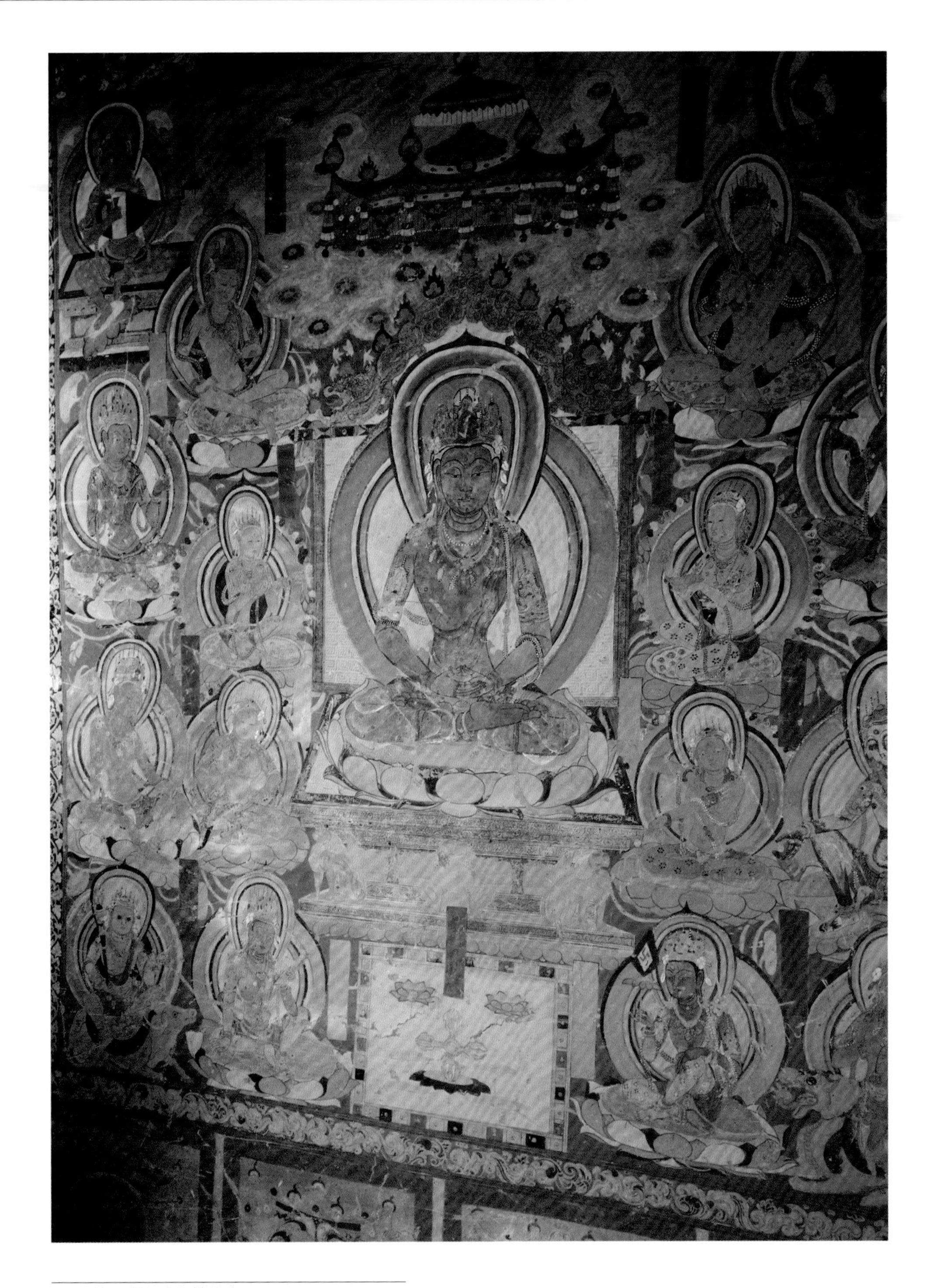

96 金剛母曼荼羅

主尊金剛母菩薩相傳為十二女護法神之一，位於曼荼羅中央，兩側是金剛部內四供養菩薩、外四供養菩薩、四攝菩薩、四護法天，另外還有持梵夾、持萬字印、持寶瓶、持寶劍、持金剛杵等五菩薩共十六尊，這與金剛界九會曼荼羅中的理趣會大致相似。主尊及其眷屬均戴寶冠，曲髮披肩，裸上身，斜披天衣，着重裙及緊身透體長褲，佩飾華麗，是又一幅具有印度波羅密教藝術風格的壁畫佳作。

晚唐 莫14 南壁西側

97 金剛母菩薩

雙手結禪定印，結跏趺坐在蓮花座上，慈目下視，神思內注。端莊秀麗。天衣斜披透體，釧環胸飾艷麗，體形窈窕，蜂腰玉膚，展示了女性的人體美。

晚唐 莫14 南壁

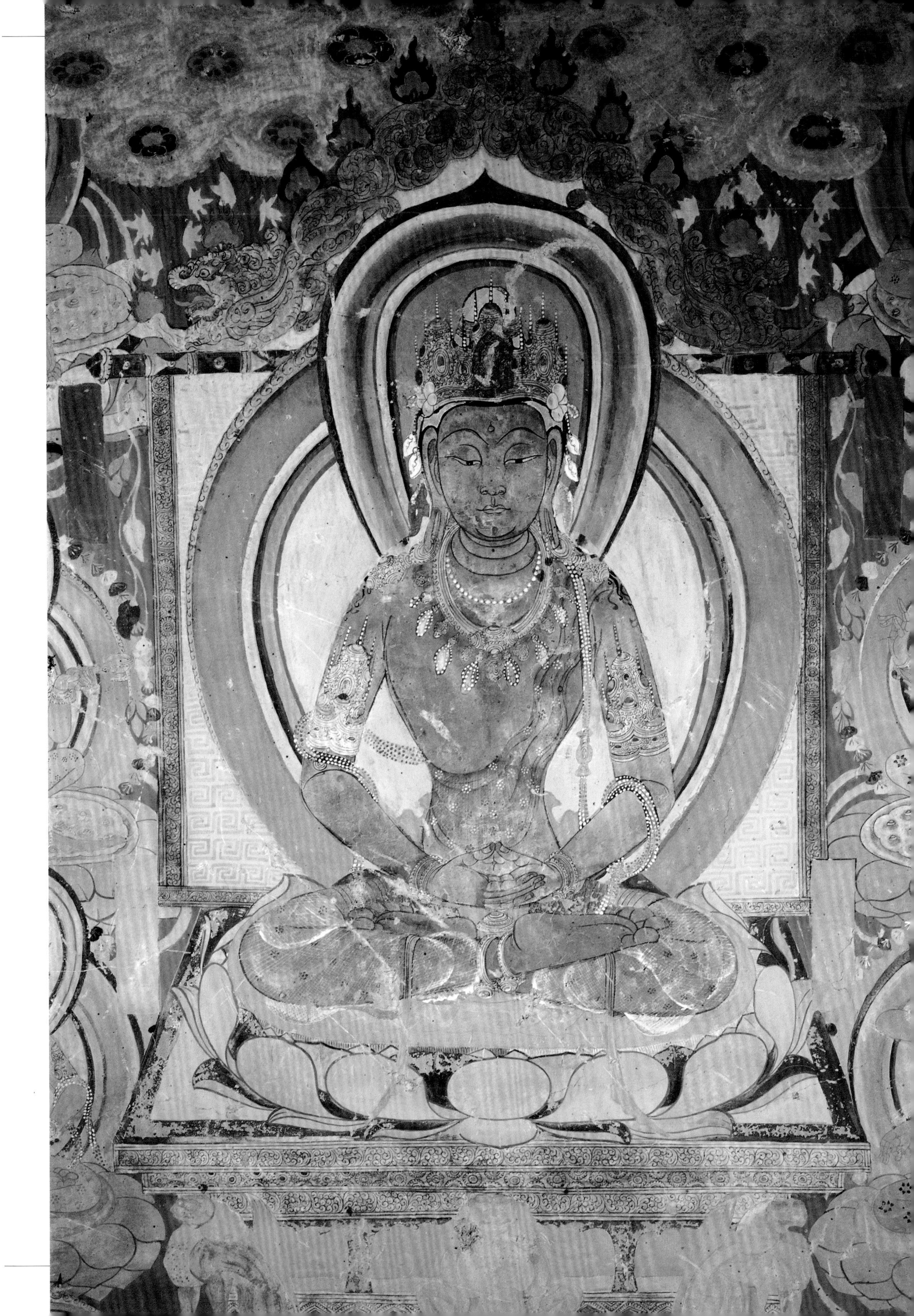

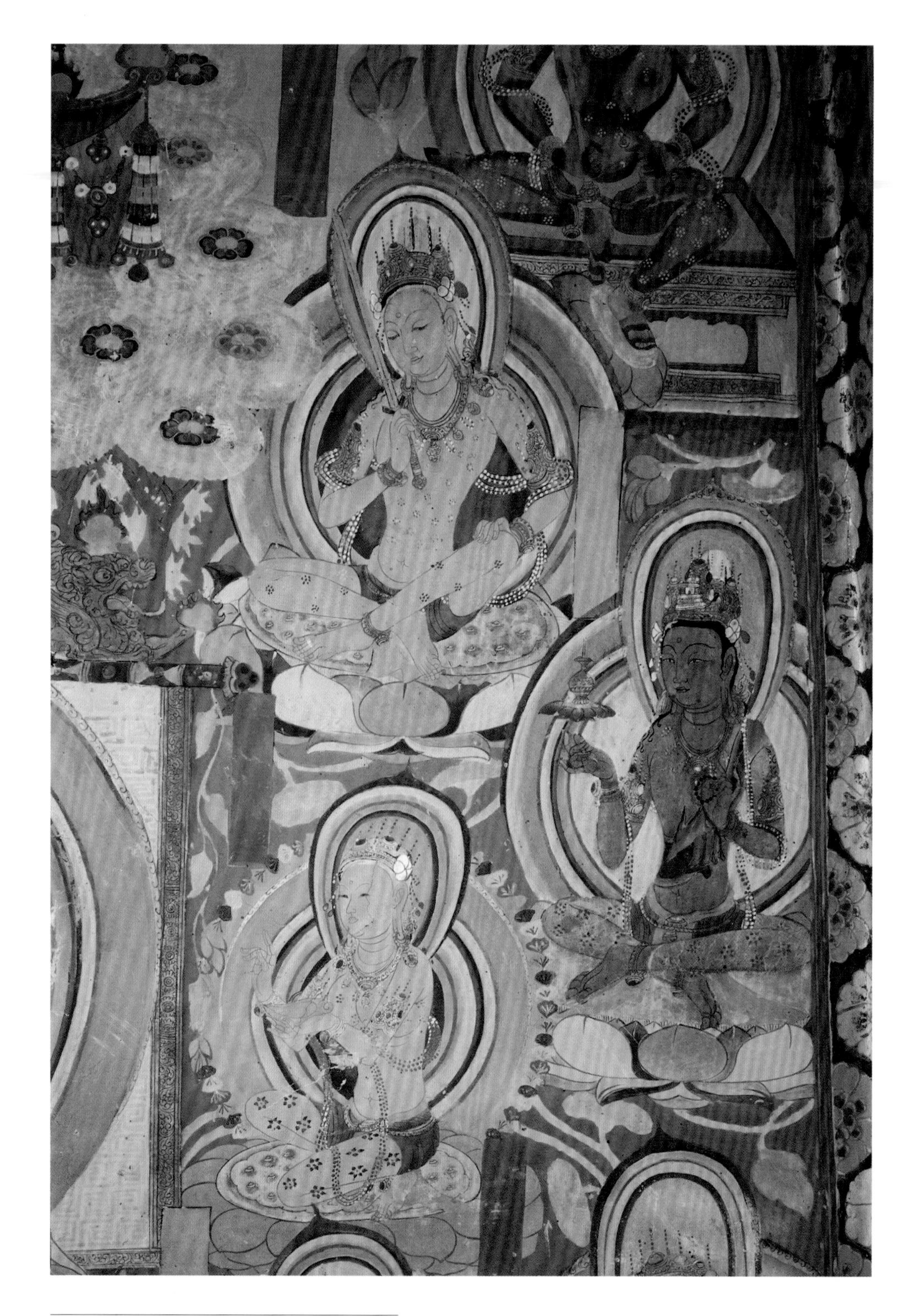

98　**金剛塗菩薩　持劍菩薩**
持寶瓶數珠菩薩

金剛塗菩薩托海螺，着透體胸罩，着意突出女性的豐乳，下身着重裙及緊身透體長褲，呈現出女性人體的曲線美。持劍菩薩和持寶瓶數珠菩薩均呈男身女相，體形苗條，面相秀氣，神情深沉而含蓄。

晚唐　莫14　南壁

99　**金剛舞菩薩**

菩薩雙臂左伸右曲，左下壓右上抬，上身向左微傾，頭略右傾。秀面腴體，乳房豐隆，佩飾簡約，下身着重裙及緊身長褲，盡現女性的豐美。

晚唐　莫14　南壁

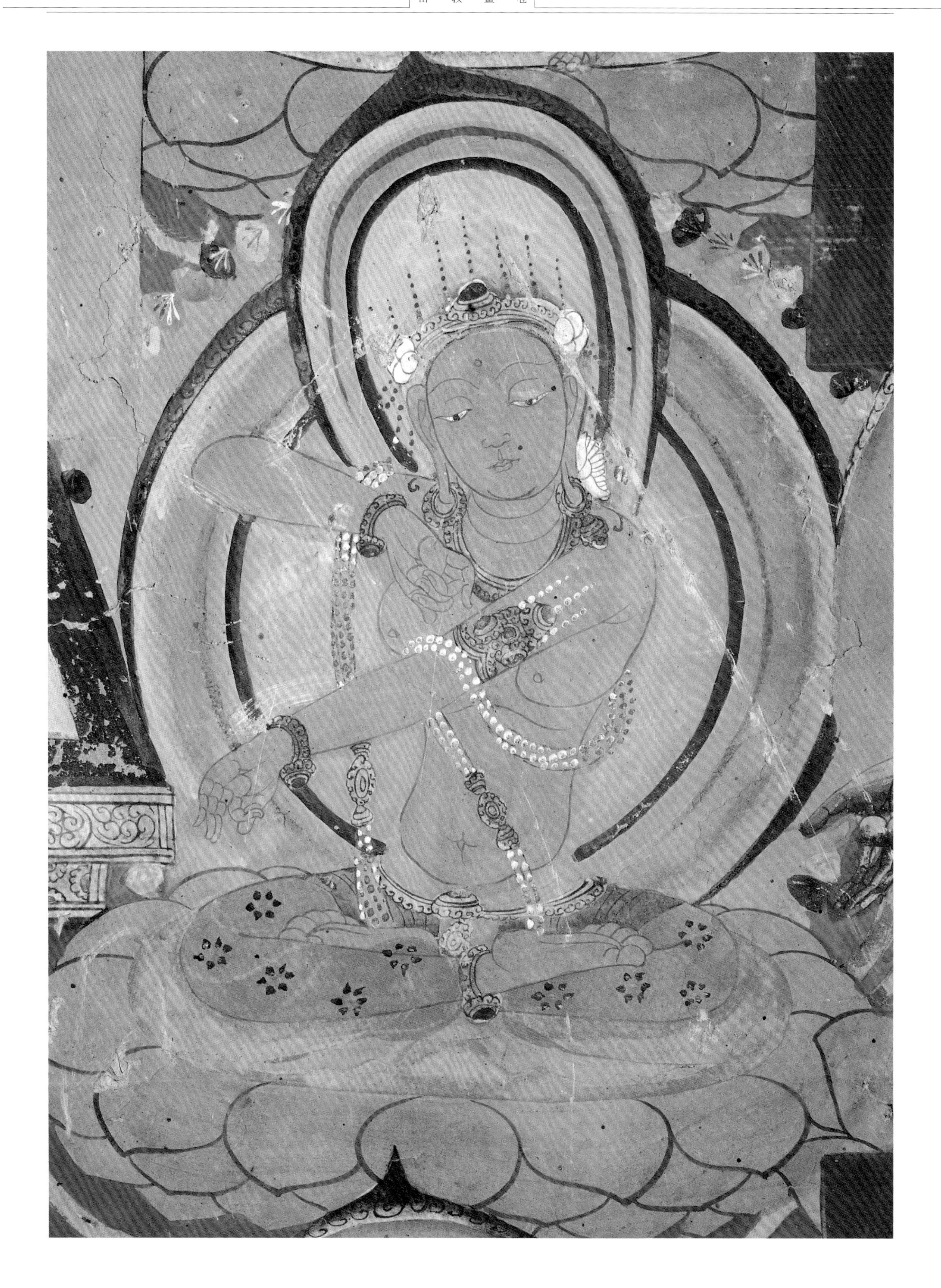

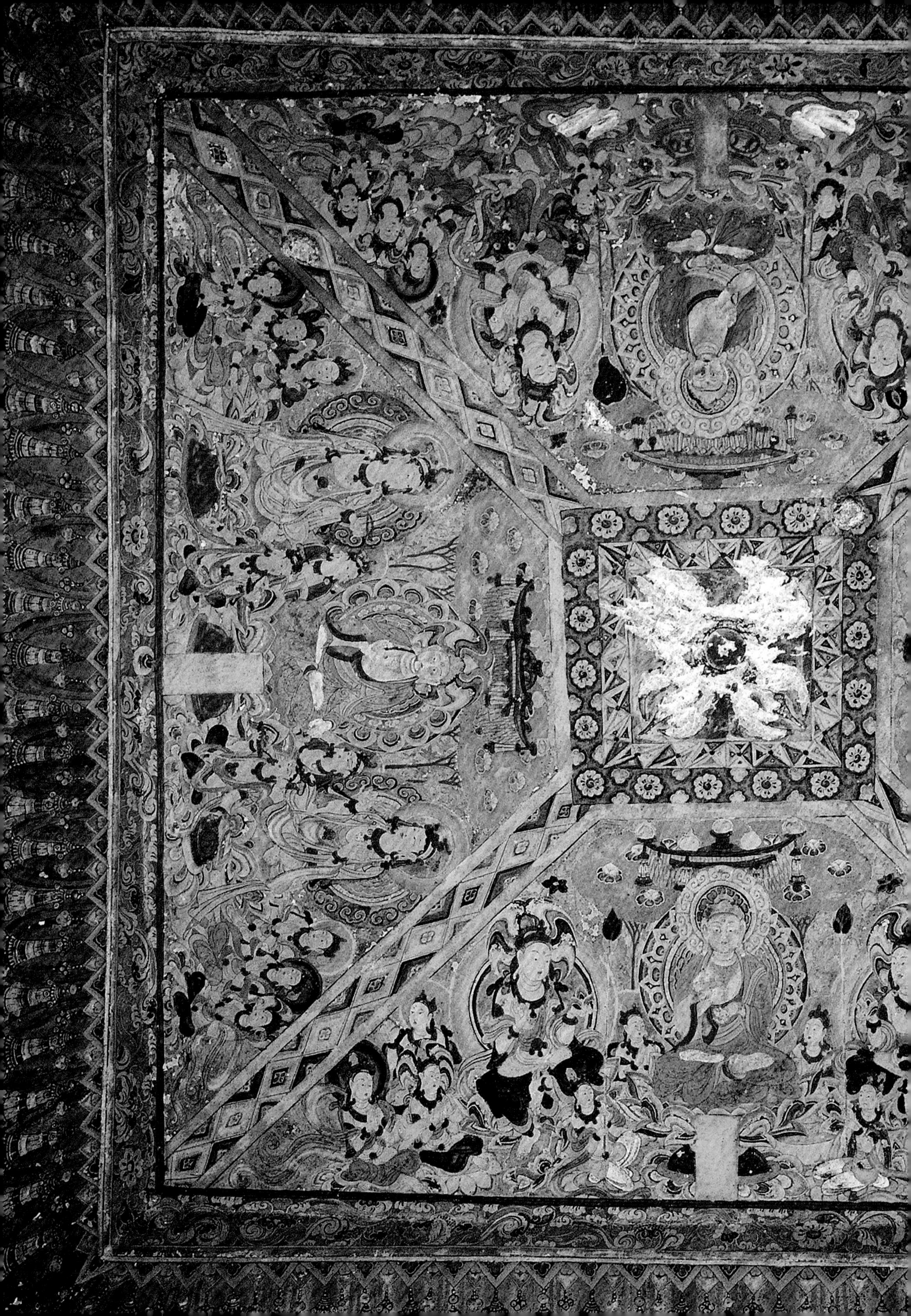

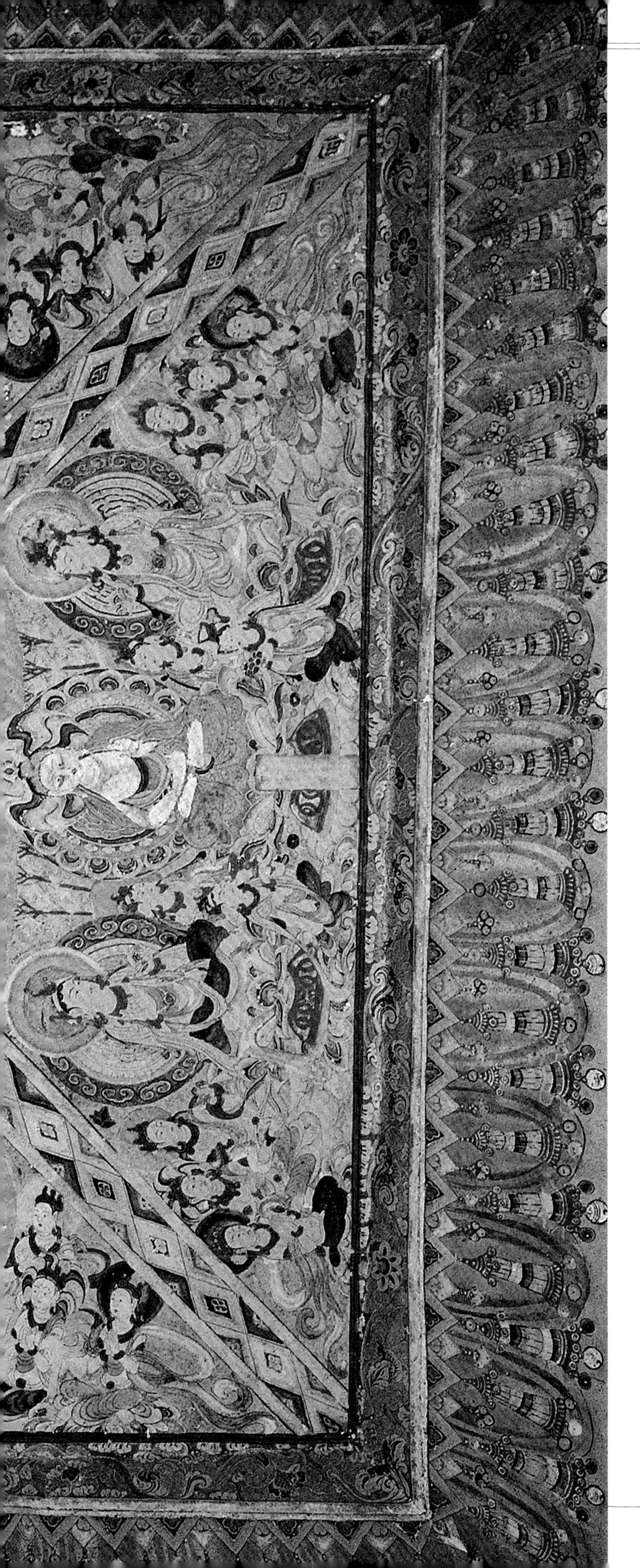

100 **交杵與四方佛**

中心為交杵，圍繞交杵的四面各繪一方佛赴會說法圖，分別為：東方香積世界阿閦佛、南方歡喜世界寶相佛、西方極樂世界無量壽佛、北方蓮花莊嚴世界微妙聲佛。交杵與四方佛相搭配，或許可視為五方佛結構。像這樣面積大、結構複雜的洞窟頂部方井，在敦煌石窟很少見。

晚唐 莫14 窟頂

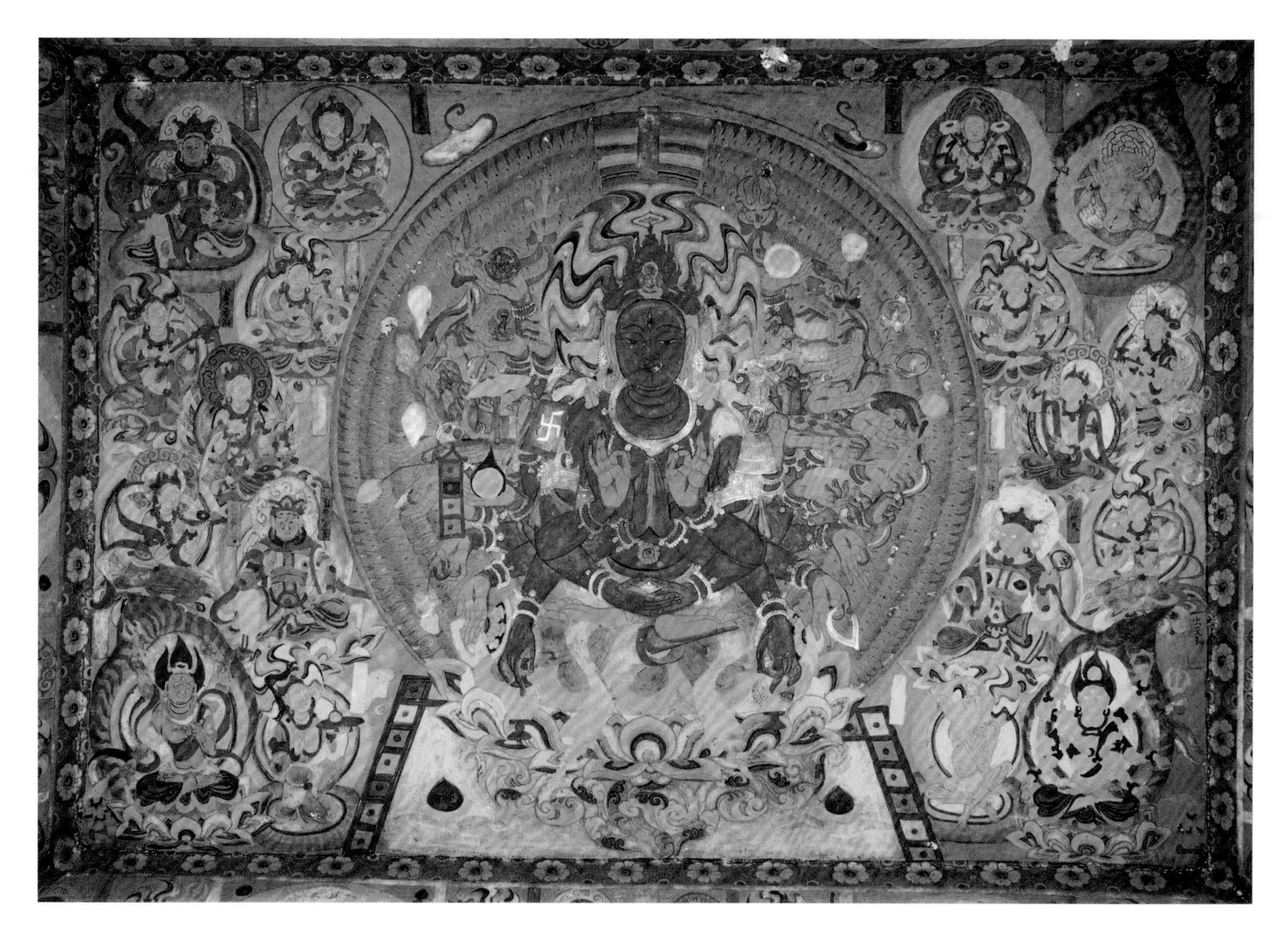

101 **千手千眼觀音經變**

主尊位於經變中央，三目，戴化佛冠，四十隻大手執持法器、寶物及結手印，另有眾多小手環繞。眷屬有日光、月光、金剛歌、金剛舞、金剛嬉、金剛鬘、金剛香、金剛花等菩薩，以及婆藪仙、功德天、火天神、水天神、火頭金剛、毗那夜迦、毗那勒迦、忿怒尊等。此經變的榜題經過重描，均倒置，並多與其形象不符。

晚唐 莫156 西壁龕頂中央

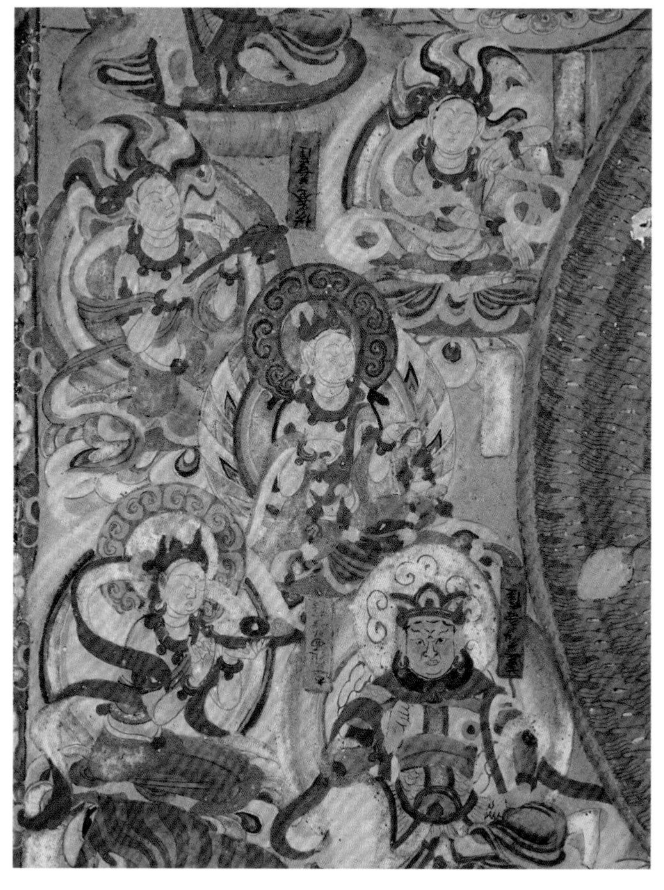

102 **四身菩薩**

金剛舞菩薩雙手舞動，左臂彎曲上抬，右臂斜伸。金剛鬘菩薩持花鬘，金剛香菩薩持長柄香爐，金剛花菩薩托花盤，雙腿跪向主尊，均一心供養。

晚唐 莫156 西壁龕頂中央

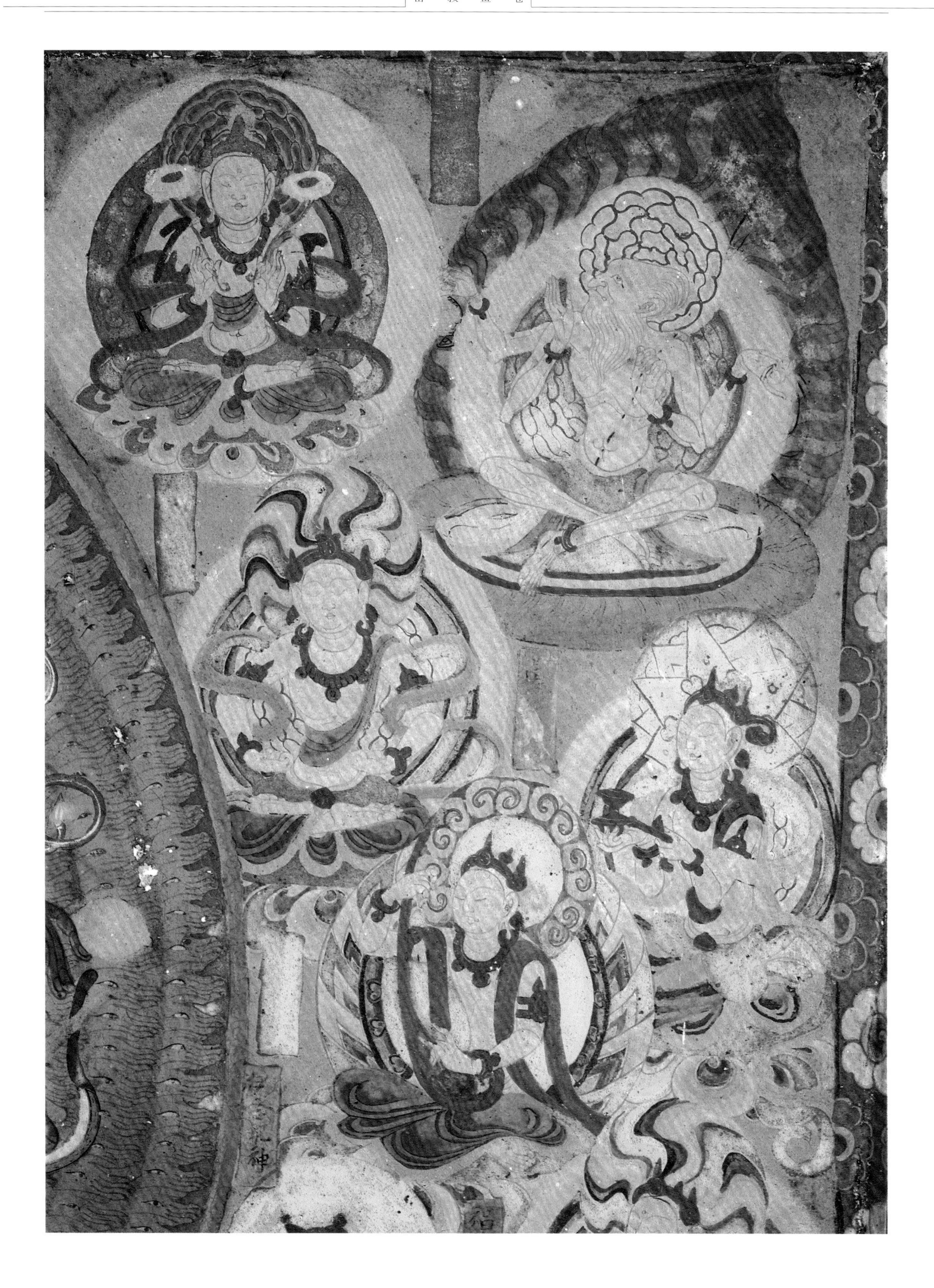

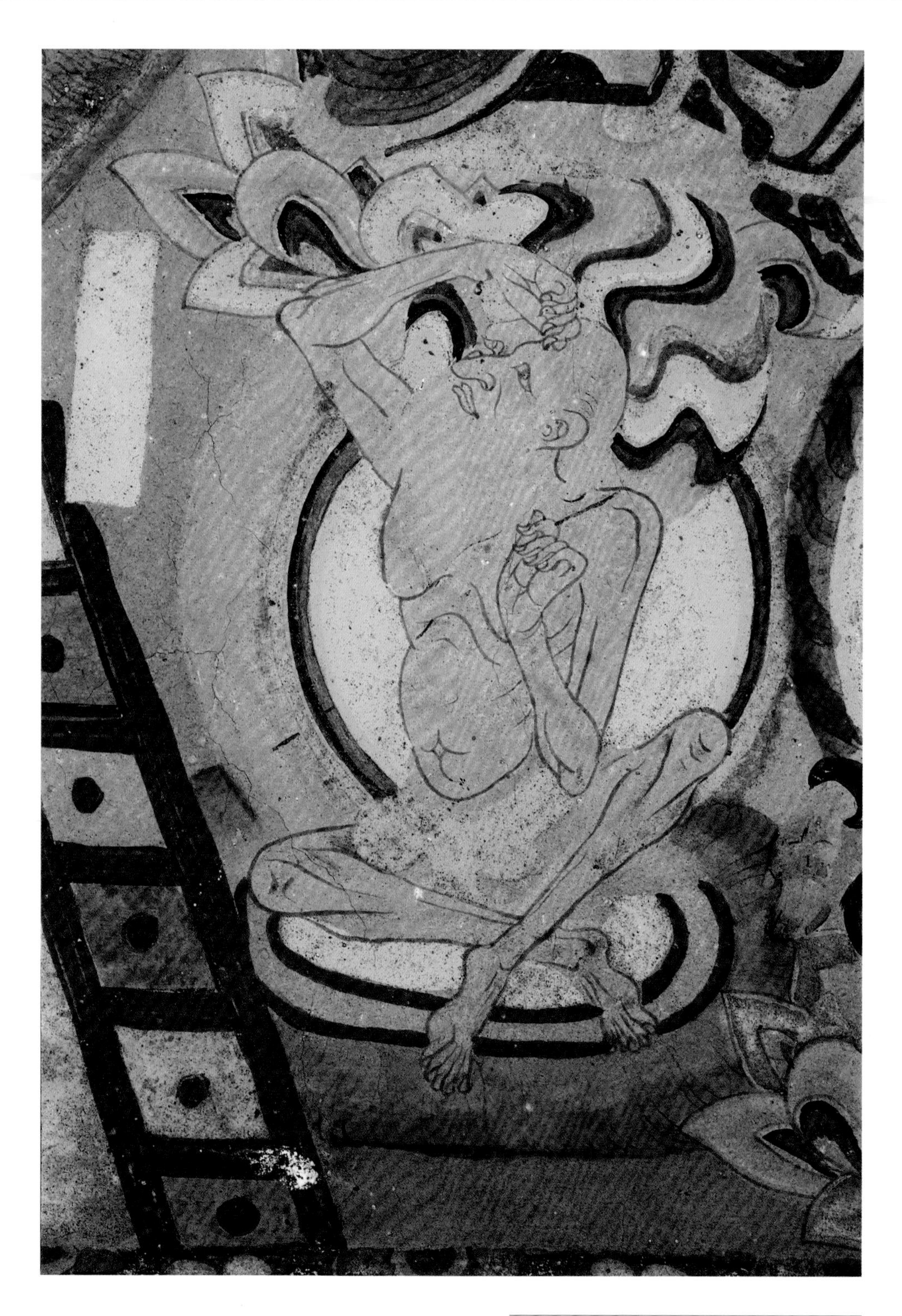

104 婆藪仙

婆藪仙上身赤裸，着短裙，深目高鼻，一副老者形象。

晚唐 莫156 西壁龕頂中央

103 菩薩與火天神 ◀ 見上頁

金剛歌菩薩在彈撥曲頸琴。金剛嬉菩薩雙手半握拳置於腰側。月光菩薩雙手各持一蓮花，結跏趺坐於白色月輪內。火天神有四臂，一手持淨瓶，一手揚掌，一手持竹杖，一手持羂索，呈豎一膝而坐的輪王坐，頭光和背光很有特點。

晚唐 莫156 西壁龕頂中央

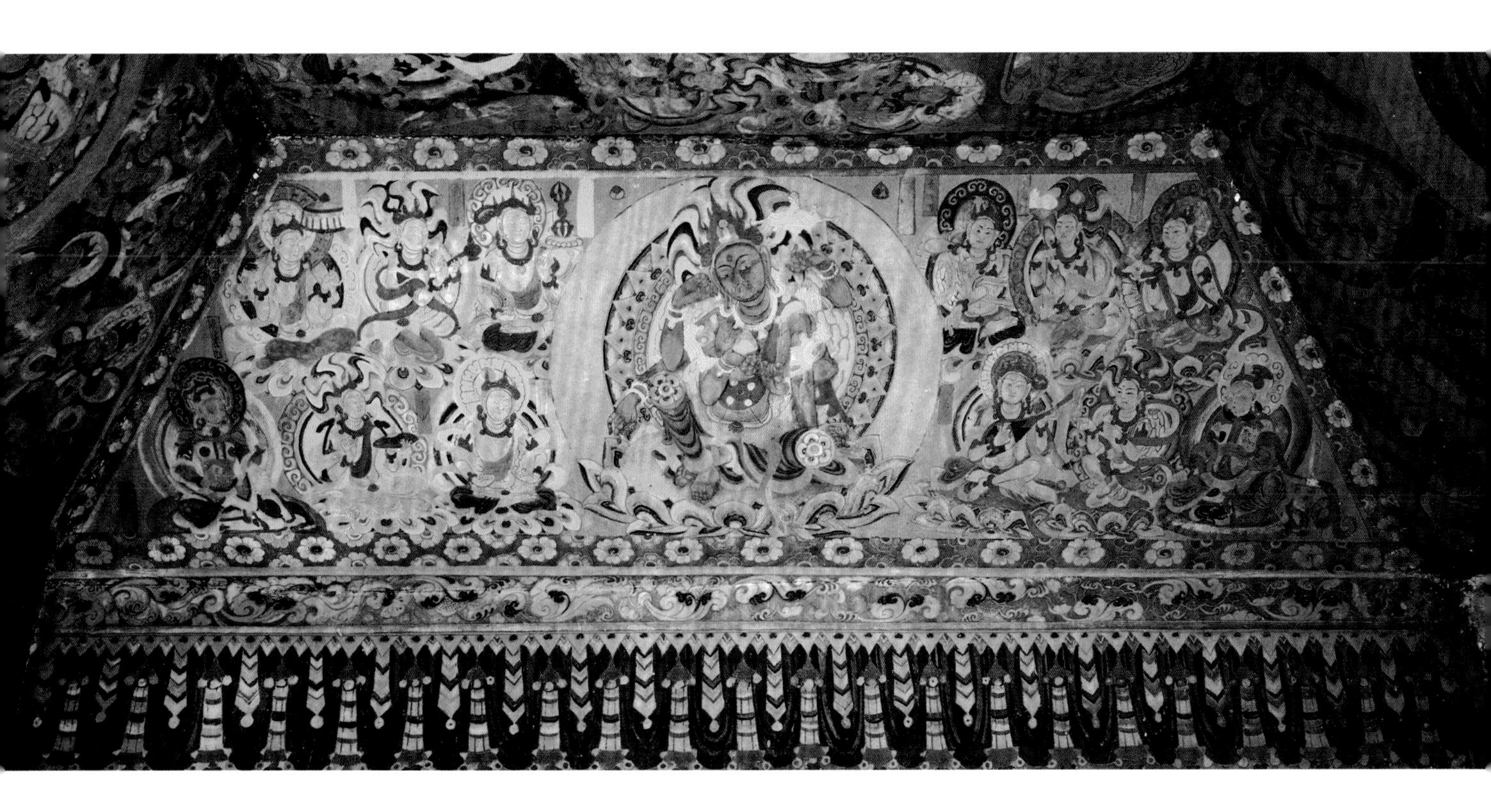

105 如意輪觀音經變

主尊位於經變中部，眷屬十二身，其中有金剛歌、金剛舞、金剛嬉、金剛縵、金剛花、金剛香菩薩。另有一持花菩薩所持花上有一隻白兔，形象生動。

晚唐　莫156　西壁龕頂北坡

106 不空羂索觀音經變

主尊戴化佛冠，左肩披鹿皮衣，八臂，分別執持寶印、寶瓶、蓮花、或結手印，形象端莊優美。兩側眷屬各六身，其中金剛香菩薩與金剛花菩薩姿態生動。

晚唐　莫156　西壁龕頂南坡

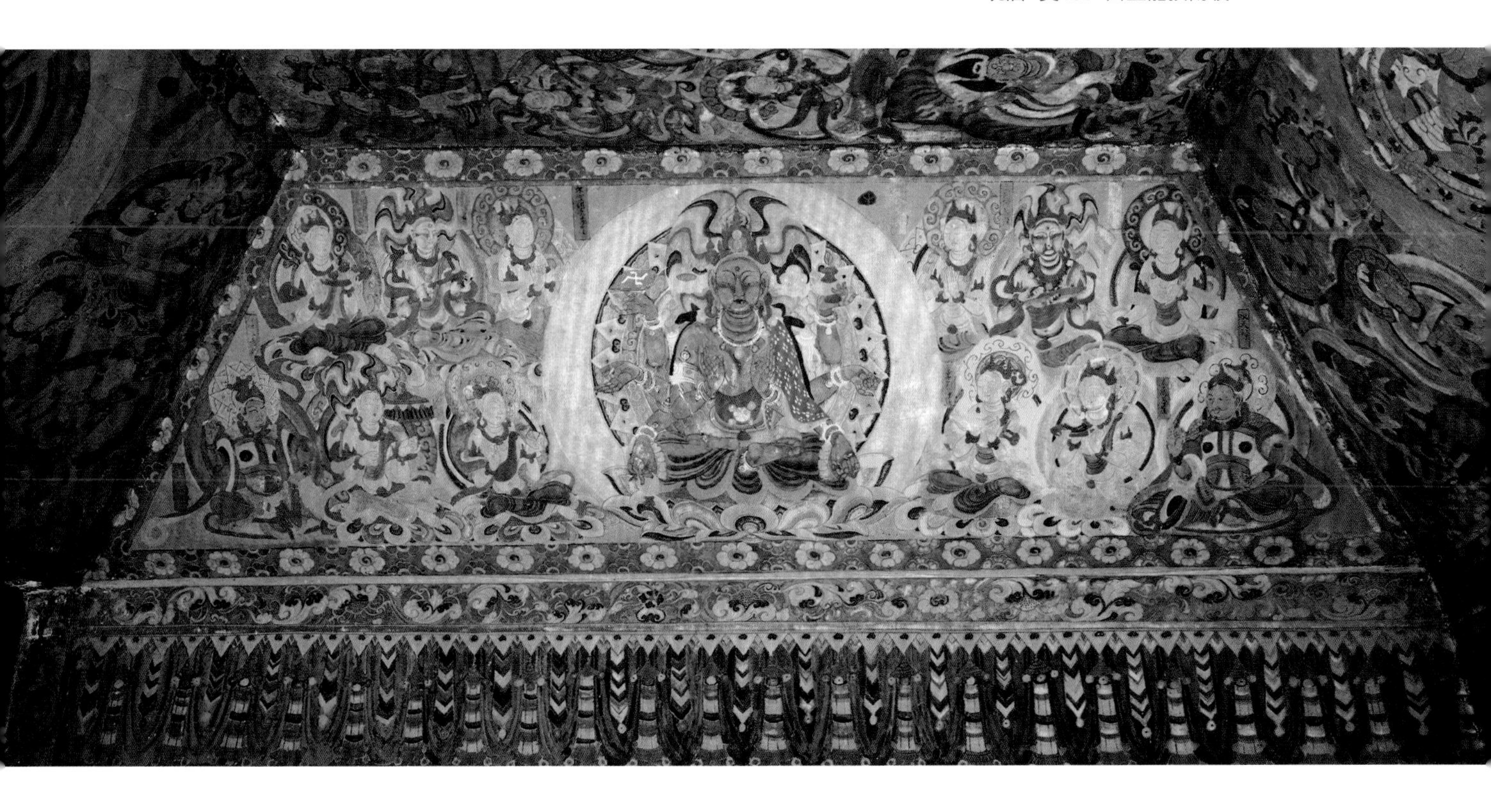

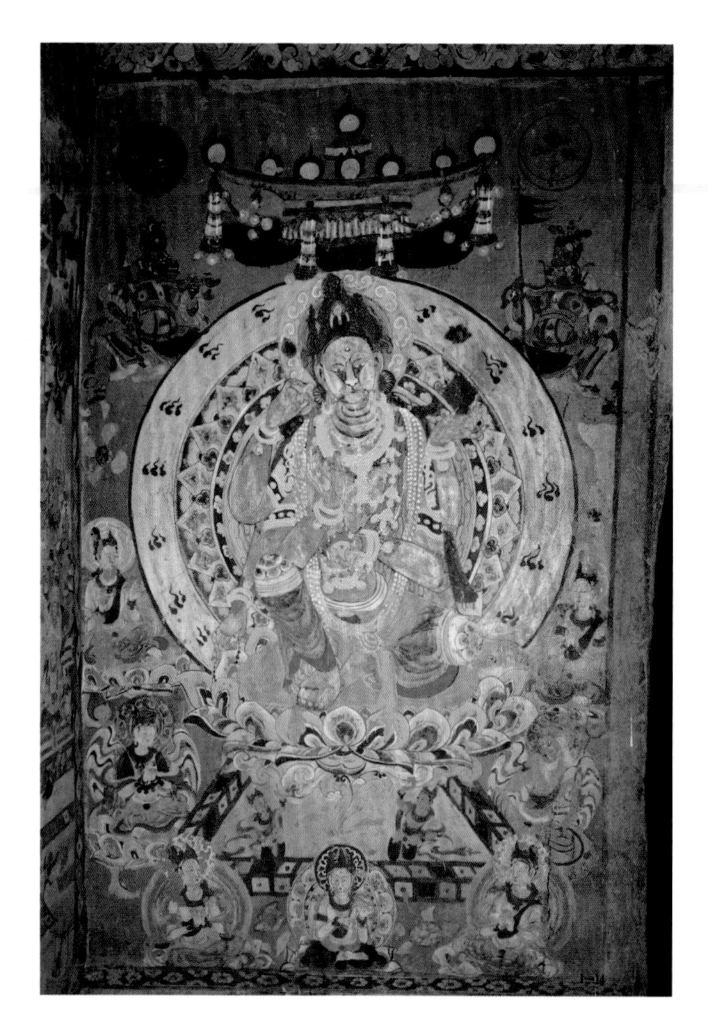

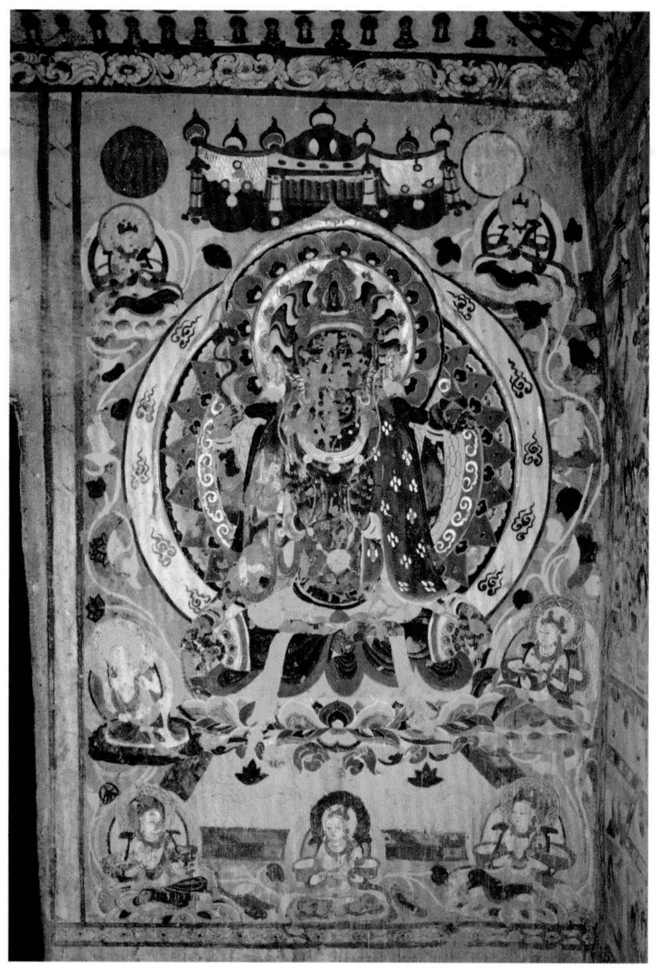

107 **如意輪觀音經變**

此經變的主尊頭化佛冠，有六臂。眷屬中有用紅色日輪代表的日光菩薩和用白色月輪及月牙、桂樹代表的月光菩薩，為敦煌石窟密教經變中首次出現。

晚唐 莫145 東壁門北

108 **不空羂索觀音經變**

此經變與如意輪觀音經變是密教傳統的一對組合。主尊戴化佛冠，左肩披鹿皮衣，六臂分別執持三叉戟、蓮花、數珠、羂索、寶瓶。結跏趺坐於蓮花座上。眷屬有婆藪仙、功德天、五身供養菩薩以及日光菩薩、月光菩薩。

晚唐 莫145 東壁門南

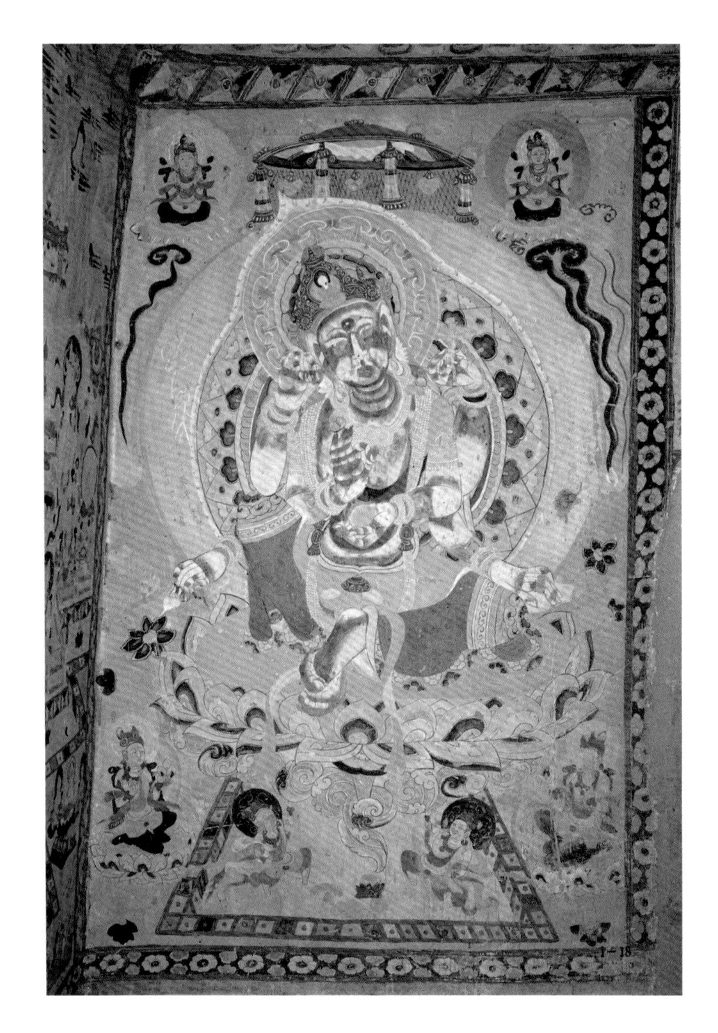

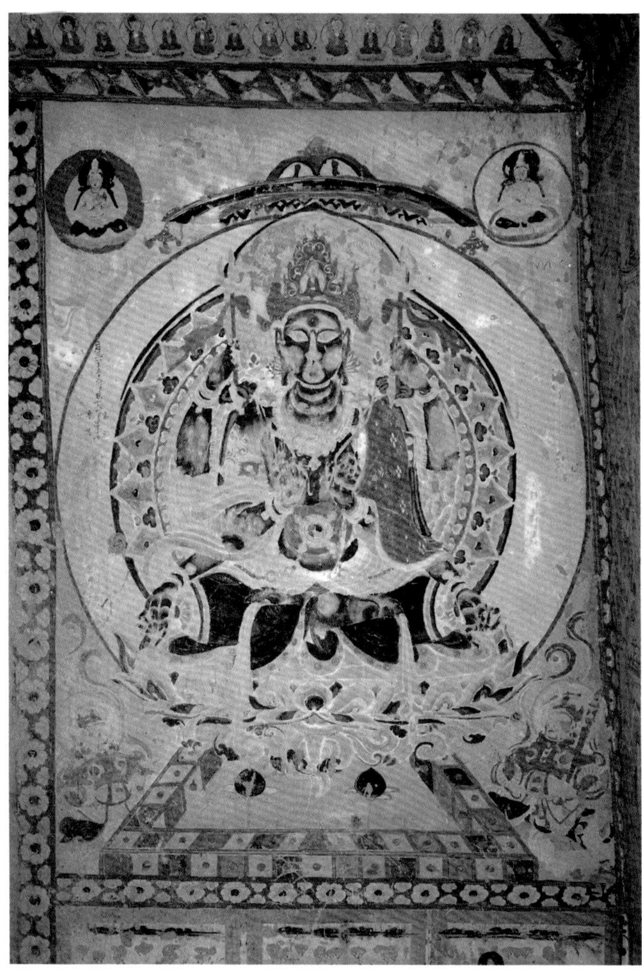

109 如意輪觀音經變

經變亦與不空羂索觀音經變對稱組合。主尊戴化佛冠，六臂，坐在蓮花座上。眷屬較少，僅有日光菩薩、月光菩薩、二龍王、二持花菩薩。其中日光菩薩座下不見五馬，月光菩薩座下不見五鵝。

晚唐 莫147 東壁門北

110 不空羂索觀音經變

與前圖為一對組合。主尊戴化佛冠，六臂分別執持二叉戟、蓮花、數珠等，左肩披鹿皮衣，有頭光和背光，結跏趺坐於水池中生出的蓮花座上。眷屬僅有日光菩薩、月光菩薩和二護法天王。

晚唐 莫147 東壁門南

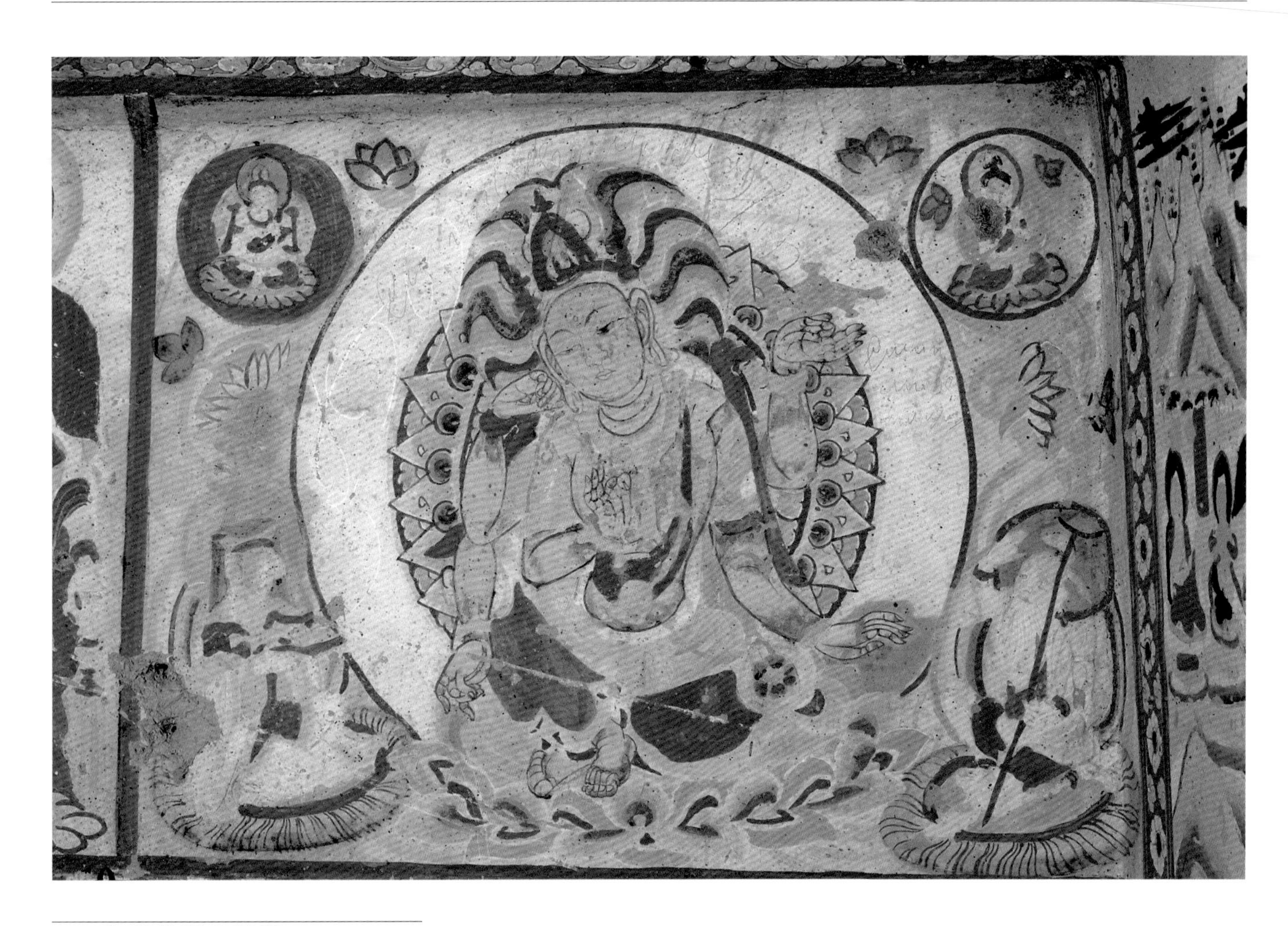

111 如意輪觀音經變

繪於門側，與不空羂索觀音經變對稱。主尊有六臂，呈思惟相坐蓮座上。眷屬有日光、月光二菩薩以及婆藪仙、功德天。

晚唐 莫198 東壁門南

112 不空羂索觀音

主尊有六臂，胸前雙手結印，後四手分別持淨瓶、甘露瓶和三叉戟結跏趺坐於蓮座上。

晚唐 莫198 東壁門北

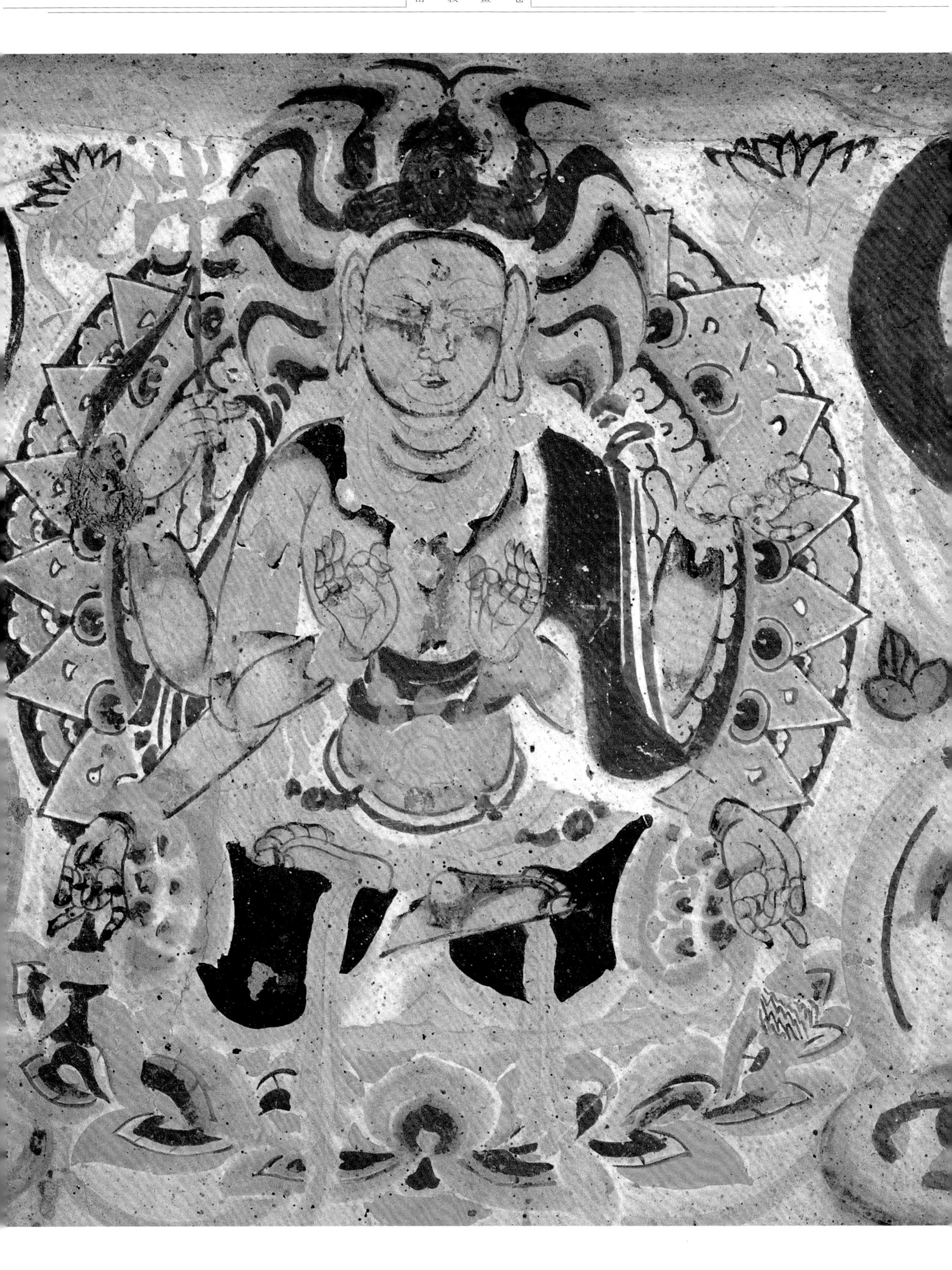

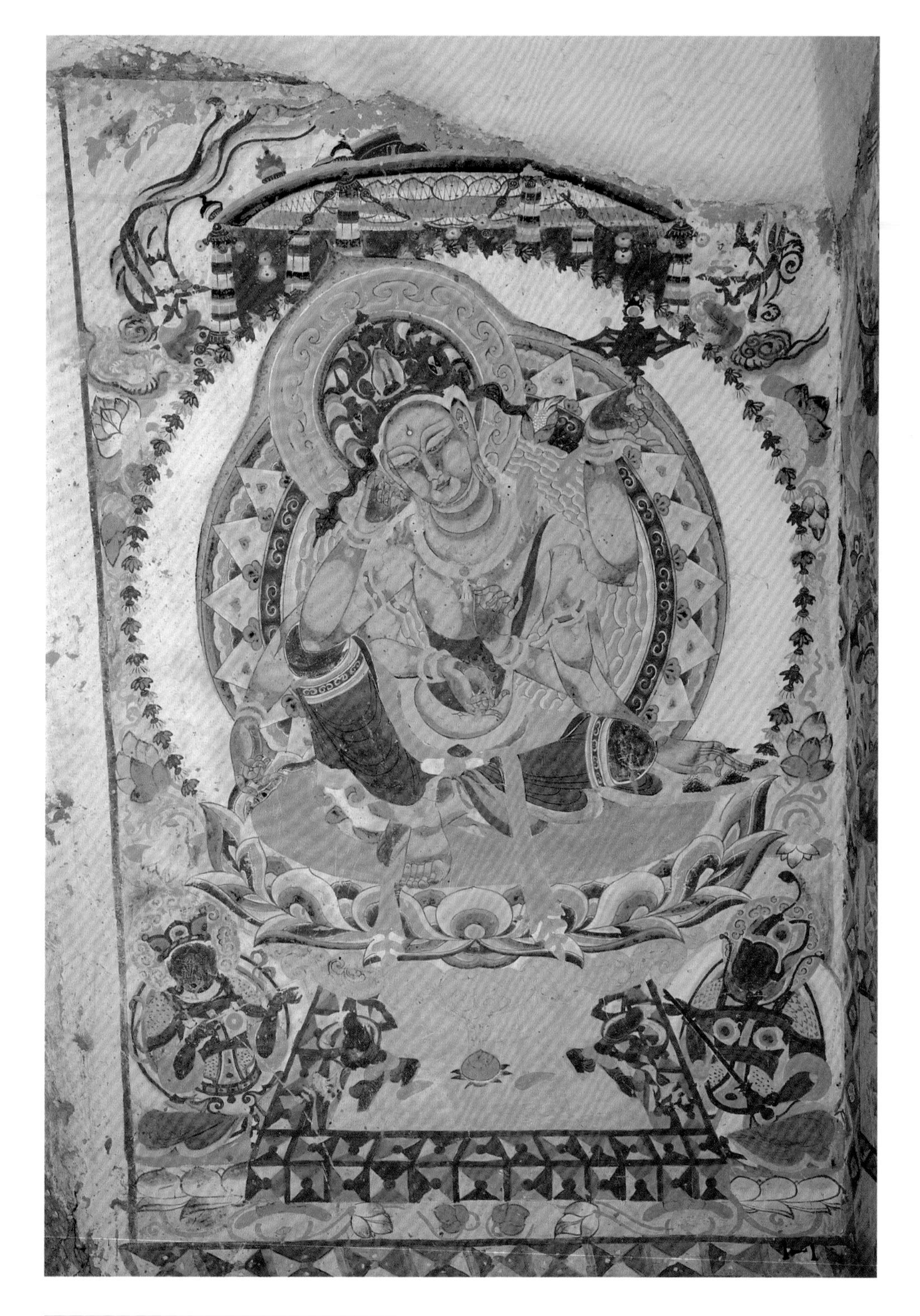

113 如意輪觀音經變

觀音頭戴化佛冠，呈思惟相坐於蓮座上。蓮座由水池中的蓮花生出，左右有藥叉托起，池邊有二天王護衛。

晚唐 莫192 東壁門南

114 不空羂索觀音經變

主尊六臂分別執持二叉戟、蓮花、淨瓶、君持。有頭光和背光，結跏趺坐於水池中生出的蓮花座上。水池中有蓮花，卻不見龍王或夜叉，十分罕見。眷屬中僅有二天王，眷屬少亦是本經變的特徵。壁畫雖變色，但仍不失為晚唐藝術佳作。

晚唐 莫192 東壁門北

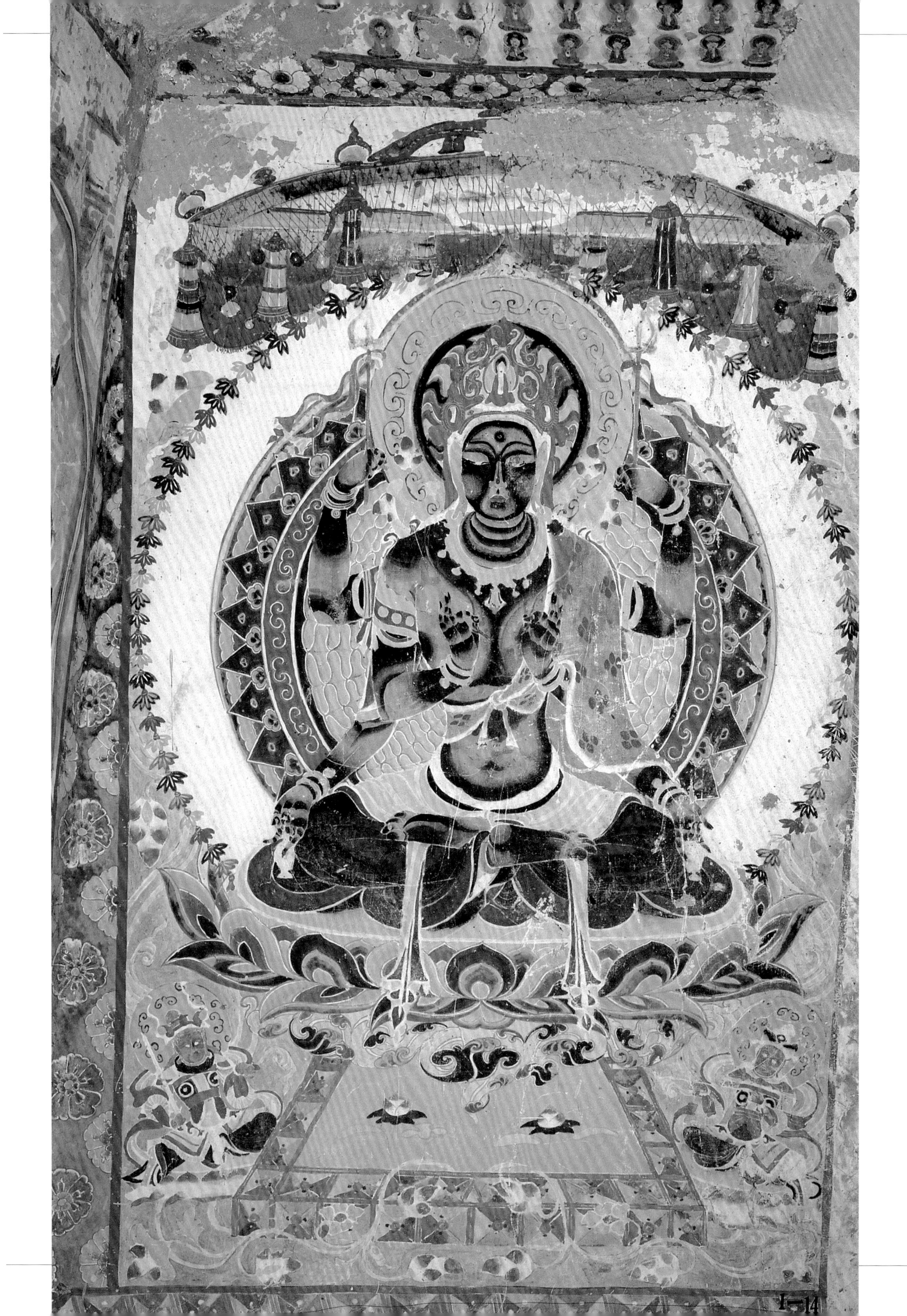

I—14

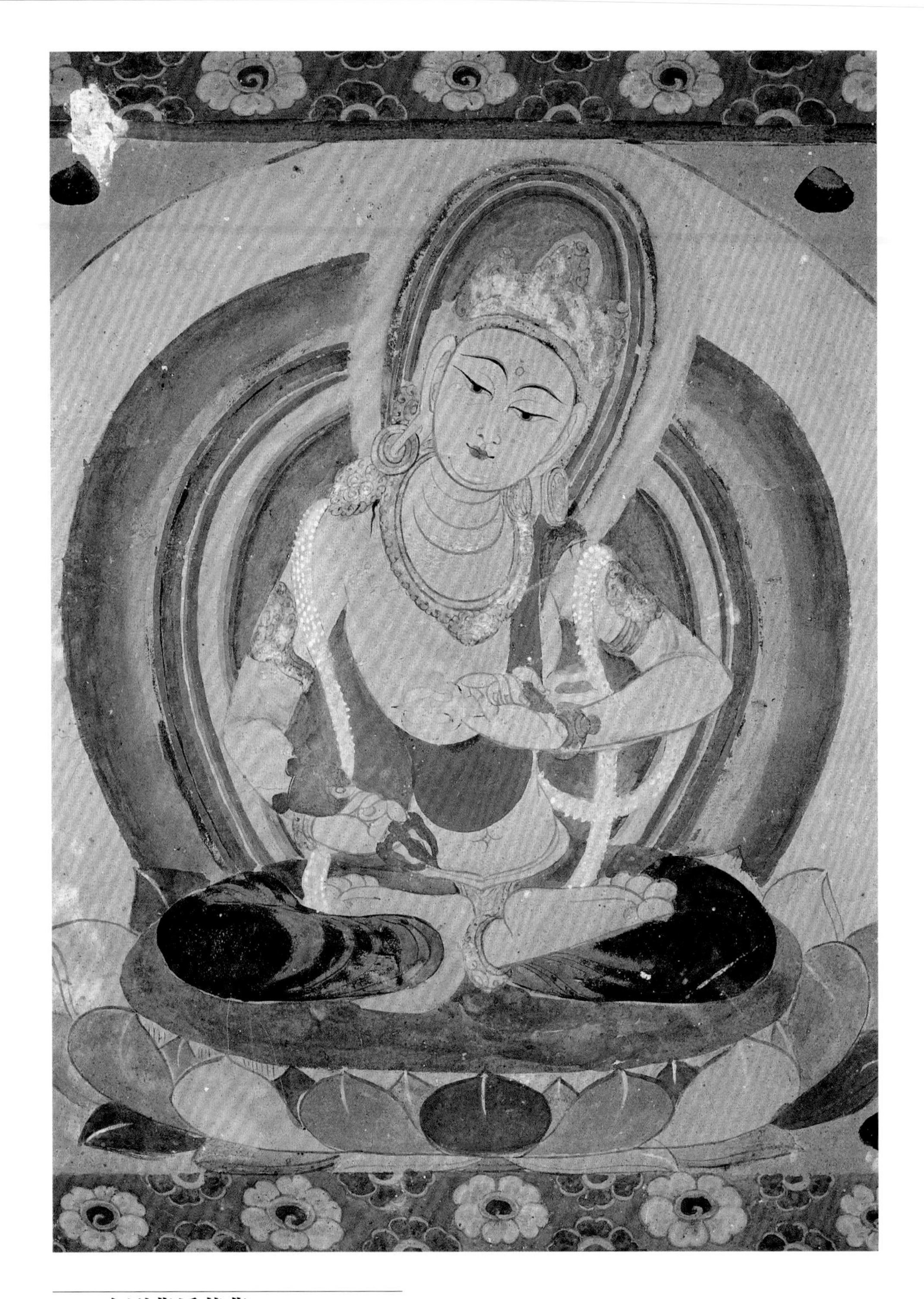

115 金剛薩埵菩薩

戴寶冠，有橢圓形頭光和圓形背光，左手持金剛杵，右手持金剛鈴，結跏趺坐於蓮花座上。該菩薩頭微左傾，上身略向右扭，呈現動感，給人以人體曲線美。

晚唐 莫156 西壁龕頂東坡

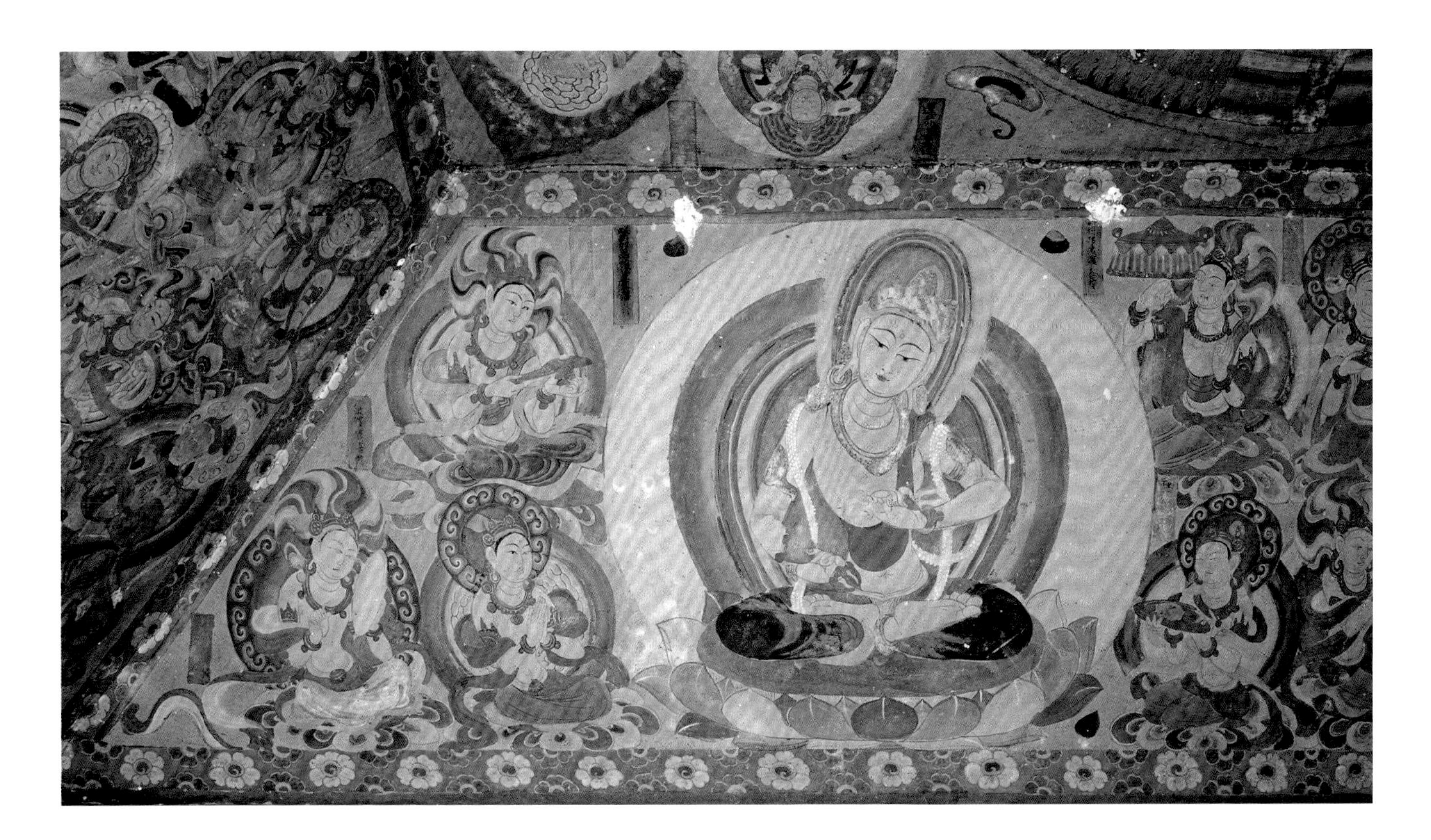

116 金剛薩埵曼荼羅

主尊金剛薩埵菩薩位於曼荼羅中部，眷屬有金剛香菩薩、金剛花菩薩、持幢菩薩及雙手合掌的供養菩薩，另一菩薩似持鏡。整個畫面主次分明，形象生動。

晚唐　莫156　西壁龕頂東坡

117 金剛三昧曼荼羅

主尊位於曼荼羅中部，一手持劍，一手置於腿上，右舒坐姿坐在蓮花座上。眷屬有金剛花、金剛塗、金剛舞菩薩及合掌的供養菩薩等。眾菩薩端莊秀麗，形象優美。

晚唐　莫156　西壁龕頂東坡

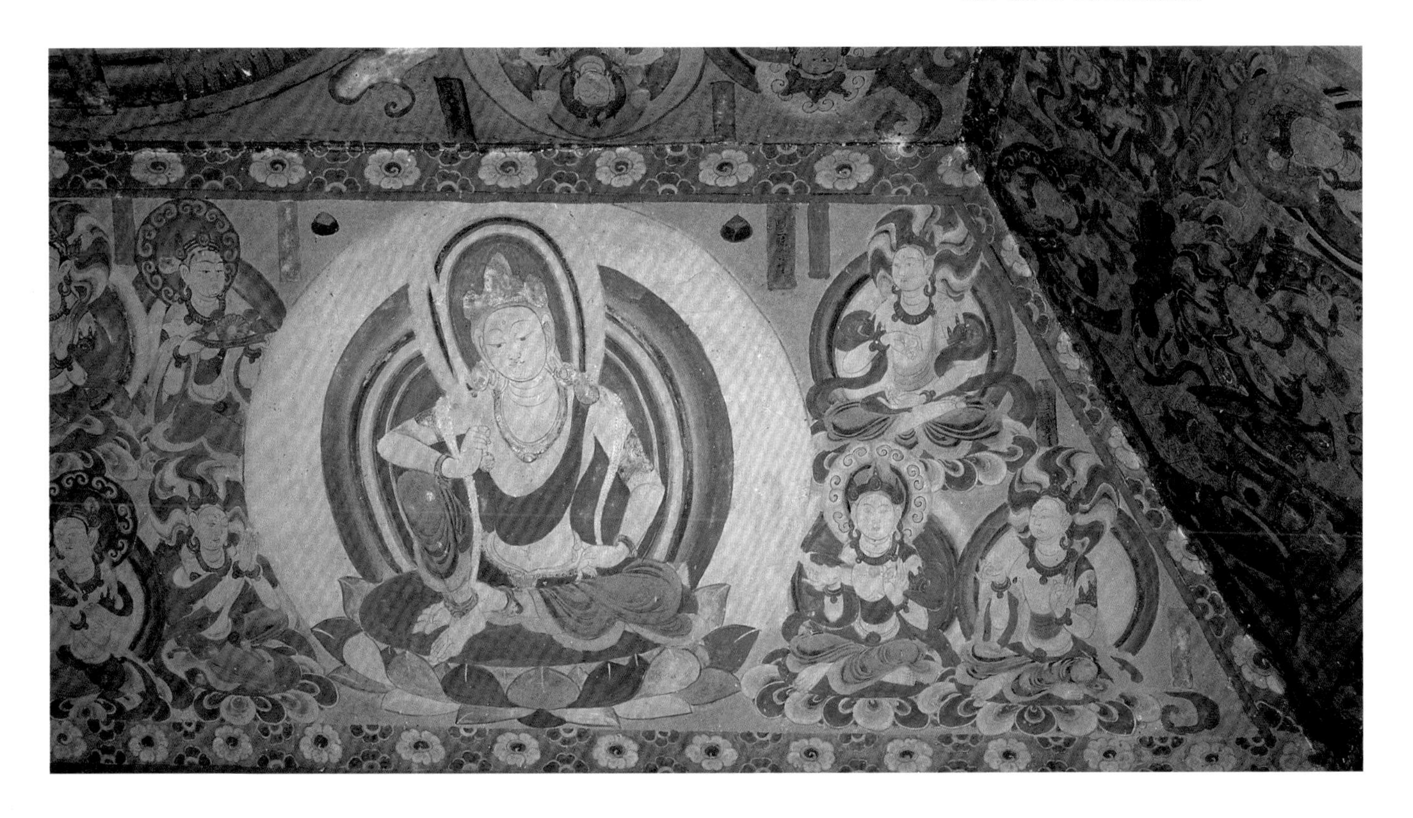

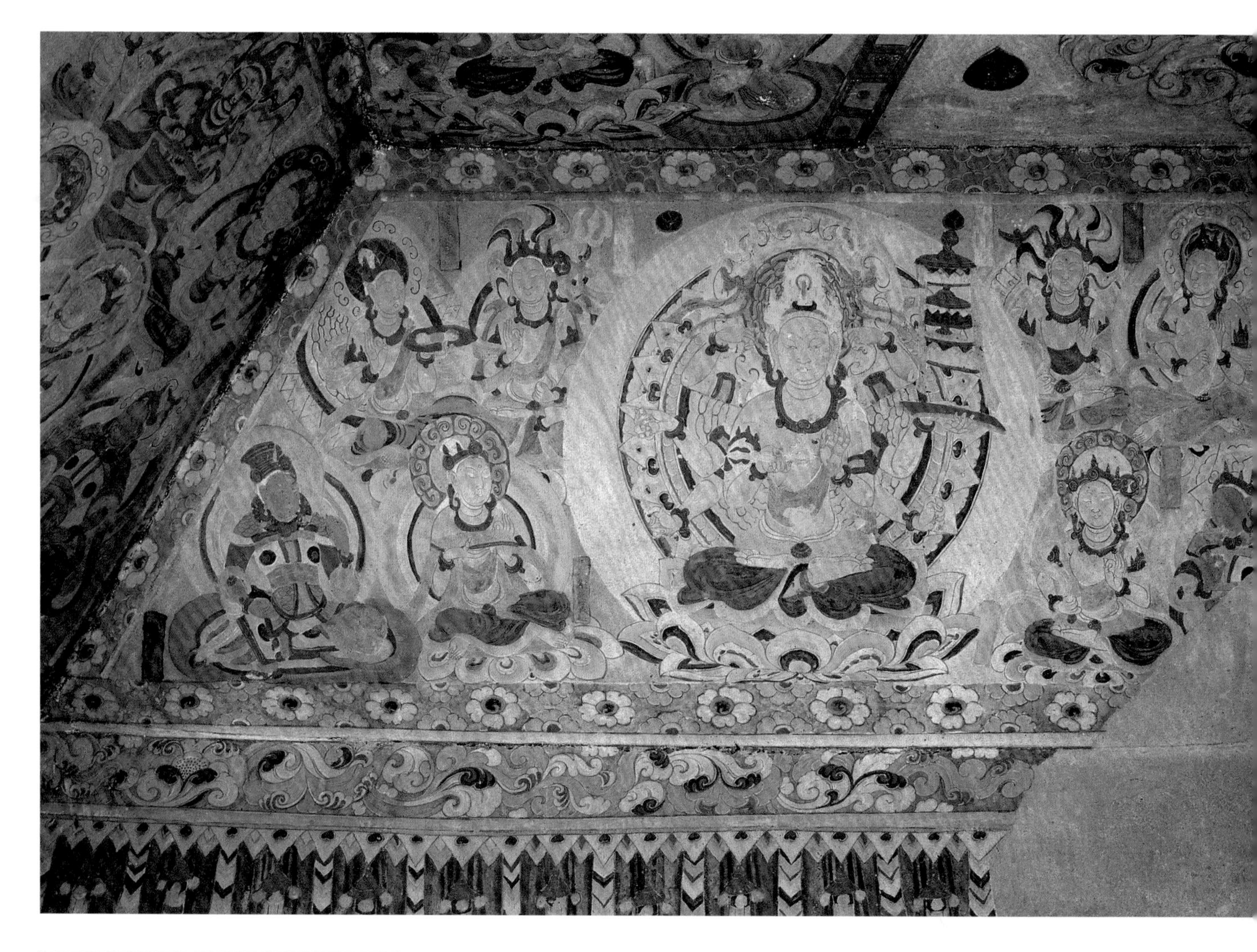

118 八臂寶幢菩薩經變

主尊八臂寶幢菩薩持三叉戟、金剛杵、龍索、梵夾、幢、劍等法器，一手結手印。結跏趺坐於蓮花座上。有眷屬。畫面構圖緊湊，線描細膩。

晚唐 莫156 西壁龕頂西坡

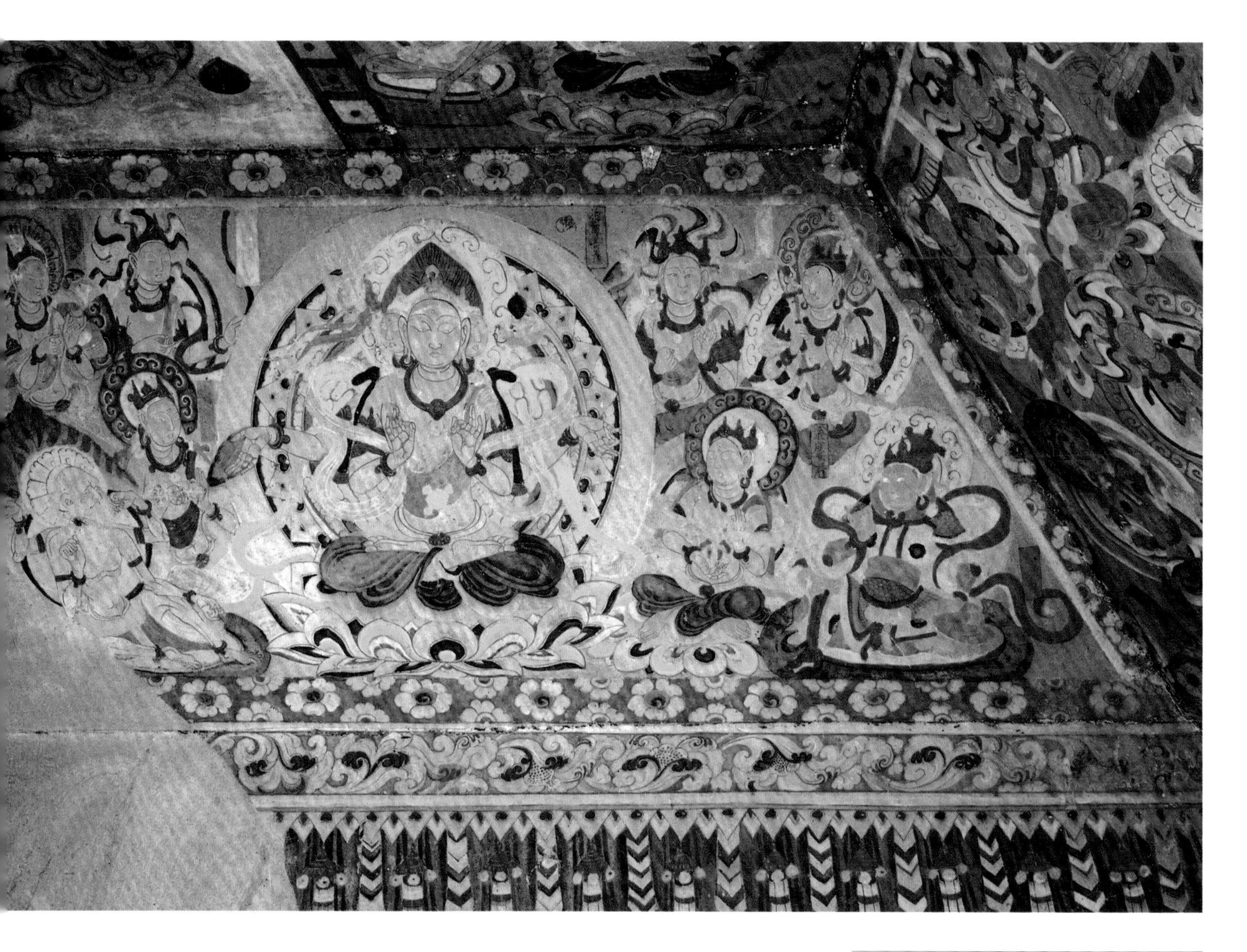

119 三面四臂觀音經變

主尊是三面四臂觀音，結跏趺坐於蓮花座上，眷屬有天王、火天神、持獨股杵菩薩、持金剛杵菩薩、持交杵菩薩等。

晚唐 莫156 西壁龕頂西坡

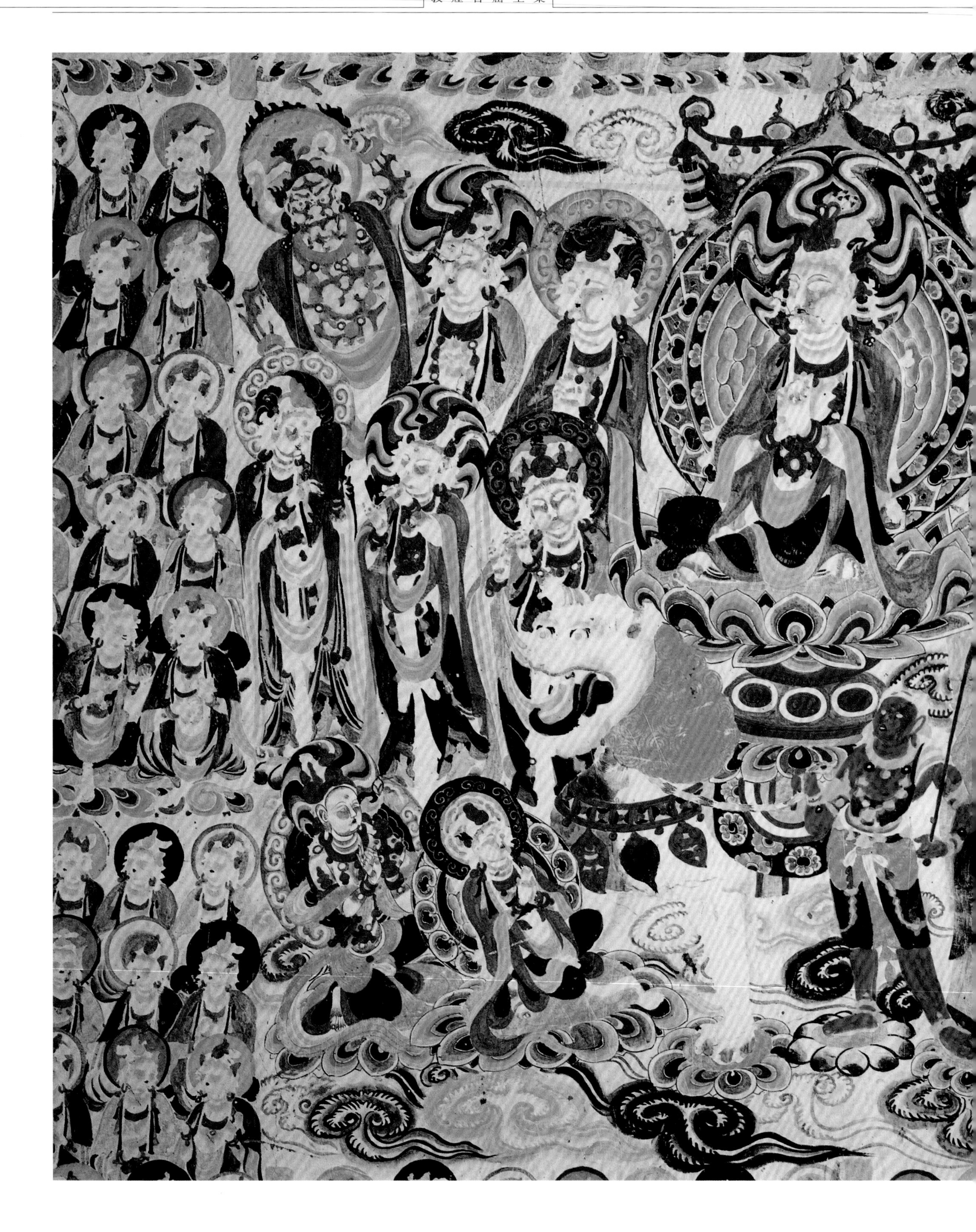

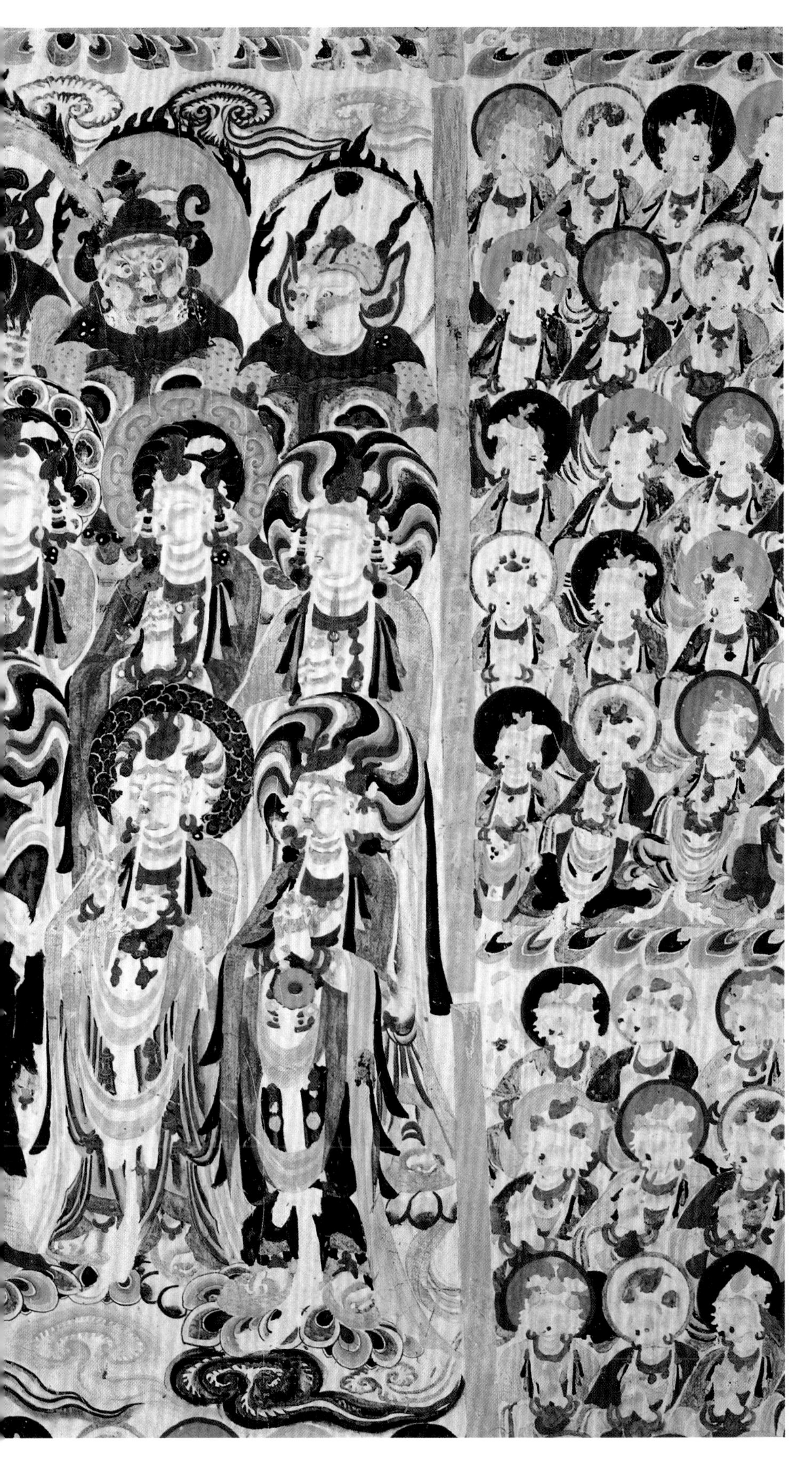

120 **文殊變**

文殊菩薩雙手結印，結跏趺坐於蓮座上。白獅昂首吼叫，踏蓮花祥雲而來，獅奴正在舉杖驅趕。浩浩蕩蕩的眷屬陪侍於文殊菩薩周圍，場面壯觀。畫面敷色塗彩，淳厚典雅，別具風采。

晚唐 莫196 東壁門南

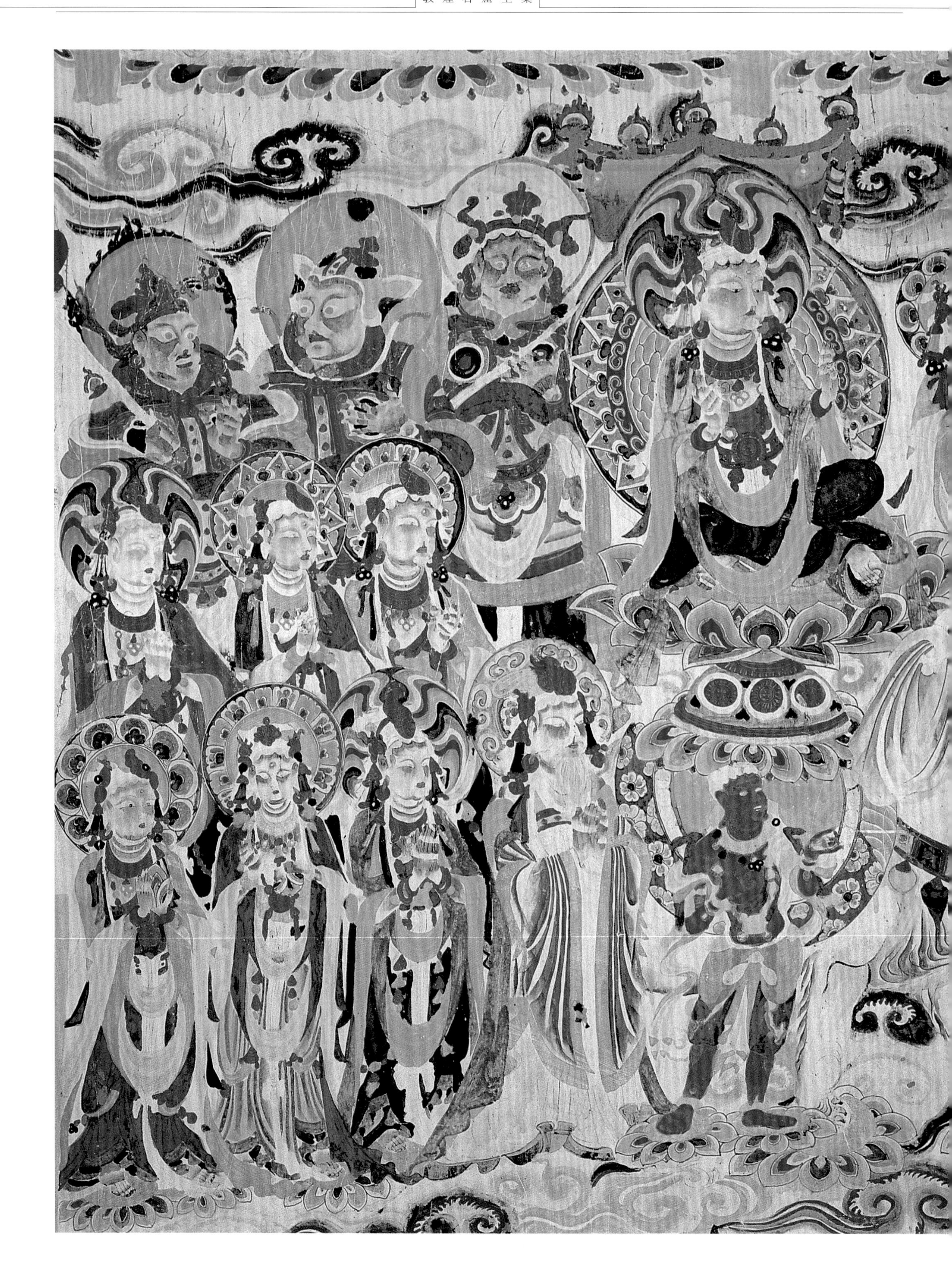

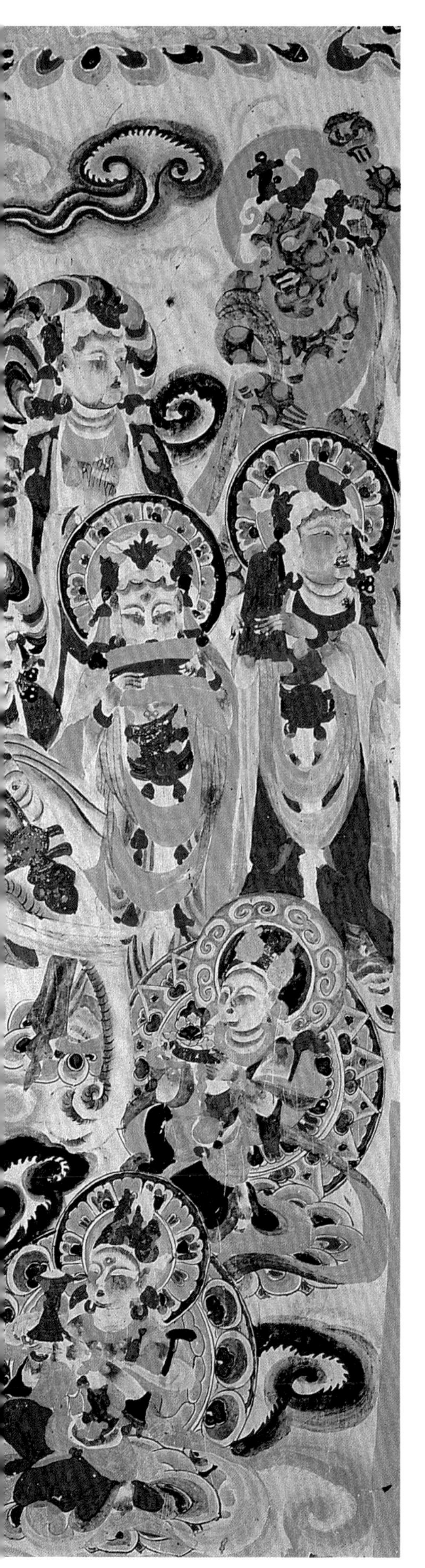

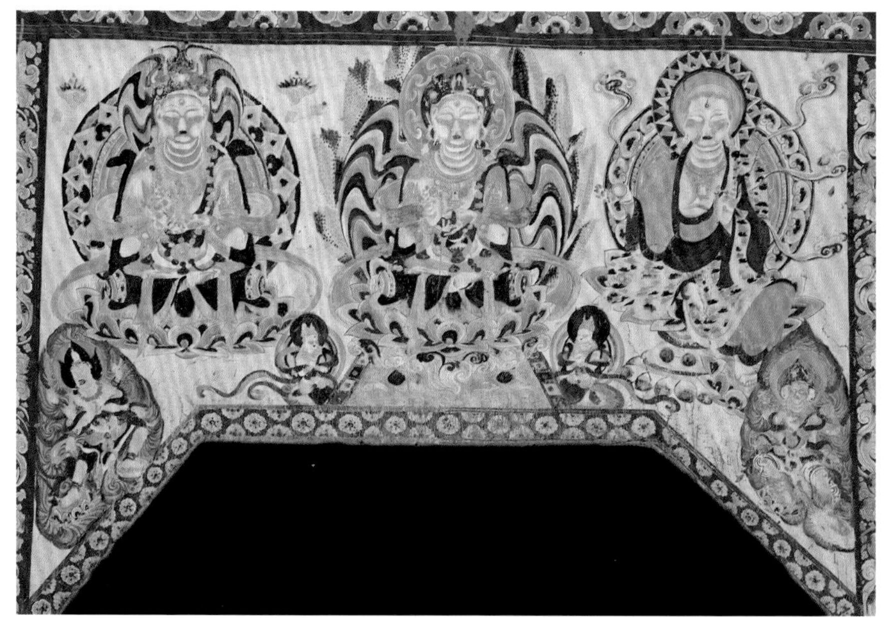

122 **不知名曼荼羅**

曼荼羅中央為戴化佛冠的觀音菩薩。左側為作沙門形的地藏，右手托寶珠，從其左右手有四條彩色雲氣升起，雲端似有人物，可能代表六道中的四道。右側為手托金剛杵的菩薩。此外還有二供養菩薩、二忿怒尊。這種構圖形式的曼荼羅在敦煌石窟尚屬首次見到。

晚唐　莫196　東壁門上

121 **普賢變**

此圖與前圖相對應。普賢菩薩面相豐圓，好似宮廷貴婦，乘六牙白象，款款而行。場面宏大，構圖緊密，人物眾多，描繪細緻。

晚唐　莫196　東壁門北

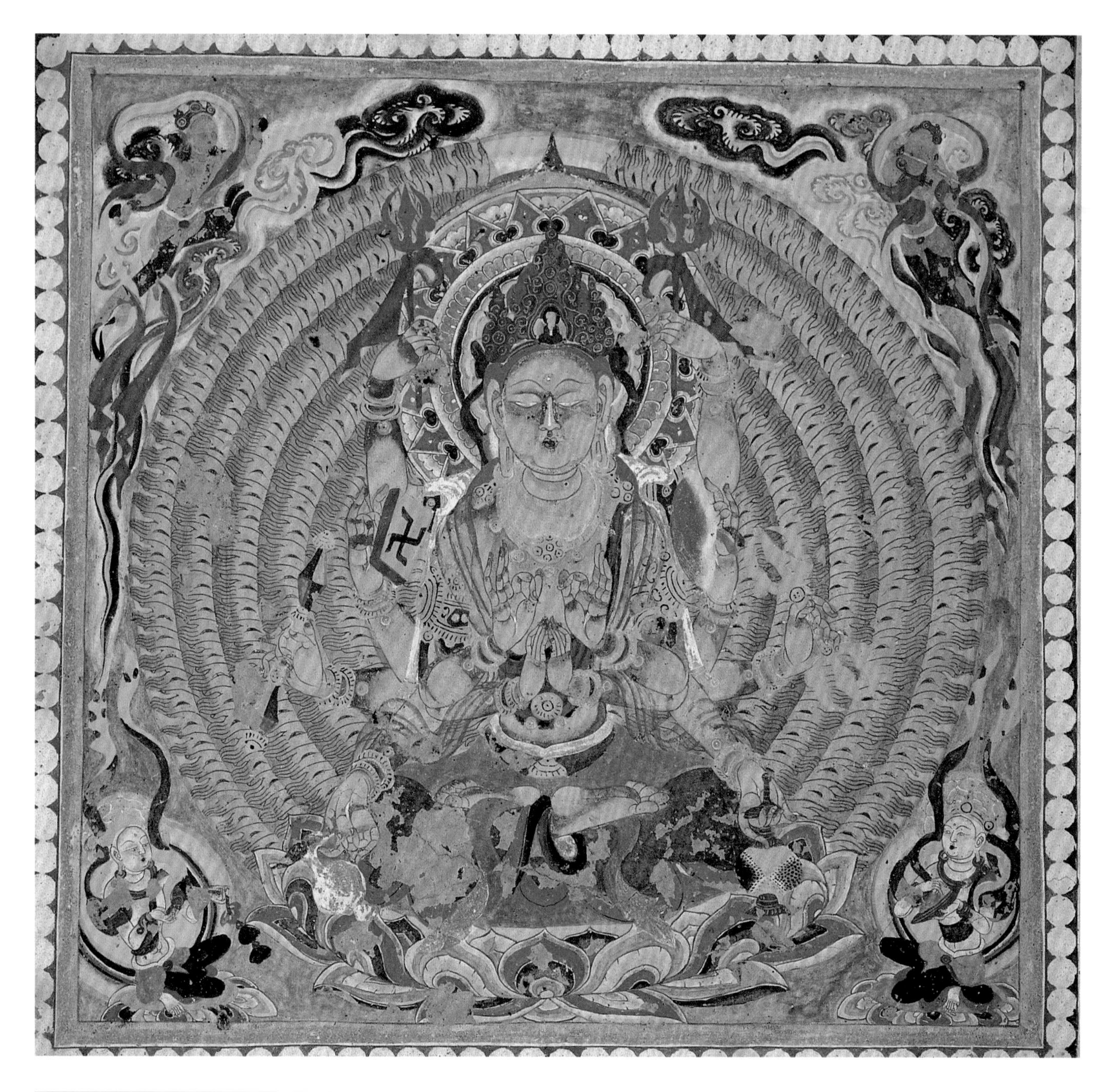

123 **千手千眼觀音經變**

這是佔據主室頂部中央的密教經變，主尊戴化佛冠，十二隻大手持法器、寶物或結手印，眾多小手組成五圈環繞主尊。大小手中均有慈眼。四角有吹笛的金剛歌菩薩、跳舞的金剛舞菩薩、持花縵的金剛縵菩薩、持花盤的金剛花菩薩。此經變構思巧妙，繪製精美，是晚唐藝術佳作。

晚唐 莫161 頂部中央

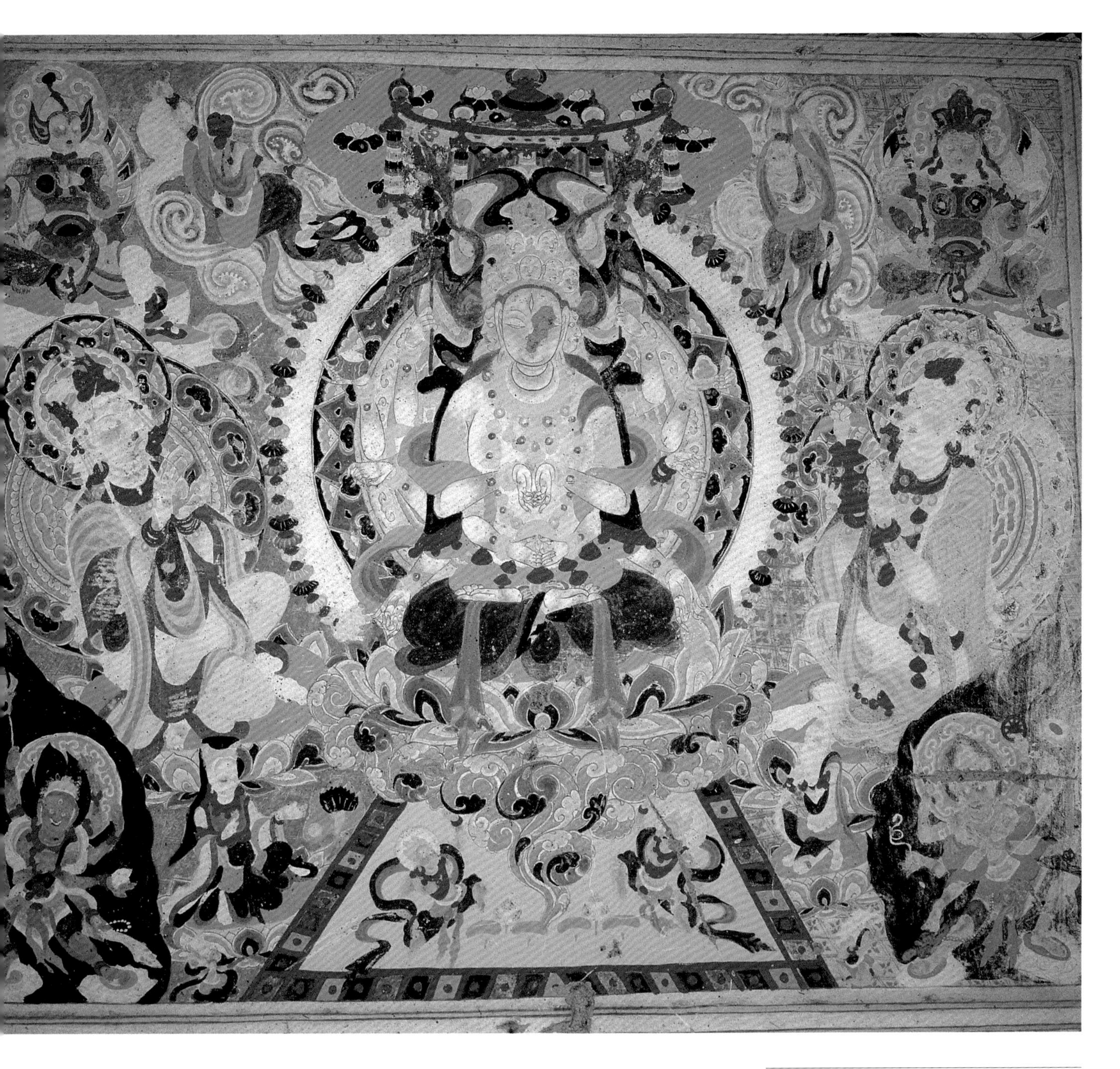

124 十一面觀音經變

主尊十一面觀音除佛面外，均戴寶冠，十二臂分別持法器、寶物或結手印。眷屬有二供養菩薩、二飛天、二天王、二忿怒尊、二龍王以及婆藪仙、功德天。色彩至今仍非常艷麗。

晚唐 莫10 頂部中央

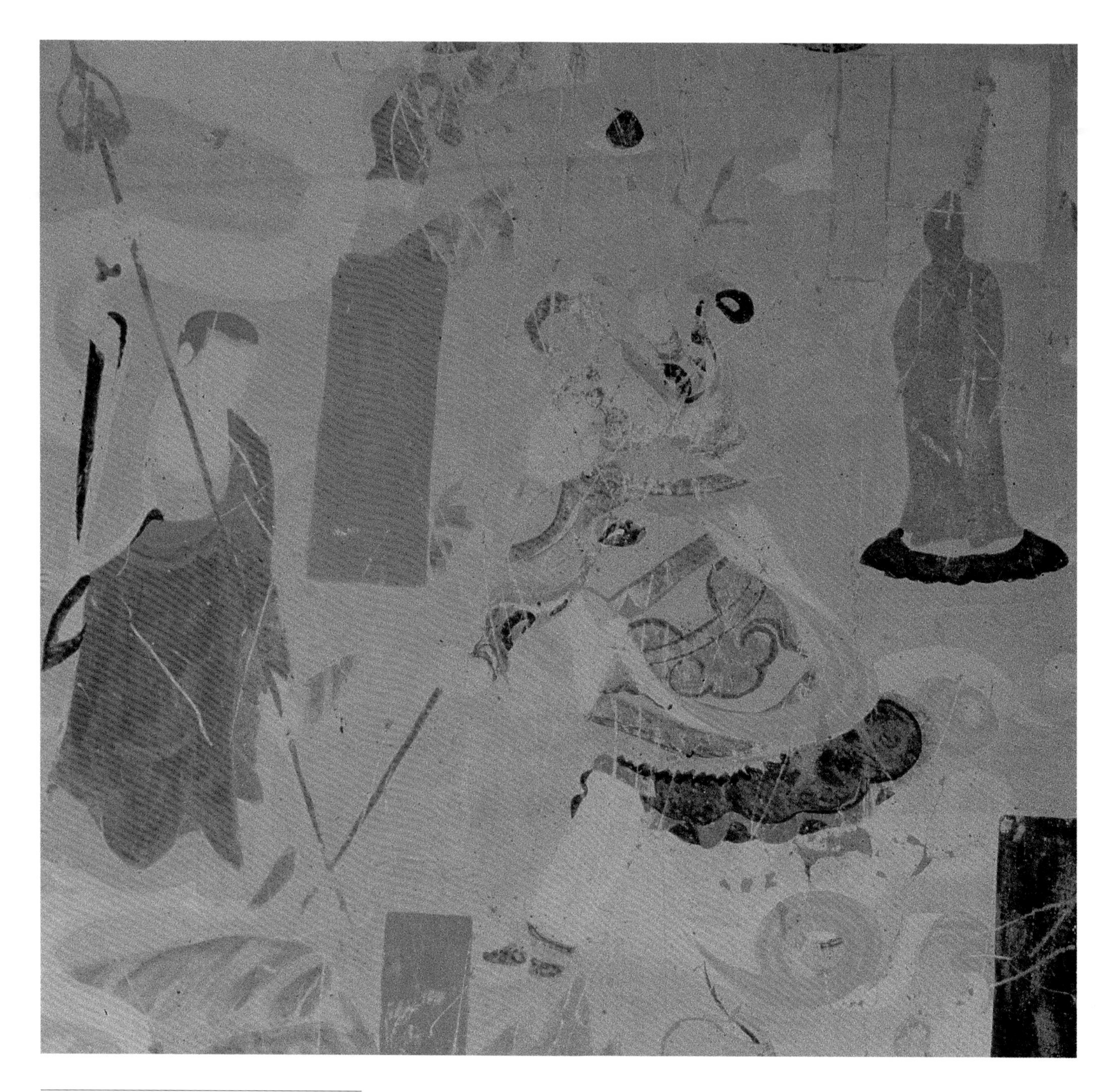

125 毗沙門決海

牛頭山下大水泛濫，毗沙門天王手持戟，舍利弗手持錫杖正在決海。

晚唐 莫9 甬道頂

126 毗沙門天王

毗沙門天王即北方多聞天，左手托寶塔，右手握寶棒，身披甲冑，十分威武。傳説于闐國王是毗沙門天王之胤嗣，因此于闐式的戎裝成為毗沙門天王的裝束，從絲綢之路傳入敦煌，並流傳於內地，影響深遠。

晚唐 莫12 前室西壁門北

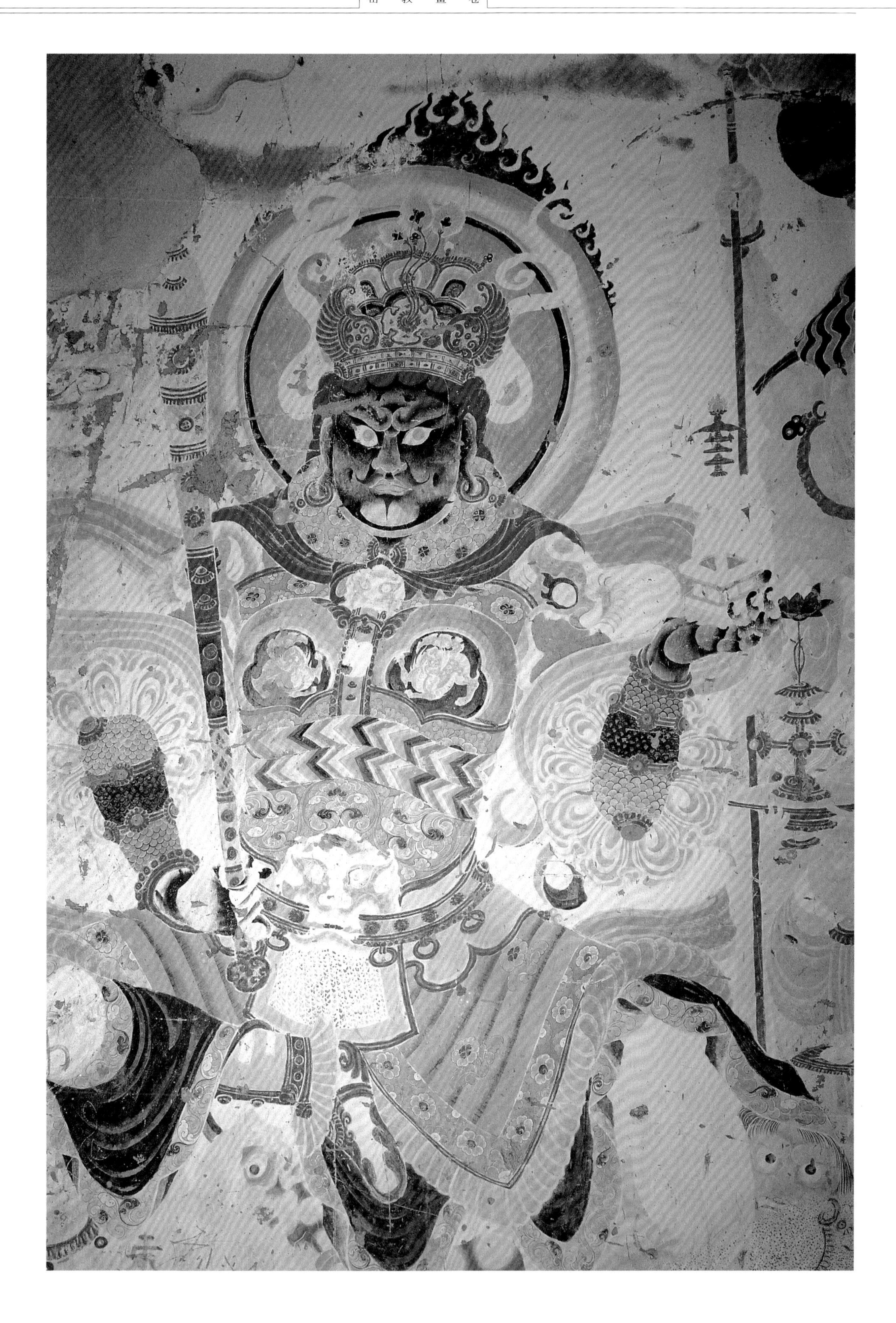

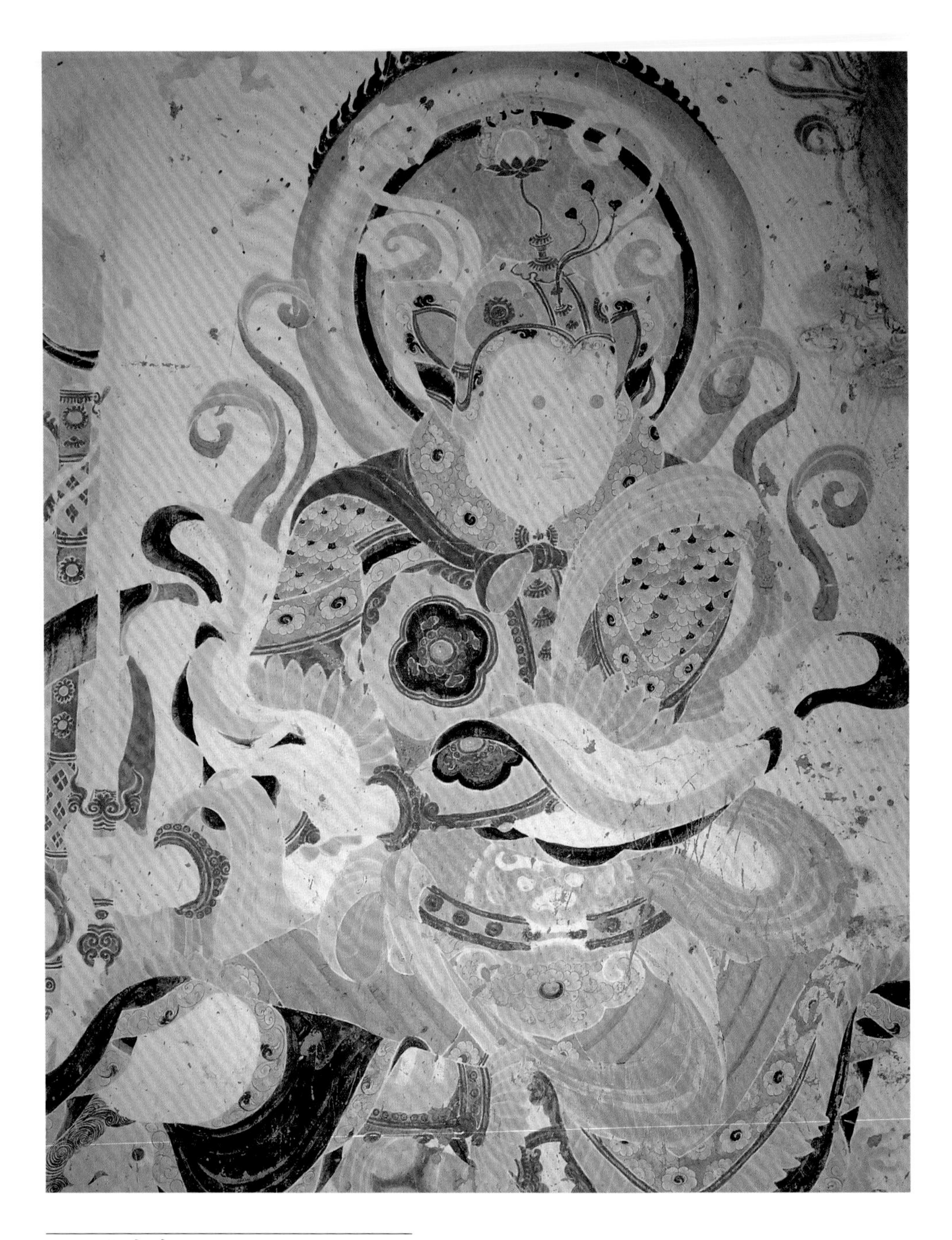

127 **毗琉璃天王**

毗琉璃天王即南方增長天，右手持劍，身披甲冑，忠心護法。

晚唐 莫12 前室西壁門南

第三節　五代、宋初漢傳密教依然繁盛不衰

五代至北宋初年密教信仰依然盛行不衰，據史籍記載，五代時“隴坻道俗皆稟承密藏”，鳳翔道賢“持諷孔雀王經以為日計，末則受瑜伽灌頂法”，反映的是當時關中一帶密教的傳播。宋初，在都城東京（即今河南開封）開寶寺“開灌頂道場五遍，約度僧尼士庶三千餘人”，記載了宋代都城密教灌頂儀式的盛況。太平興國七年（公元982），宋太宗詔建譯經院，從印度來的被稱為北宋三大譯經師的高僧天息災、法天、施護等修建大曼荼羅，翻譯了不少密教經典。

宋代內地又有大量密教經典譯為漢文，其中最具代表性的是金剛乘經和儀軌，包括瑜伽和無上瑜伽密典。漢譯無上瑜伽續計部共六部，全部譯於宋代；漢譯瑜伽續計部共六部，有五部是宋譯本。據此可知，宋代密教經典的翻譯，無論是數量、種類，還是教義上，均可稱得上是唐代以後的又一高潮。而密教信仰更為普遍，幾乎是無宗不密。當時的密教與流行的佛教諸宗融合，其結果既是密教的泛化和漢化，同時也是中國佛教的密化。現存的密教遺迹有鑄於開寶四年（公元971）的定州隆興寺千手觀音，五代所開鑿的杭州資延寺地藏與六趣輪迴龕，浙江、安徽等地發現的陀羅尼經咒。但數量最多的還是四川廣元、資中、安嶽及重慶大足五代宋初雕鑿的密教窟龕。其中重慶大足柳本尊之密，頗有地方色彩。此外還有內蒙古寧城遼代早期白塔雕飾的大日如來、七佛和八大菩薩，重塑於統和二年（公元984）的天津薊縣獨樂寺十一面觀音等。據敦煌藏經洞所出《同光二年（公元924）智嚴往西天巡禮後記》、《定州開元寺僧歸文牒》、《僧道猷等往西天取經牒》等文獻，當時到印度取經的僧人往往經敦煌西去。而於藏經洞發現的《維摩詰經講經文》尾題“成都府大聖慈寺沙門藏川述”，亦表明敦煌與四川有交往。

敦煌有一百五十六個洞窟保存了五代、宋初的密教遺迹，有密教題材共四十五種、共五百零七幅（不含藏經洞絹畫），是敦煌地區密教題材最豐富的時期。其中二十臂觀音、金剛杵觀音、楊柳枝觀音、觀音曼荼羅、金剛界五佛曼荼羅、金剛藏菩薩、金剛劍菩薩、地藏與十王、六趣輪迴、水月觀音、 天鼓音佛、最勝音佛、寶相佛、南方不動佛、佛頂尊勝陀羅尼經變、迦樓羅王等為新出現的密教題材，表明五代、宋初敦煌密教的興盛。

密教在中國傳播，為了紮根在這片廣闊的異域國土上，同佛教的其它宗派一樣，也經歷不斷中國化、世俗化和自我完善的歷程。在這一時期的新題材中，大量注入了中國傳統風俗的因素。例如密教新題材楊柳枝觀音，屬於三十

三觀音之一。觀世音是最受中國民眾歡迎的菩薩，唐宋時期更是深入人心。楊柳枝觀音等都是畫師彙集了民間傳説創造出來的觀音新形象。楊柳枝觀音在敦煌宋代的洞窟中較多見，其信仰或源於古印度，據説為了避免病魔，信仰者將柳枝和淨水獻給觀世音像，祈求排除魔難，保祐平安。此後，觀世音救苦救難的《六字咒王經》等神咒傳播開來，楊柳枝觀音新形象也產生了，並進入密教的神祇行列中。

這一時期除了繼續流行晚唐時期已經出現的組合對稱的形式外，又新出現了兩幅六臂觀音、兩幅毗盧遮那佛——八大菩薩曼荼羅、千手觀音經變與十一面觀音經變等組合對稱的形式。

至於繪畫位置，與晚唐時期不同的是，五代、宋初在前室頂部西坡繪密教經變，尤其在主室頂部中心則繪製以大日如來為主尊的金剛界五佛曼荼羅壁畫，反映了敦煌密教神祇的地位仍然很崇高。

這個時期敦煌莫高窟以密教題材為主要內容的洞窟數量很多，代表洞窟有五代時期的第99窟。第99窟主室除頂部和西壁龕外，均為密教題材的壁畫，包括不空羂索觀音經變、如意輪觀音經變、千手千缽文殊經變、千手千眼觀音經變，因此是一處以密教為主的典型洞窟。

繁盛時期的五代、宋初敦煌地區的漢傳密教藝術，畫風雖繼承晚唐，“焦墨痕中略施微染”的“吳家樣”，仍是當時繪製壁畫的主要技法。但內地藝術風格不斷影響敦煌，新樣粉本不斷來自中原。但宋初的壁畫已出現程式化的趨勢，菩薩幾乎同一模式，密教題材的壁畫也無一例外。這種藝術停滯、僵化的現象預示自隋唐以來一直發展的漢地密教開始走向衰落，而另一體系的藏傳密教在敦煌悄然崛起，帶來又一次密教新高峯。

別具一格的千手千眼觀音經變

宋代的第76窟有兩幅千手千眼觀音經變，分別繪於南北壁中部，相互對應，形成組合。特別的是這兩幅觀音不見千手千眼，與八臂觀音甚至顯教觀音難以區別，但是兩旁的小畫面顯示其為千手千眼觀音。

北壁經變的觀音有十一面，八隻大手，身後無小手環繞，與通常所見千手千眼觀音有別，曾被誤認為是十一面八臂觀音。主尊兩側沒有眷屬，卻繪了誦持大悲心咒者“不受十五種惡死”的小畫面，現僅存九幅，每一畫面均有榜題。據伽梵達摩譯《千手千眼觀世音菩薩廣大圓滿無礙大悲心陀羅尼經》及不空同本譯的《千手千眼觀世音菩薩大悲心陀羅尼》記載，“若諸人天誦持大悲心咒者，得十五種善生，不受十五種惡死也。”這是敦煌石窟唯一繪製誦持大悲心咒者，可以“不受十五種惡死”的畫面，因而格外引人注目。

南壁一幅的觀音是一面二臂，與敦煌石窟常見的顯教觀音幾乎沒有區別。區別在於主尊兩側繪製了誦持大悲心咒者“得十五種善生”的小畫面，現僅存十一幅，均有榜題，從榜題可知其中八幅畫面為：“一者所生之處常逢善王”，“二者常生善國”，“三者常值好時”，“四者常逢善友”，“五者身根常得具足”，“十二者意欲所求皆悉稱遂”，“十三者龍天善神恆常擁衞”，“十四者所生之處見佛聞法”。另外三幅小畫面榜題文字無法辨認。這是敦煌石窟唯一繪製誦持大悲心咒“得十五種善生”的畫面。此外，《千眼千臂觀世音菩薩陀羅尼神咒經》中又記載有“不要千眼千臂”，只有兩臂三眼的千手千眼觀音，因此確認該主尊為千手千眼觀音。這是敦煌石窟唯一一幅形象似顯教的而屬於密教的一面二臂觀音，故頗受重視。

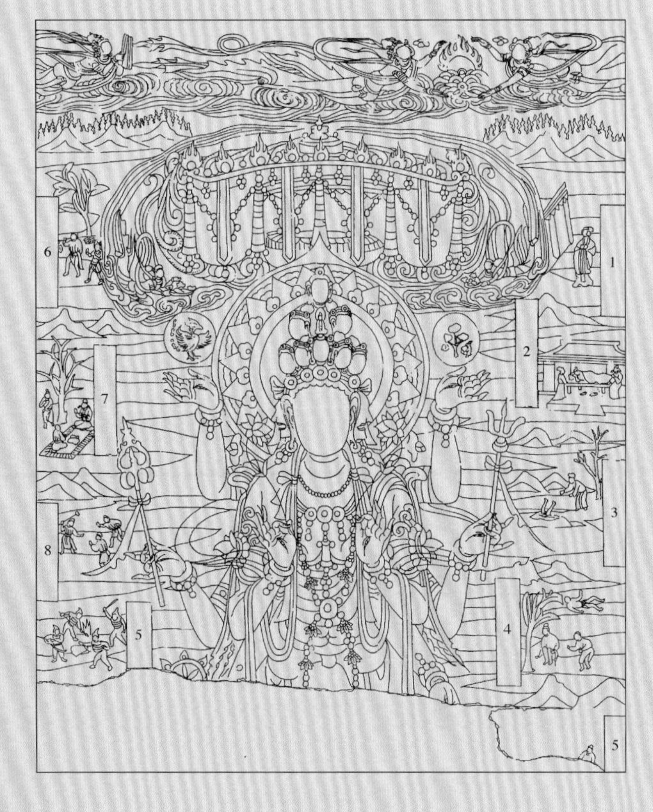

莫高窟第76窟北壁
千手千眼觀音經變線描圖

1“十二者不為惡人厭魅死”
2“十四者不為惡病纏身死”
3“十五者不為非分自害死”
4“一者不令其人飢餓困苦死”
5 無法辨認
6“十三者不為邪神惡鬼得便死”
7“八者不為毒藥所中死”
8“三者不為怨家讎對死”
9“四者不為軍陣相殺死”

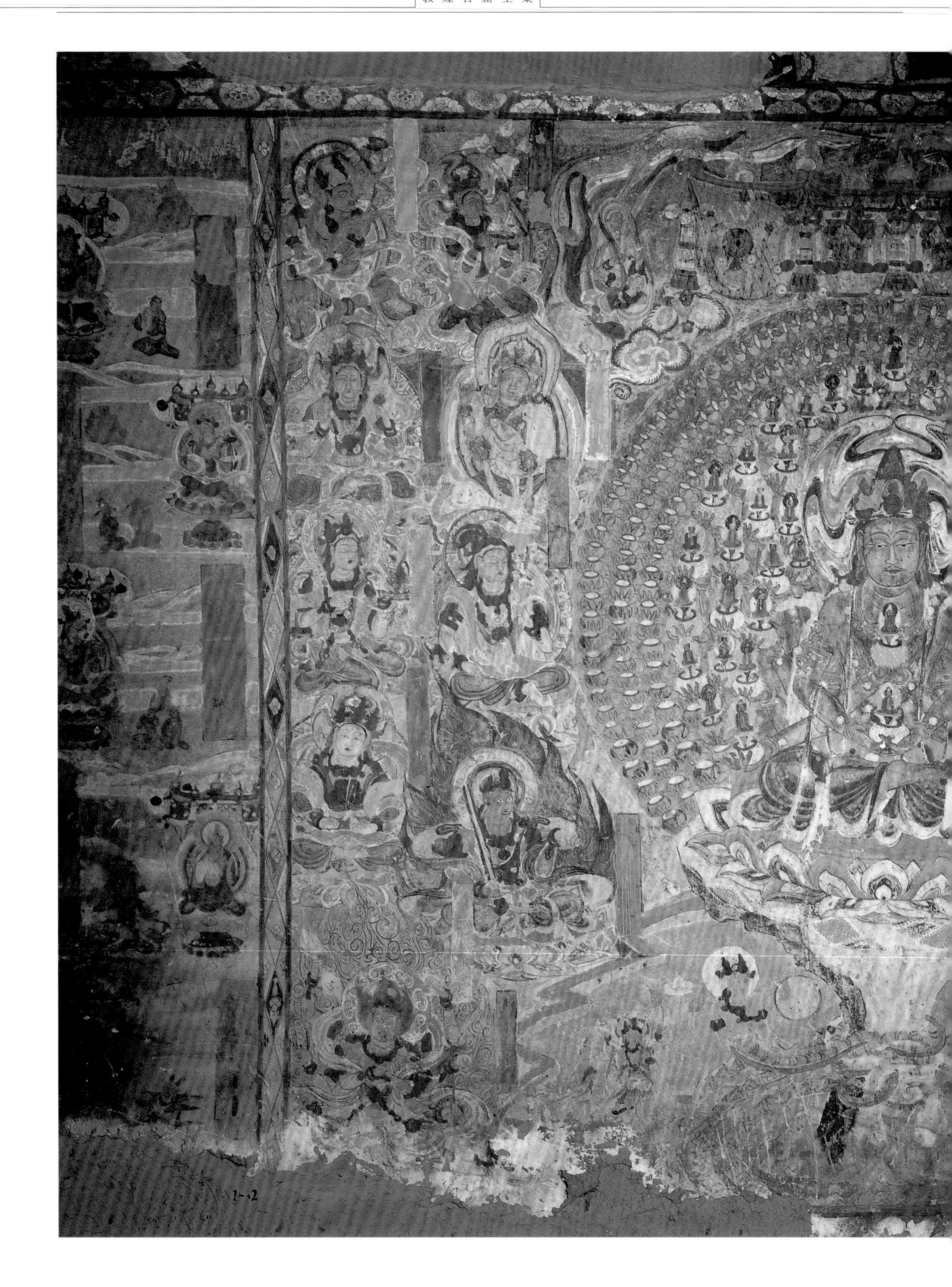
1-2

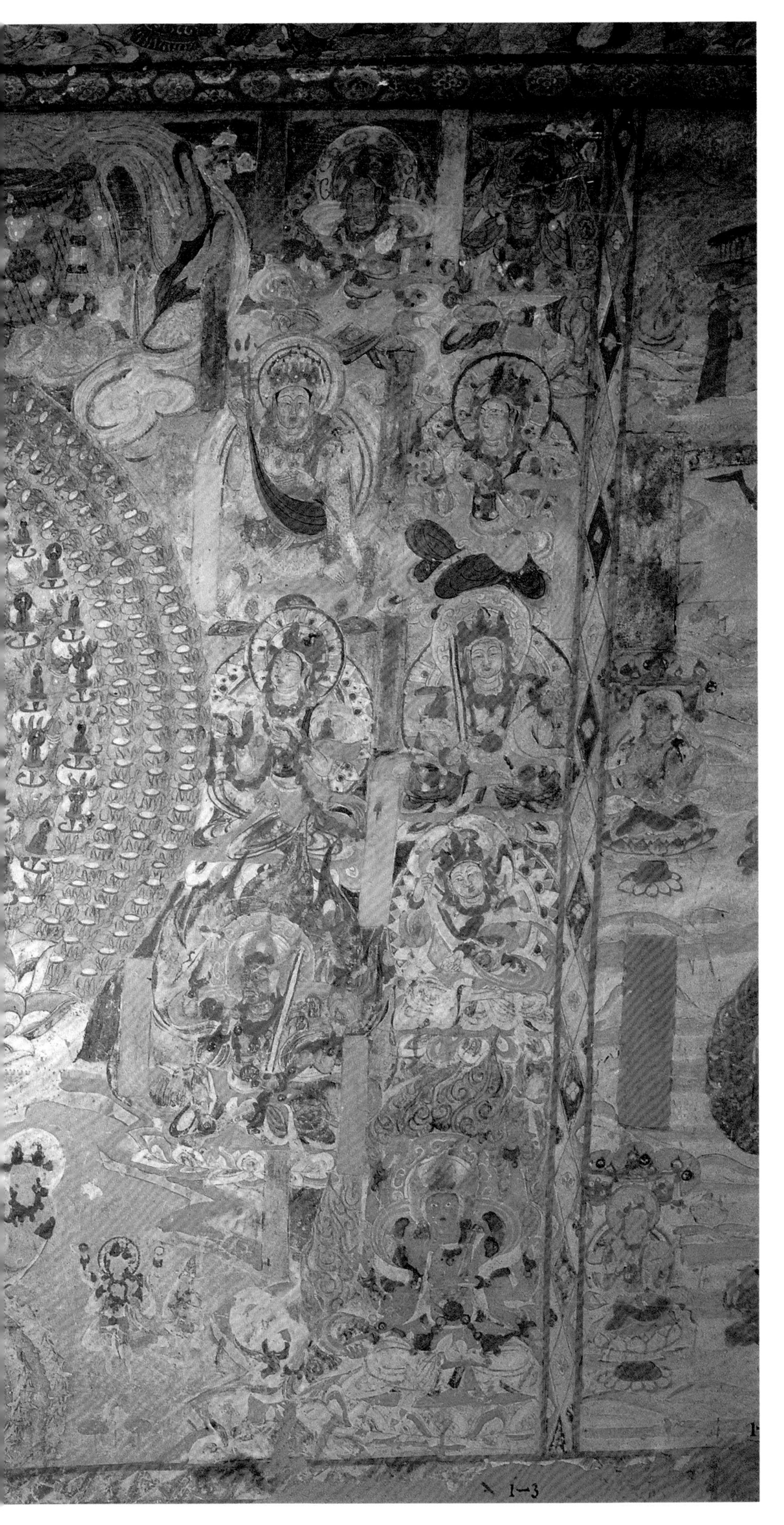

128 千手千鉢文殊經變

此窟是密教題材為主的洞窟，尤以此經變繪畫最精美。主尊千手千鉢文殊位於經變中央，戴化佛冠，托寶鉢，部分鉢中有釋迦佛，有眷屬二十六身，包括各種供養菩薩、二龍王、二阿修羅、二飛天等。最罕見的是以火燄為背光的四身忿怒尊出現於同一幅經變。

五代 莫99 南壁

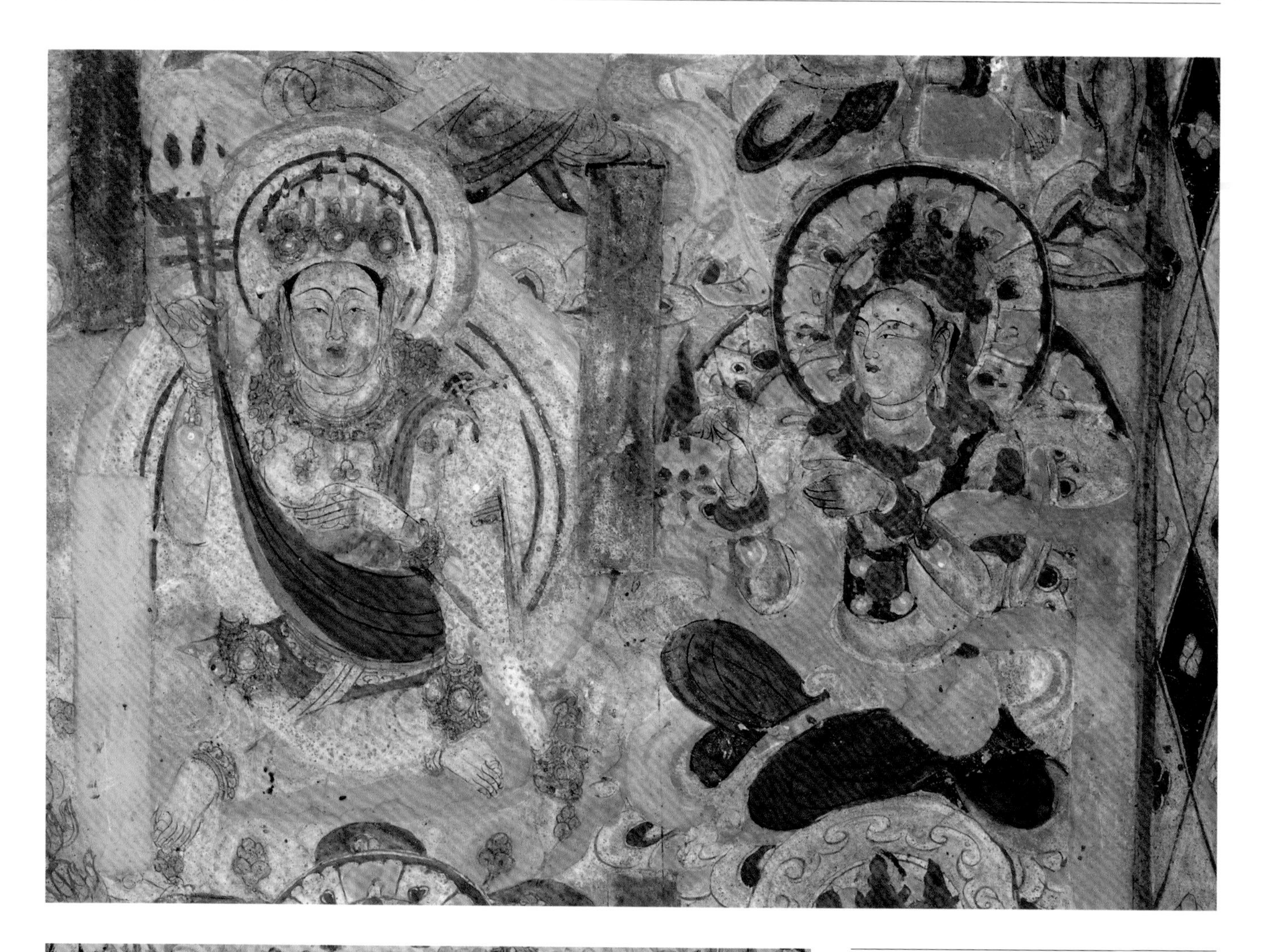

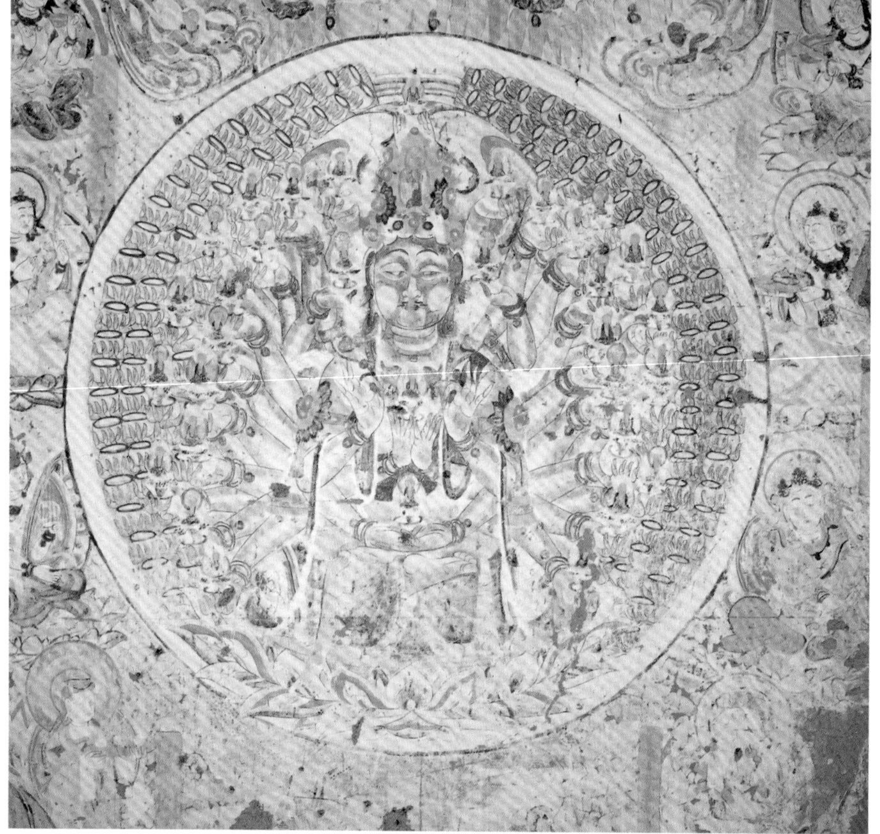

129 金剛歌菩薩 金剛燈菩薩

金剛歌菩薩正在彈撥曲頸琴。金剛燈菩薩所持蓮花燈正在冒着紅色火苗。

五代 莫99 南壁

130 千手千缽文殊經變

主尊戴化佛冠，眷屬十八身，為敦煌石窟時代最晚的千手千缽文殊經變，雖保存欠佳，但仍有其代表性。

宋代 莫172 北壁

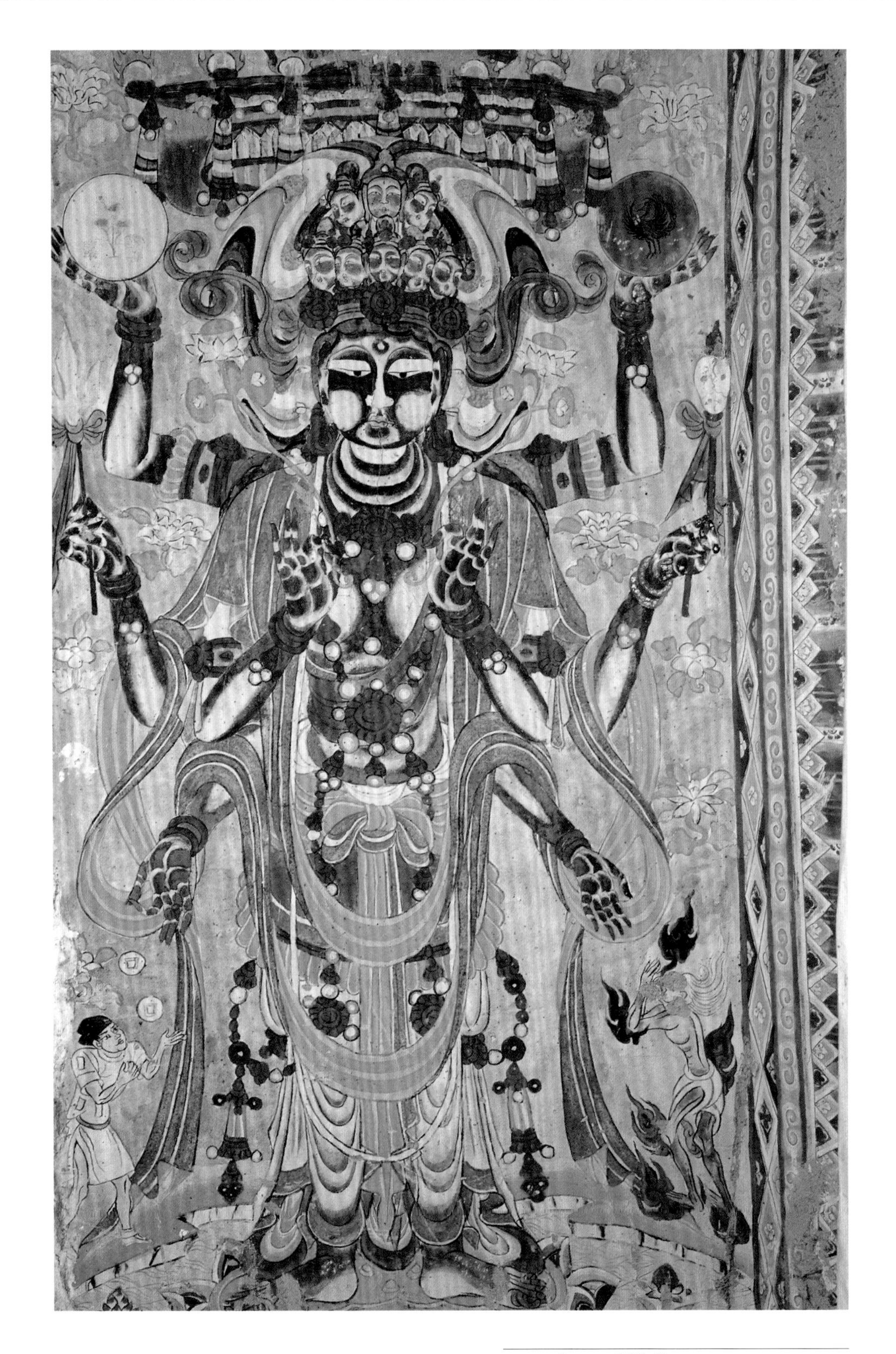

131 十一面觀音

十一面觀音除佛面外均戴寶冠，八臂分別托持日精摩尼、月精摩尼、三叉戟、寶棒、施銅錢、施甘露，另雙手持蓮花。右下方一貧兒在乞錢，左下方一餓鬼在乞甘露，表現了觀世音普渡眾生，解救危難。這是一種極富功利性的崇拜。此圖繪製精湛。

五代 莫35 甬道頂

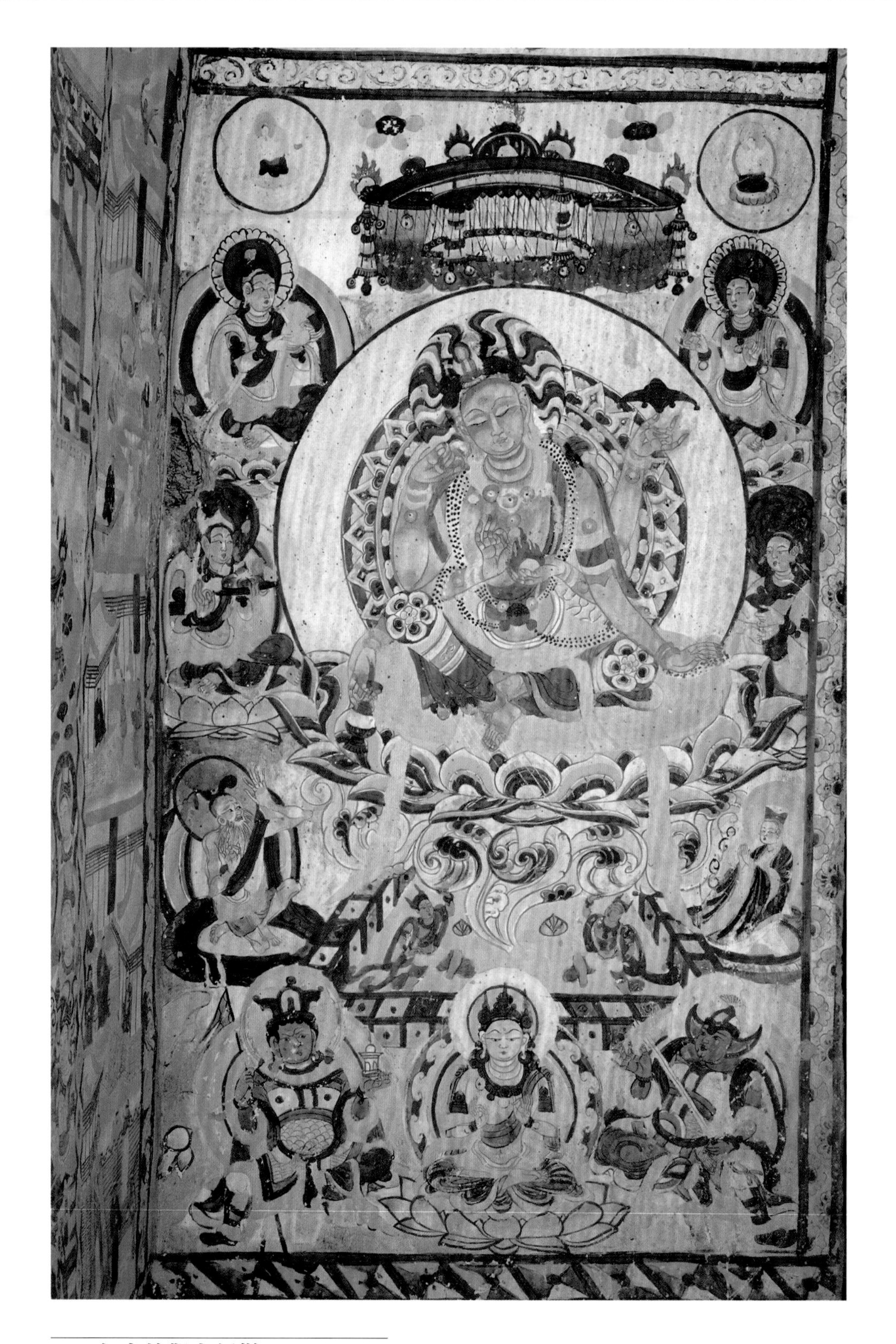

132 **如意輪觀音經變**

如意輪觀音位於經變中央，有眷屬十三身，有金剛燈、金剛花、日光、月光菩薩，未持竹杖的婆藪仙、未端花盤的功德天、二天王、二龍王等。

五代 莫468 東壁門北

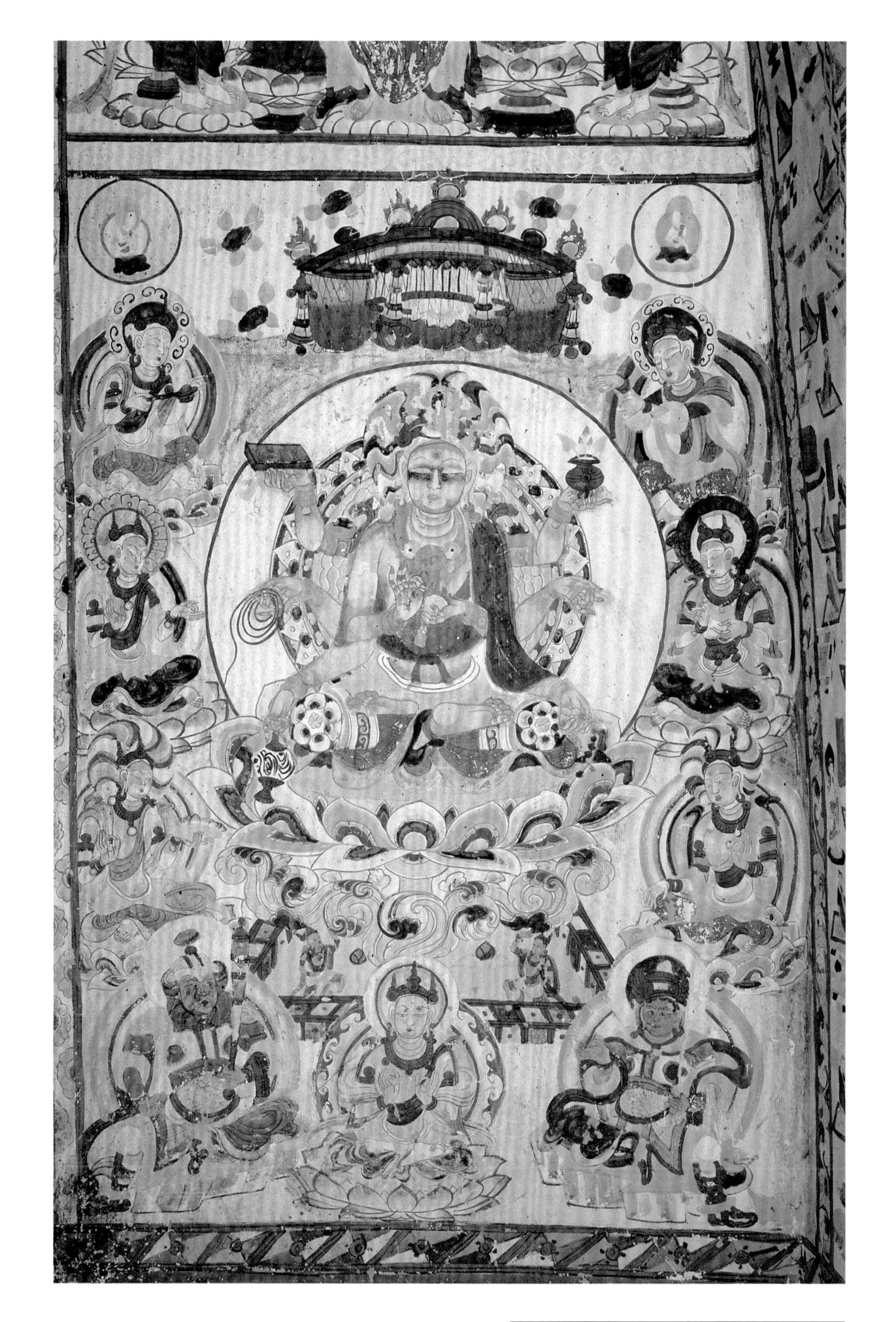

133 不空羂索觀音經變

觀音戴化佛冠，有八臂，肩披鹿皮衣，右手執持寶印、羂索、淨瓶或結手印，左手執持寶瓶、柳枝、寶珠、數珠。眷屬十三身，其中有金剛縵、金剛香、金剛花、日光、月光菩薩、二天王、二龍王等。

五代 莫468 東壁門南

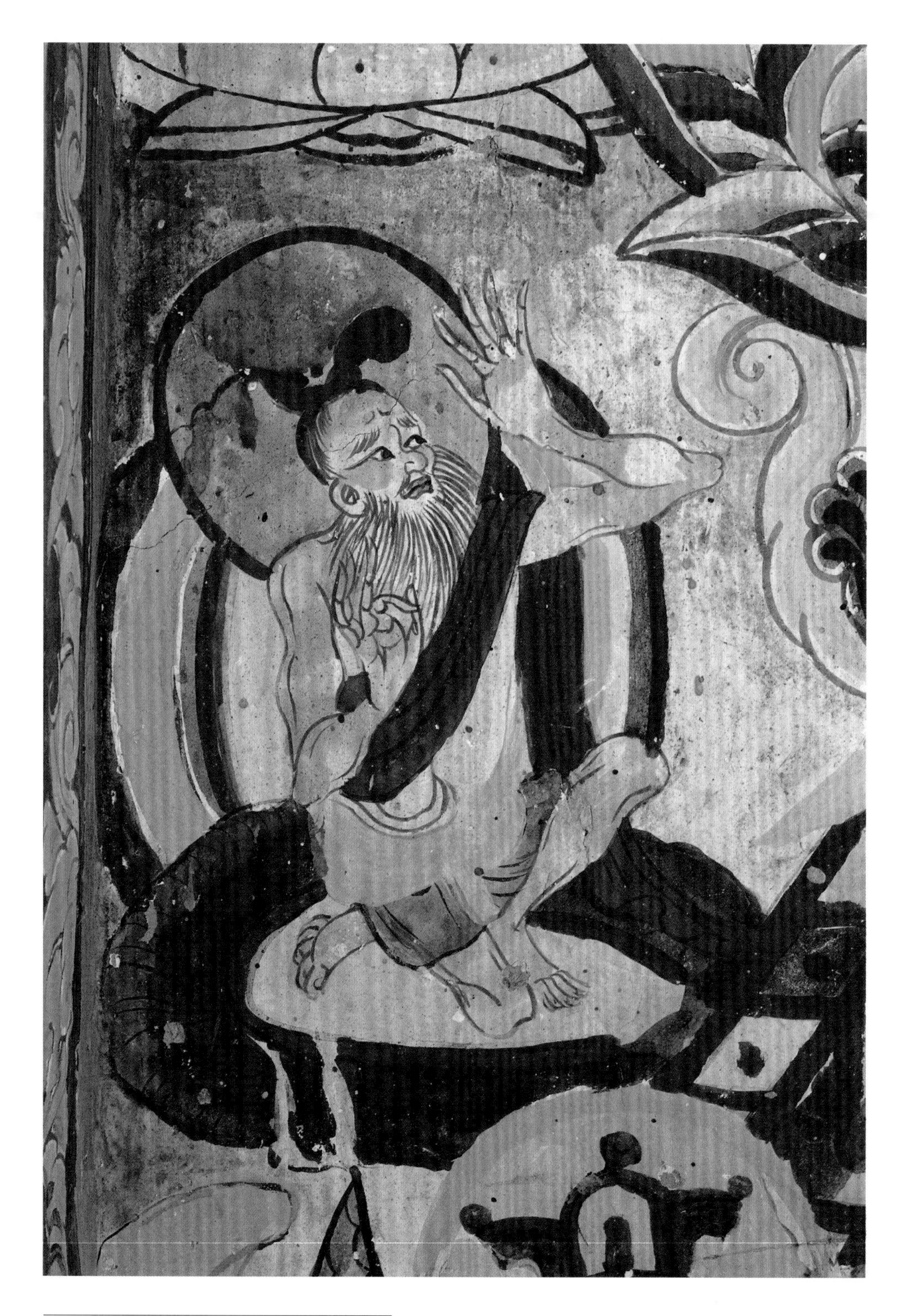

134 **婆藪仙**

婆藪仙白髯垂胸，胡跪於地，仰望主尊。未持竹杖的造型很少見。

五代 莫468 東壁門北

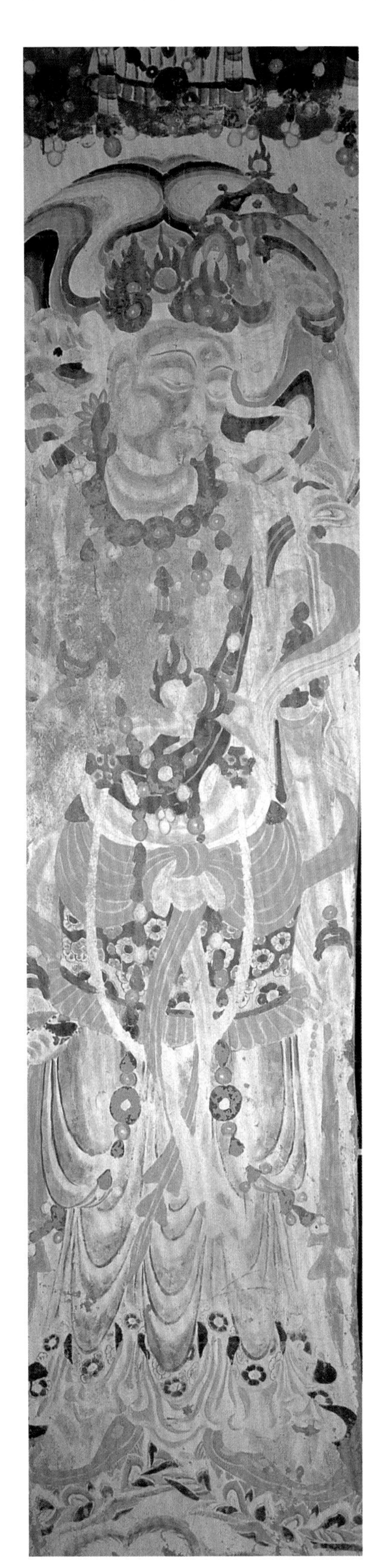

135 如意輪觀音

如意輪觀音手握“光明山”，站立於蓮花上，以二飛天為眷屬。敦煌壁畫所繪如意輪觀音，大多頭微向右傾，但此觀音頭未右傾，且有頭光而無背光。

五代　莫61　背屏南向面

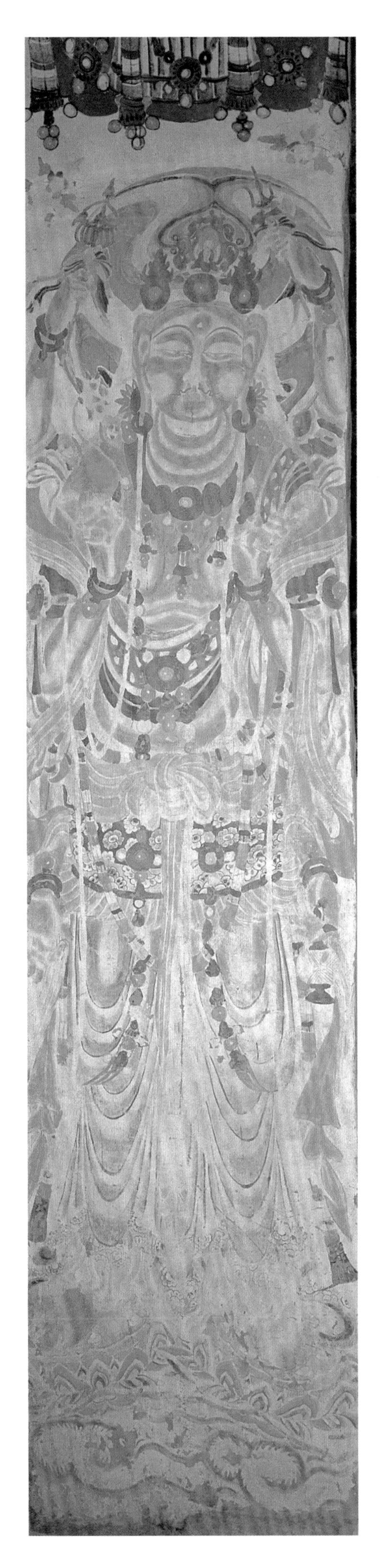

136 不空羂索觀音

觀音六臂執持錫杖、三叉戟等法器，站立於蓮花上。上有寶蓋。僅以二飛天為眷屬。受背屏所限，畫面顯得十分擁擠，唯整個畫面比例適當，暈染適度。

五代　莫61　背屏北向面

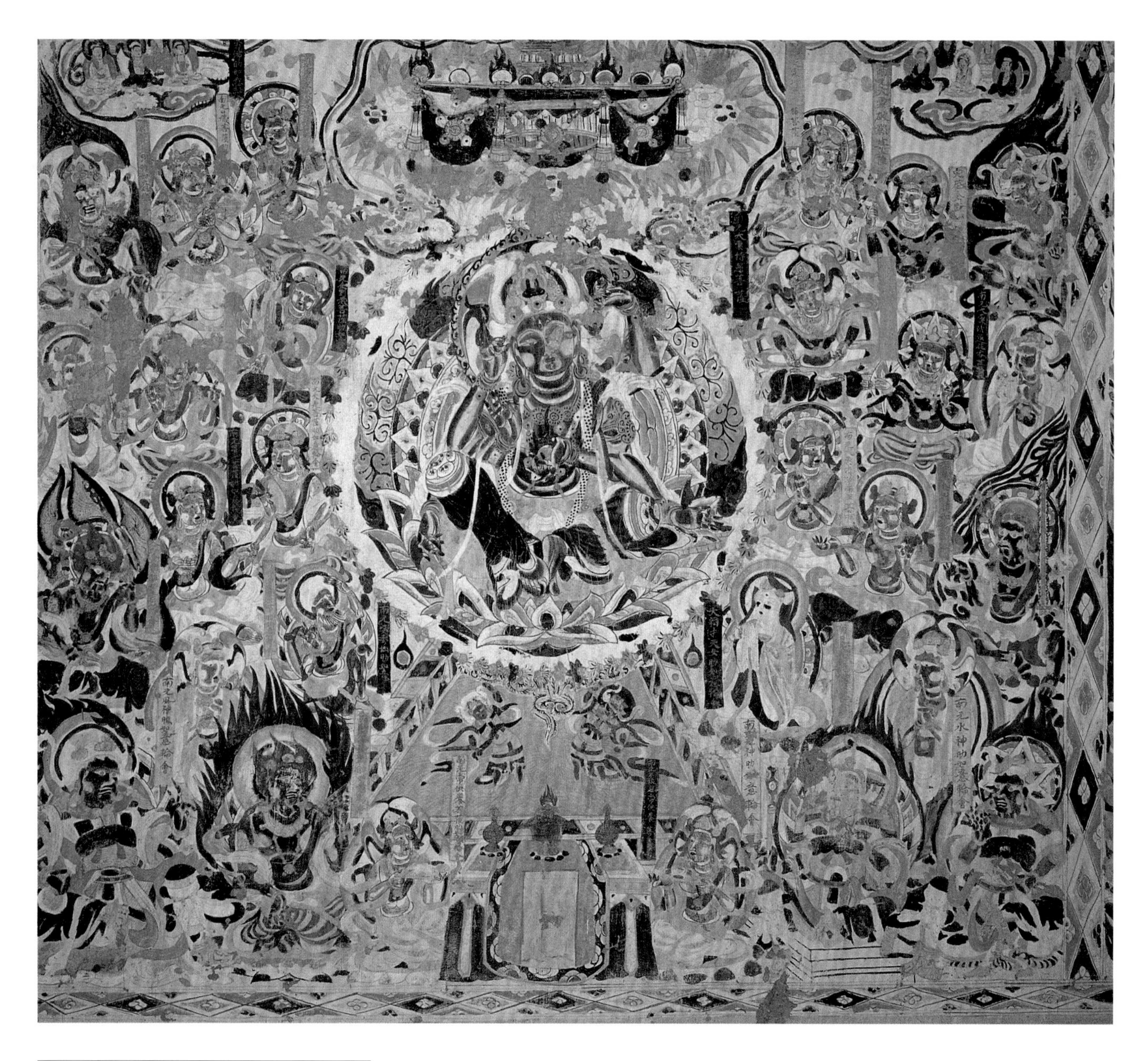

137 如意輪觀音經變

這幅如意輪觀音的眷屬三十二身，與密教經變通常所見眷屬亦多不相同。從榜題可知有日藏、月藏、虛空藏、破影、持暗、寶檀花、清蓮花、不休息常供養、金剛藏、火光、星光、常供養等菩薩，還有紫賢金剛、定厄金剛、火頭金剛以及婆秀仙、大辯才天女、火神、地神、水神等。

五代 榆36 南壁

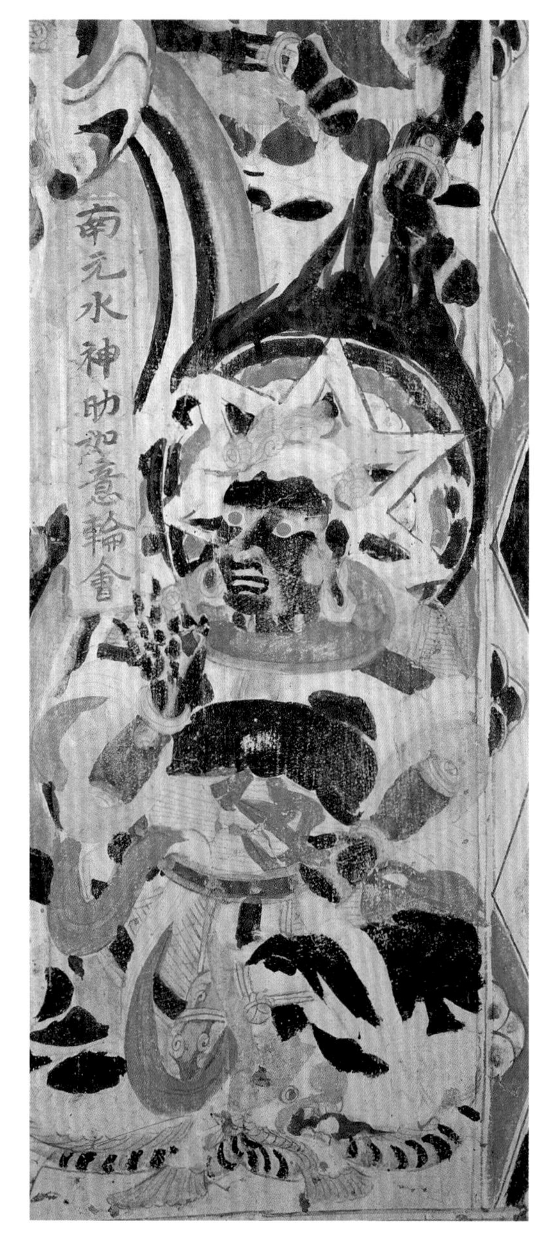

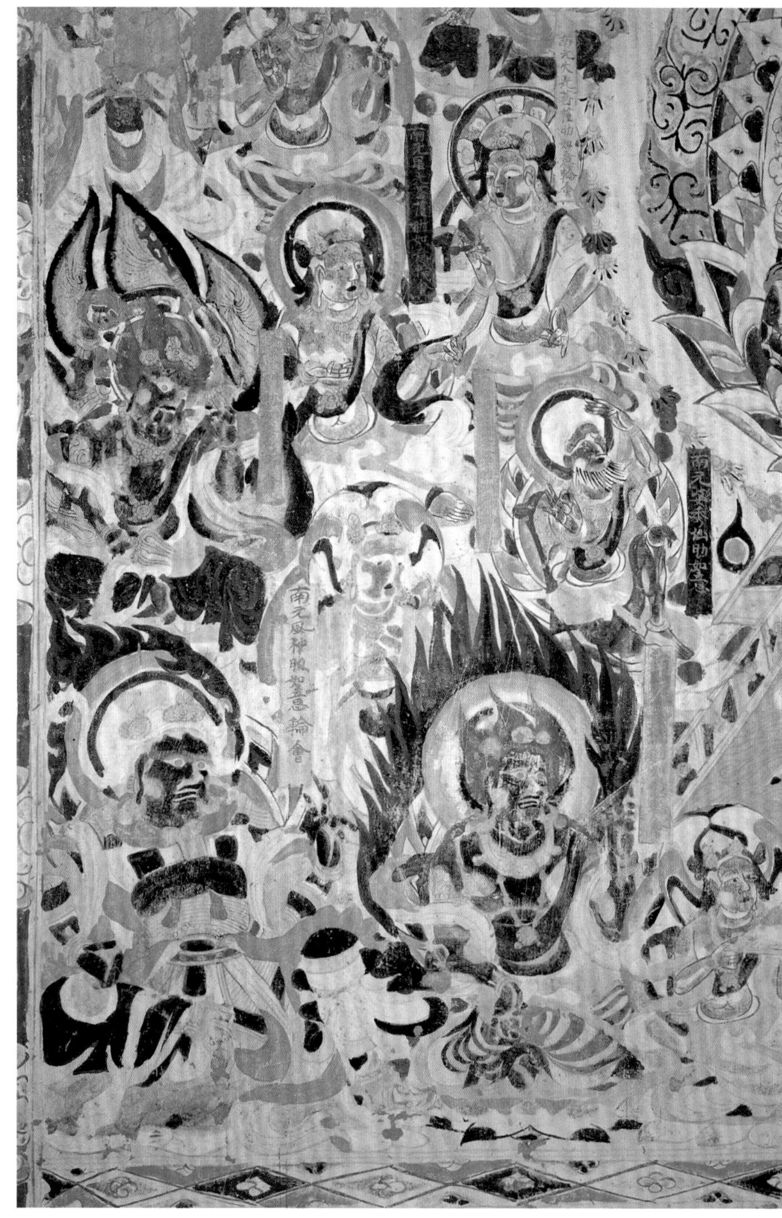

138　**水神**

水神榜題為“南無水神助如意輪會”，手持金剛杵，呈忿怒相。

五代　榆36　南壁

139　**風神與火頭金剛**

有“南無風神助如意輪會”及“火頭金剛助如意輪會”榜題。

五代　榆36　南壁

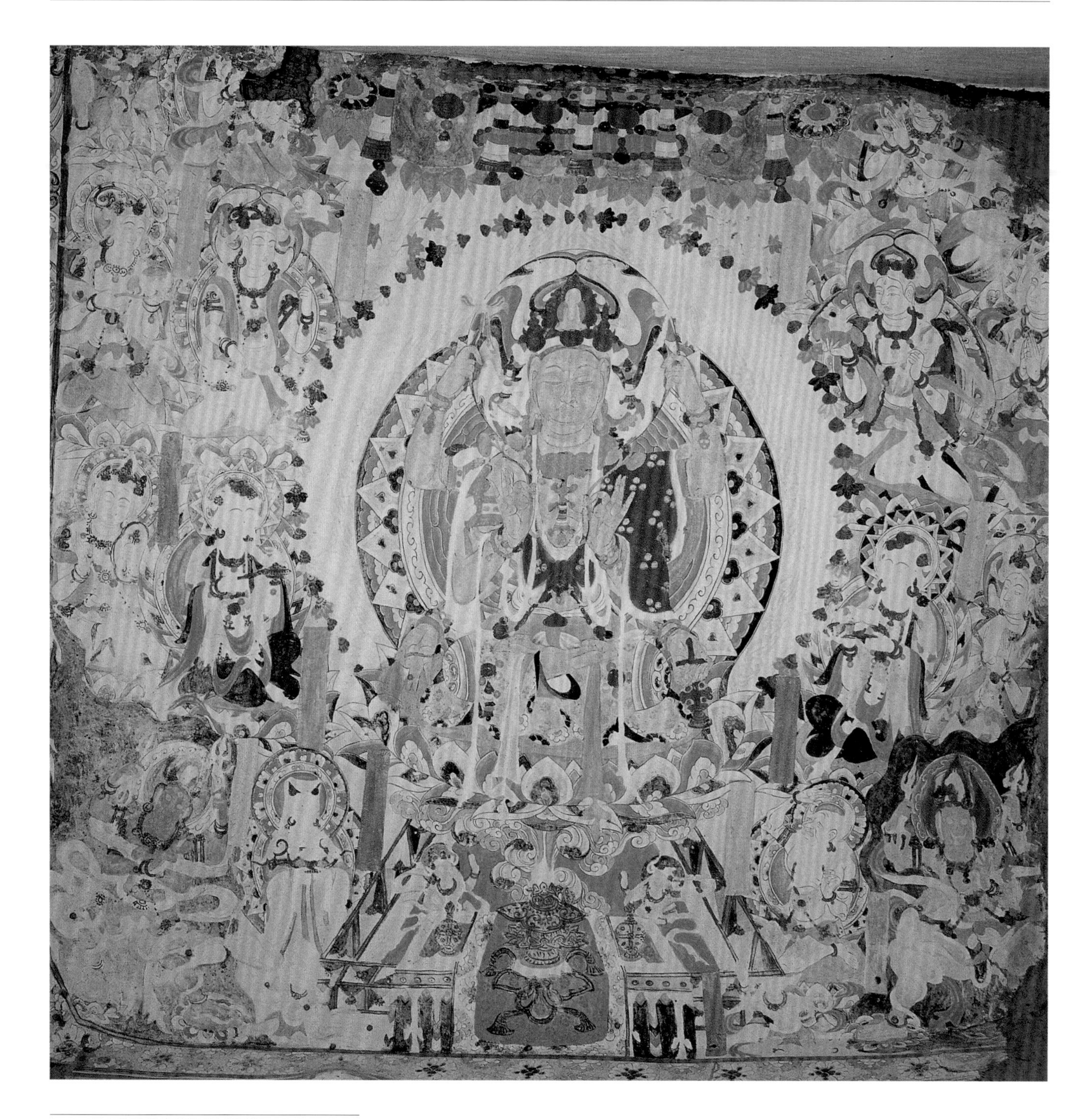

140 不空羂索觀音經變

主尊戴化佛冠，肩披鹿皮衣，六臂，分別執持三叉戟、蓮花、淨瓶、柳枝。上有寶蓋，下有水池。眷屬十八身，其中有金剛香、金剛花、金剛燈菩薩、二龍王、婆藪仙、功德天、忿怒尊、毗那夜迦等。

五代 莫205 前室窟頂

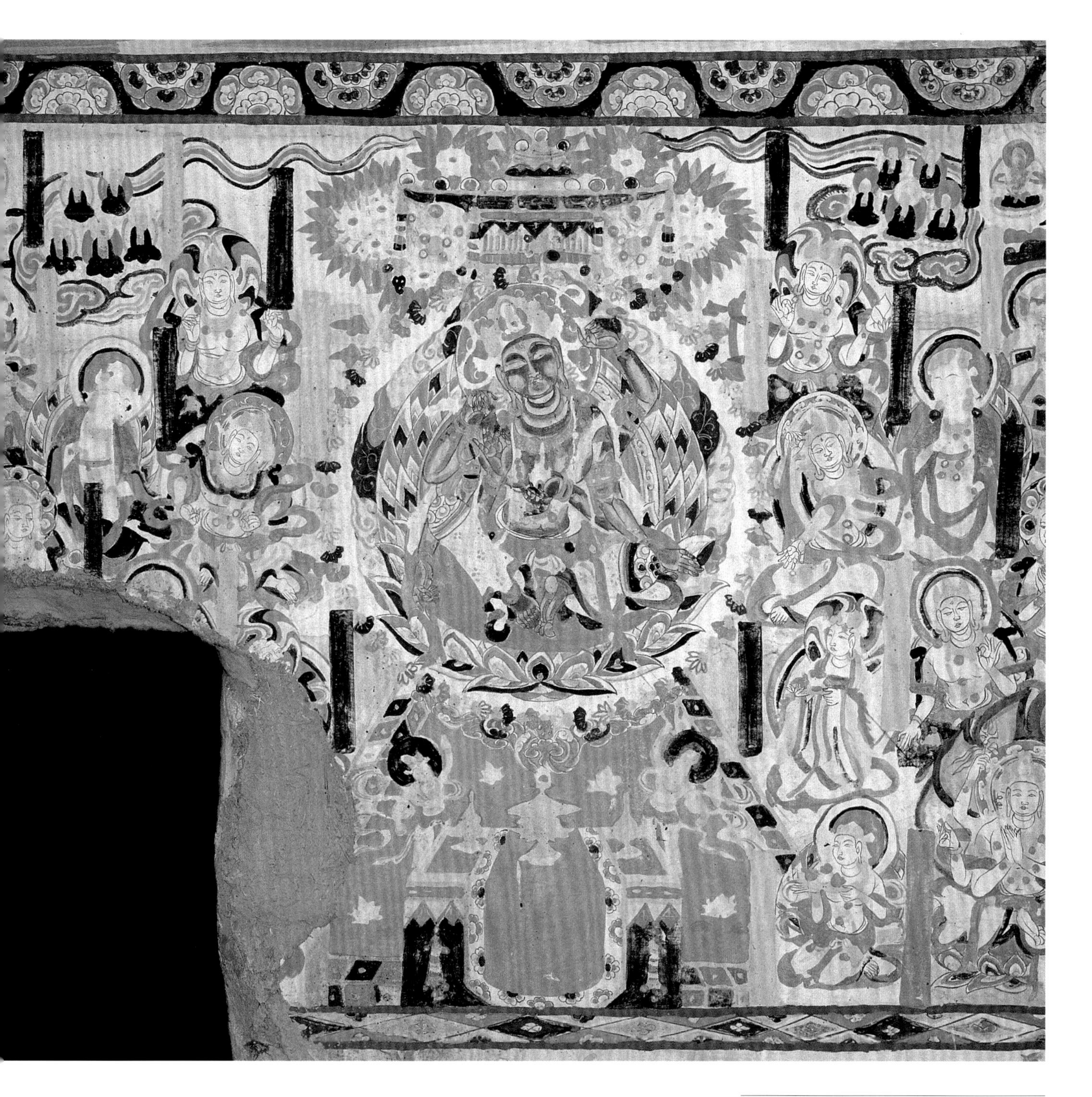

141　如意輪觀音經變

主尊戴化佛冠，六隻手或右思惟，或持法器，或按光明山。除十方佛外，眷屬共計二十二身。描繪技巧一般，缺乏神韻。

宋代　莫25　東壁門南

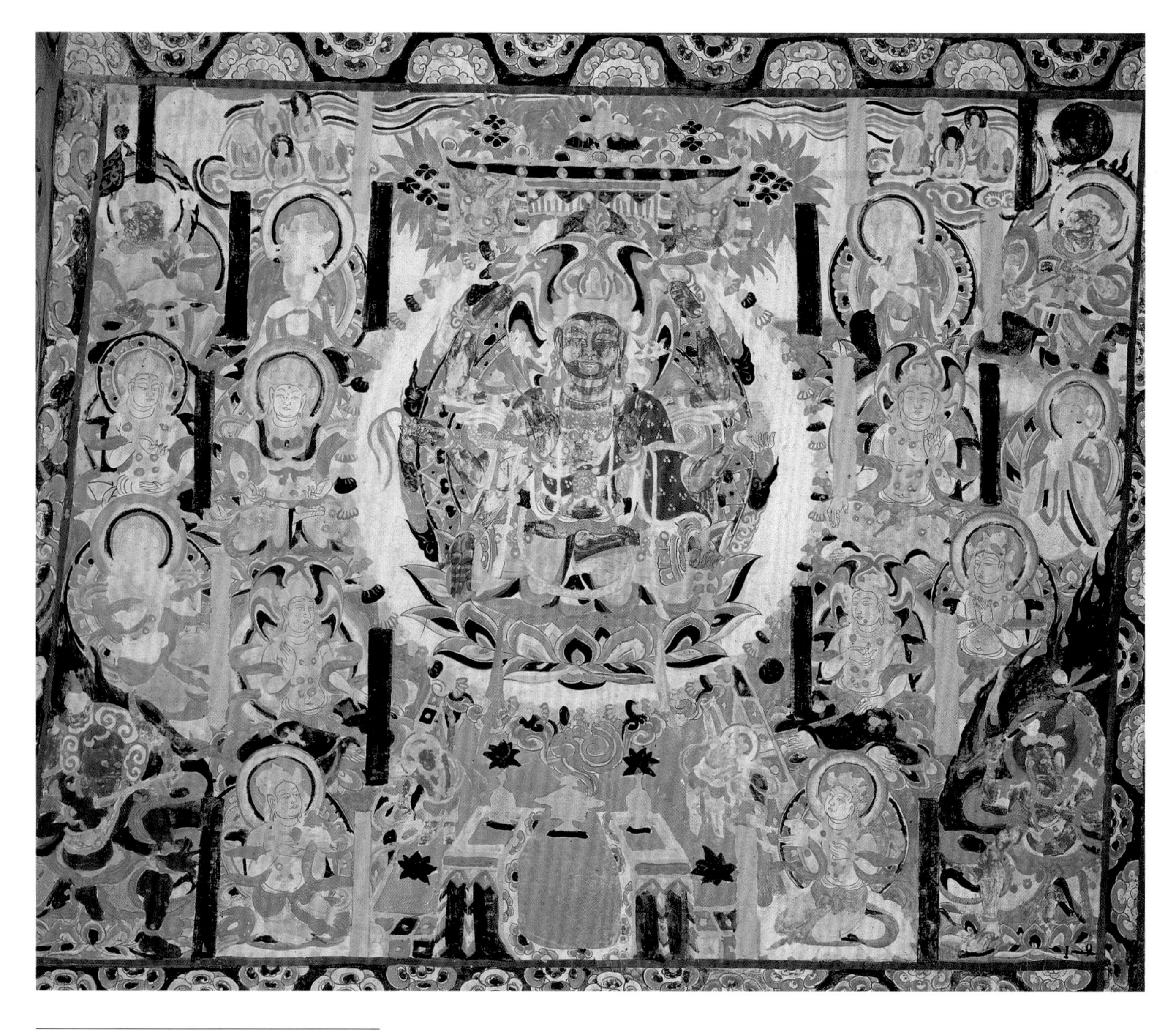

142 **不空羂索觀音經變**

主尊的八隻手分別持法器或結手印。肩披鹿皮衣，頭戴化佛冠，結跏趺坐在蓮花上。除十方佛外，眷屬共計二十身。

宋代 莫25 東壁門北

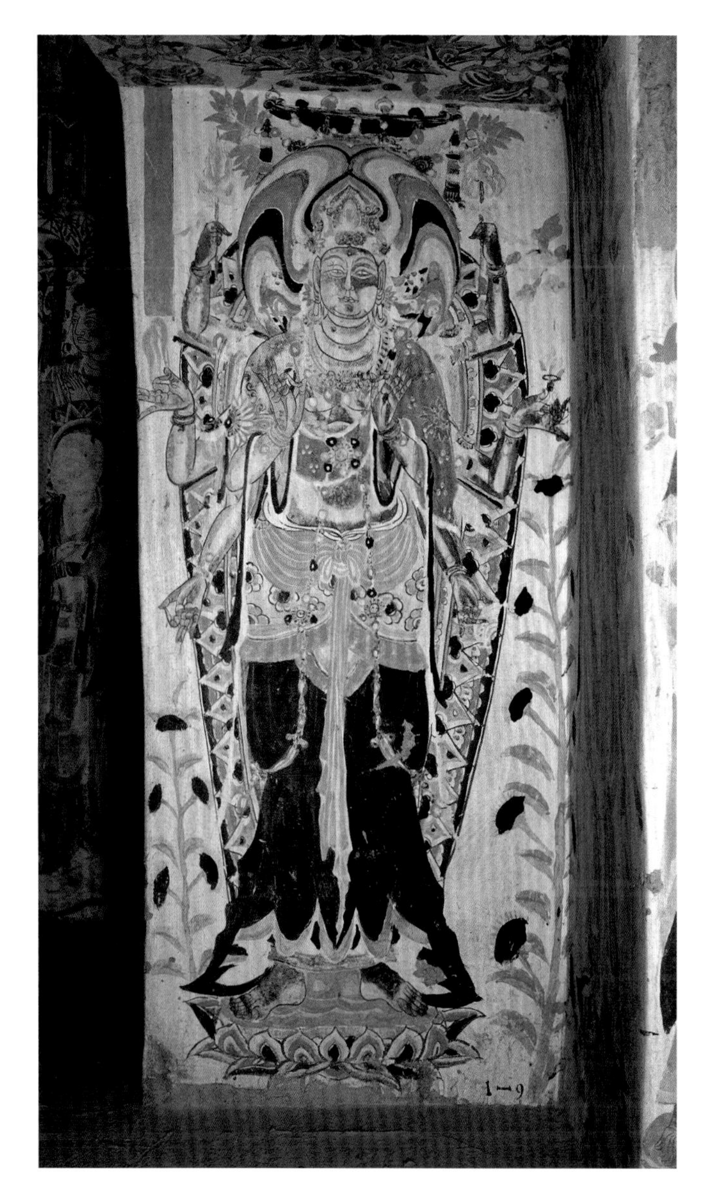

143 **不空羂索觀音**

戴化佛冠，八隻手分別持法器、寶物。肩披鹿皮衣，頭光圓形，背光呈舟形，以便與主尊的立姿相適應。無眷屬。

宋代 莫449 西壁龕北側帳扉西壁

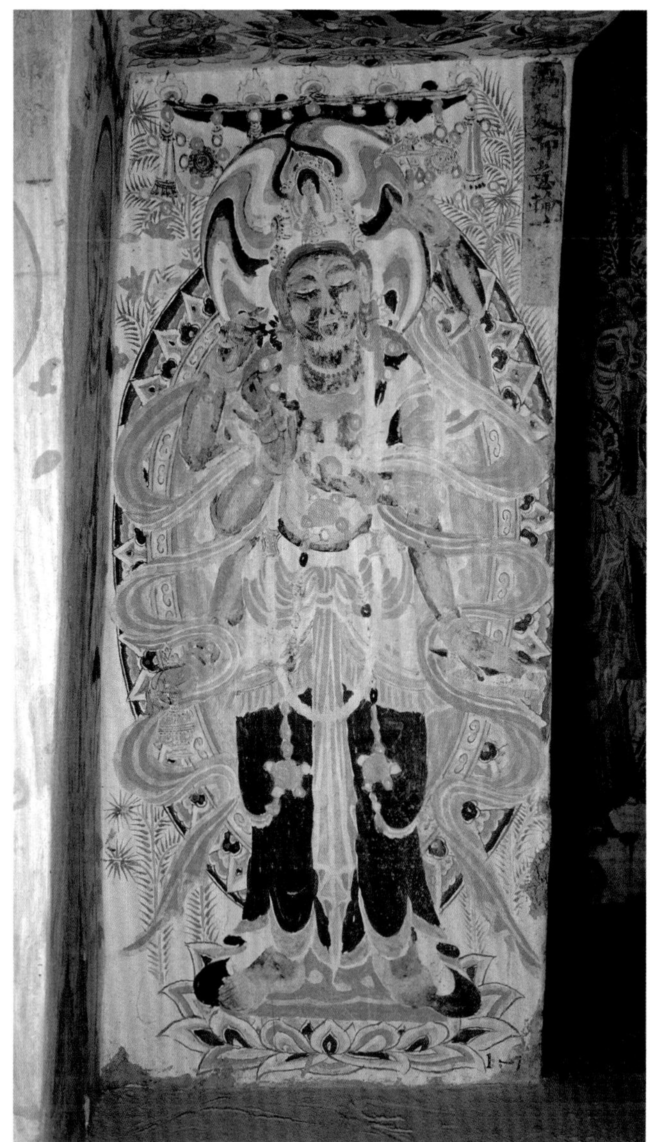

144 **如意輪觀音**

戴化佛冠，六隻手或右思惟，或持法器，或按光明山。榜題“南無而意輪菩薩”。

宋代 莫449 西壁龕南側帳扉西壁

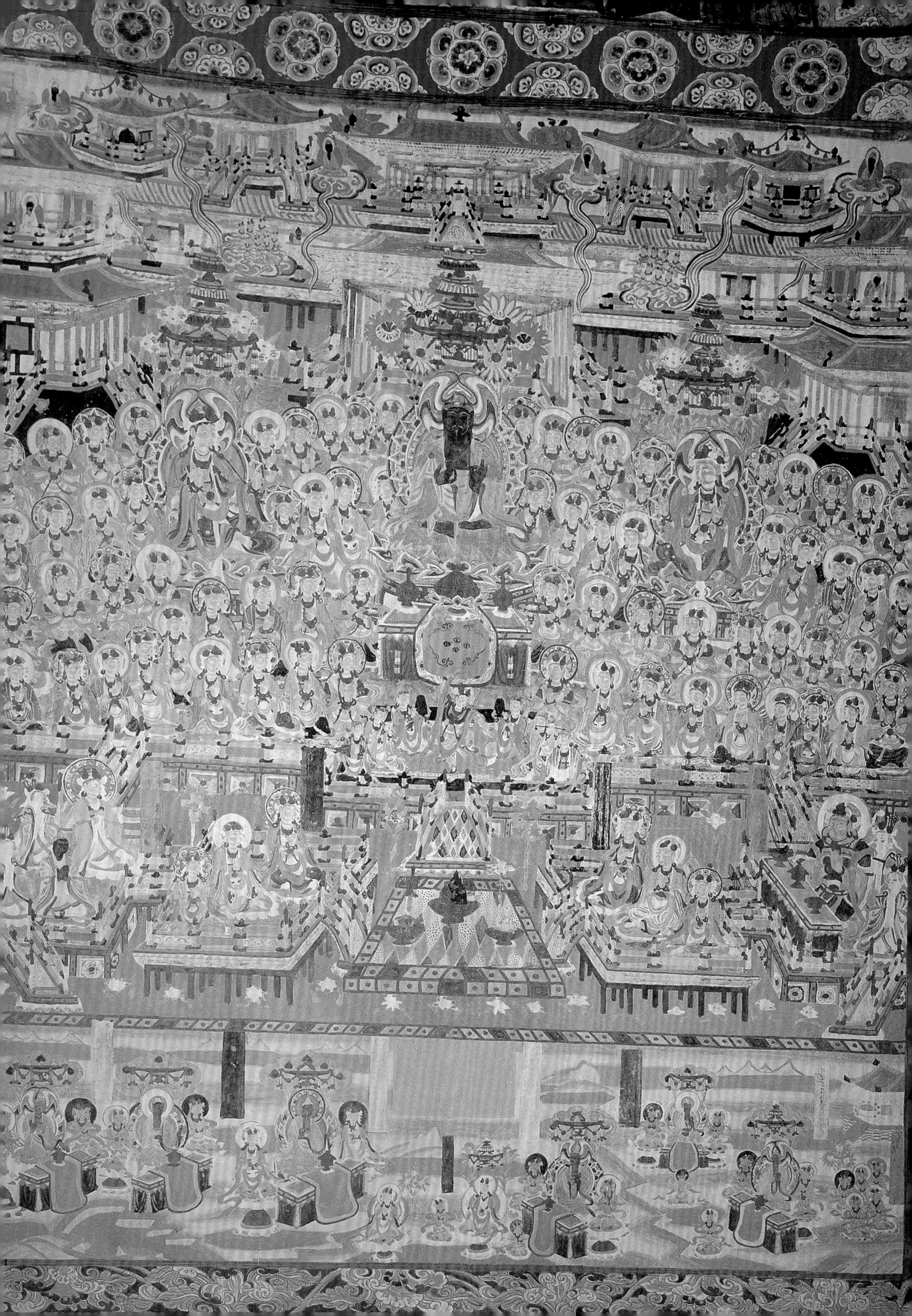

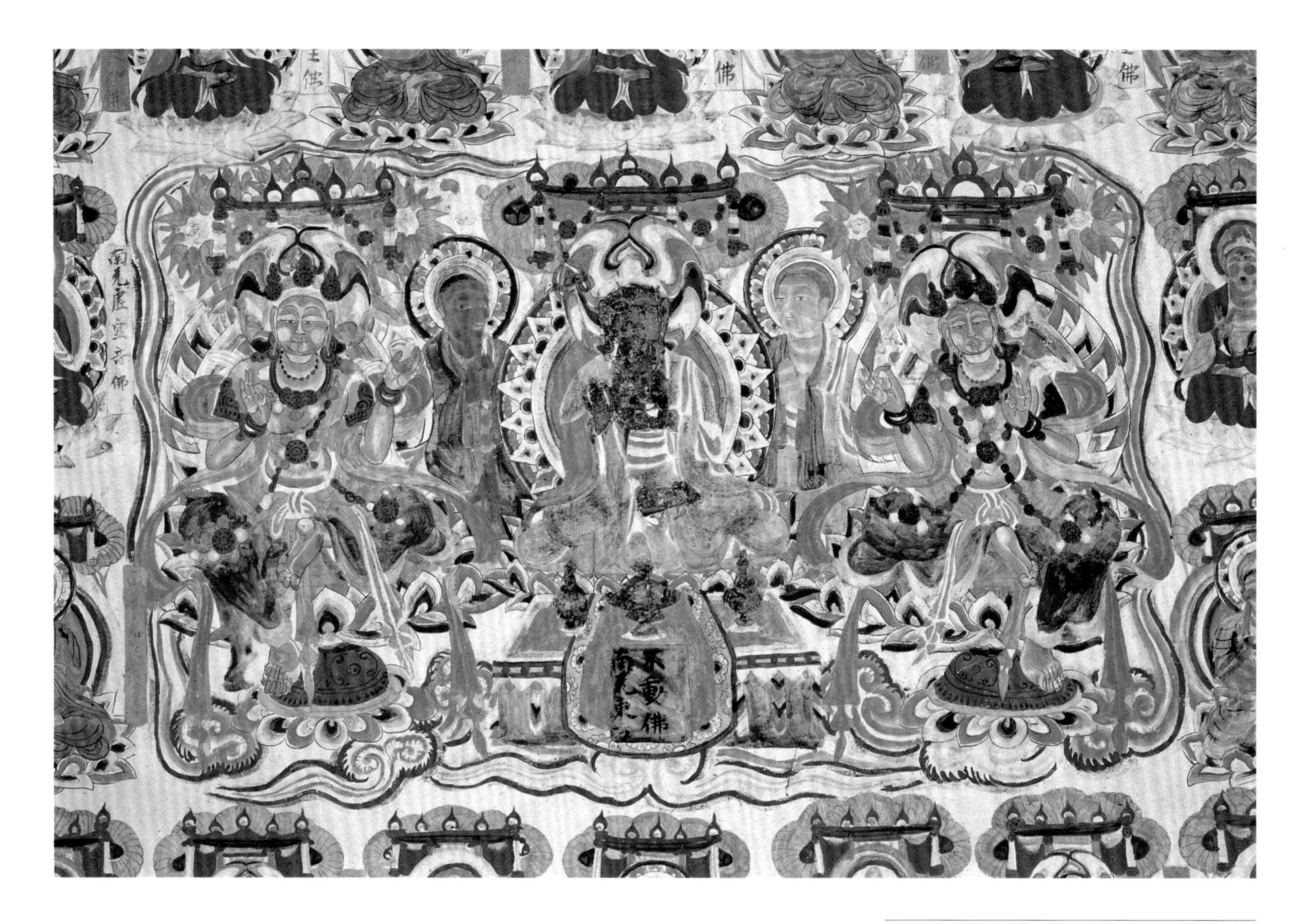

146 **東方不動佛**

此時期的密教新題材。

五代 莫61 頂東坡

145 **密嚴經變**

由於《大乘密嚴經》內容過於抽象，難於表現，故經變主要借鑑了其他經變通常的表現手法。中央是說法會，有舞樂，下部有六組小型說法場面。經變佈局程式化，人物表現僵化，缺乏活力。

五代 莫61 北壁

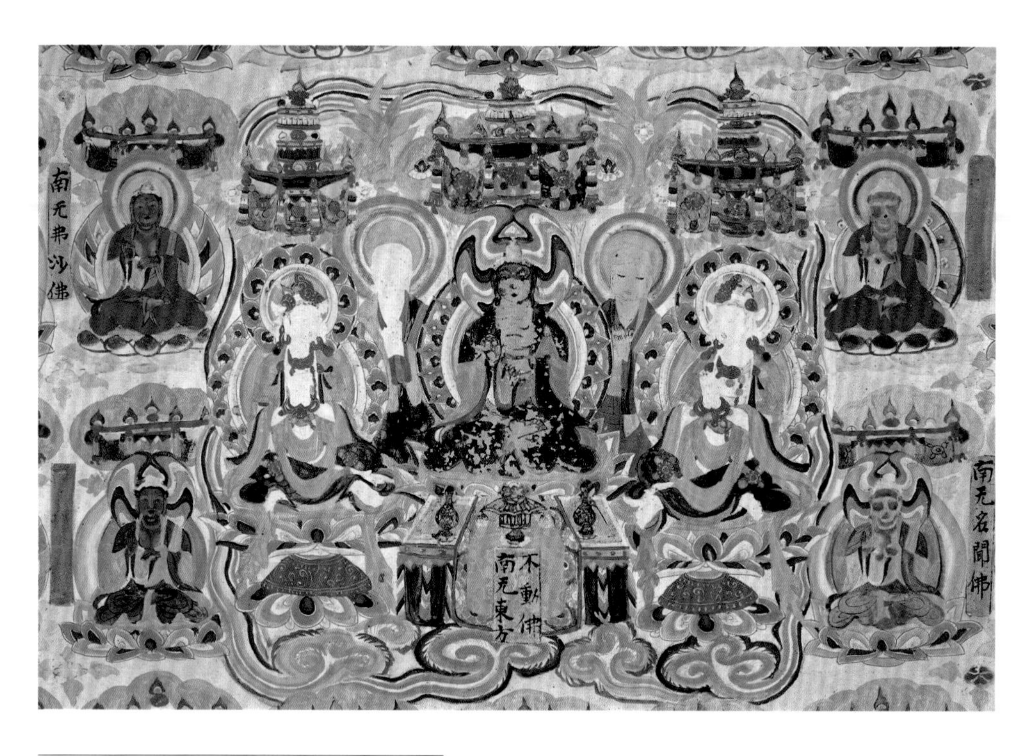

147 **東方不動佛**

佛的榜題為“南無東方不動佛”，四周為千佛。此時期的密教新題材。

五代 莫146 頂部東坡

148 **西方無量壽佛**

佛的榜題為“西方無量壽佛”，兩側為十方佛赴會，下繪千佛。

五代 莫146 頂部西坡

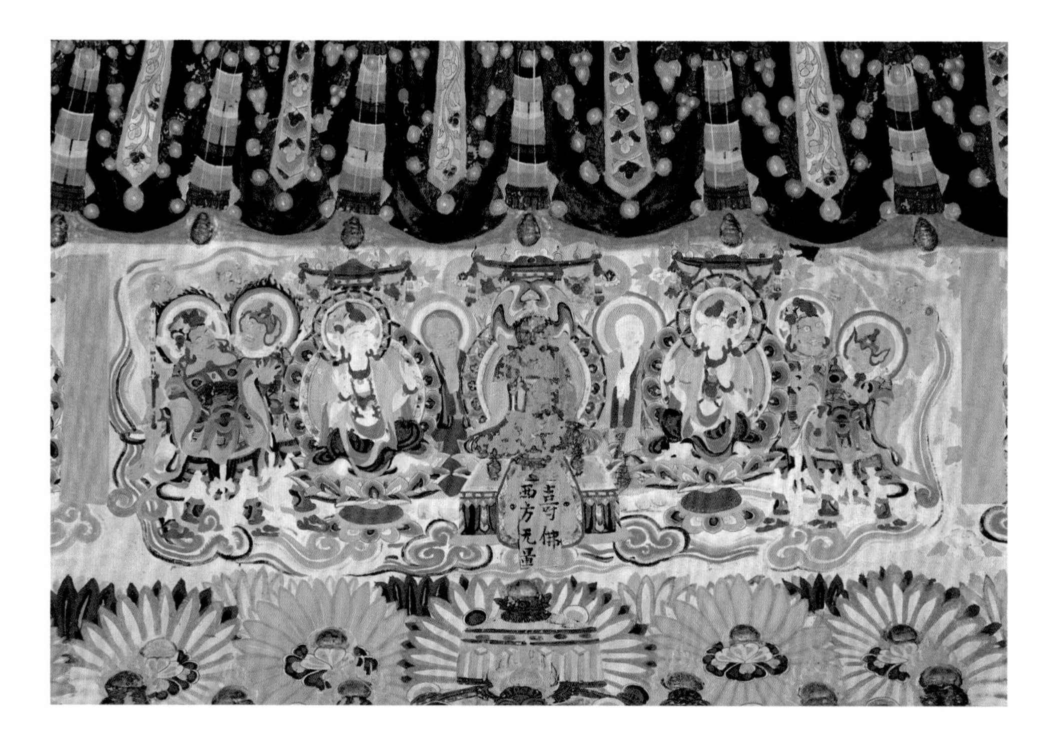

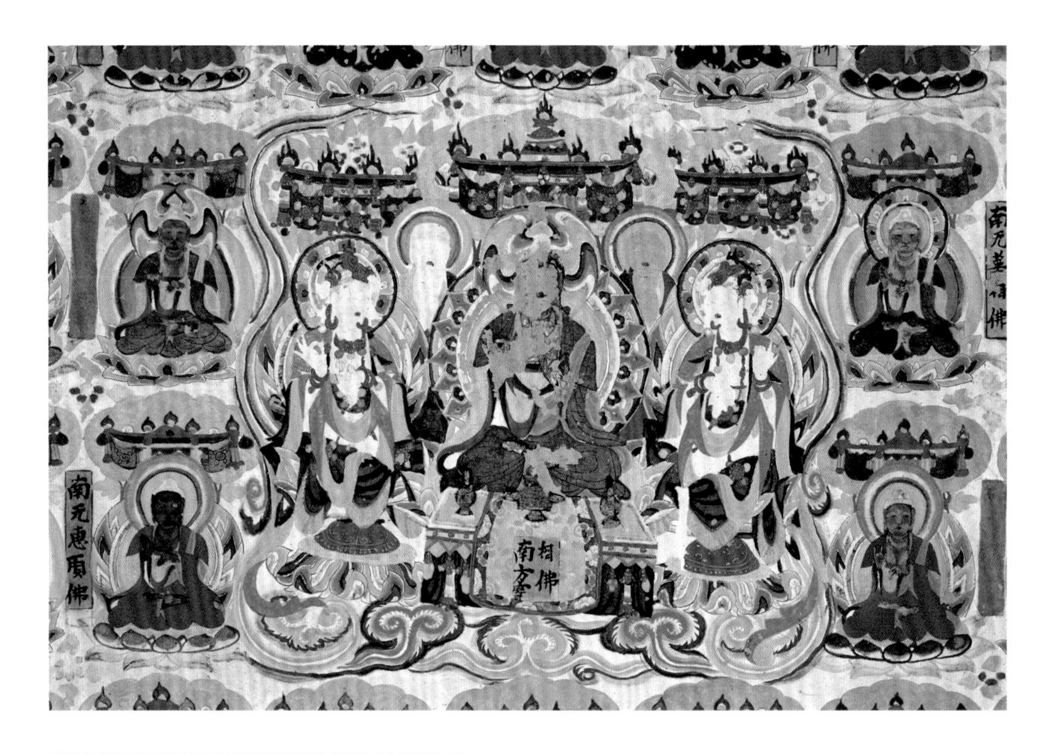

149 南方寶相佛

佛的榜題為“南方寶相佛”，四周繪千佛。此時期的密教新題材。

五代 莫146 頂部南坡

150 北方天鼓音佛

佛的榜題為“南無北方天鼓音佛”，四周繪千佛。此時期的密教新題材。

五代 莫146 頂部北坡

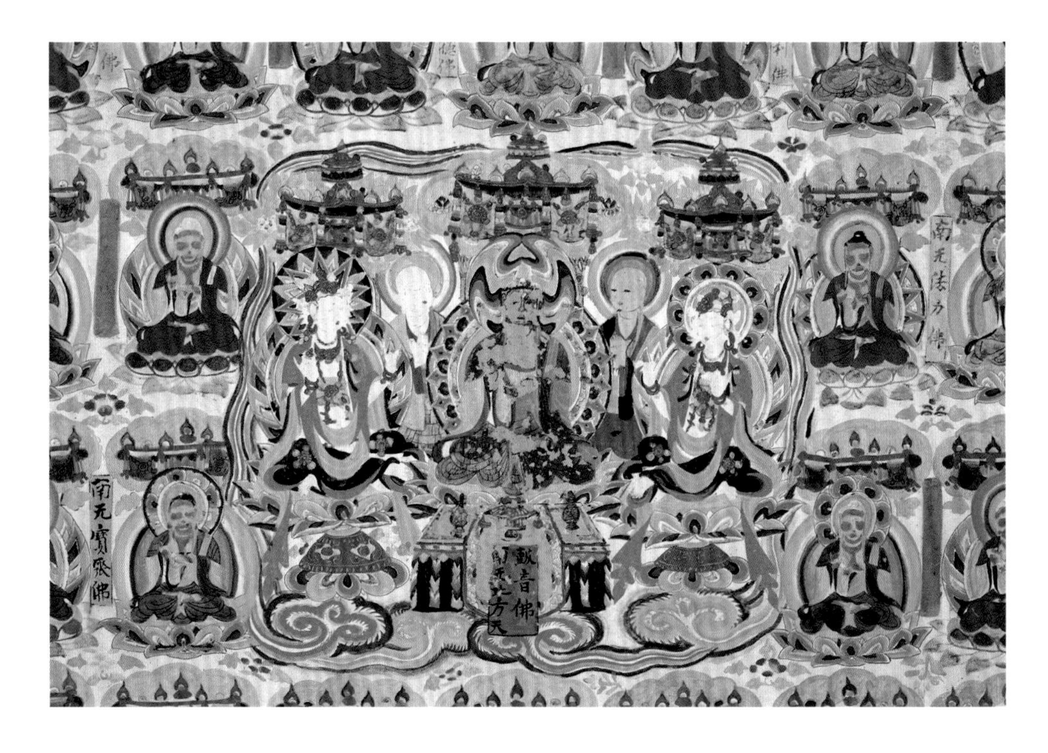

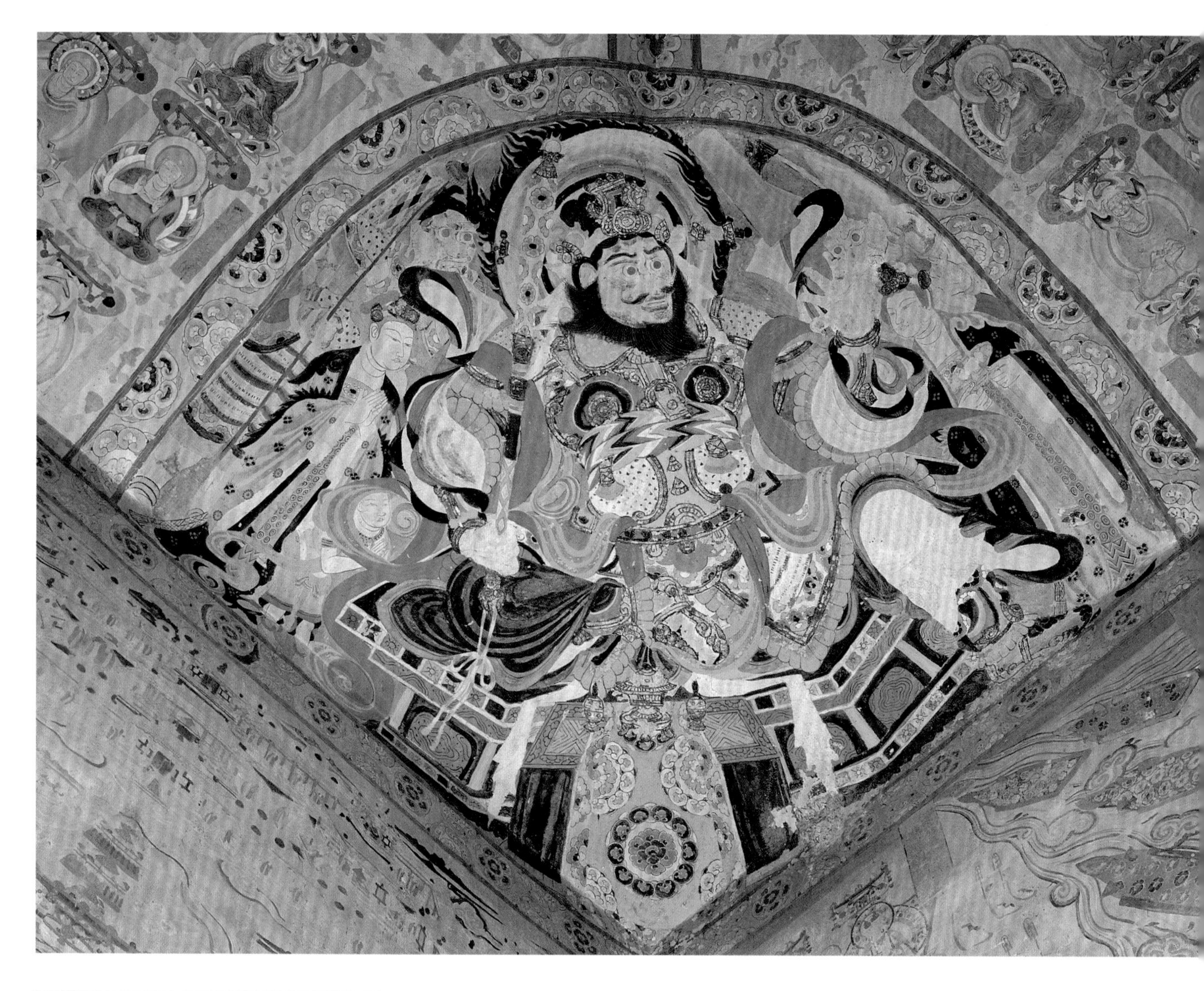

151 提頭賴吒天王

提頭賴吒天王，即東方持國天，四天王之一，十二天之一，護持國土，安撫眾生。持寶棒，着甲胄，顯得十分威武。

五代 莫100 頂部東北角

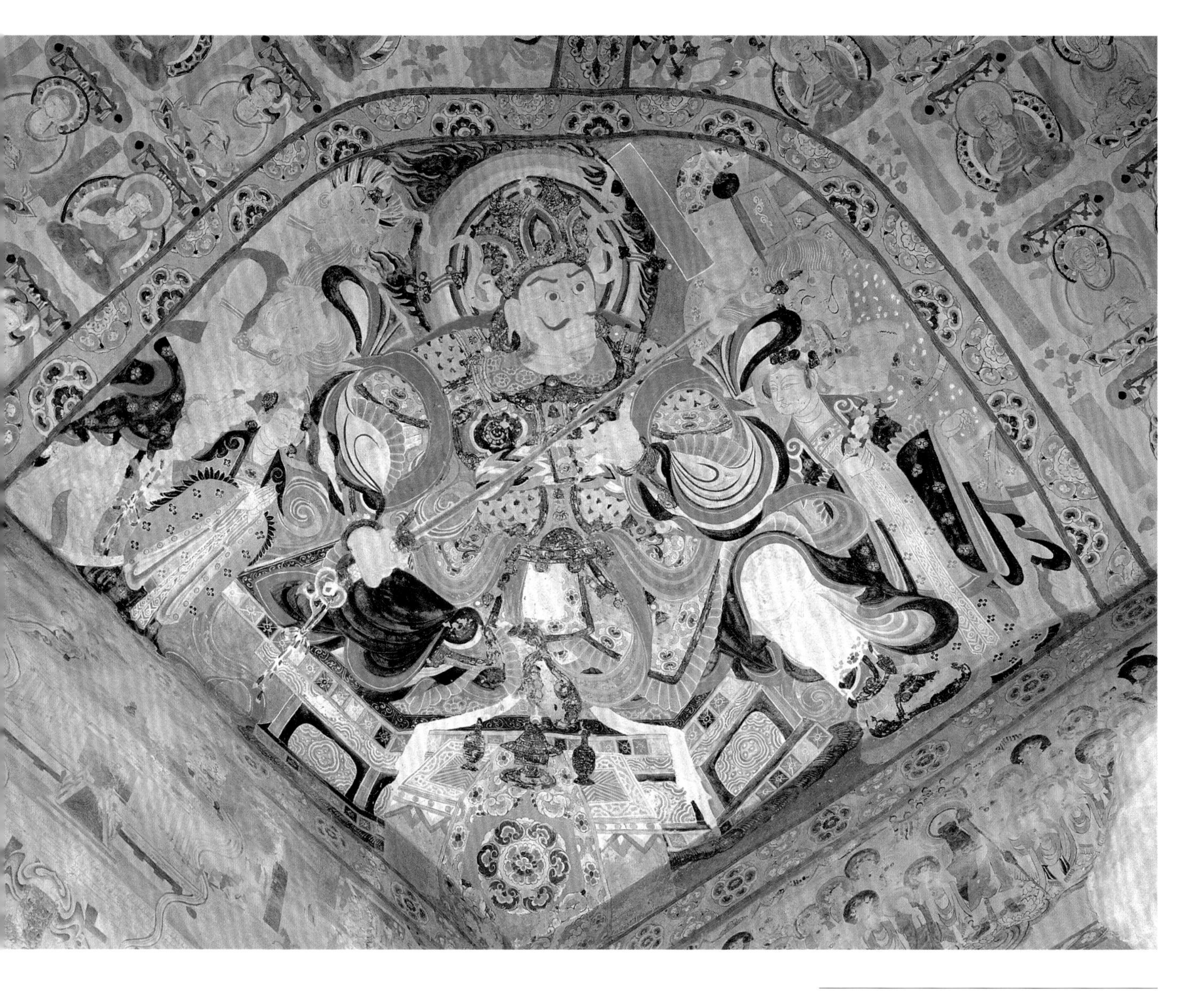

152 毗樓博叉天王

毗樓博叉天王，即西方廣目天，為四天王之一，十二天之一，右手持劍，着甲冑，怒目而視。

五代 莫100 頂部西南角

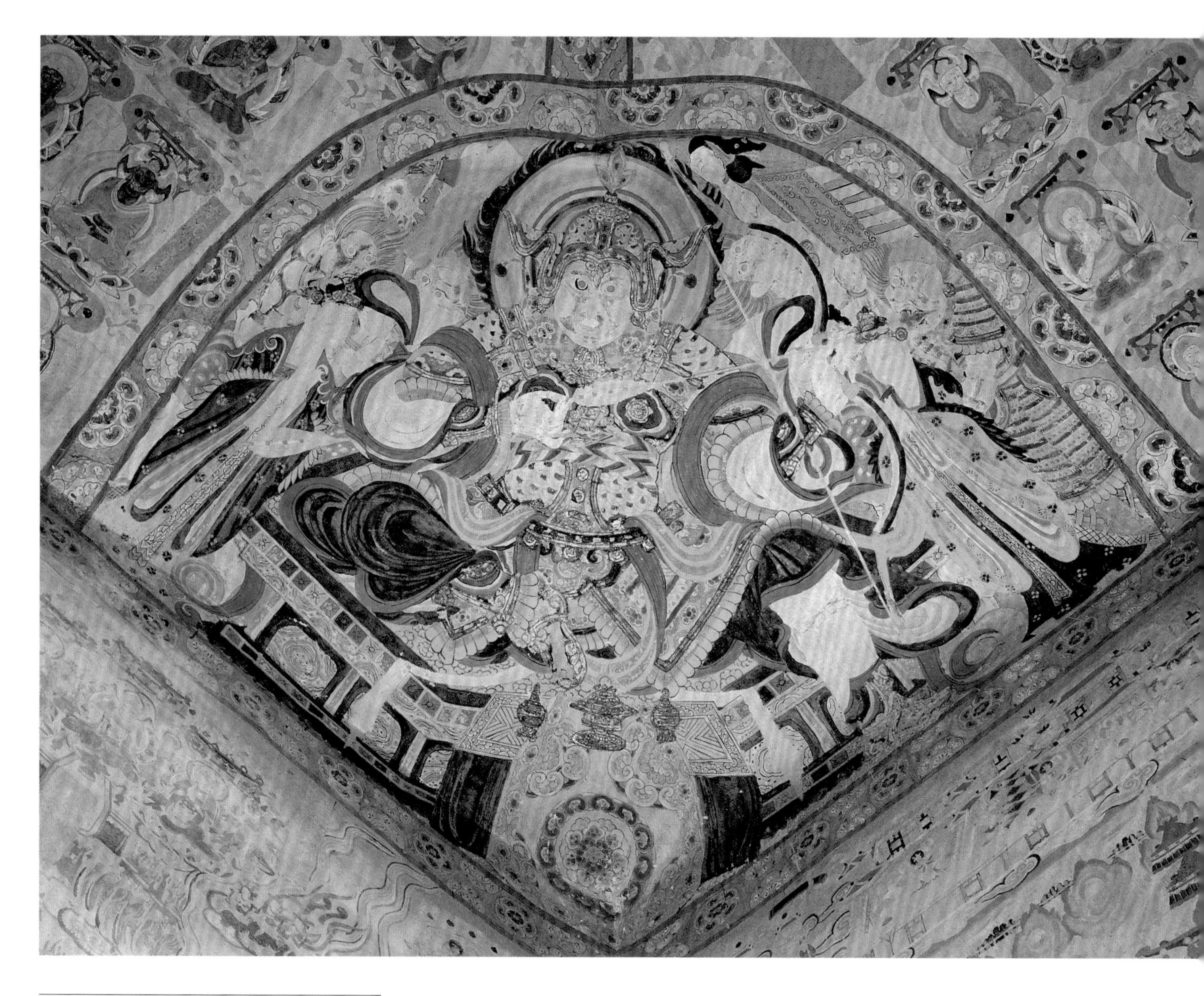

153 **毗樓勒叉天王**

毗樓勒叉天王，即南方增長天，四天王之一，十二天之一，持弓箭，着甲冑，護衛佛法。

五代 莫100 頂部東南角

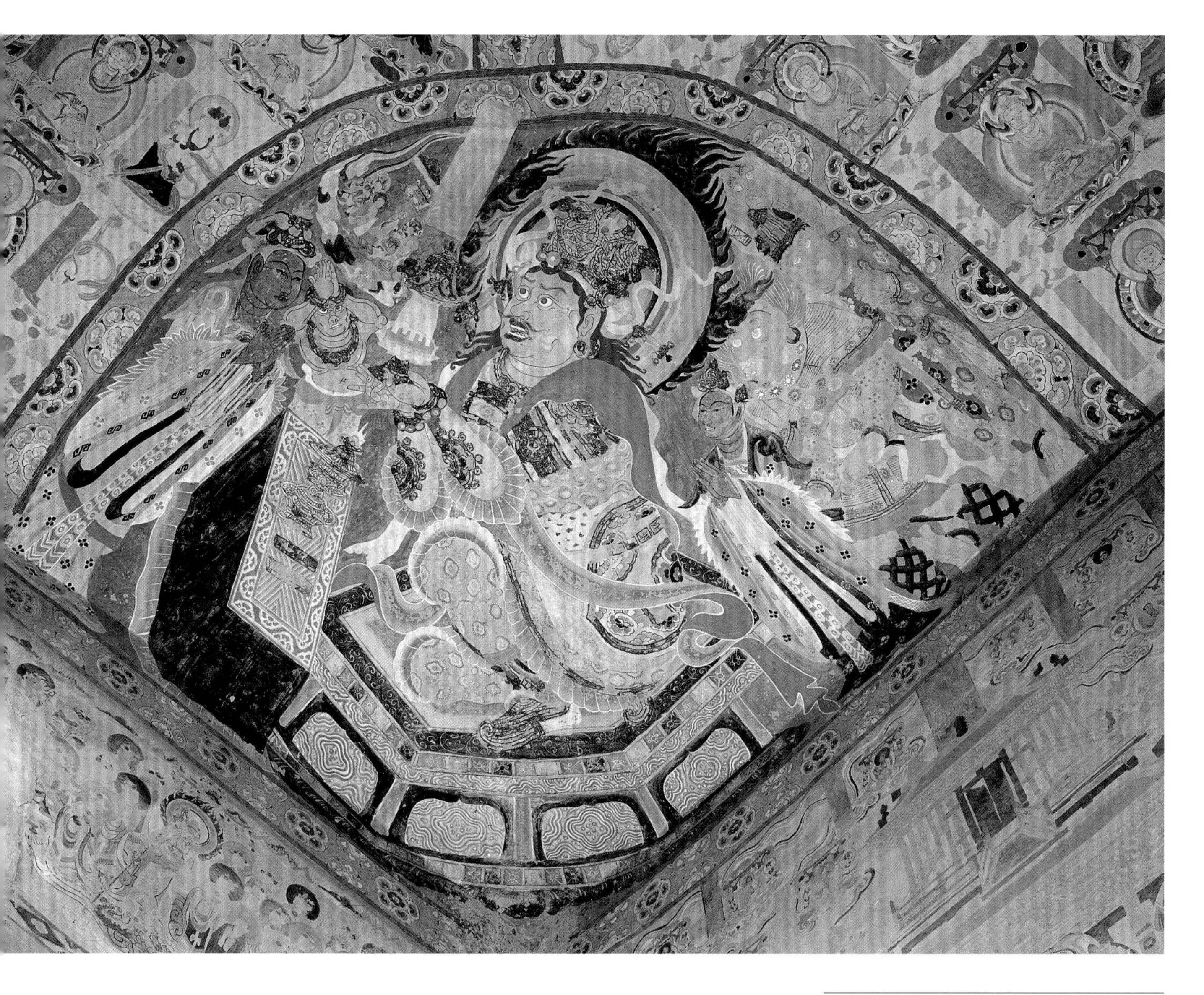

154 毗沙門天王

毗沙門天王，即北方多聞天，四天王之一，十二天之一，雙手托塔，着甲胄，形象生動。

五代 莫100 頂部西北角

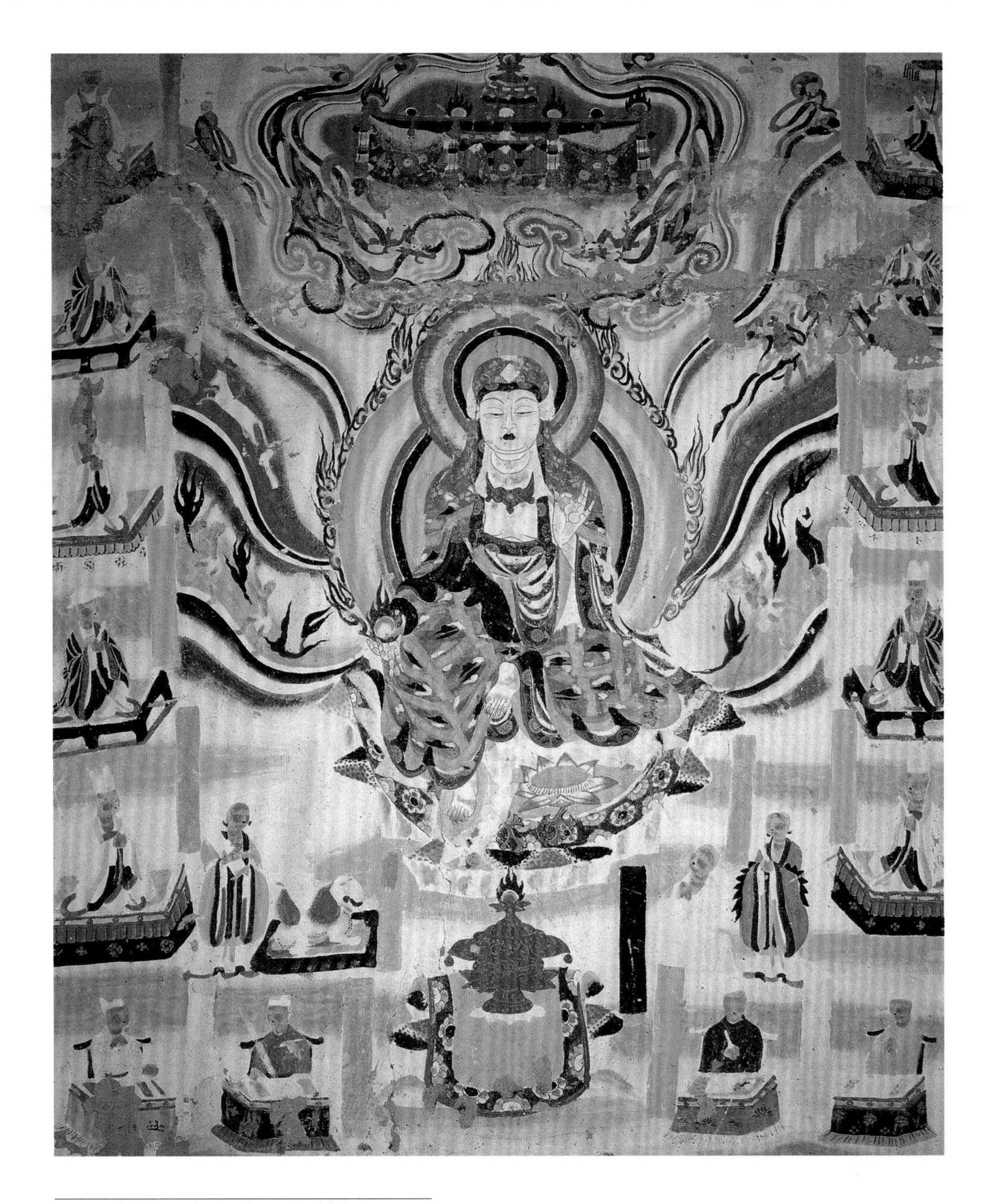

155 地藏、十王與六趣輪迴

地藏菩薩形象常見披帽，左手托寶珠，右手持錫杖，半跏坐在蓮花上。背光兩側有六條彩帶曲折斜出，其上分別繪天人、俗人、阿修羅、馬、餓鬼、獄卒以代表六道，表示六趣輪迴。六道外側是冥府十王。地藏下方有判官、道明和尚、金毛獅子、善惡二童子。

五代 莫384 甬道頂

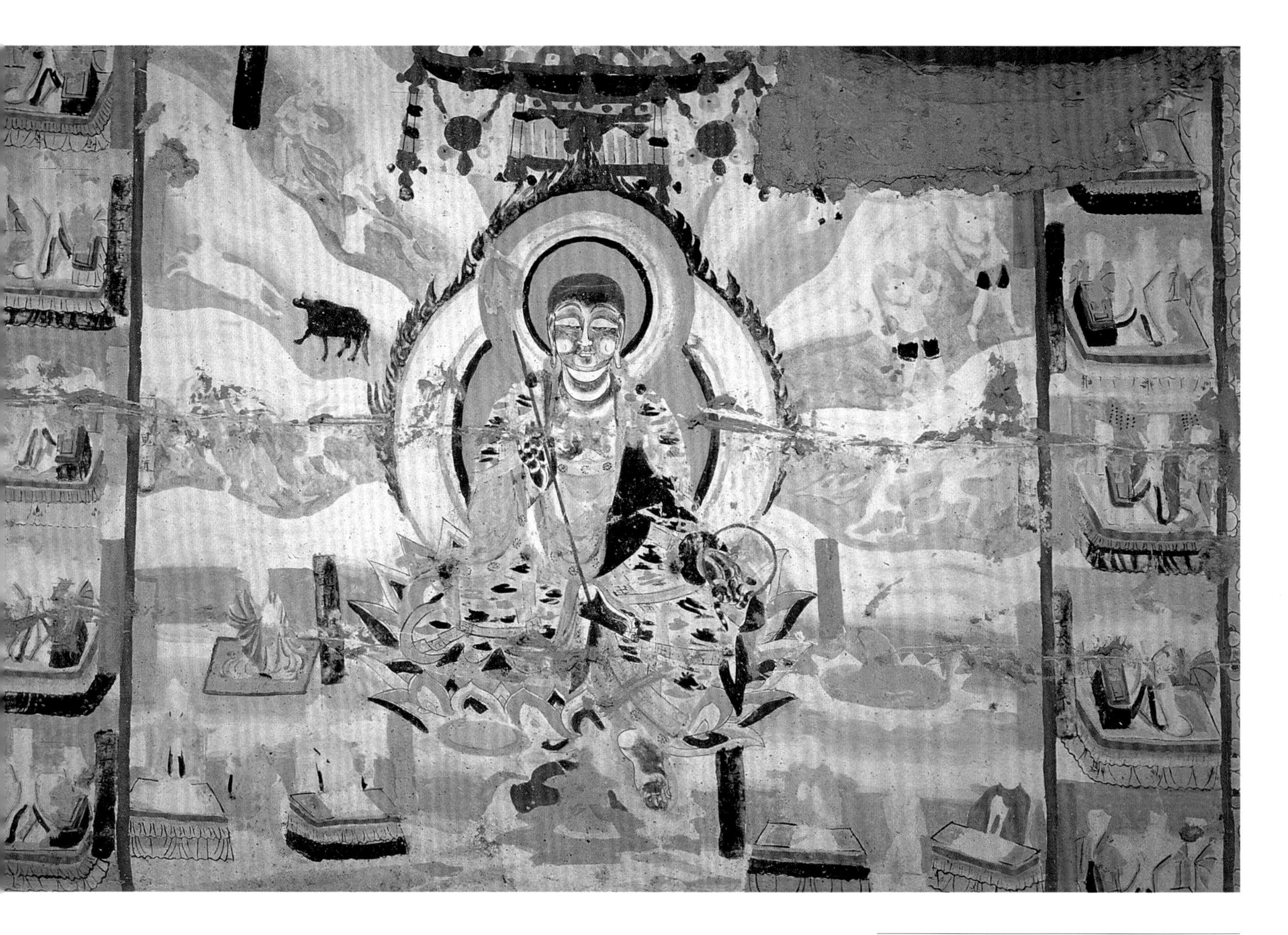

156 **地藏、十王與六趣輪迴**

此圖是常見的佈局方式，但因褪色細部已難辨別。

五代 莫390 甬道頂

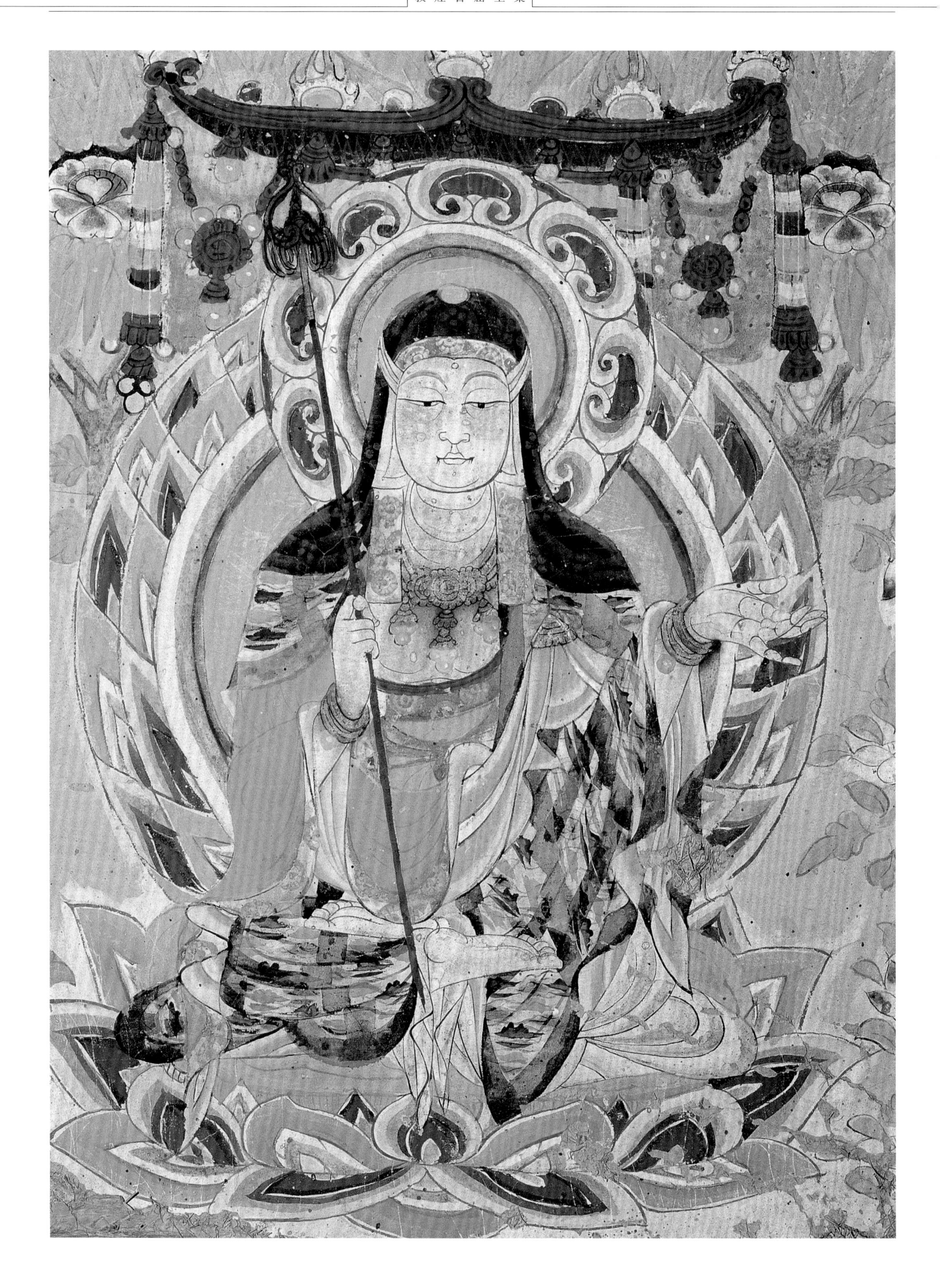

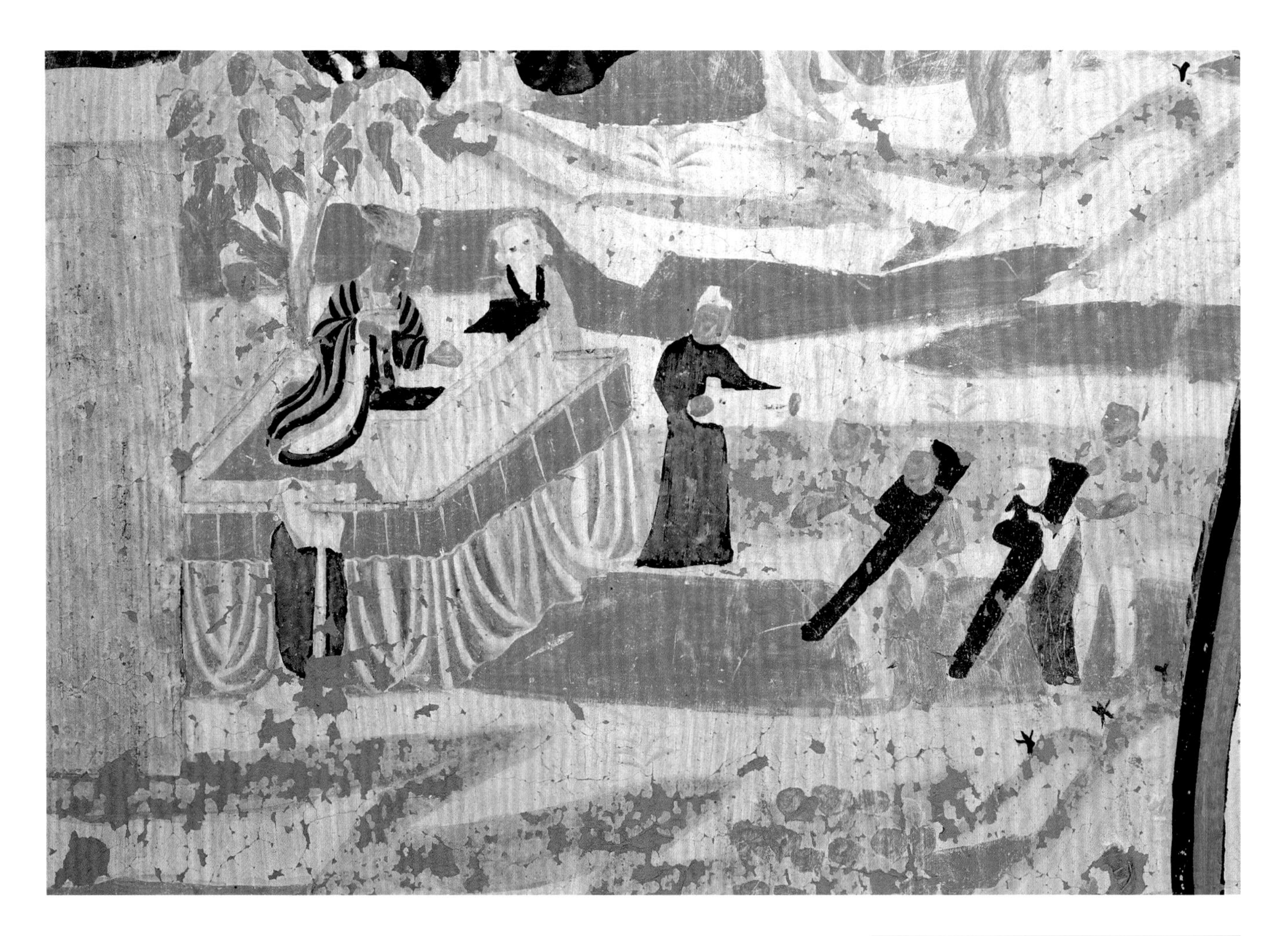

158 **地藏十王廳之一**

五代 榆38 前室北壁

157 **地藏菩薩**

地藏菩薩雙目下視，端莊穩重。

五代 榆16 西壁門上北側

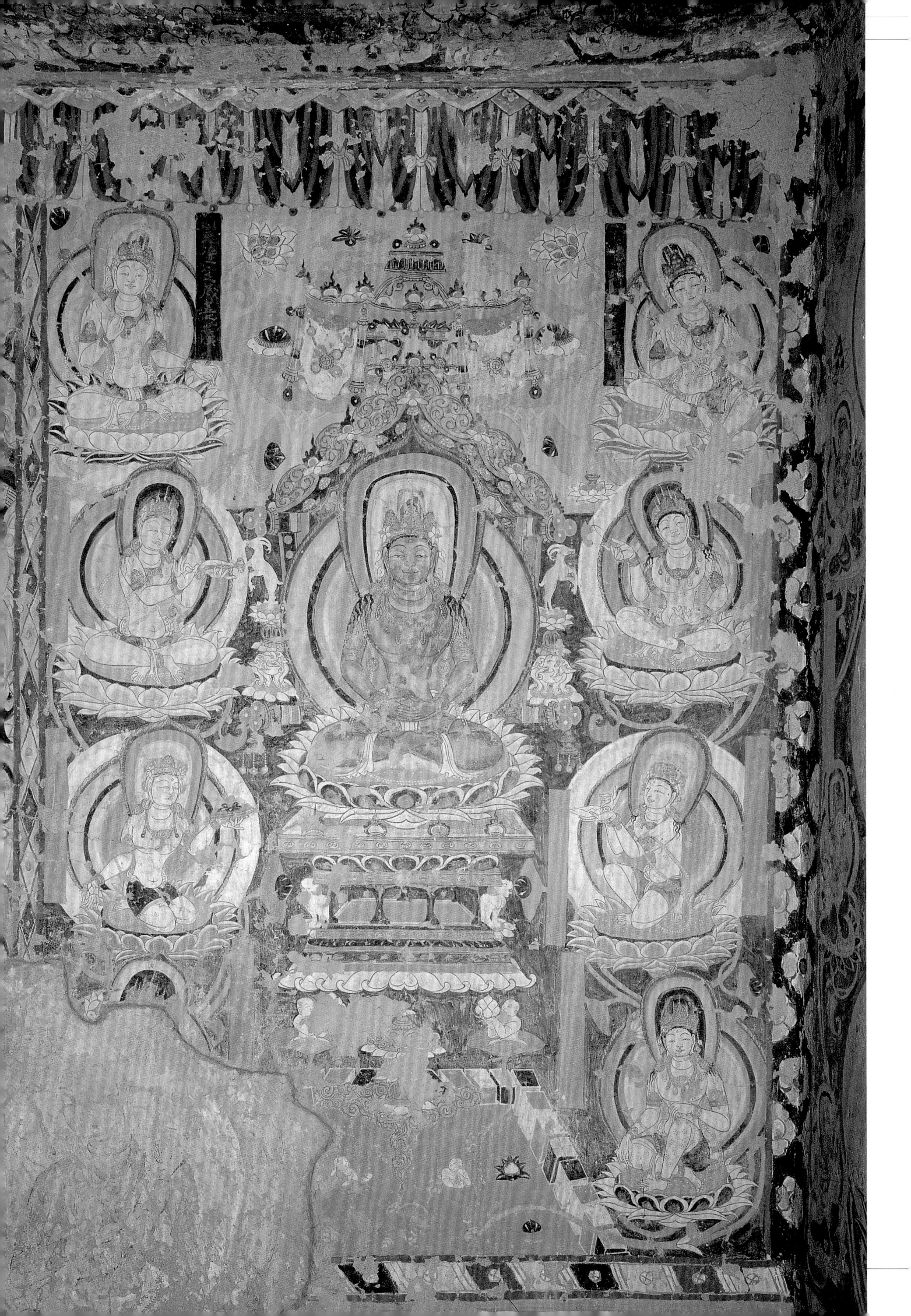

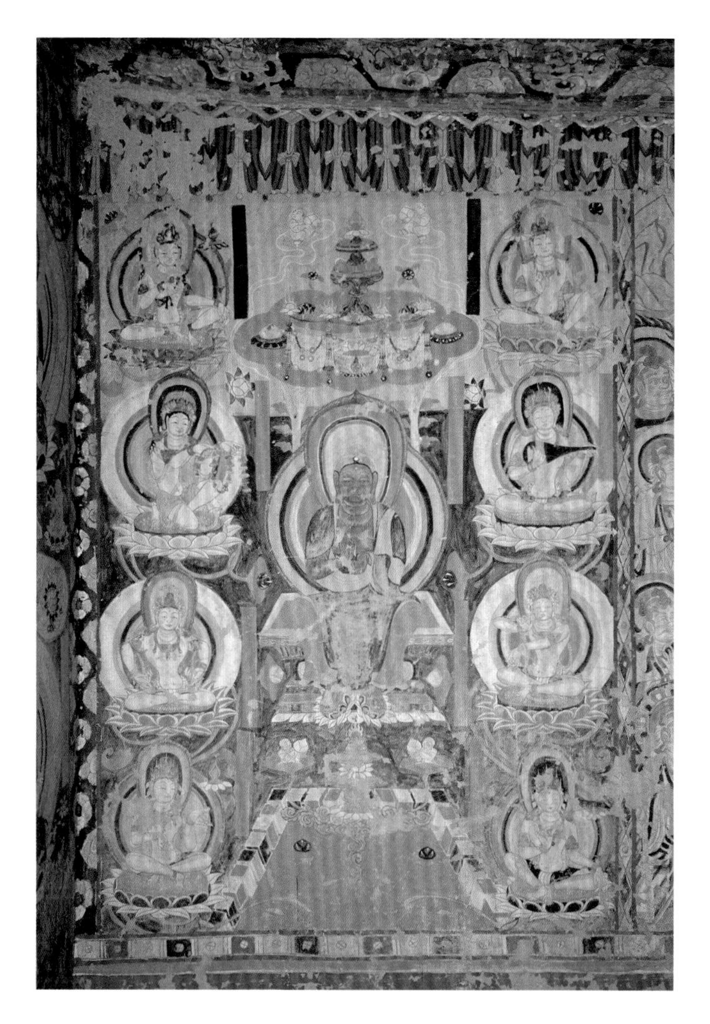

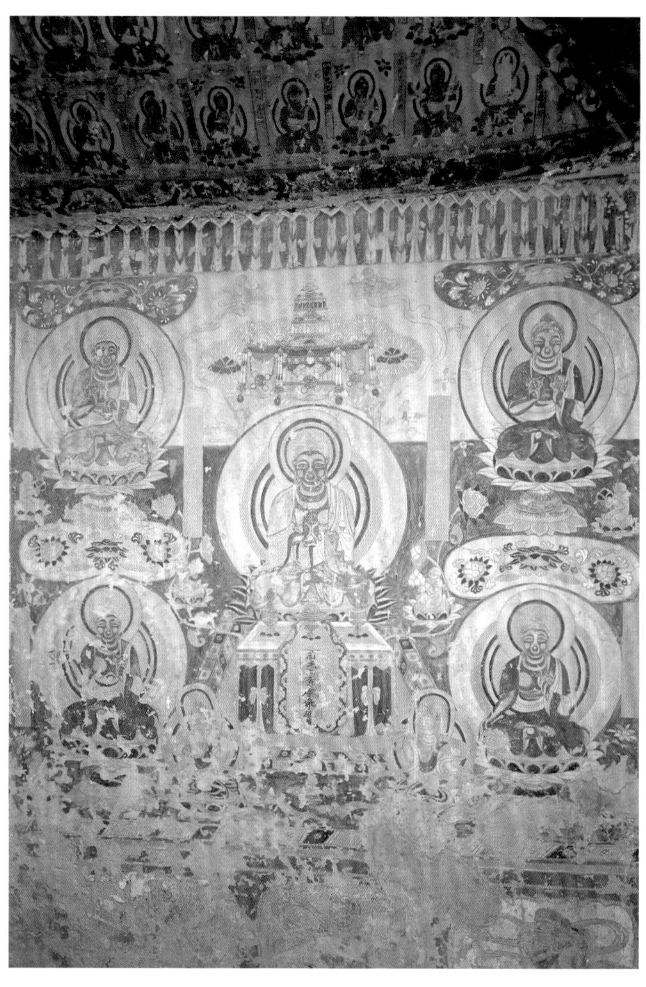

160 毗盧遮那佛與八大菩薩曼荼羅

此圖與前圖對應。主尊着佛裝，說法印。八大菩薩為金剛歌、金剛舞、金剛嬉、金剛縵、除業障、地藏、彌勒、金剛手菩薩，均曲髮披肩，斜披天衣，着重裙與緊身透體長褲，表情恬靜文祥，姿態秀美柔和，盡現女性的曲線美。

五代 榆20 東壁北側

159 毗盧遮那佛與八大菩薩曼荼羅

毗盧遮那佛位於曼荼羅中央，戴寶冠，曲髮披肩，天衣斜披，着短裙和緊身透體長褲，雙手結禪定印。兩側有八大菩薩：金剛香、金剛花、金剛燈、金剛塗、文殊、普賢、虛空藏菩薩，另一菩薩因壁面毀壞而不詳。此曼荼羅構圖規整，人物形象優美，具有印度波羅密教藝術風格。

五代 榆20 東壁南側

161 五佛曼荼羅

五佛均有榜題。研究者認為此幅曼荼羅係由金剛界、胎藏界、大乘佛教的尊像混合而構成，顯密融合，別具一格。

五代 榆20 北壁

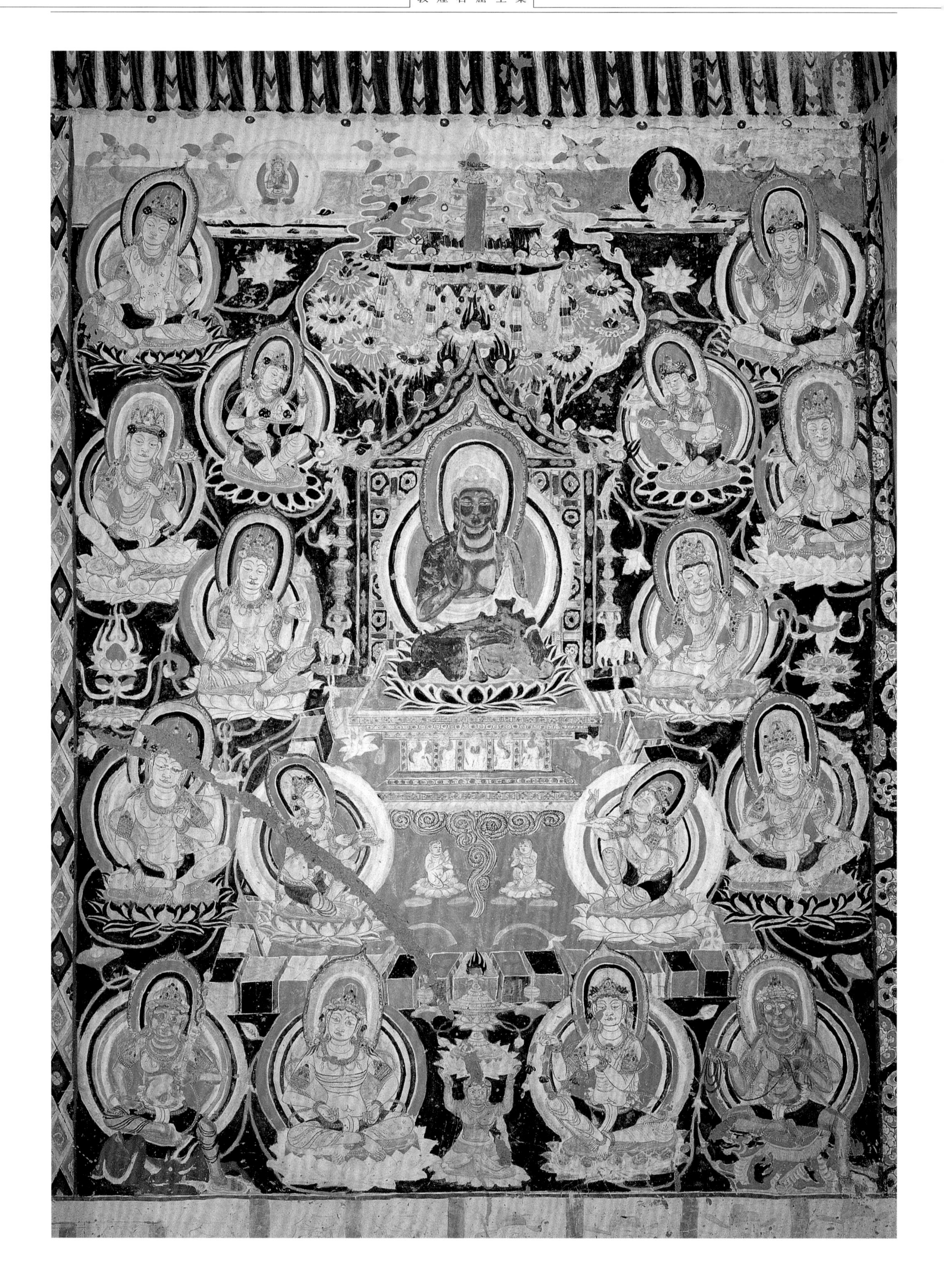

162 不知名曼荼羅

主尊為一佛像，位於曼荼羅中央，左手觸地，右手說法印。二十三身眷屬圍繞，內外四供養菩薩均曲髮披肩，天衣斜披，着重裙及緊身透體長褲。

五代 榆38 北壁

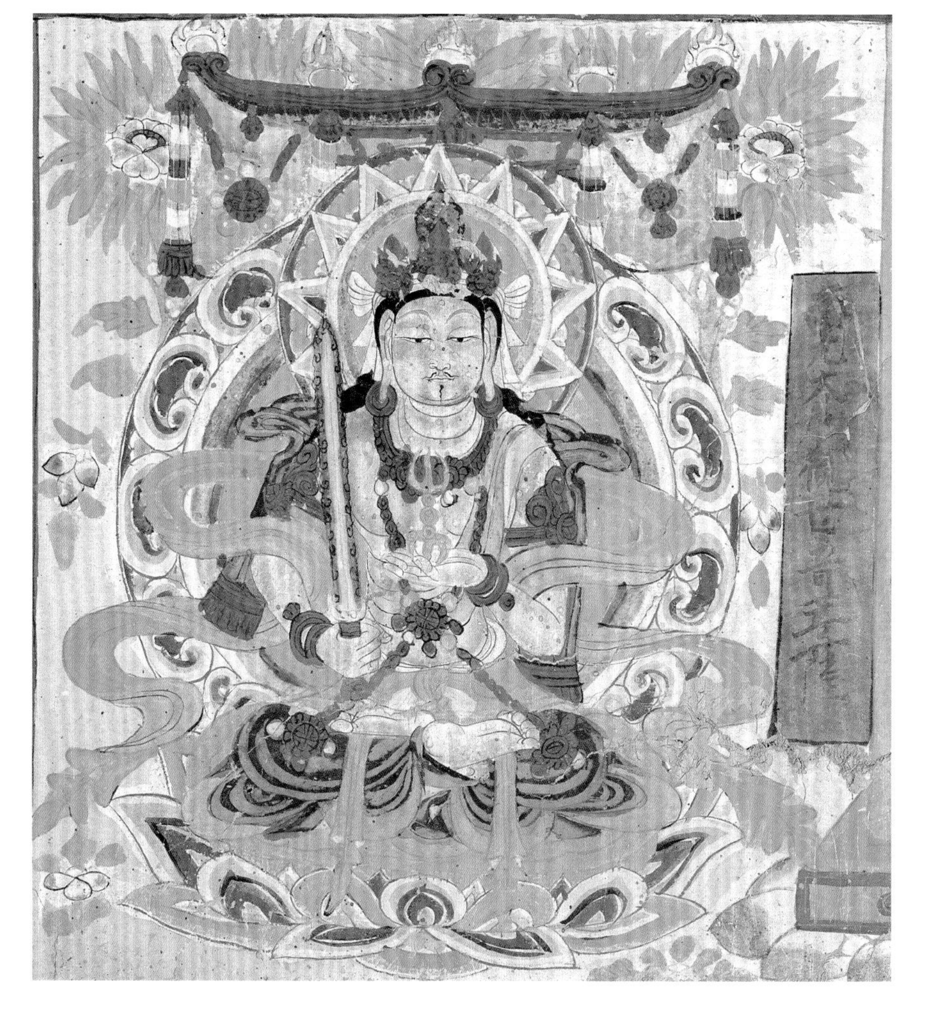

163 金剛劍菩薩

戴寶冠，右手持劍，左手托豎立金剛杵，結跏趺坐於蓮花座上。榜題“南無大悲觀世音菩薩”，但從菩薩手持寶劍分析，榜題可能有誤。

五代 榆16 西壁門上南側

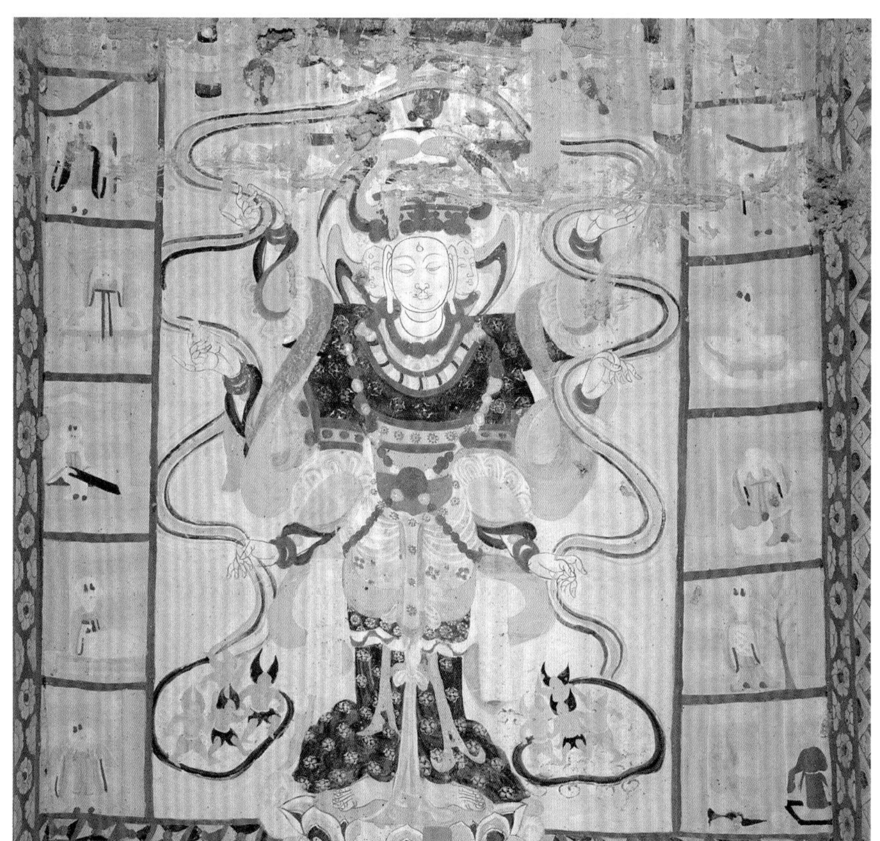

164 三面六臂觀音菩薩

菩薩三面均戴寶冠，六隻手合執一條彎曲的彩帶，彩帶兩端各有夜叉四身， 衣飾華麗，長裙曳地，赤足立在水中生出的蓮花上。

五代 莫332 甬道頂

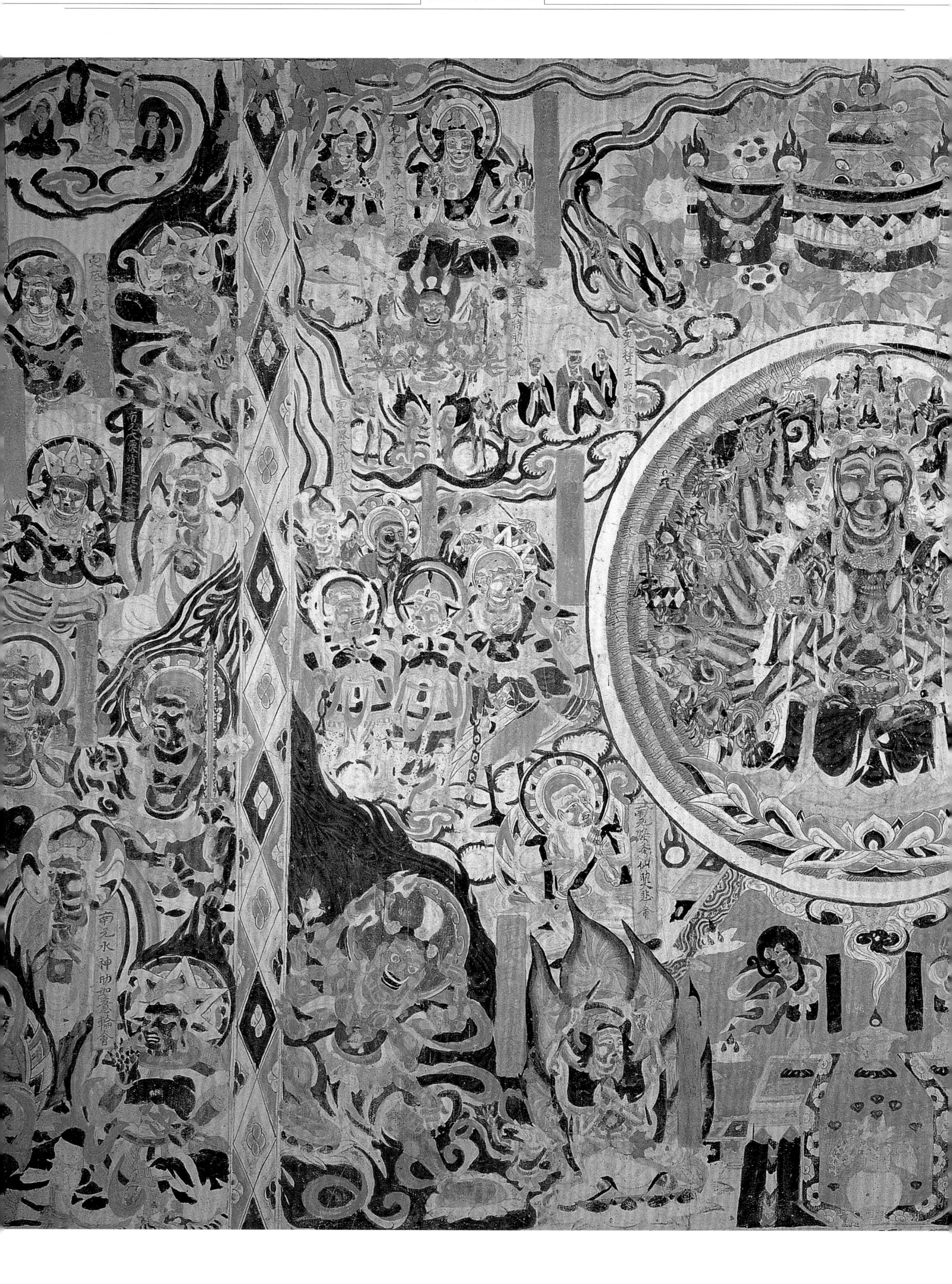
南无水神助如意輪會

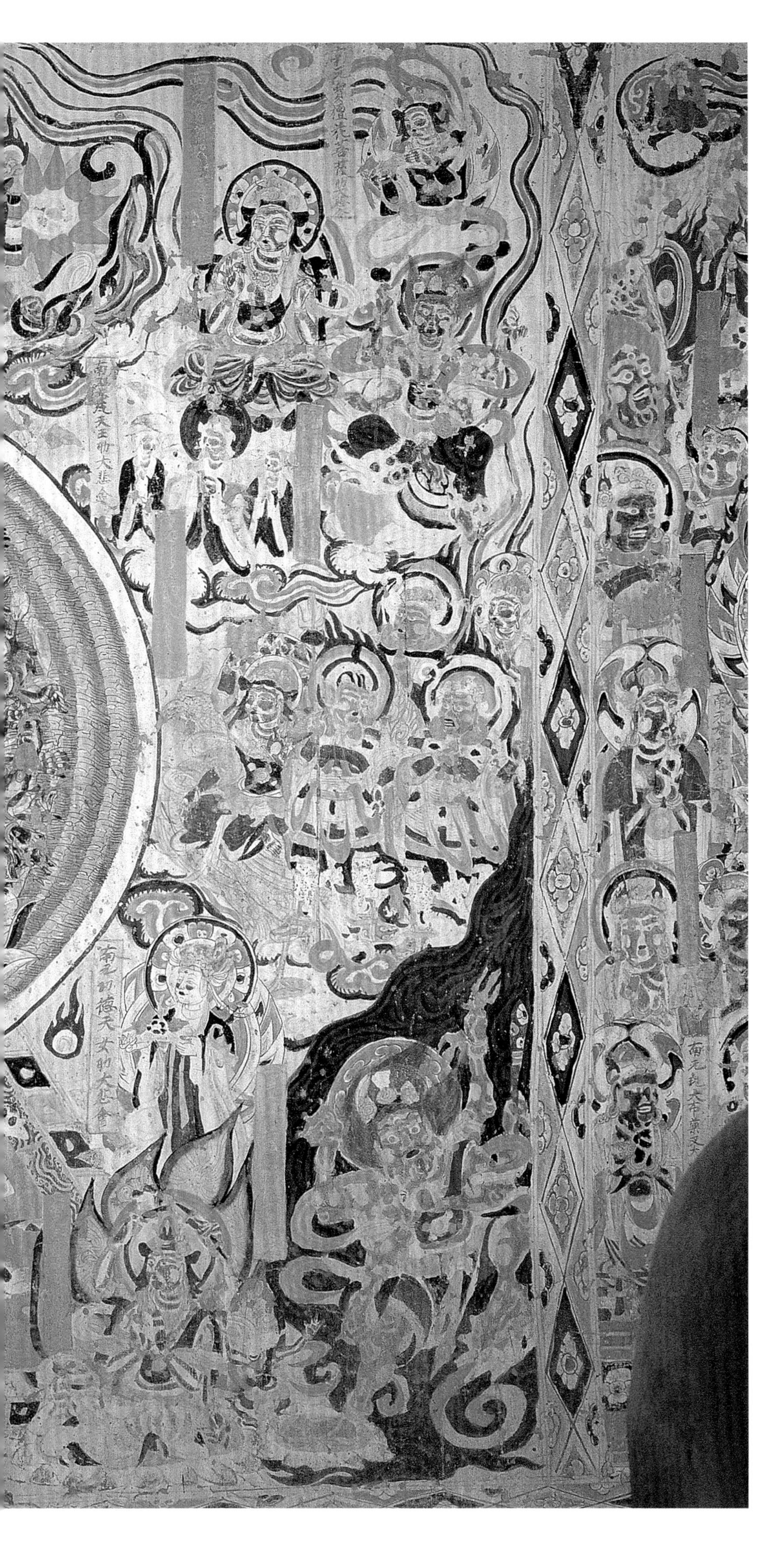

165 千手千眼觀音經變

此圖的眷屬值得留意， 從現存榜題可知，有慈氏菩薩、延壽命菩薩、迦毗羅大將、大梵天王、慾界天女、天帝釋、纓羅葉龍王、蓮花龍王、寶檀花菩薩、大降魔穢即金剛、赤星金剛、孔雀王龍天八部、金師鳥王龍天八部等，多為其它千手千眼觀音經變所無，而其它經變常見的眷屬卻一尊也沒有。其佛學義理值得研究。

五代 榆36 南壁

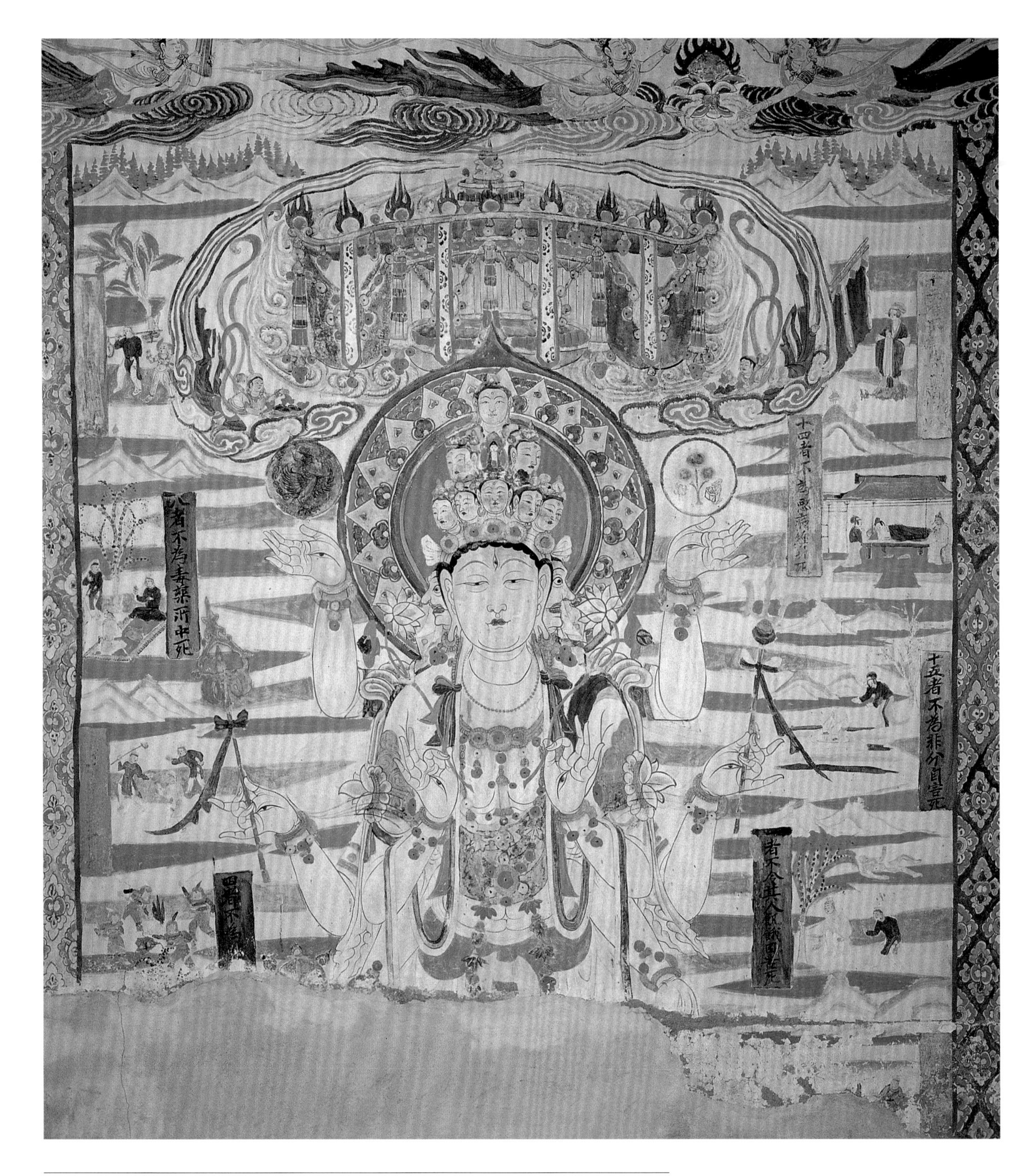

166 千手千眼觀音經變

主尊有十一面，主面有三眼，只有八隻大手，手心均有一慈眼，無小手。手、臂一一各戴環釧，雍容華貴。兩側繪誦持大悲心咒現世“不受十五種惡死”的小畫面。眷屬中僅有飛天，十分奇特。這樣的千手千眼觀音經變在敦煌石窟只有一幅。畫面以山水為背景。千手千眼觀音以紅色線描造型，筆力剛勁，比例均勻，神態慈祥，賦色淡雅，為宋代不可多得的藝術佳作。

宋代 莫76 北壁

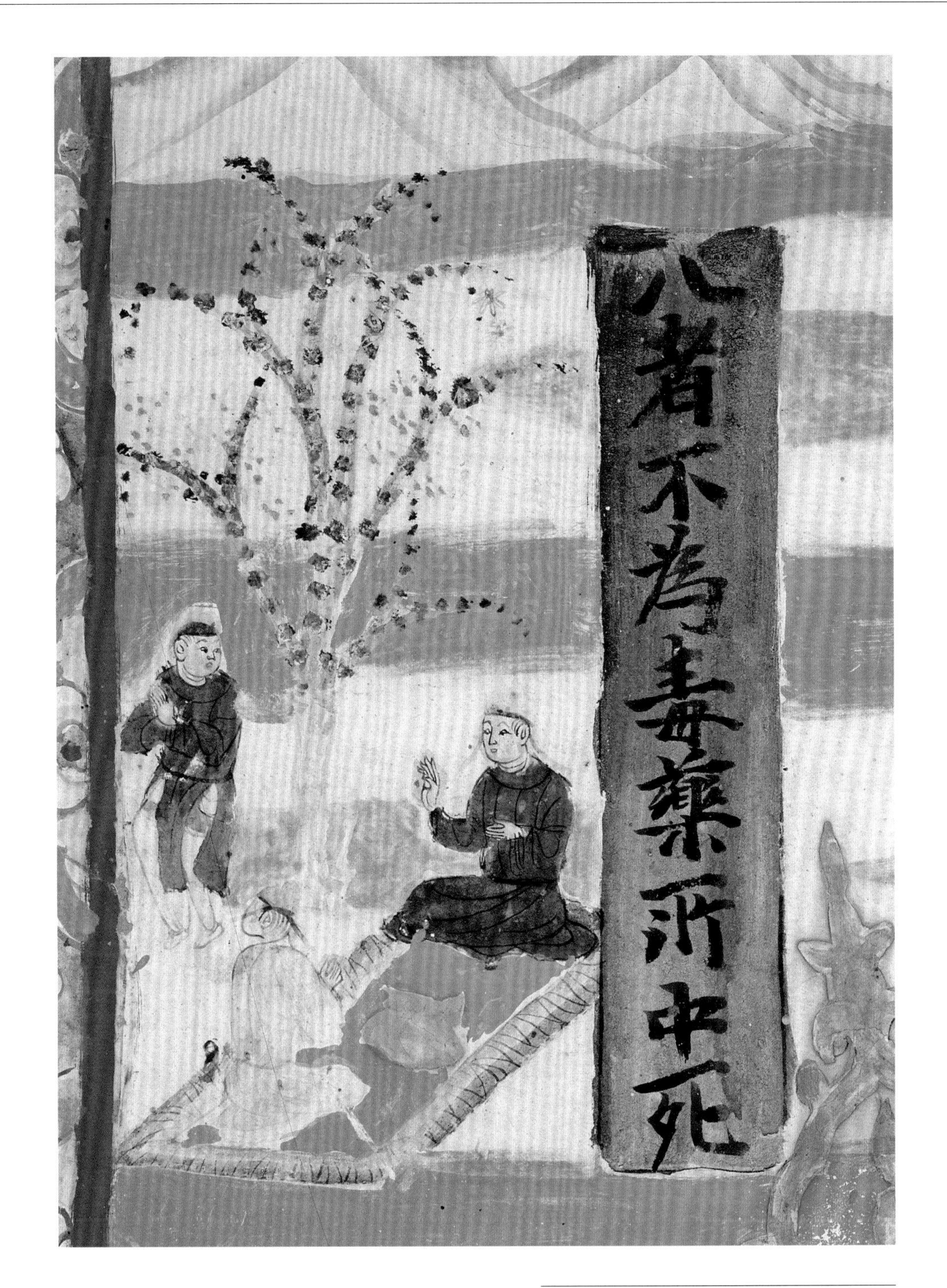

167 "八者不為毒藥所中死"

此圖是現世"不受十五種惡死"小畫面之八，表現一個人吃了毒藥，只要口唸觀音，便會免除災難。

宋代 莫76 北壁

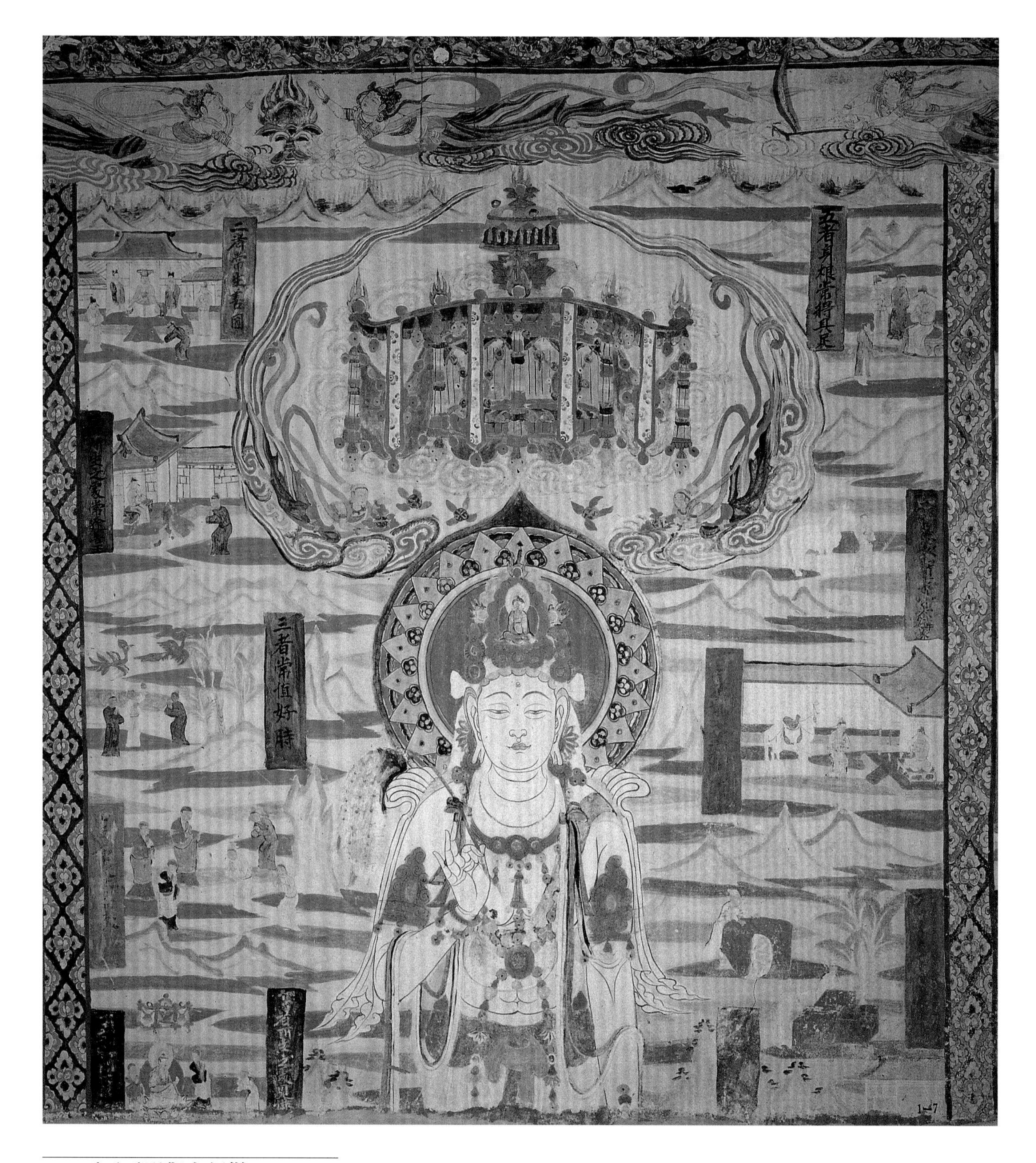

168 千手千眼觀音經變

主尊一面二臂，與顯教觀音幾乎沒有差別，這種千手千眼觀音經變，在敦煌石窟壁畫中是獨一無二的。主尊兩側繪誦持大悲心咒“得十五種善生”的小畫面。眷屬亦僅有飛天。

宋代 莫76 南壁

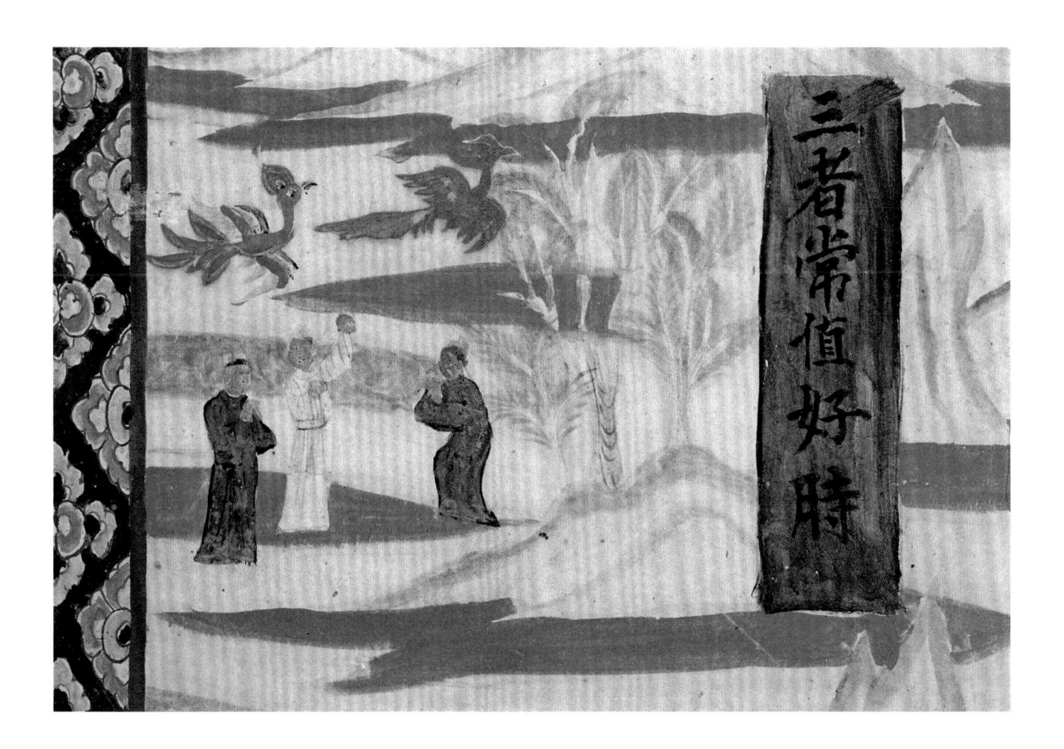

169 **“三者常值好時”**

此圖是“得十五種善生”的小畫面之三，以朋友、孔雀、芭蕉寓意常交好時運。

宋代 莫76 南壁

170 **金剛杵觀音**

戴寶冠，左手托寶珠，右手持金剛杵，舒坐於蓮花座上。左右各有一身持花的供養菩薩。此時期的密教新題材，唯此幅壁畫線描技巧欠佳。

宋代 莫449 西壁龕南側帳扉頂

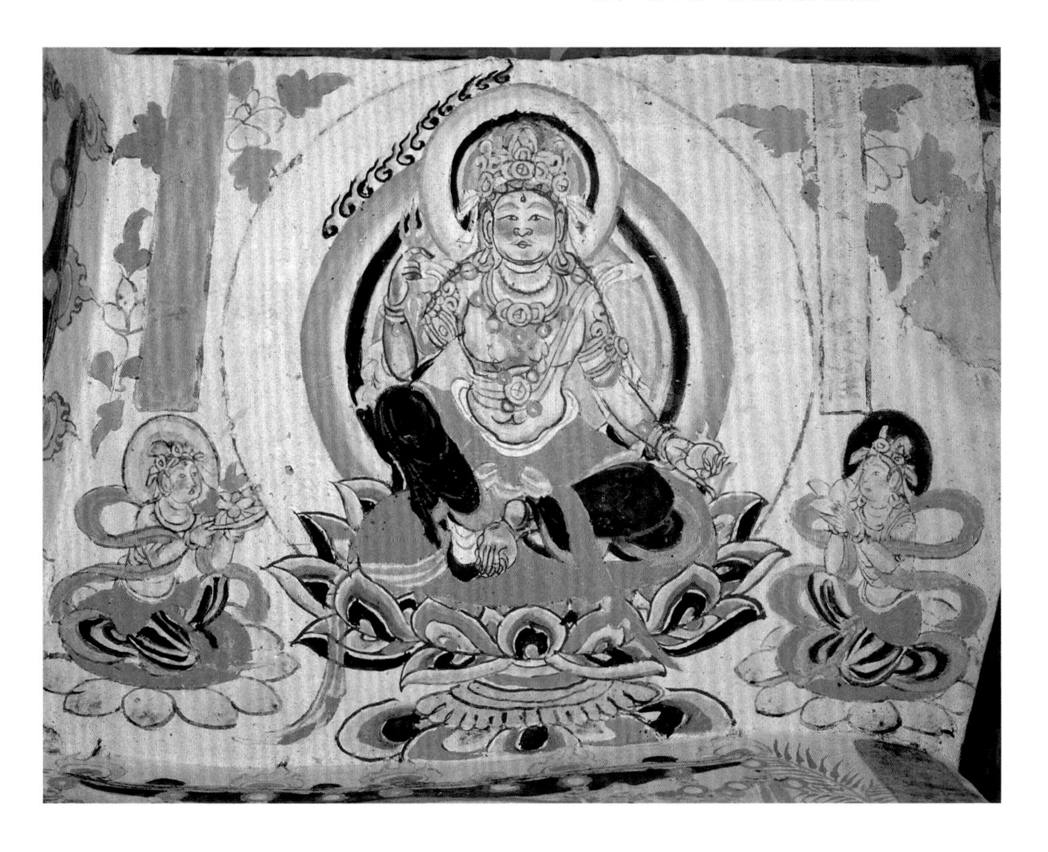

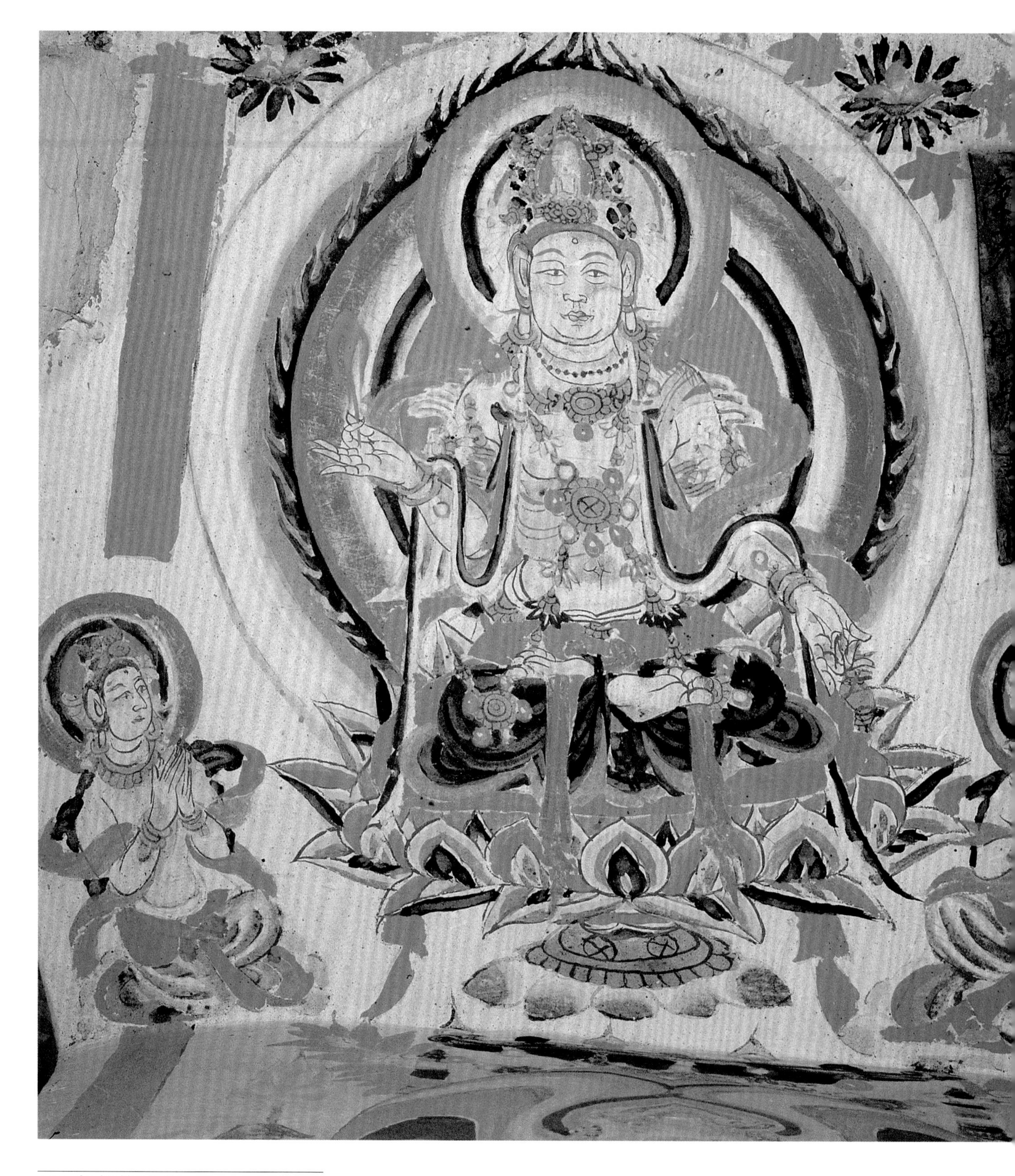

171 楊柳枝觀音

戴化佛冠，左手提淨瓶，右手持柳枝，結跏趺坐於蓮花座上。左右各有一供養菩薩。構圖主要用墨線與赭紅線，缺乏筆力。

宋代 莫449 西壁龕北側帳扉頂

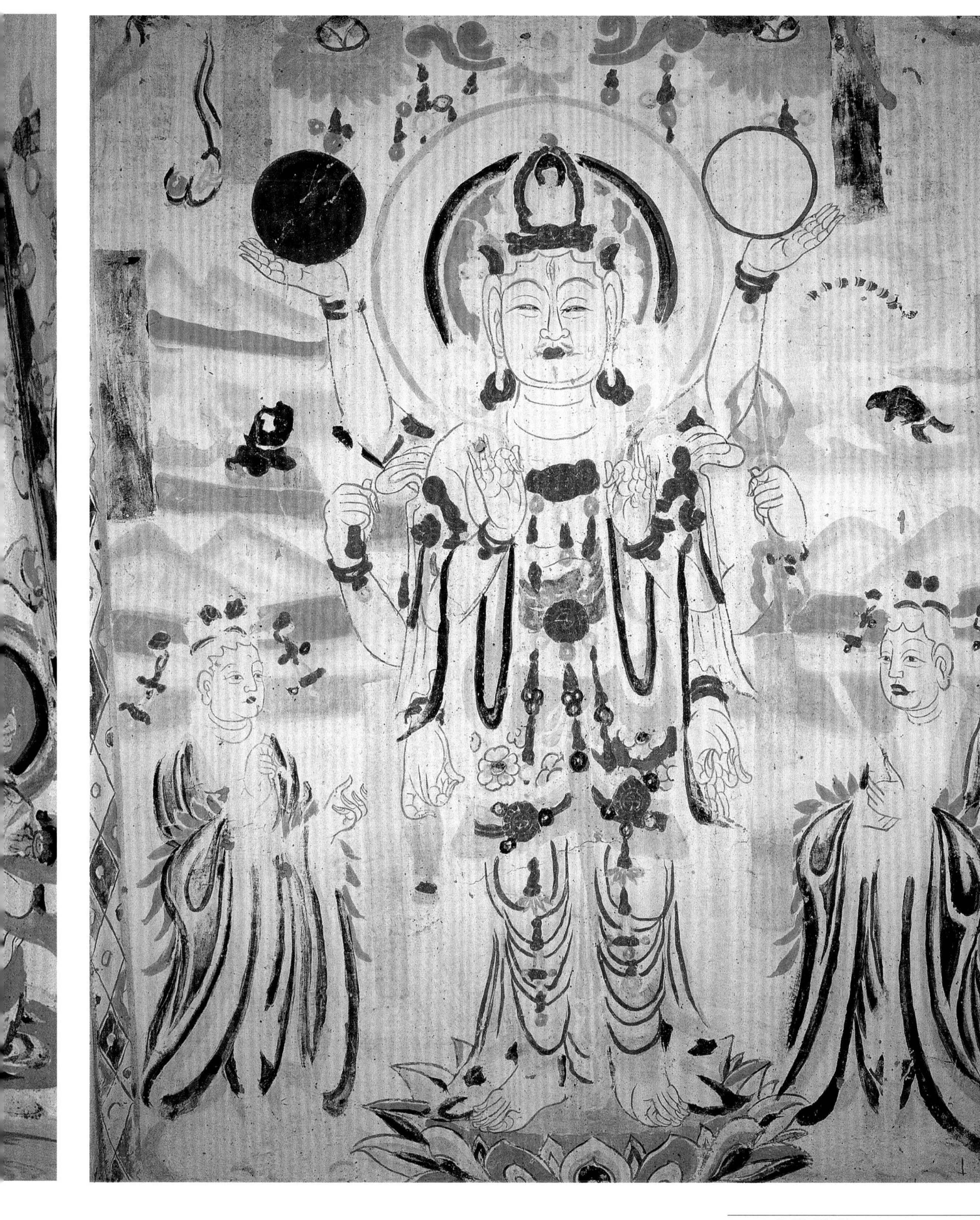

172 **八臂觀音**

觀音有三眼，戴化佛冠，八隻手分別托持法器和寶物。該觀音臉方體胖，身體比例不大匀稱。因壁畫褪色，主尊兩側的小畫面已難辨認。

宋代 莫437 甬道頂

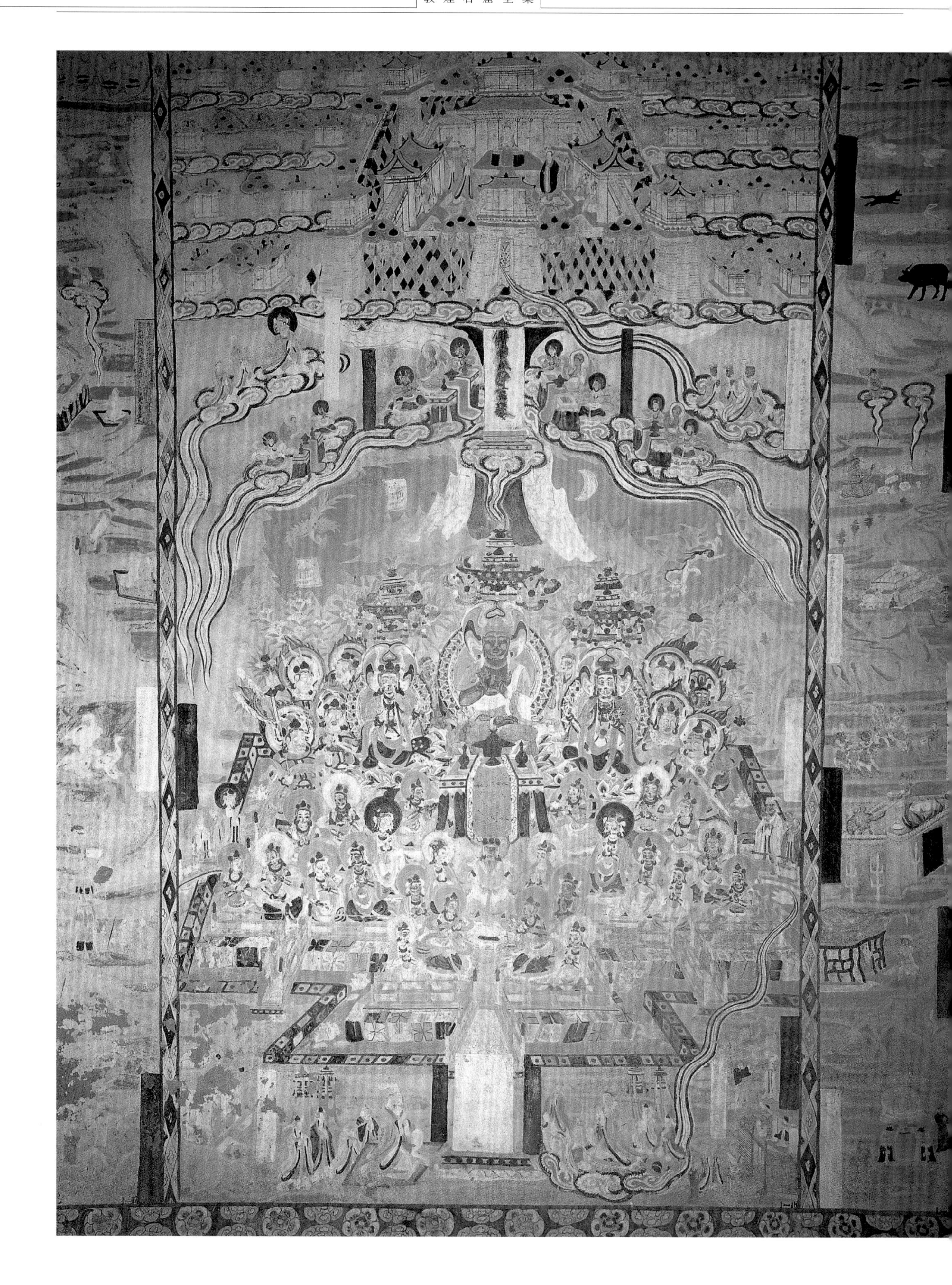

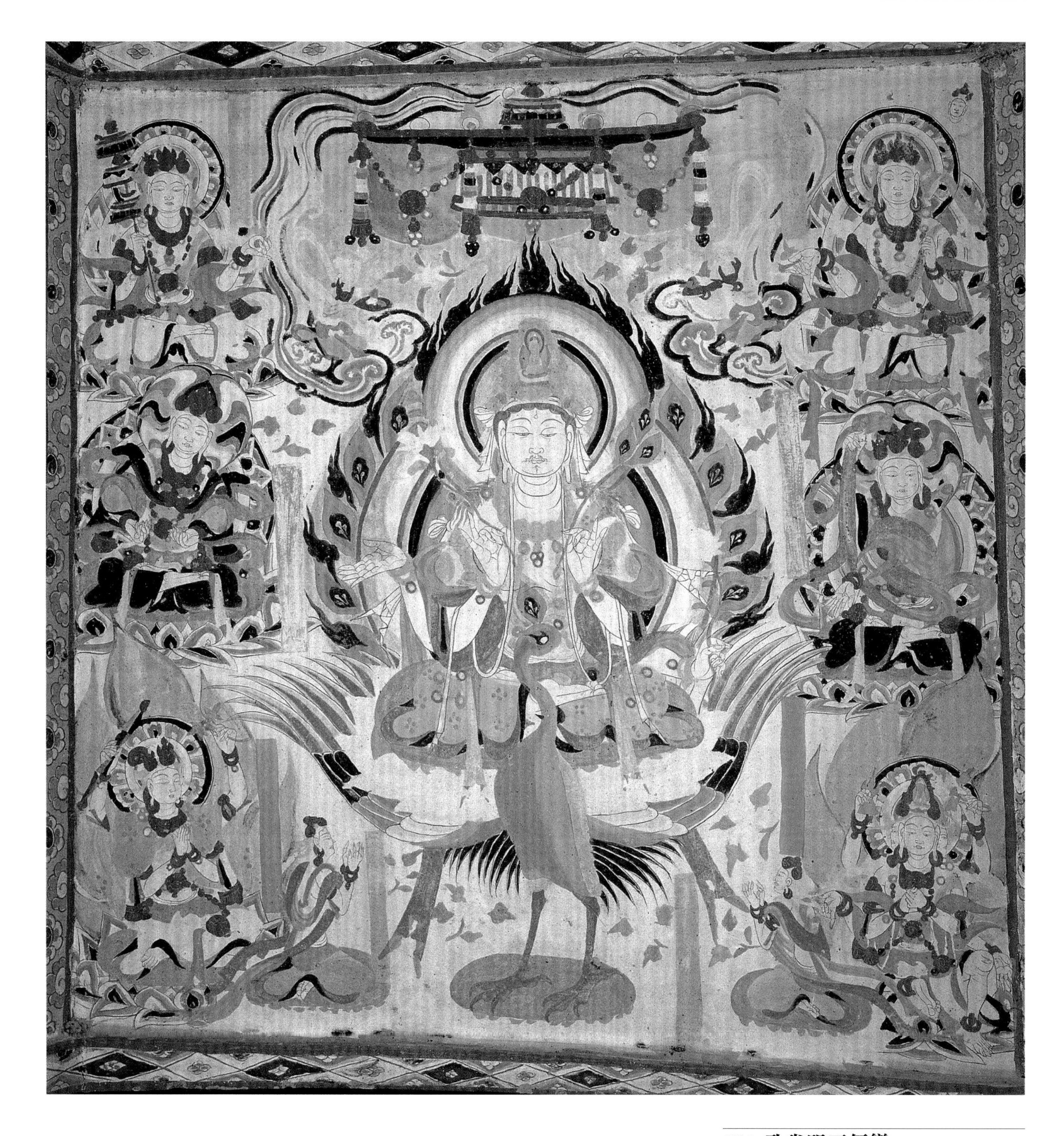

173　佛頂尊勝陀羅尼經變

如果僅僅從構圖及其內容看，與一般顯教經變的說法圖相似。但榜題卻告訴世人，它是密教佛頂尊勝陀羅尼經變。在密宗幾位大師推動下，唐代宗大曆十一年（公元776）曾命令天下僧尼日誦此經二十一遍， 此經曾傳遍天下，經幢所刻大多是此經， 但這幅經變畫面中的人物少變化，呆板無生氣。

宋代　莫55　北壁

174　孔雀明王經變

在密教諸多明王像中，孔雀明王的形象最為溫和慈愛。孔雀明王位於經變中部，戴化佛冠，四臂，分別持俱緣果、孔雀尾、開敷蓮或結手印，結跏趺坐於孔雀背上。有眷屬十身。

五代　莫205　甬道頂

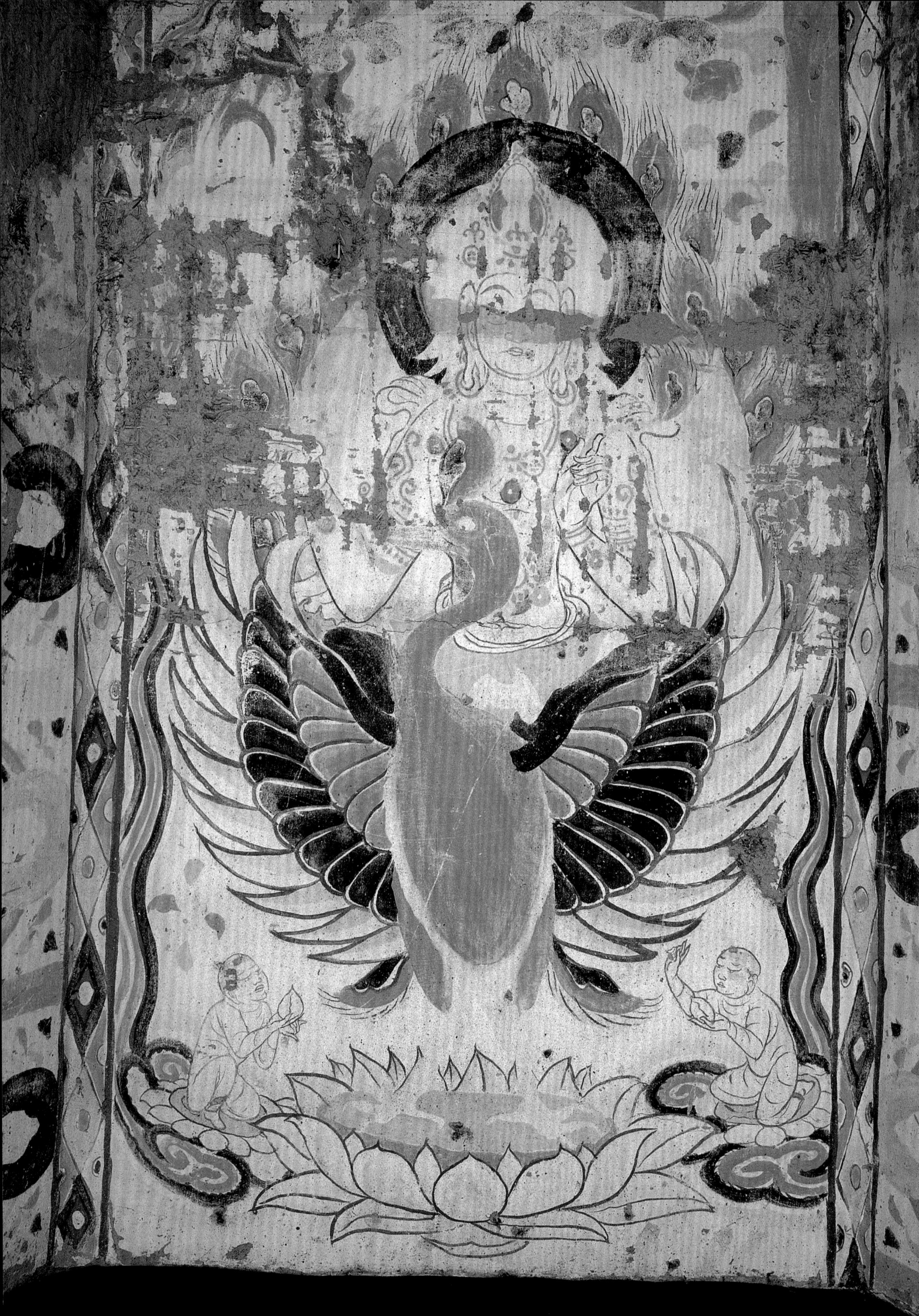

175 孔雀明王

孔雀明王乘於孔雀背上，二童子手持蓮花供養。

宋代 莫169 甬道頂

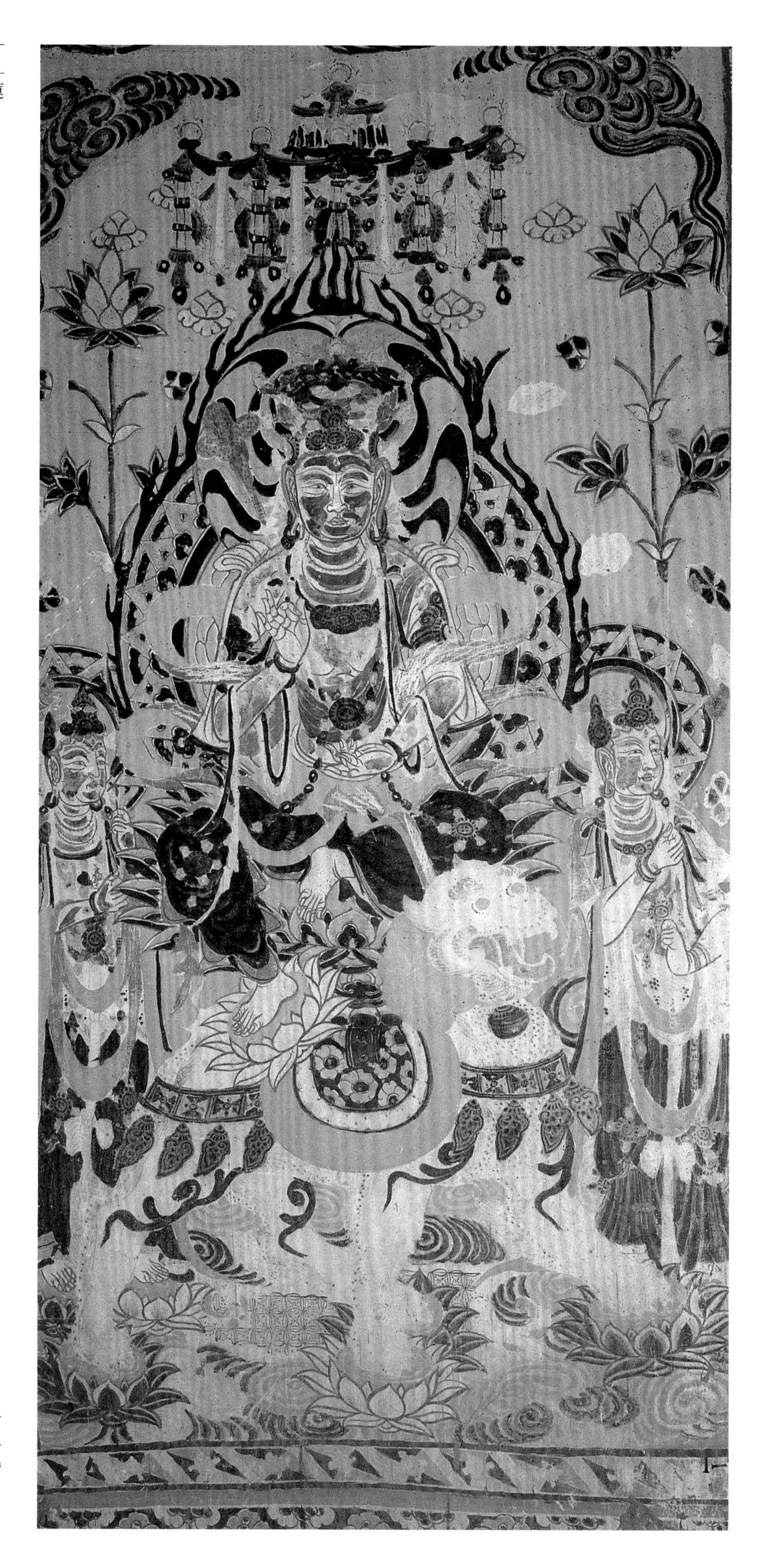

176 文殊變

文殊菩薩僅有眷屬二身，不似常見之熱鬧。

宋代 莫165 東壁門北

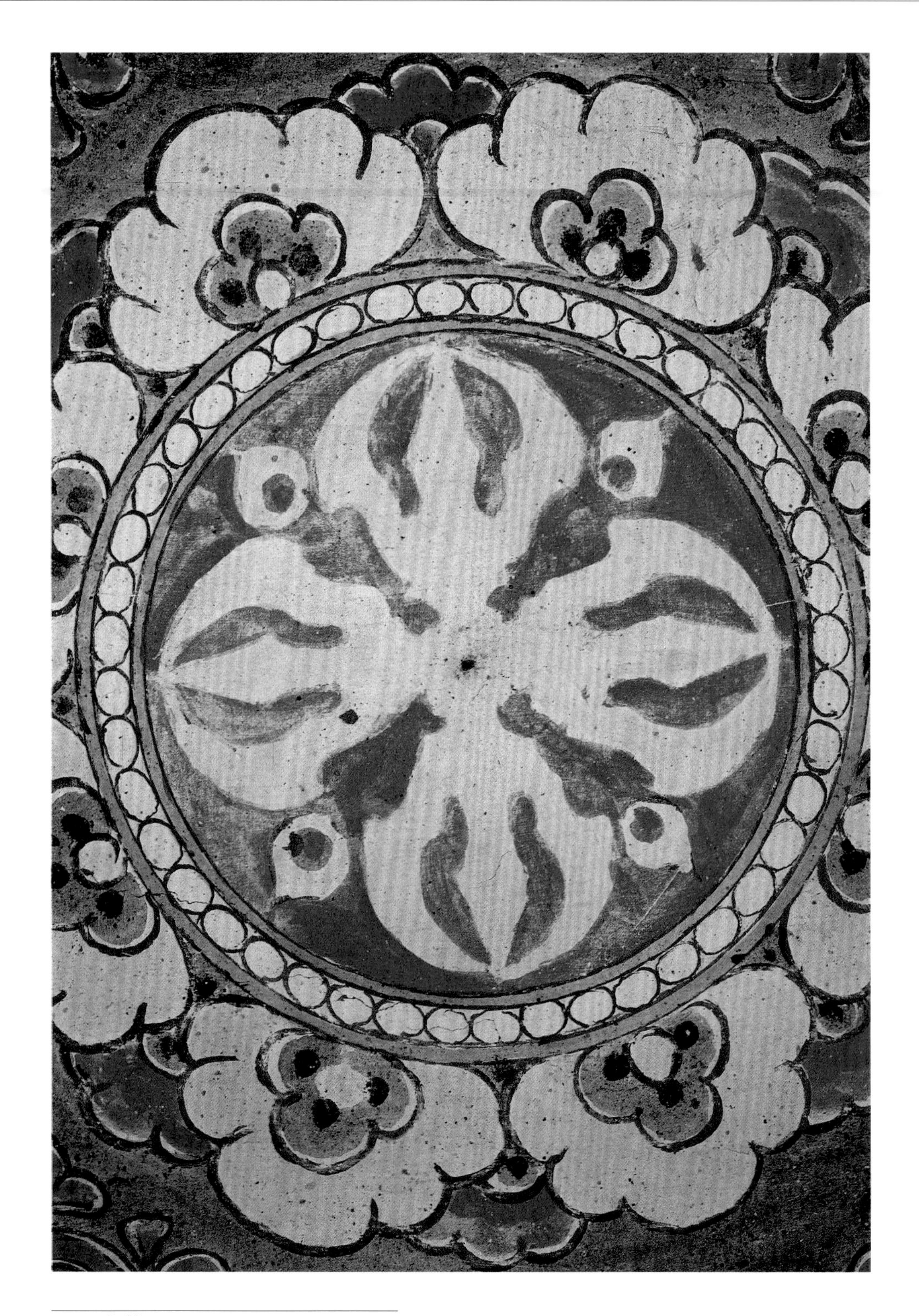

177 **交杵**

由金剛杵十字交叉組合而成，又稱羯摩杵，象徵諸佛本具的作業智。藻井畫交杵，既是一種裝飾圖案，又具佛理意義。敦煌石窟早在中唐時期就出現了交杵，並一直延續使用到西夏。用線多為赭紅色，係宋代壁畫特徵之一。但線描技巧欠佳。

宋代 莫289 窟頂頂心

第四節　天王堂——方塔裏的密教場所

莫高窟崖體上方有宋代的天王堂，其中的密教壁畫堪稱為宋代的代表性漢傳密教遺迹。

天王堂是用土坯所砌的單簷方塔，內部有不可多得的密教題材壁畫遺迹。堂內砌馬蹄形佛壇，佛壇上塑像現已不存。從佛壇上殘存的塑像遺迹分析，似應供奉有天王塑像。因此天王堂可能是一處供奉天王的密教場所。當時特加供奉天王的情況尚待研究。

在天王堂最顯要、最尊貴的穹窿頂中央，繪有大日如來，大日如來的東、西、南、北方各繪五尊佛，可能是代表東方阿閦、西方無量壽、南方寶生、北方不空成就佛，與大日如來合為五方佛。每一方佛的下方，分別繪三股金剛杵（東方）、蓮花（西方）、寶石（南方）、羯摩杵（北方），連同中央的大日如來，構成佛、金剛、寶、蓮花、羯摩五部，代表金剛界五智。據此判斷，天王堂頂部繪製的應是金剛界五佛曼荼羅，也是新出現的密教題材。

天王堂的四壁可謂是觀音的世界，密教演化的各種名目的觀音曼荼羅和單尊觀音像佔據主角，包括三面六臂和三面八臂觀音曼荼羅，三面六臂和二十臂觀音等，競相亮相，各顯神通。由此可見觀世音深入人心。這些觀音形象都是成組、相對分佈的，突出了密教成組對應的特點。在西壁、南壁和北壁的上部各繪有三面六臂觀音曼荼羅一幅，主尊均為結跏趺坐的觀音。主尊兩側各有供養菩薩四身，選自內四供、外四供、四攝等諸供養菩薩組合配伍，各不相同。唯西壁的四身供養菩薩均屬於內四供養菩薩，東壁的四身供養菩薩均屬於外四供養菩薩，為敦煌密教曼荼羅中所罕見。

東壁上部與上述其它三壁的曼荼羅主尊略有不同，繪有三面八臂觀音曼荼羅一幅。天王堂的四角位置，也是觀世音的天地。西南角、東南角、西北角的上部均繪有三面六臂觀音，東北角上部也與上述三處不同，繪有三面二十臂觀音一幅。天王堂四壁的下部，又是菩薩和天王佔據的天地。西壁下部繪菩薩四身；南壁下部繪製菩薩三身、天王二身；北壁下部繪製菩薩四身、天王二身，其中最東側的天王右手托塔，左手持寶棒，無疑是毗沙門天王。

天王堂中的密教題材，無論是主尊還是供養菩薩，均曲髮披肩，裸上身着胸飾，斜披天衣，仍然保留濃郁的印度波羅密教藝術風格。

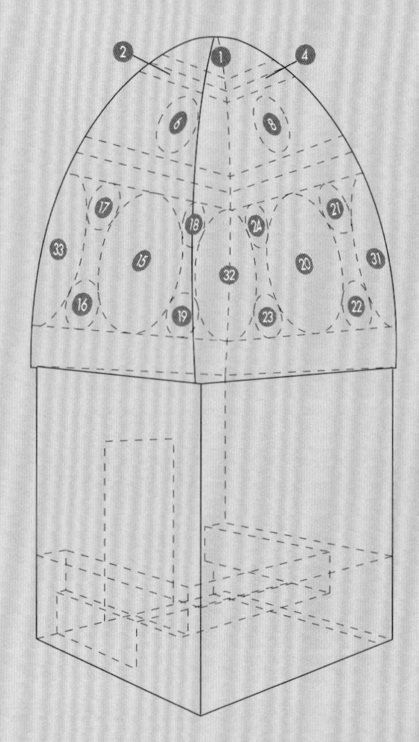

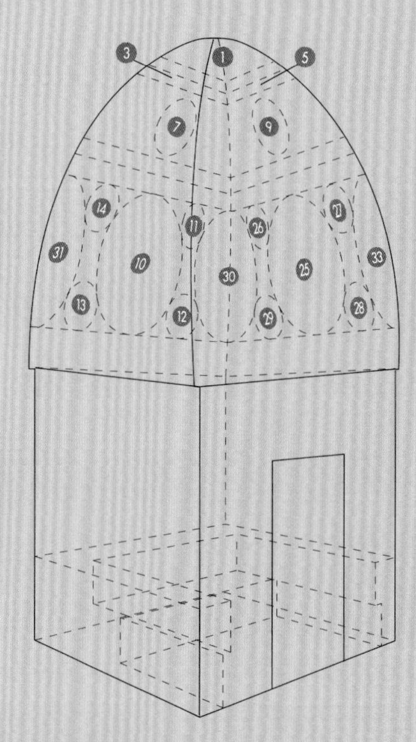

莫高窟天王堂壁畫分佈示意圖

① 大日如來
② 東方阿閦佛
③ 西方無量壽佛
④ 南方寶生佛
⑤ 北方不空成就佛
⑥ 金剛杵
⑦ 蓮花
⑧ 寶石
⑨ 羯摩杵（交杵）
⑩ 三面六臂觀音曼荼羅
⑪ 金剛歌菩薩
⑫ 金剛舞菩薩
⑬ 金剛嬉菩薩
⑭ 金剛緩菩薩
⑮ 三面八臂觀音曼荼羅
⑯ 金剛香菩薩
⑰ 金剛花菩薩
⑱ 金剛燈菩薩
⑲ 金剛塗菩薩
⑳ 三面六臂觀音曼荼羅
㉑ 手托金剛杵菩薩
㉒ 持寶棒菩薩
㉓ 手托獨股金剛杵菩薩
㉔ 持寶劍菩薩
㉕ 三面六臂觀音曼荼羅
㉖ 持蓮花日輪菩薩
㉗ 持蓮花月輪菩薩
㉘ 持幢菩薩
㉙ 持傘蓋菩薩
㉚ ㉛ ㉜ 三面六臂觀音
㉝ 二十臂觀音

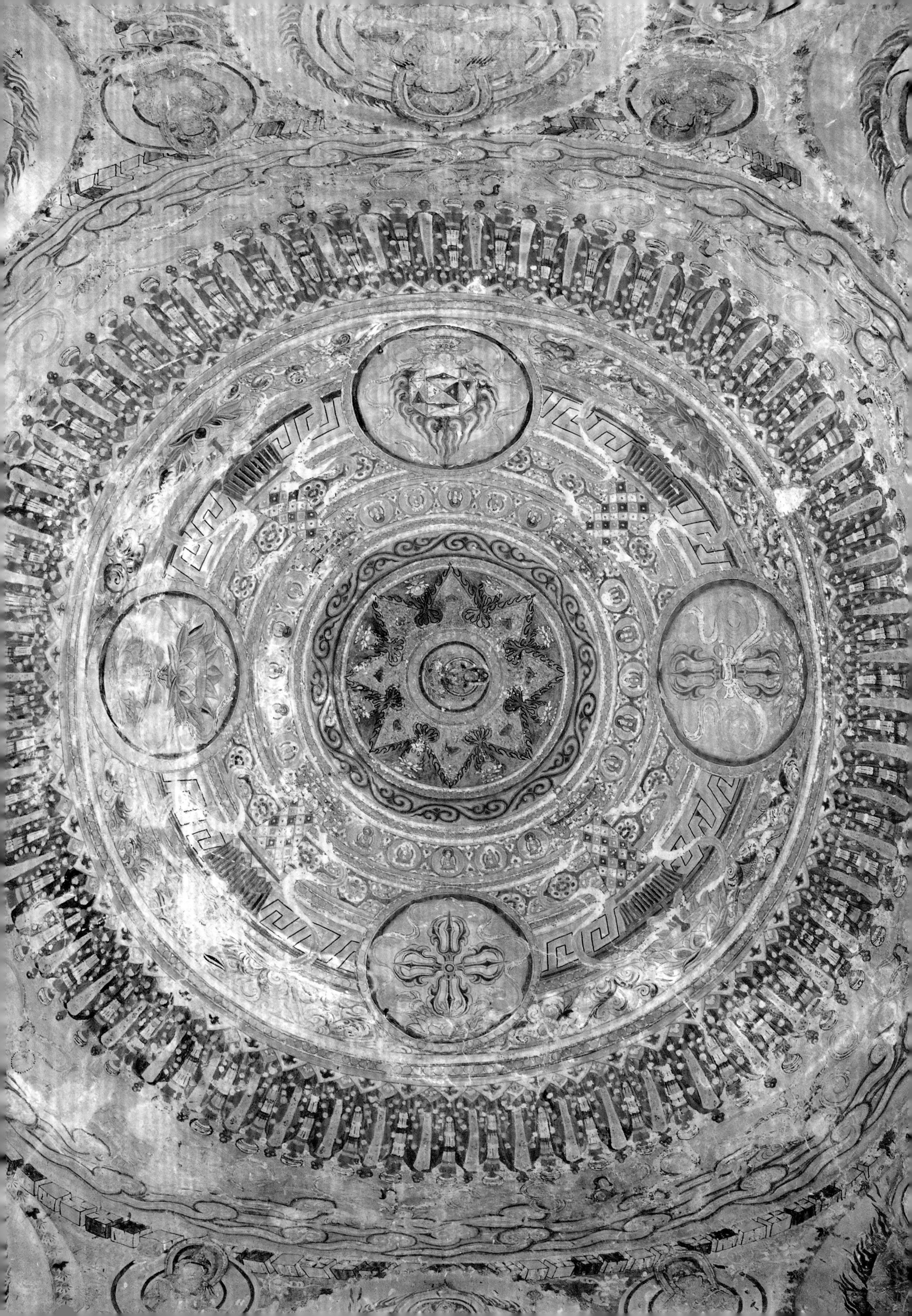

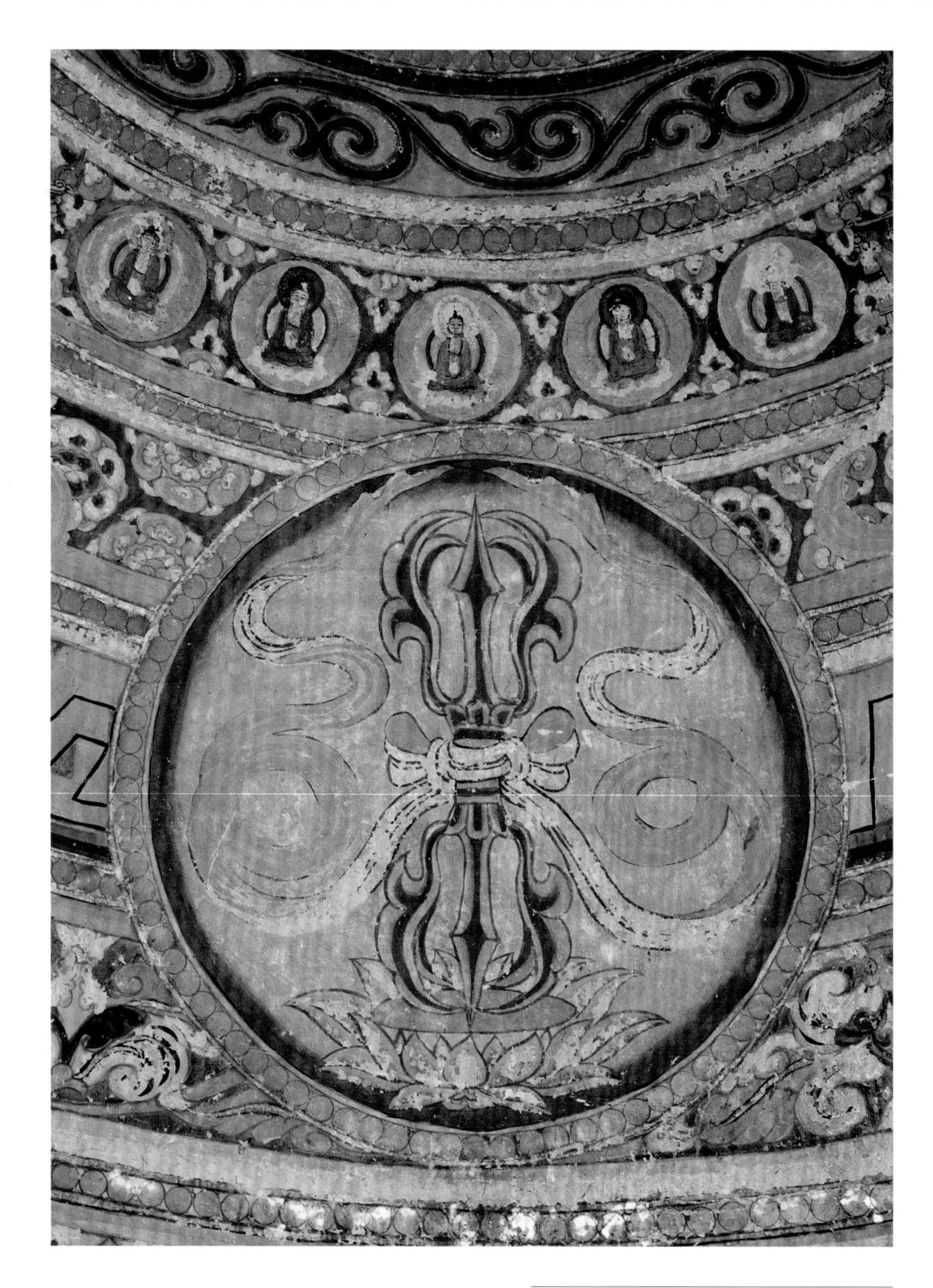

178 金剛界五方佛曼荼羅 ◀見上頁

大日如來位於曼荼羅中心，頭向東，菩薩裝，戴寶冠，曲髮披肩，裸上身着胸飾，斜披天衣，雙手重疊置於臍下，富於印度波羅密教藝術風格，結跏趺坐於蓮座上。其四方分別有並列的坐佛五尊，下有金剛杵、寶石、蓮花、交杵，代表四方佛，構成了金剛界五佛曼荼羅。這樣的五方佛構圖極為罕見，其他地方尚未發現宋代或以前的金剛界五方佛曼荼羅。

宋 莫高窟天王堂 穹窿頂

179 五尊佛與金剛杵

這是東方神界。東方有並列的坐佛五尊，其下有一豎立的金剛杵，代表東方阿閦佛。

宋 莫高窟天王堂 穹窿頂東方

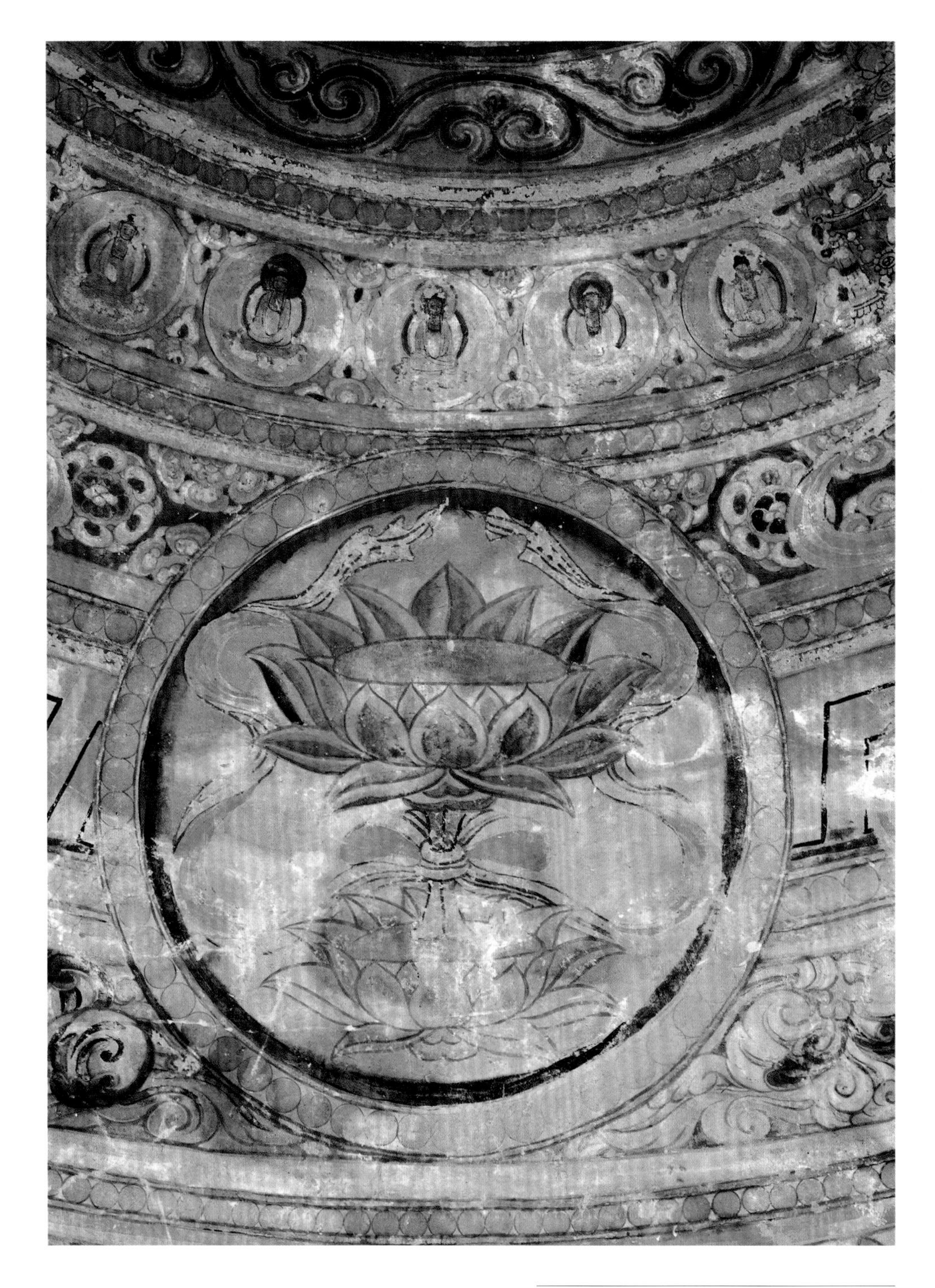

180 五尊佛與蓮花

這是西方神界。西方有並列的坐佛五尊，其下有一盛開蓮花，代表無量壽佛。

宋　莫高窟天王堂　穹窿頂西方

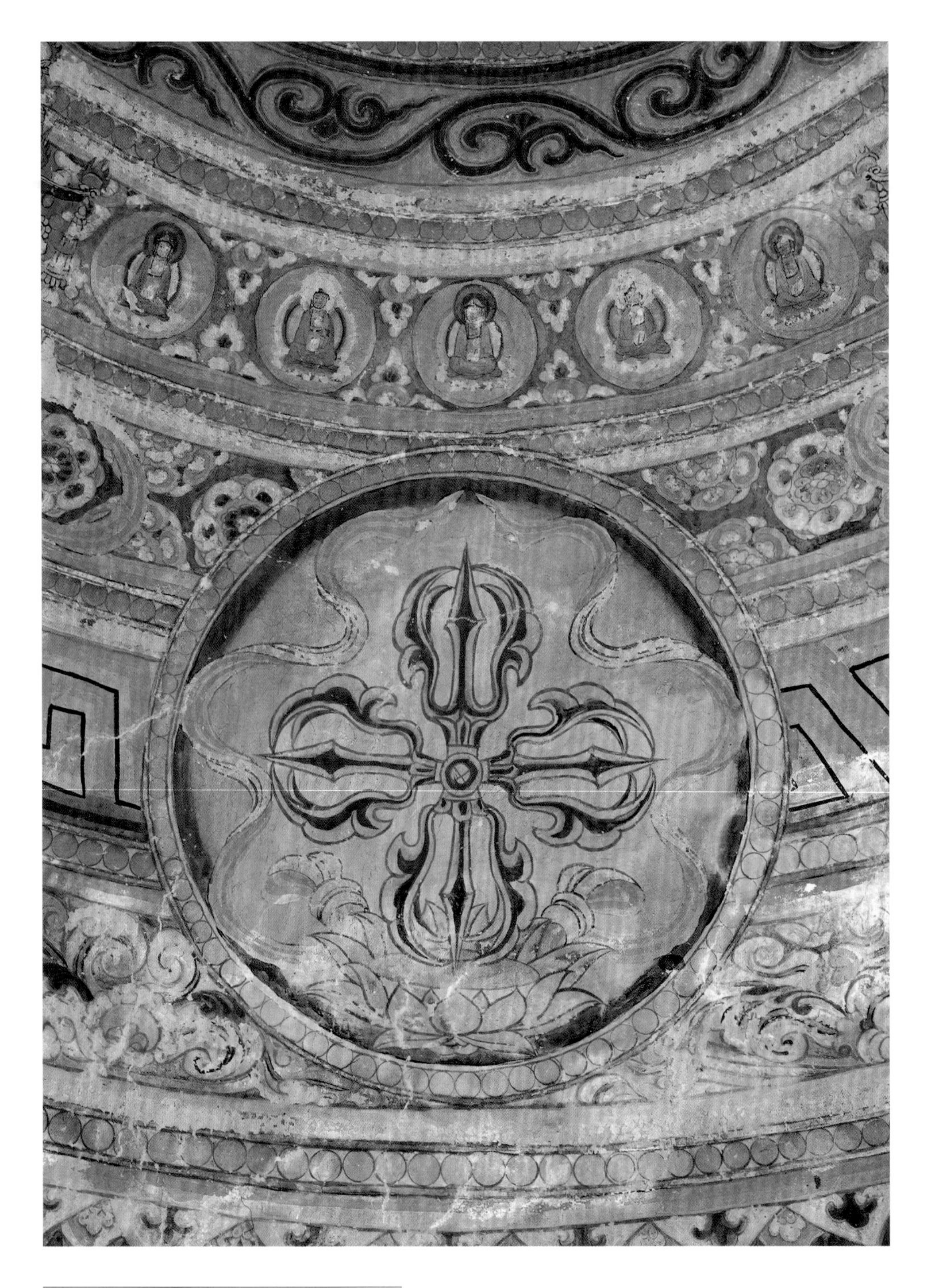

181 五尊佛與交杵

這是北方神界。北方有並列的坐佛五尊，其下有一十字交杵，代表不空成就佛。

宋 莫高窟天王堂 穹窿頂北方

182 五尊佛與寶石

這是南方神界。南方有並列的坐佛五尊，其下有一放射光芒的多晶體寶石，代表寶生佛。用寶石象徵寶珠，在敦煌石窟密教曼荼羅中僅此一例。

宋 莫高窟天王堂 穹窿頂南方

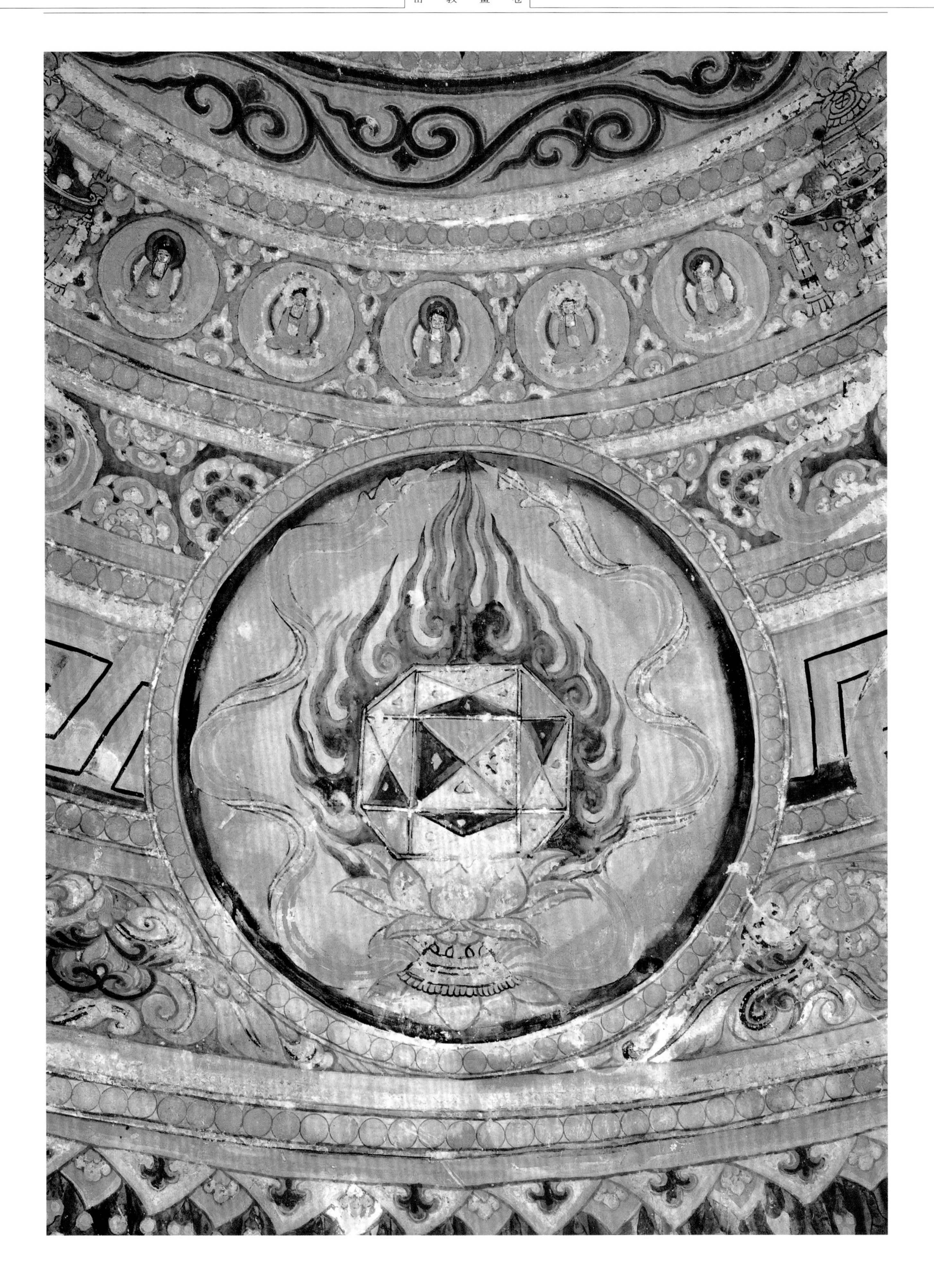

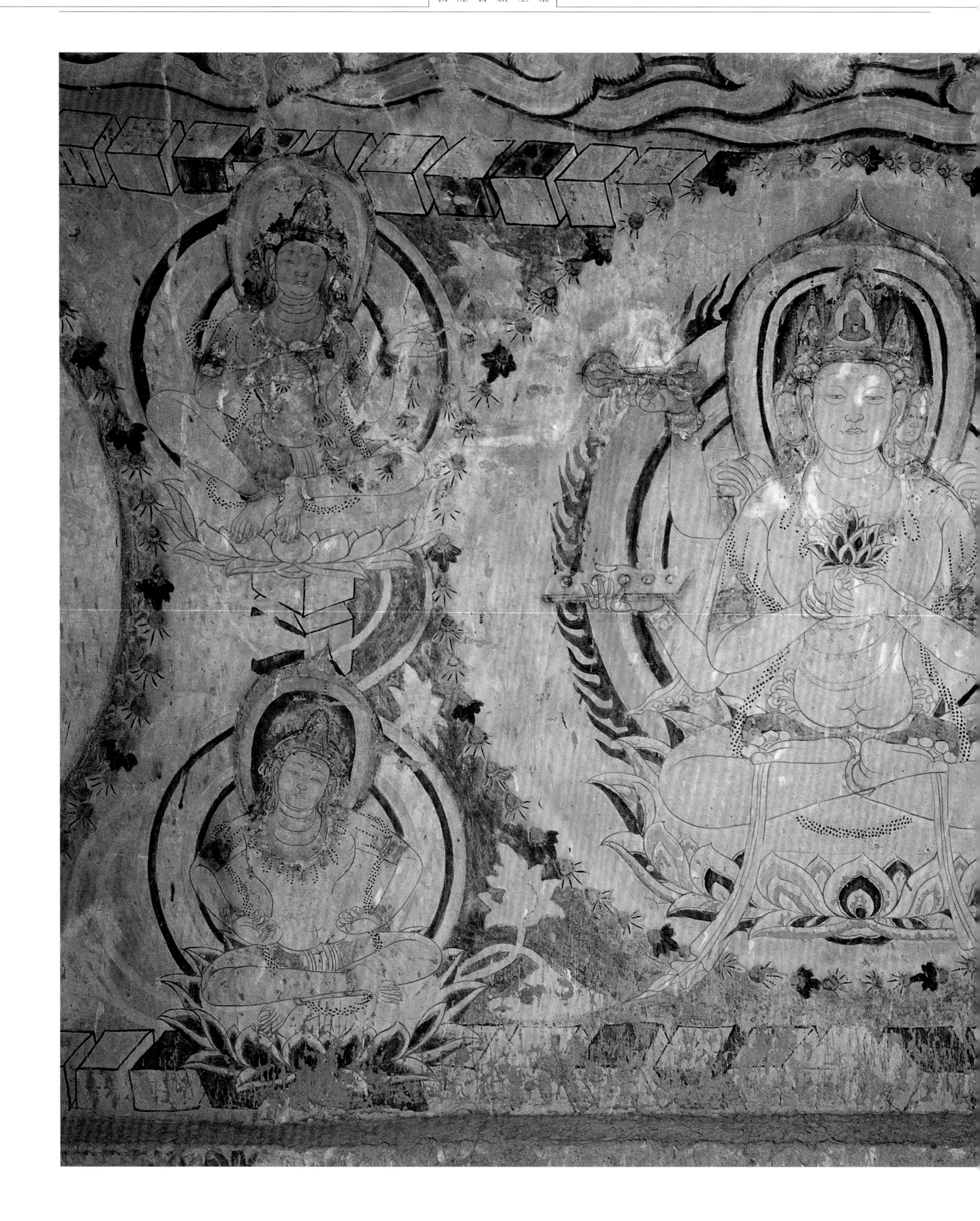

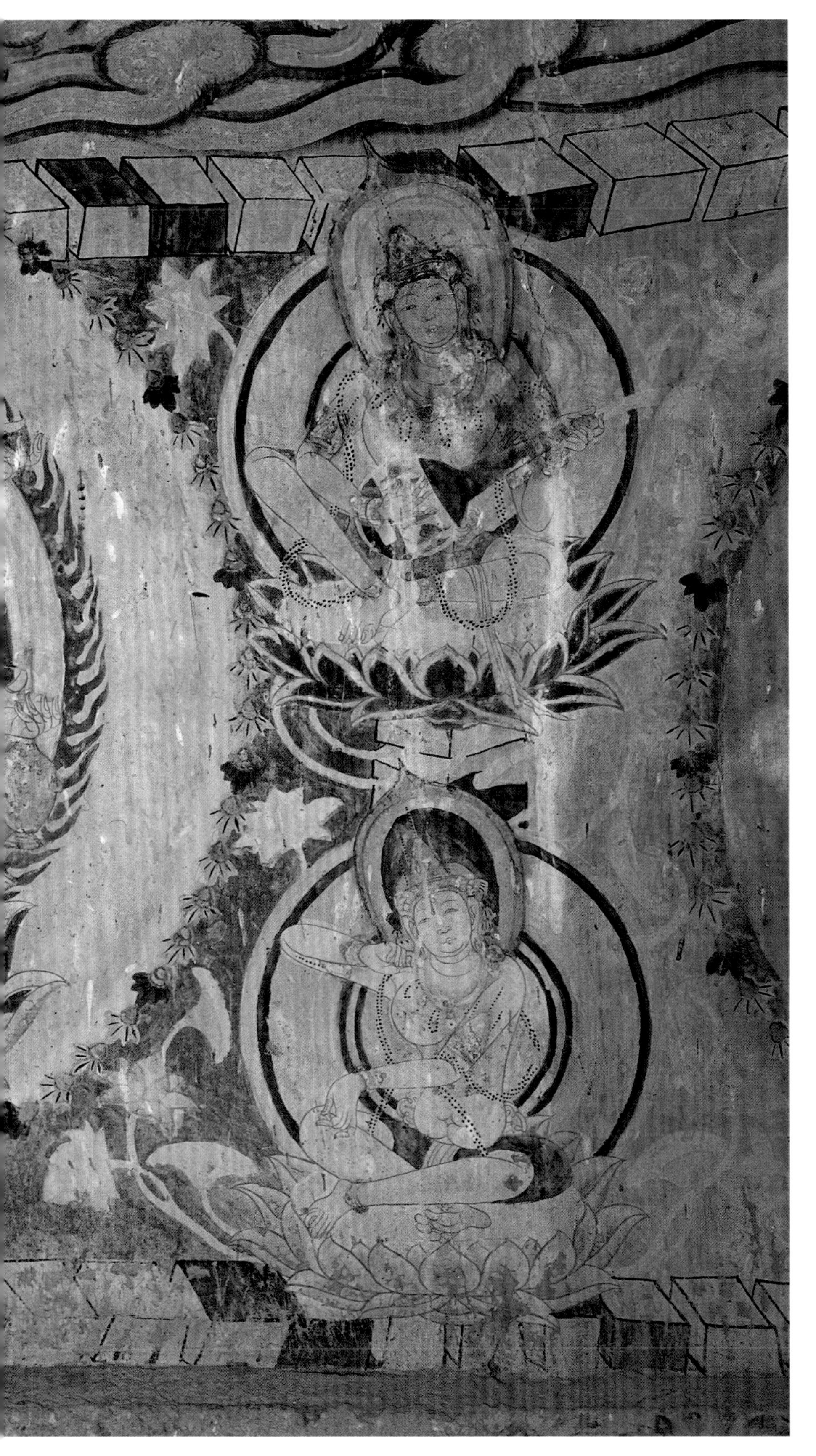

183 三面六臂觀音曼荼羅

主尊結跏趺坐於蓮花座上。六臂手中執持法器、寶物。兩側眷屬均屬於內四供養菩薩，為敦煌密教曼荼羅中所罕見。

宋 莫高窟天王堂 西壁上部

① 三面六臂觀音
② 金剛歌菩薩
③ 金剛舞菩薩
④ 金剛嬉菩薩
⑤ 金剛鬘菩薩

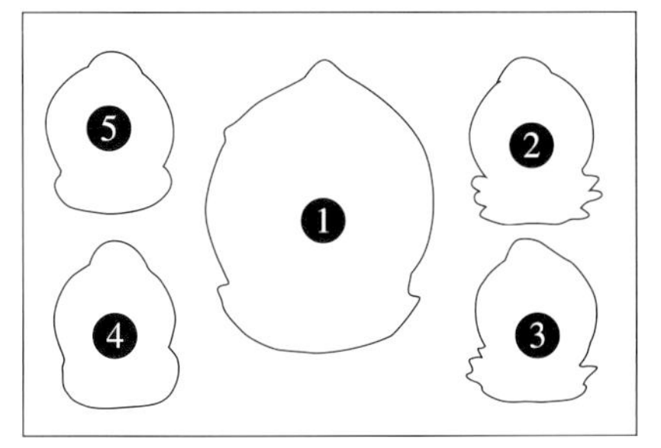

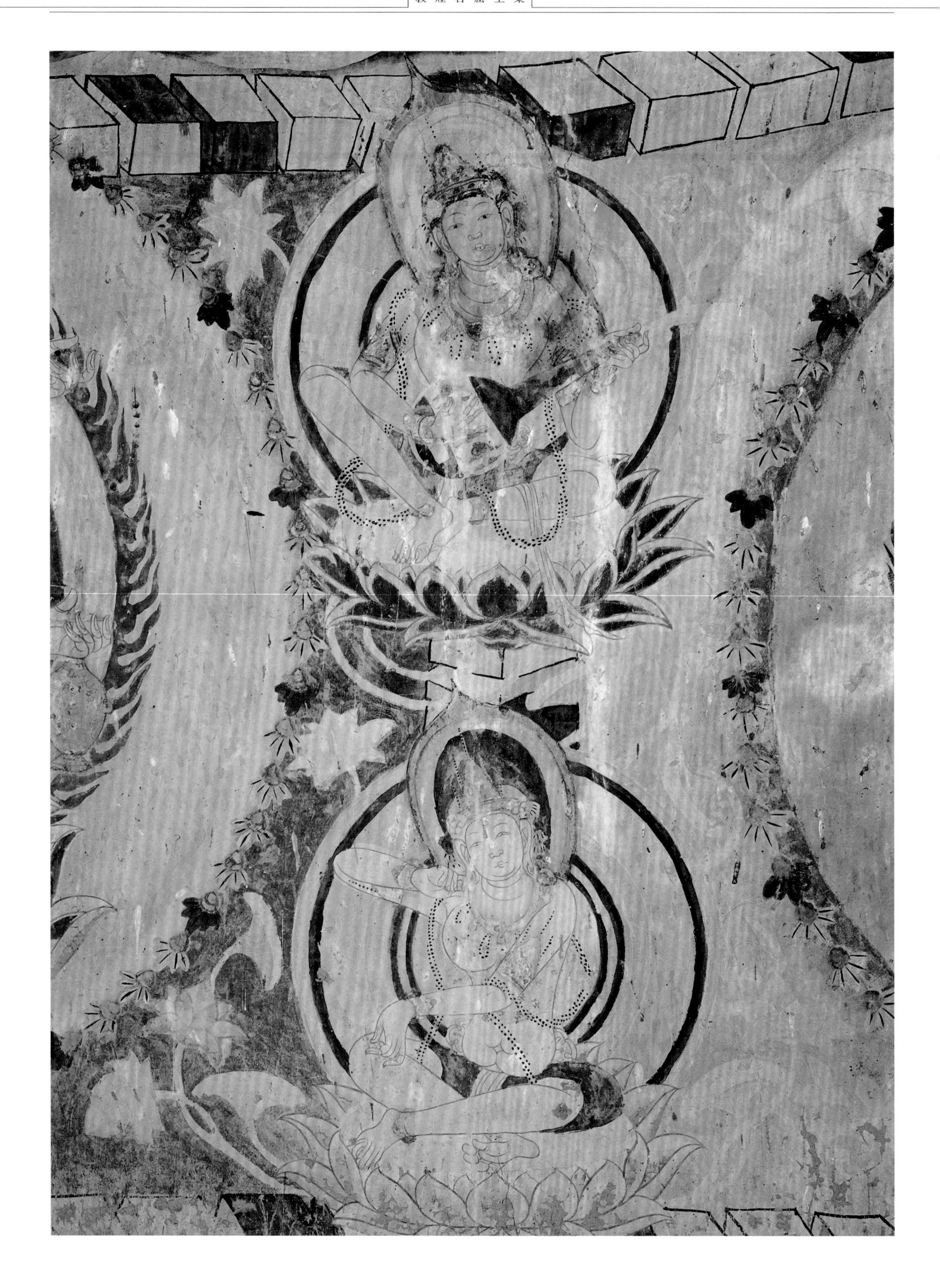

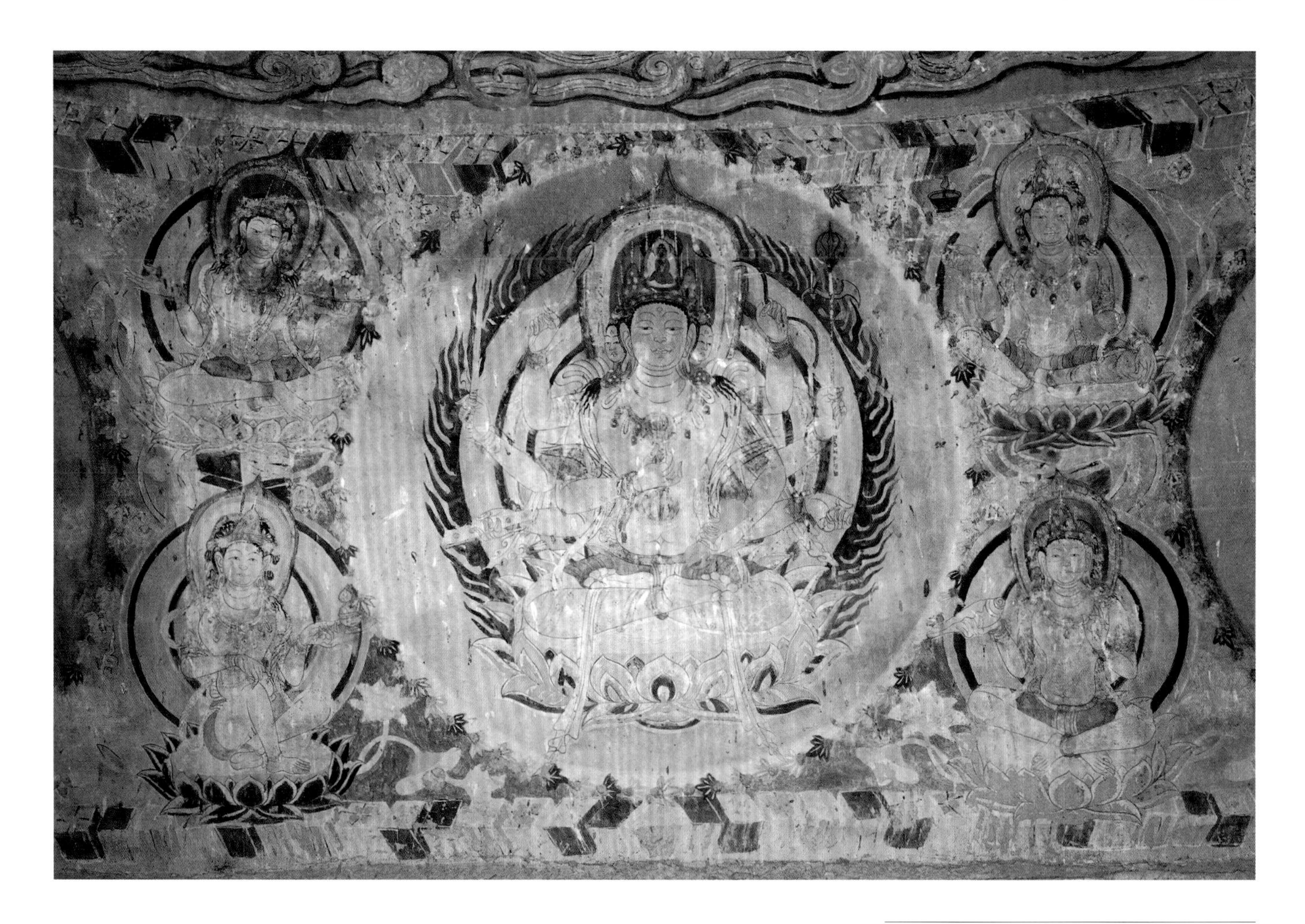

185　三面八臂觀音曼荼羅

此圖與西壁的三面六臂觀音曼荼羅相對應。主尊戴寶冠，僅主面冠中有化佛，八臂手中各持法器和寶物，結跏趺坐在蓮花座上。兩側眷屬分別為外四供養的金剛花菩薩（左上）、金剛香菩薩（左下）、金剛燈菩薩（右上）、金剛塗菩薩（右下），為敦煌密教所罕見。眷屬的組合也與西壁曼荼羅相對應。

宋　莫高窟天王堂　東壁上部

184　金剛歌菩薩與金剛舞菩薩

二菩薩為三面六臂觀音曼荼羅中的內四供養菩薩。金剛歌菩薩懷抱彎首阮，金剛舞菩薩舞姿異常優美。

宋　莫高窟天王堂　西壁上部

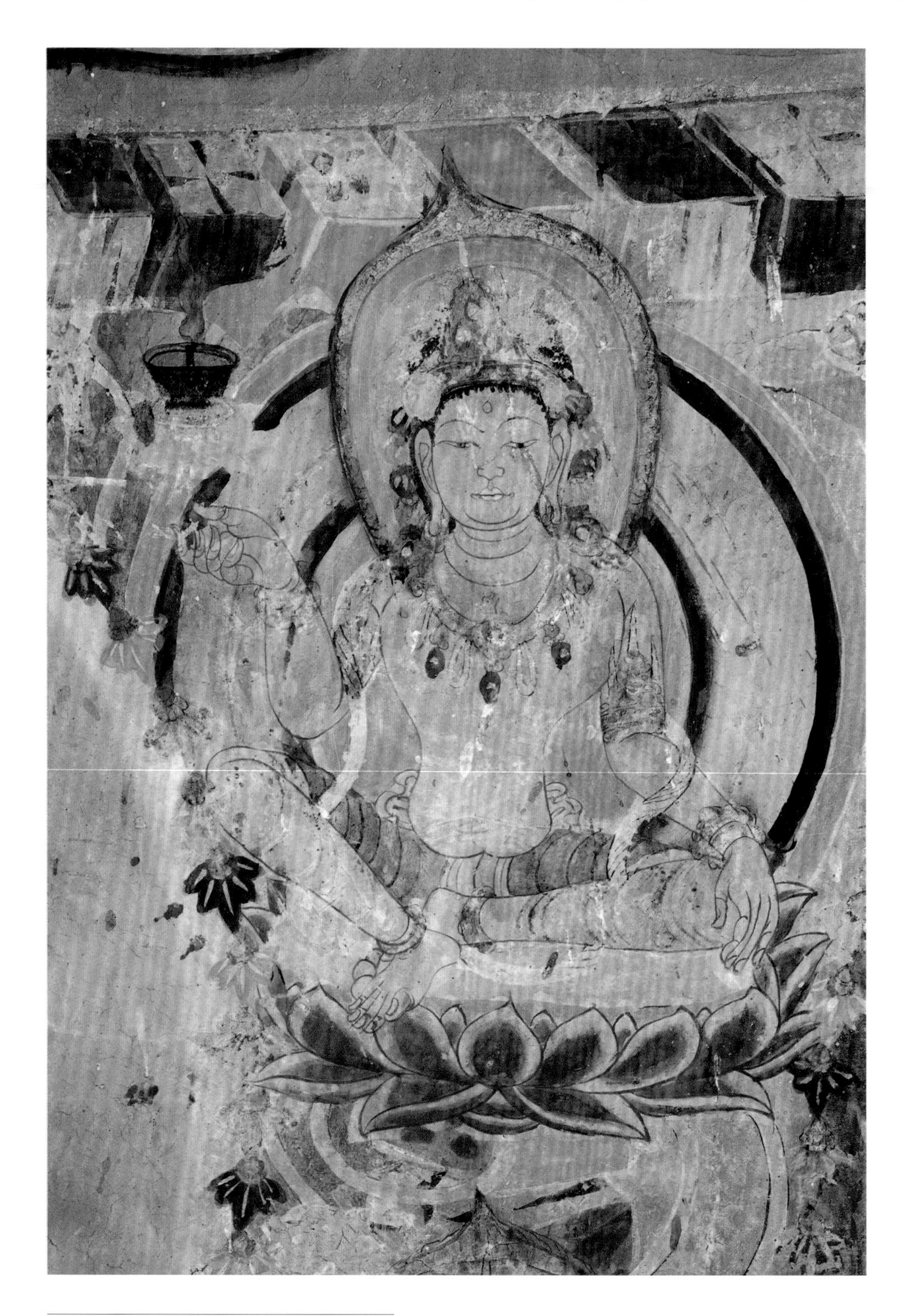

186 **金剛燈菩薩**

宋 莫高窟天王堂 東壁上部

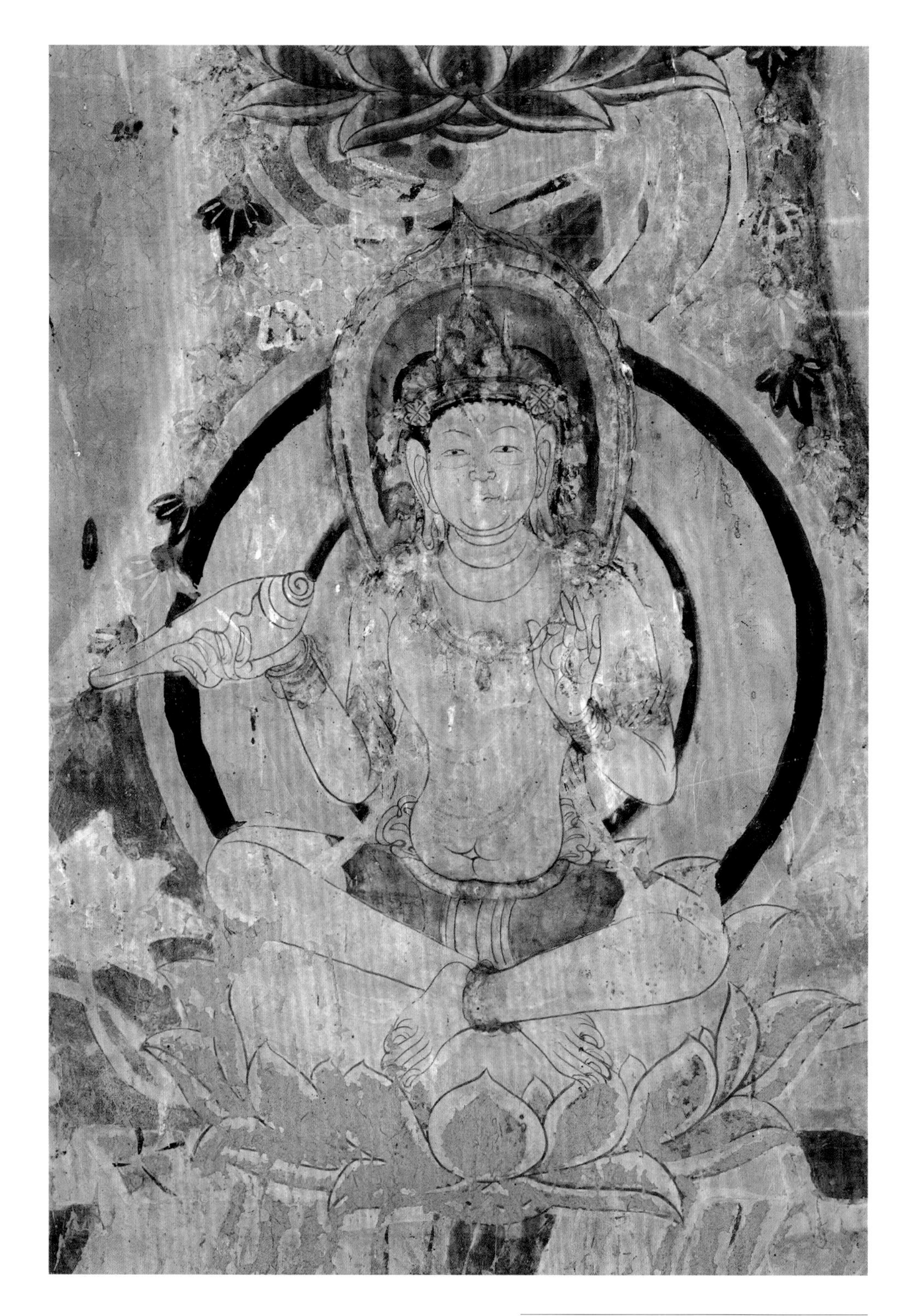

187 **金剛塗菩薩**

宋 莫高窟天王堂 東壁上部

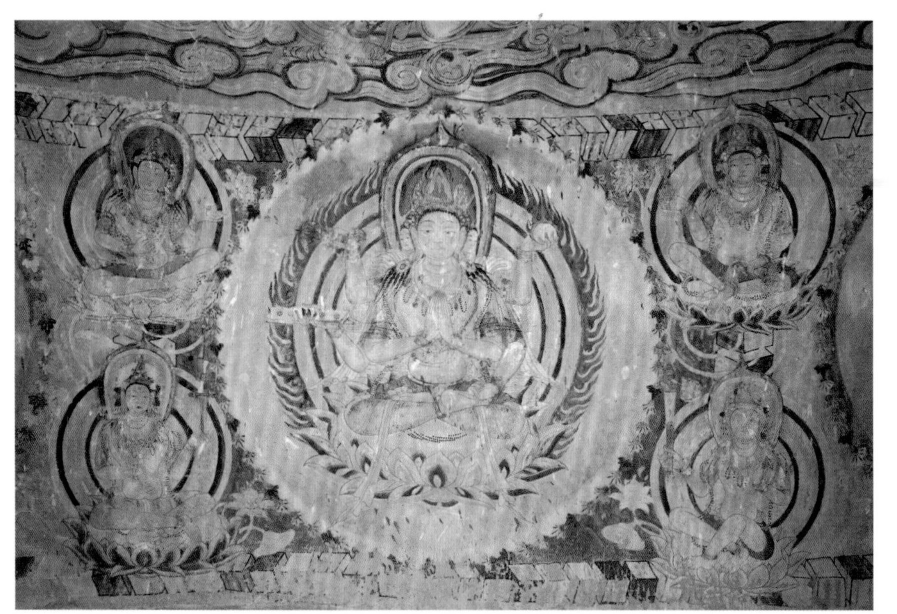

188 三面六臂觀音曼荼羅

主尊位於曼荼羅中部，有頭光和背光，結跏趺坐於蓮花座上。有眷屬四身，身分待考。

宋 莫高窟天王堂 南壁上部

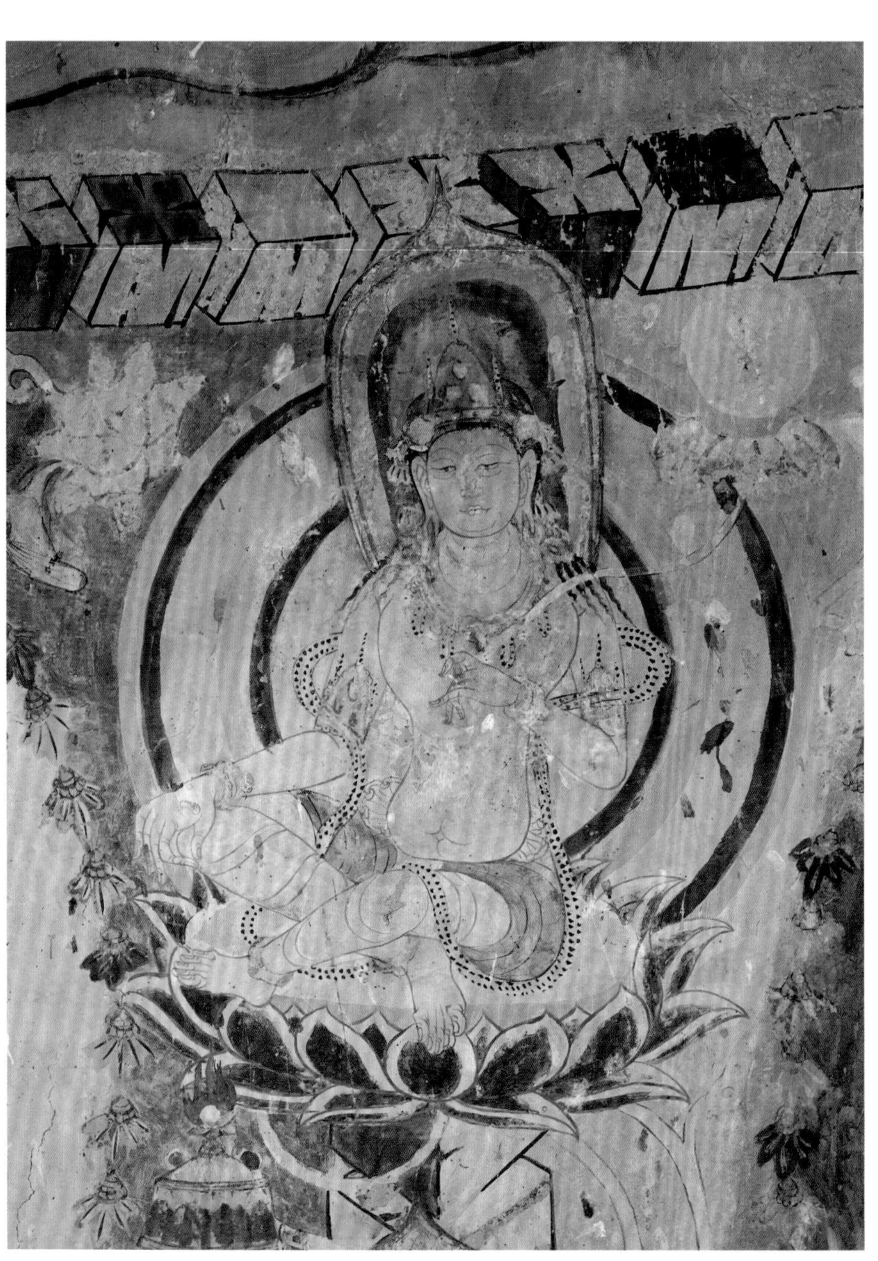

189 蓮花月輪菩薩

左手持長莖蓮花，蓮花上有月輪。右手撫膝。面相圓潤，修眉大眼，胸隆細腰，着意表現人體的優美姿態。

宋 莫高窟天王堂 北壁上部

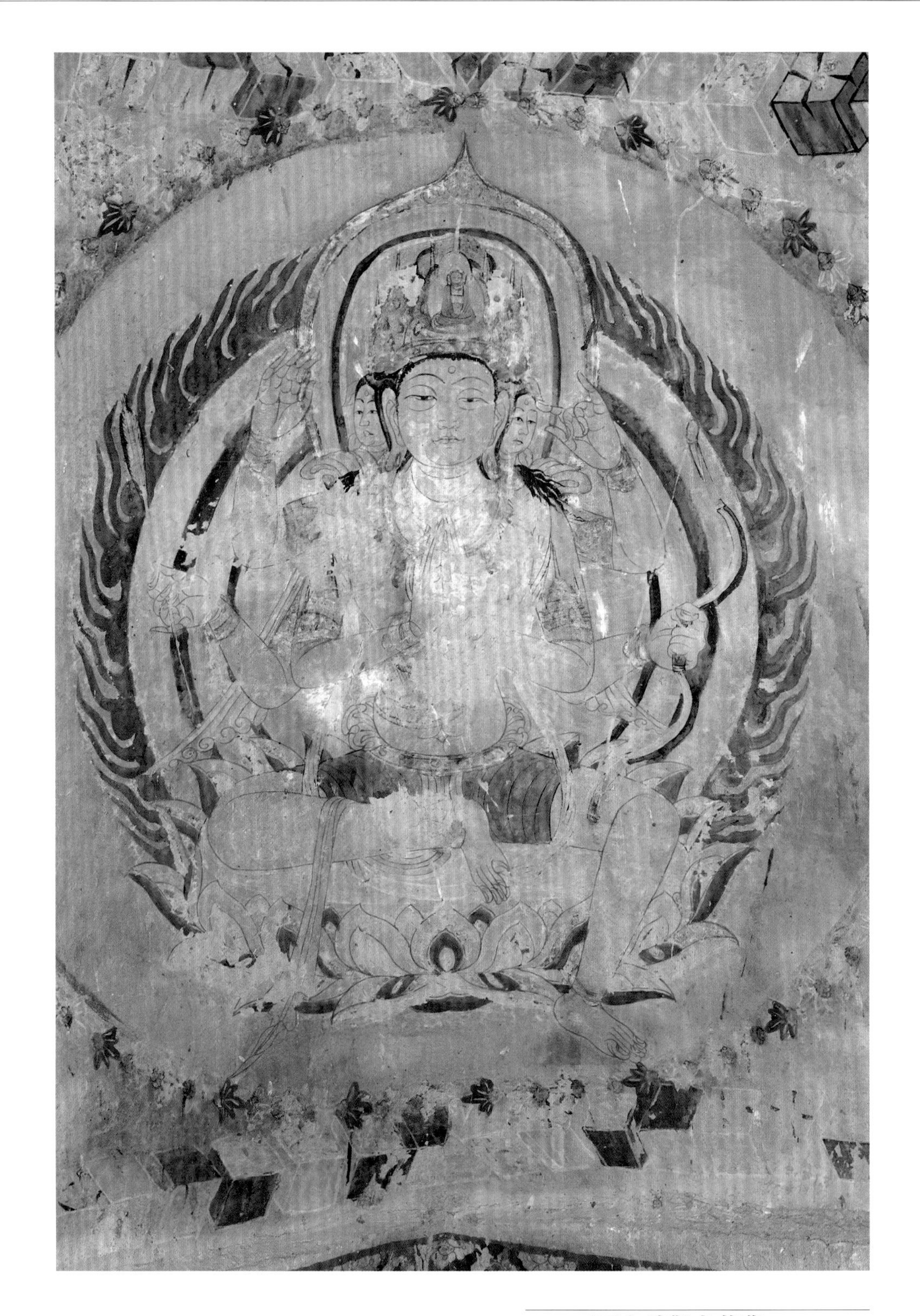

190 三面六臂觀音菩薩

天王堂的西北角、西南角、東南角各有三面六臂觀音菩薩一尊，戴寶冠，僅主面冠中有化佛，曲髮披肩，裸上身着胸飾，斜披天衣。六臂執各種法器、寶物和結手印。而東北角有三面二十臂觀音菩薩。這些觀音形象突出了密教成組對應的特點。

宋 莫高窟天王堂 西北角上部

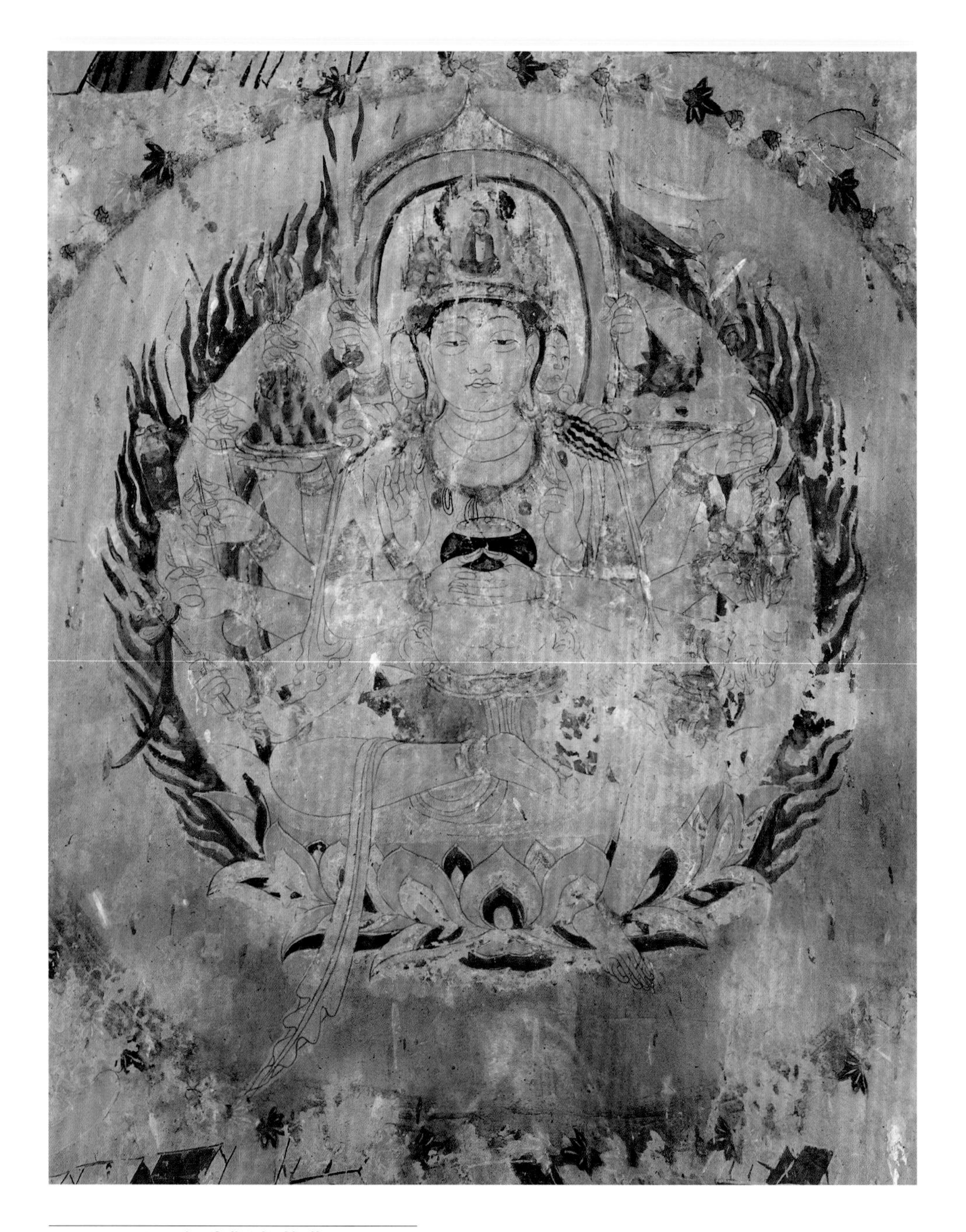

191 **三面二十臂觀音菩薩**

在敦煌石窟有密教觀音數百種，三面二十臂的觀音卻僅此一幅。

宋 莫高窟天王堂 東北角上部

藏傳密教異軍突起的時代

西夏——元代（公元1036～1368年）

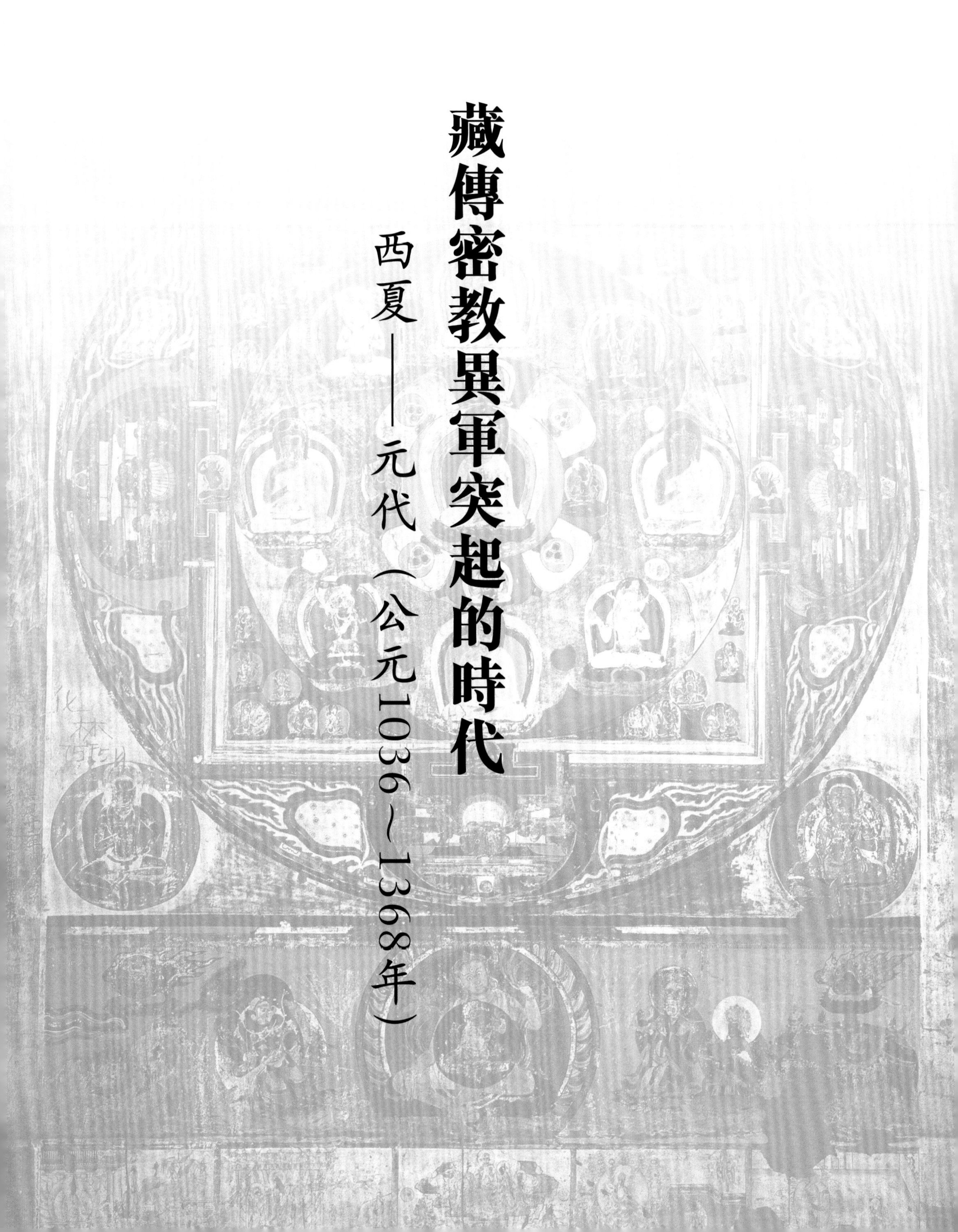

歷史上多民族聚集的瓜沙二州，從西夏至元代又經歷頻繁的政治震盪。1036年，歸屬西夏王朝統治，後又於1227年至1368年歸屬蒙古帝國元朝版圖。這三百年間，屬於敦煌密教的晚期，變化翻天覆地，繁盛了五百多年的漢傳密教隨着漢族政權的衰弱而日漸沒落，藏傳密教異軍突起，成為敦煌佛教的主流。吐蕃（今西藏）有一種在原始自然崇拜的基礎上形成的宗教——苯教。公元7世紀中葉，佛教由中原和尼泊爾傳入吐蕃。印度佛教的顯教、密教開始在衞藏地區(指今西藏拉薩、日喀則及其附近地區，清代始稱衞藏)傳播，與當地原有的苯教融合，形成了藏傳佛教。

藏傳佛教簡稱“藏密”，但不限於密，它兼容大乘和小乘，而以大乘為主，大乘中又是顯教和密教俱備，尤其重密教。修習的經典以金剛乘無上瑜伽密為最高修行。藏傳密教從修習的經典、儀軌，到組織形式，都保留了諸多苯教因素。對設壇、供養、誦咒、灌頂（入教或傳法儀式）等，比漢傳密教更加繁縟複雜，更加神秘而嚴格，藏傳密教尊奉的佛、菩薩、護法神等各類尊像達到千種之多，人物形象和表情更加誇張，突出忿怒、怪誕、神秘的特徵，強調獰厲之美，具有震撼人心的藝術效果。從敦煌的藏傳密教壁畫和各種經文遺書可見，以突出無上瑜伽密中的金剛界五方佛曼荼羅、“男女共修”、“樂空雙運”理義的題材，極其盛行。

西夏立國之初，敦煌密教主要還是受到來自中原和回鶻的影響，至西夏中期，來自吐蕃的藏傳佛教傳入西夏，並逐漸盛行。藏傳密教在元代又得到朝廷的直接支持和尊崇，迅速成為中國第一大宗教，勢力強盛，其影響力一直延續到清朝。元、明、清三朝的朝廷政府都提倡和推崇藏傳密教，盛勢延續近七百年。敦煌的藏傳密教在這一時期達到高峯，除了大量的洞窟保留豐富的藏傳佛教遺迹以外，還有重大的考古發現。

第一節　西夏初興的藏傳密教與衰落的漢傳密教

西夏立國之初（11世紀），敦煌依然盛行漢傳密教，並承襲諸多漢密的藝術成分。從敦煌現存西夏初的密教壁畫看，當時雖然已是中原北宋中期，但有的作品仍然是“畫派遠宗唐法，不入宋初人一筆”。西夏的統治者大力提倡佛教，曾六次向宋朝求賜佛經，不惜耗費大量人力物力興建佛寺，敦煌有八十多個洞窟都是這一時期建造或修葺的。朝廷還大力翻譯和刊印卷帙浩繁的佛經，聘請回鶻、吐蕃高僧演繹經文。大量文獻和考古資料顯示，至遲在西夏中期（約12世紀），來自吐蕃的藏傳佛教已經傳入西夏，並逐漸盛行起來。這一變化動搖了原有的漢傳密教的地位。

當時藏傳密教備受尊崇，上至西夏王室，下至百姓，都誦經聽道。西夏法律明確規定，為官者必須誦讀十四種密教經咒，《天盛舊改新定律令》的經咒中就包括《尊勝》、《無垢淨光》等密教經典。在西夏的軍事城堡黑水城遺址（位於今內蒙古）中出土了大量佛典，其中就有《佛說金輪佛頂大威德熾盛光佛陀羅尼經》、《六字大明王陀羅尼經》、《聖六字增壽大明陀羅尼經》、《佛說大乘無量壽決定光明王如來陀羅尼經》等藏傳密教經典和藏傳密教繪畫。可知當時藏傳密教傳播相當廣泛而深入，即使是軍事重地也不例外。藏傳佛教噶舉派和薩迦派的傳人到西夏弘法，都被奉為上師。雖然公元9世紀中葉，吐蕃實行禁佛運動，長達百年，卻促使大量藏族佛教徒移居河隴地區，加強了藏傳密教在西夏的勢力。

在敦煌四十九個洞窟所發現的西夏時期密教遺迹，可以分為漢傳和藏傳密教遺迹兩類。漢密遺迹有二十種，共一百一十六幅。雖然數量和種類多於藏傳密教，仍然處於主流地位，但是遠遠遜色於前朝，已經明顯表露出衰敗的迹象。

西夏時期的漢傳密教藝術題材繪製於洞窟的位置仍然沿襲五代、宋初，在洞窟最顯赫的位置——主室頂部仍然繪製羯摩杵，但在頂部卻不再繪製密教經變和密教曼荼羅，反映了漢傳密教的地位顯著降低。此時新出現的只有五佛、熾盛光佛兩種漢傳密教題材，而曼荼羅和經變則沒有新題材。此前一度流行的許多密教題材，如毗沙門決海、毗沙門赴那吒會、金剛杵觀音、馬頭觀音、孔雀明王等已逐漸消失。在洞窟內雖仍有密教藝術作品作組合對稱的形式出現，但類別和數量少了許多。

初現於敦煌石窟的西夏藏傳密教遺迹，題材豐富，共計十種（處）、二十七幅（處）。曼荼羅有五方佛曼荼羅、不空羂索觀音曼荼羅、金剛界曼荼羅、十一面八臂觀音曼荼羅、藏密不知名曼荼羅、藏密觀音曼荼羅，藏密形象有綠度母、不動明王、金剛，此外還有中心佛壇等。無論是原有的還是新形象，風格都與漢密大有分別。藏密壁畫在洞窟內往往對稱繪於洞窟主室，甚至還佔據洞窟頂部，反映西夏時期藏傳密教的地位崇高，而且在興起階段就相當繁盛。

西夏密教壁畫有強烈的時代風格，尤其隨着藏傳密教的興起，畫風也發生變化。來自中原和周邊民族文化的強勢，不斷滲入到密教畫風之中，其中人物畫用焦墨以折蘆、蘭葉、鐵線諸種筆法描繪後，施以淡彩、淡墨暈染而成，是西夏畫師攝取了吐蕃、沙州、西涼的佛法，又融匯了北宋畫家的人物造型、遼朝的筆墨構圖、回鶻人的色彩裝飾，各家兼收，融匯貫通，創造了頗具特色的西夏藝術。

榆林窟第 3 窟

西夏的洞窟以榆林窟第 3 窟最具代表性，窟內設八角佛壇，為密教所特有。壁畫方面，漢密、藏密、顯教俱備。顯教題材位於西、南、北壁的密教壁畫中間，題材是常見的佛傳和淨土變。餘外全是密教題材。

此窟密教遺迹的數量遠多於顯教遺

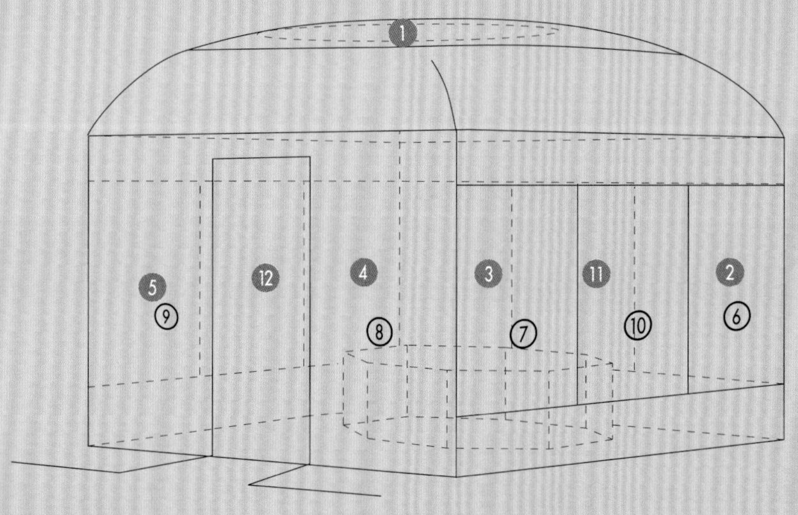

榆林窟第 3 窟示意圖

佛壇
① 金剛界五方佛曼荼羅
② 五十一面千手千眼觀音經變
③ 千手千眼觀音經變
④ 不空羂索觀音曼荼羅
⑤ 金剛界曼荼羅
⑥ 觀音曼荼羅
⑦ 金剛界曼荼羅
⑧ 普賢變
⑨ 文殊變
⑩ 淨土變
⑪ 佛傳
⑫ 觀無量壽經變

迹，反映西夏時期密教的發達。在密教遺迹中，藏傳密教遺迹又多於漢傳密教遺迹，而且佔據了洞窟中央和頂部等洞窟中的最重要的位置，標誌着西夏時期的藏傳密教比漢傳密教更受重視。

密教壁畫具體內容如下：

1、藏傳密教題材

窟中共有藏傳密教曼荼羅五幅。分別位於窟頂及南北壁。兩壁共有四幅，兩兩對稱。這五幅曼荼羅均屬金剛界曼荼羅。

窟頂為藏密系統金剛界五方佛曼荼羅——中央為大日如來，代表法界體性智；東方為阿閦佛，代表大圓滿鏡智；西方為無量壽佛，代表平等性智；南方為寶生佛，代表妙觀察智；北方為不空成就佛，代表成就所智。五佛代表五智，故又稱五智如來。五方佛的四角有四身供養菩薩，很可能是大日如來的四波羅密菩薩，即金剛波羅密、寶波羅密、法波羅密、羯摩波羅密菩薩。

兩壁西側為三十七尊曼荼羅、金剛界曼荼羅，兩幅曼荼羅南北相對。三十七尊曼荼羅中央為大日如來，角上有四波羅密菩薩，大日如來上下左右為四方佛及其各自的四親近菩薩。內圓之內是內四供養菩薩（金剛歌、金剛舞、金剛嬉、金剛緩），內圓之外是外四供養菩薩（金剛香、金剛花、金剛燈、金剛塗）。此外還有護法等。基本依據密教經典繪製，是比較規範的藏傳密教曼荼羅，但並未拘泥於某一經典。對面的金剛界曼荼羅，佛菩薩佈置方法略有不同。中央仍是大日如來及其四波羅密菩薩，為四佛及內四供養菩薩圍繞。四佛的十六親近菩薩和外四供養菩薩則在圓圈之外組成四組。此外還有護法等。此曼荼羅亦依據密教經典繪製，但並未拘泥於某一經典。

兩壁東側為觀音曼荼羅、不空羂索觀音曼荼羅，兩幅曼荼羅南北相對。觀音曼荼羅中央有塔，三面八臂觀音坐在其中，左右為持花與白拂侍立的菩薩，上方二飛天，四角四天王。方形四門各一金剛護衛。上方為五方佛，以示此觀音曼陀羅亦屬金剛界曼荼羅。曼荼羅構成別致，此前未有。不空羂索觀音曼荼羅與南壁的觀音曼荼羅結構相似，只是具體內容稍有別。

2、漢傳密教題材

榆林窟第3窟共有漢傳密教題材四幅。此窟的正壁是東壁，在西壁開門。漢傳密教的題材全部繪在東西壁上。

東壁所繪是兩幅觀音經變，組合對稱。其中五十一面千手千眼觀音經變的主尊，為五十一面六十二隻大手及無數小手、手中有眼的千手千眼觀音，為敦煌乃至中國現存千手千眼觀音圖像所僅見。大手及部分小手所持法器、寶物，還有手托諸行業的活動場面，總計有一百六十六幅之多。由於該經變左右完全對稱，故實際上是八十三種。其中三十一種在《千手經》、《軌》中有記載，而不見記載者竟多達五十二種。尤其是大量出現日常生活的工具、用具、樂器，以及踏碓圖、犁耕圖、釀酒圖、鍛鐵圖、商旅圖、舞蹈圖等場面，還有家庭飼養的牛、雞、狗、鴨、鵝等動物和當時種植的棉花、葡萄、瓜果、樹木等，反映西夏時期信仰佛教主要是為了希求在現實生活中得到富足和安樂的願望。因而學術界認為這個時期的密教具有濃厚的世俗性。

另一幅十一面千手千眼觀音經變的主尊，為敦煌地區大手最多的千手千眼觀音。有一百隻大手，大手執持法器和寶物，手中都有眼，無小手。

西壁上是普賢變和文殊變，也是對稱繪畫，這兩個題材自唐代以來一直流行，到西夏這兩幅達到藝術巔峯，用色是淺絳結合青綠，賦色極為簡淡，造型注重用線而輔以暈染，鐵線描與折蘆描並用，構圖疏密有致，對透視關係已有深刻認識，是兩幅極為珍貴的藝術畫卷。

普賢菩薩坐於六牙白象背的蓮座上。象奴緊拽韁繩，周圍梵天、天王、菩薩、羅漢等護從。遠處山巒險峻，山間寺院樓閣鴟尾飛簷高低錯落，水榭平台上雕欄曲折，建築結構刻畫具體，是古建築的珍貴資料。此外還有著名的唐僧取經圖。

在青獅背上的文殊菩薩，面相豐腴俊雅，堅毅沉靜。和周圍帝釋、天王、菩薩、羅漢、童子等聖眾，在雲靄之上匯成了渡海的行列。畫面上部是遠處的山巒，羣峯聳立於清澈的水面上，環抱着多處巍峨的佛寺神宇。是一幅優美的人物山水畫。

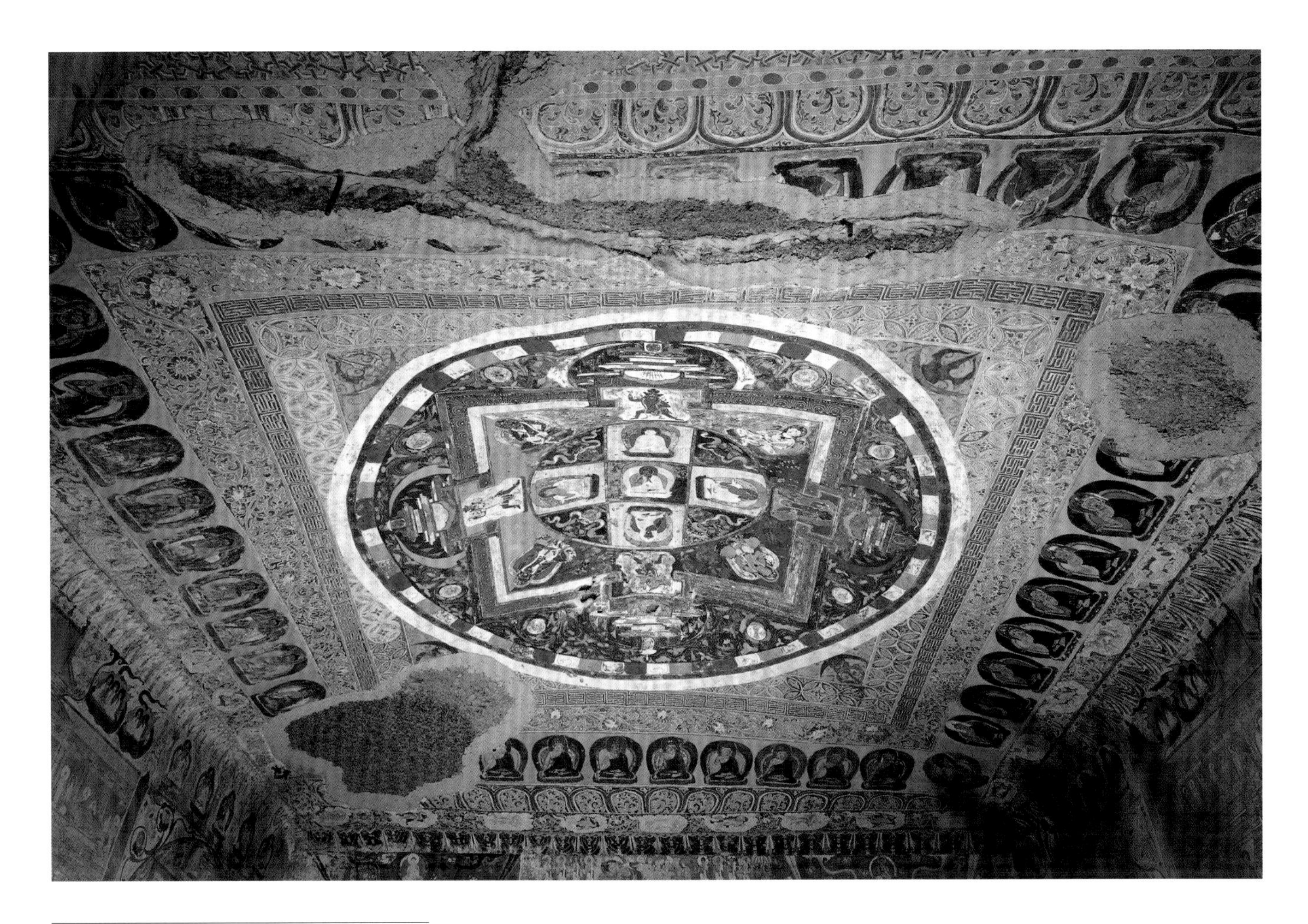

192 榆林窟第 3 窟窟頂

窟頂繪金剛界五佛曼荼羅，圖中可見壇城外四方一圈分別繪結觸地印的東方阿閦佛、禪定印的西方無量壽佛、與願印的南方寶生佛、施無畏印的北方不空成就佛。

西夏 榆3 窟頂

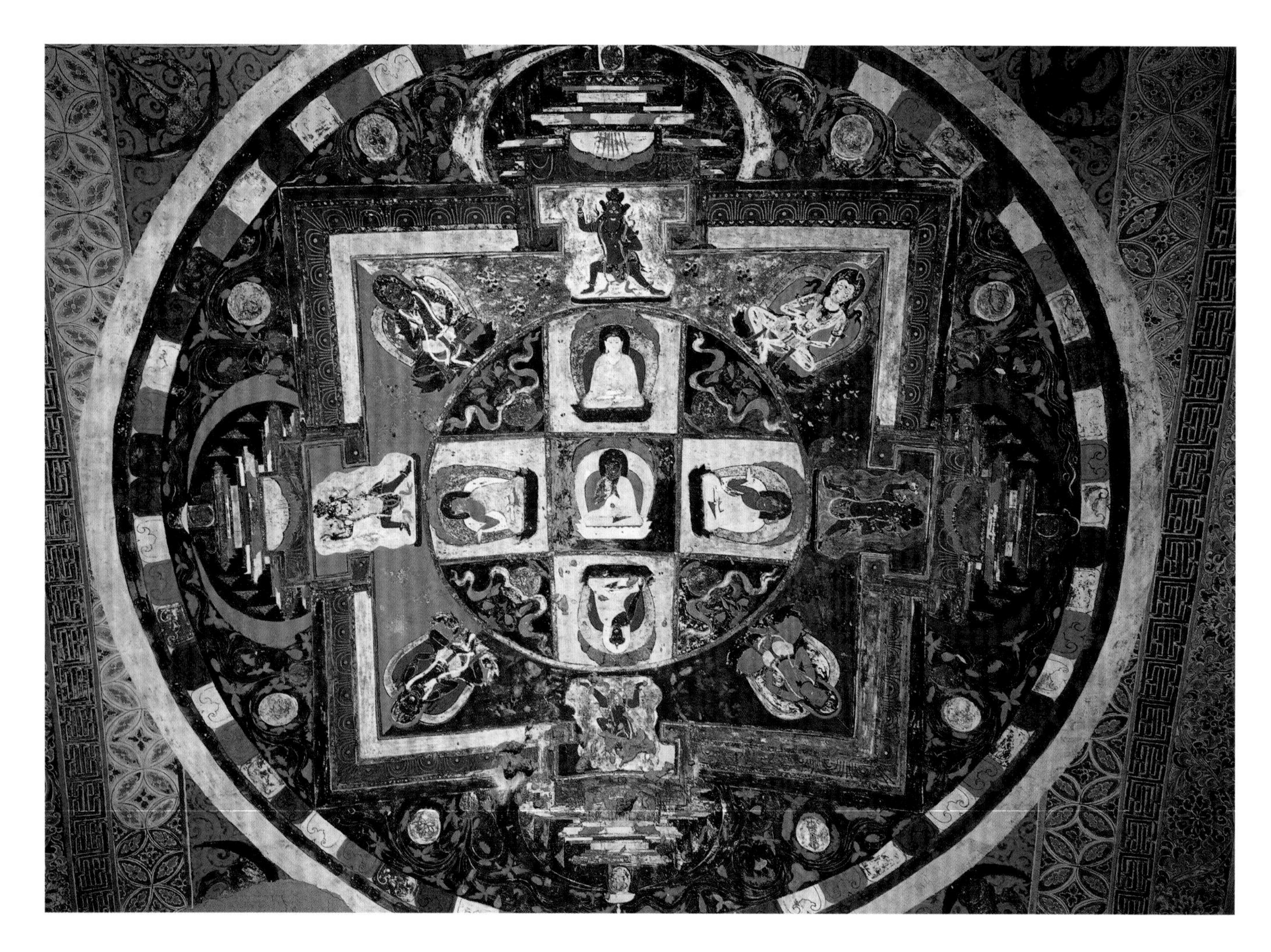

193 金剛界五佛曼荼羅

曼荼羅由兩圓輪、兩方形交錯構成，是典型的密教壇城形式，為敦煌石窟首次出現。其內容由五佛、四菩薩、四忿怒尊組成。最外一層圓輪外四角各有金剛杵的一端，如果將其相聯，則形成巨大的交杵，亦可作為五方佛的象徵。此曼荼羅為敦煌同期的藏傳密教所罕見。

西夏 榆3 窟頂

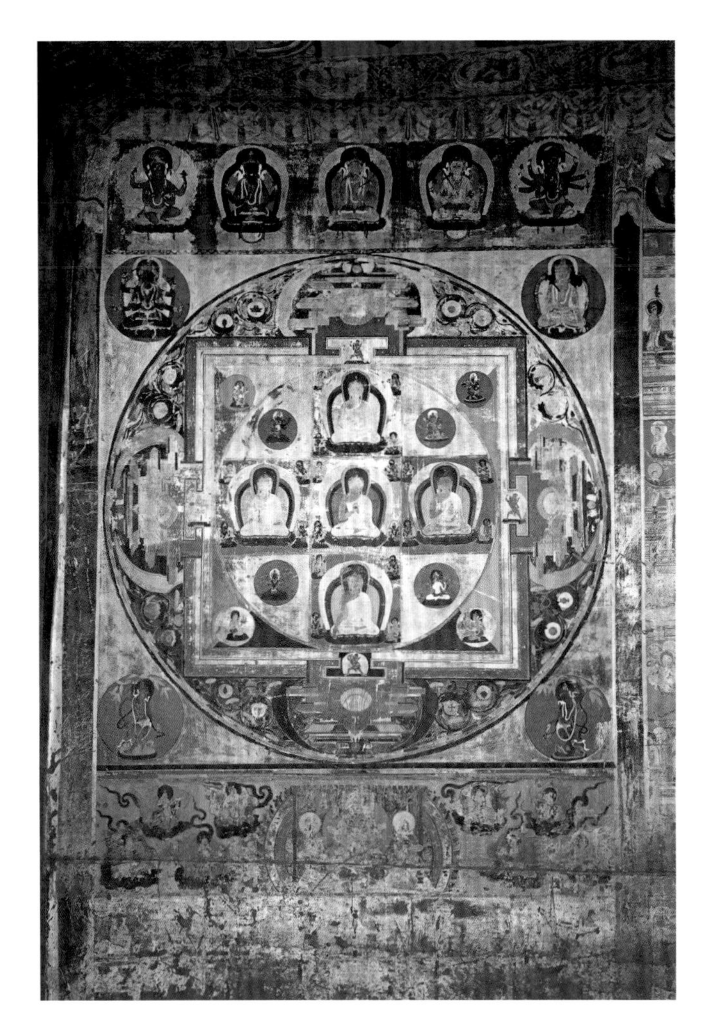

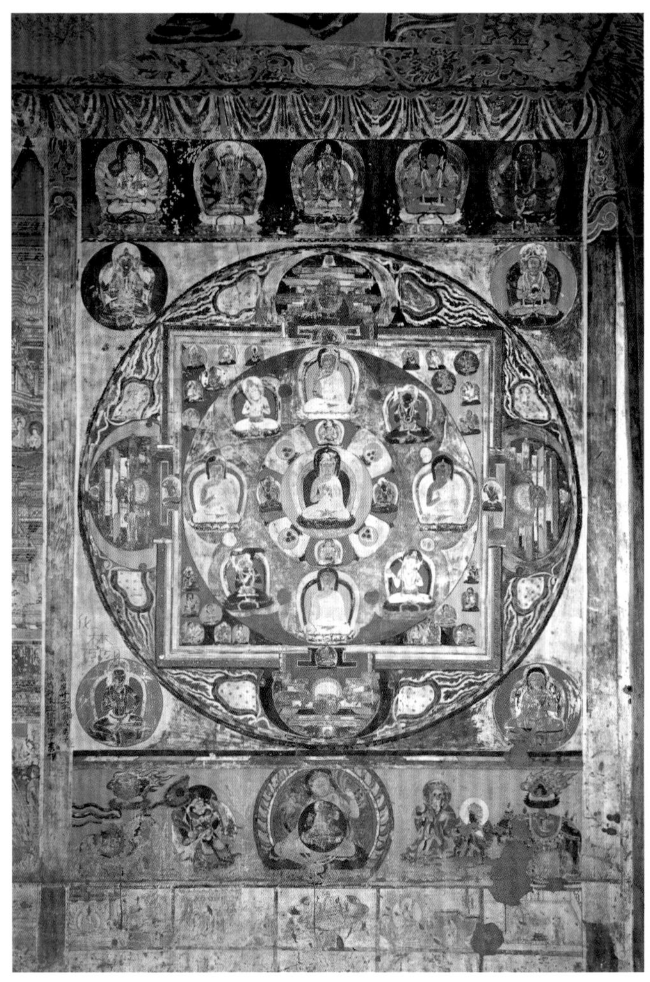

194 **三十七尊曼荼羅**

在壇城圓輪中央繪金剛界五佛。中心為結智拳印的大日如來；下方為東方阿閦佛，結觸地印；上方為西方無量壽佛，結禪定印；本尊右側為南方寶生佛，左側為北方不空就佛，均左手置腹前、右手置於胸前。五佛的四角，各有一尊菩薩，分別是：大日如來的四波羅蜜菩薩；阿閦佛的四親近菩薩（金剛薩埵、金剛王、金剛愛、金剛喜）；無量壽佛的四親近菩薩（金剛法、金剛利、金剛因、金剛語）；不空成就佛的四親近菩薩（金剛業、金剛護、金剛牙、金剛拳）；寶生佛的四親近菩薩（金剛寶、金剛笑、金剛光、金剛幢）。

西夏　榆3　北壁西側

195 **金剛界曼荼羅**

與北壁的金剛界三十七尊曼荼羅對稱，均為有所依據，但並未拘泥於某一經典的曼荼羅。壇城圓輪中央為大日如來及其四波羅蜜菩薩，大日如來下方為東方阿閦佛，東側為南方寶生佛，上方為西方無量壽佛，西側為結無畏印的北方不空成就佛。此外還有多身菩薩環繞。

西夏　榆3　南壁西側

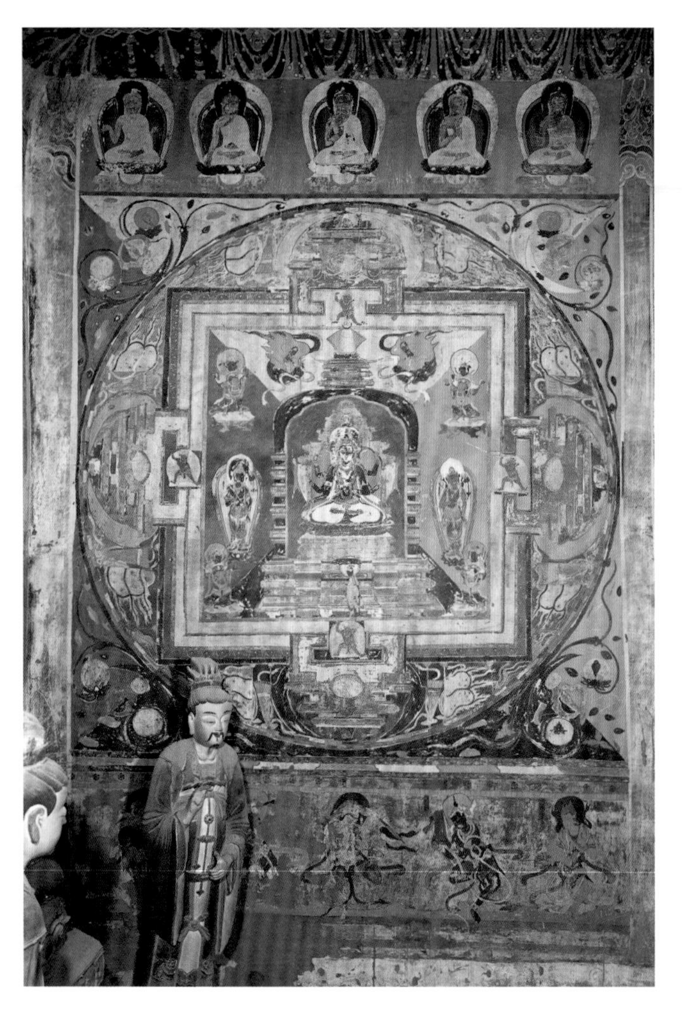

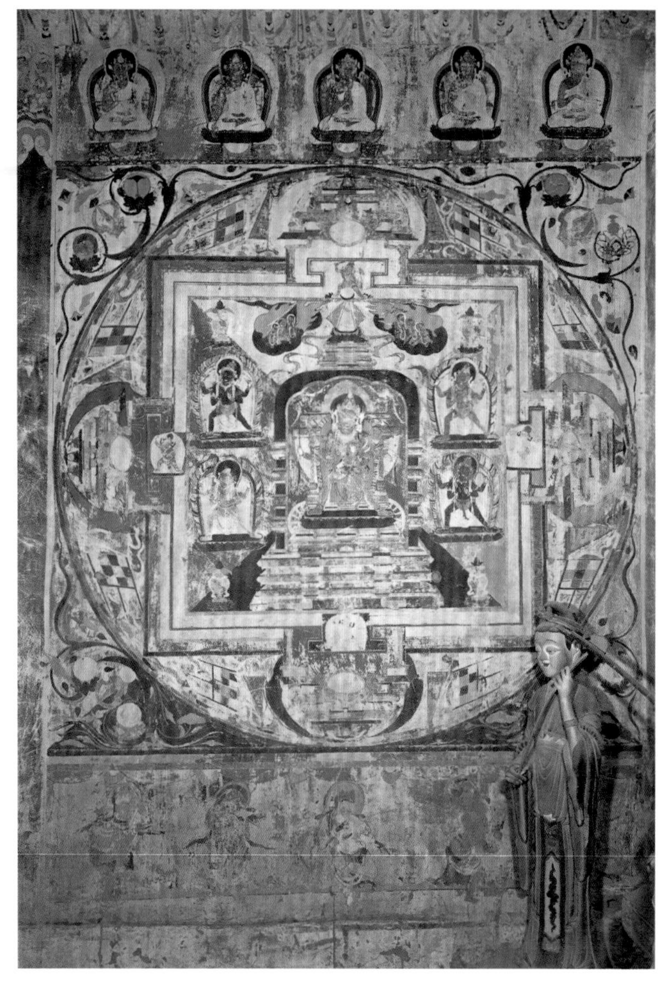

196 觀音曼荼羅

曼荼羅中央塔中為八臂觀音菩薩坐像，其四隅為四天王。壇城四門各有金剛守護。壇城上方繪畫五佛，從手印判斷，分別為大日如來、阿閦佛、寶生佛、無量壽佛、不空成就佛，由金剛界五佛可知此觀音曼陀羅亦屬金剛界曼荼羅。

西夏　榆3　南壁東側

197 不空羂索觀音曼荼羅

主尊為一面八臂呈立姿的觀音菩薩，分別持羂索、弓、箭，或結手印，有的手持物不詳。主尊兩側各有二身四臂金剛。壇城四門各有一身金剛守護。壇城上部繪製金剛界五佛。

西夏　榆3　北壁東側

198 五十一面千手千眼觀音經變

壁畫中央為主尊，五十一面呈十層塔式排列，最上一面頭上方為七級寶塔，塔頂有化佛，化佛上有承露盤，盤中寶珠又化現須彌山，山頂又化現忉利天宮，再上又有化佛和祥雲鮮花。六十二隻大手執持對稱的法器、寶物及世俗工具、勞作場面等。其中兩隻巨大的手左右斜伸，呵護着下方凡俗信眾。壁畫下部可見婆藪仙和功德天。

此幅經變屬漢傳密教經變，主尊面數最多，手持眾多世俗用具及勞作場面，為敦煌密教經變的孤例。

西夏　榆3　東壁南側

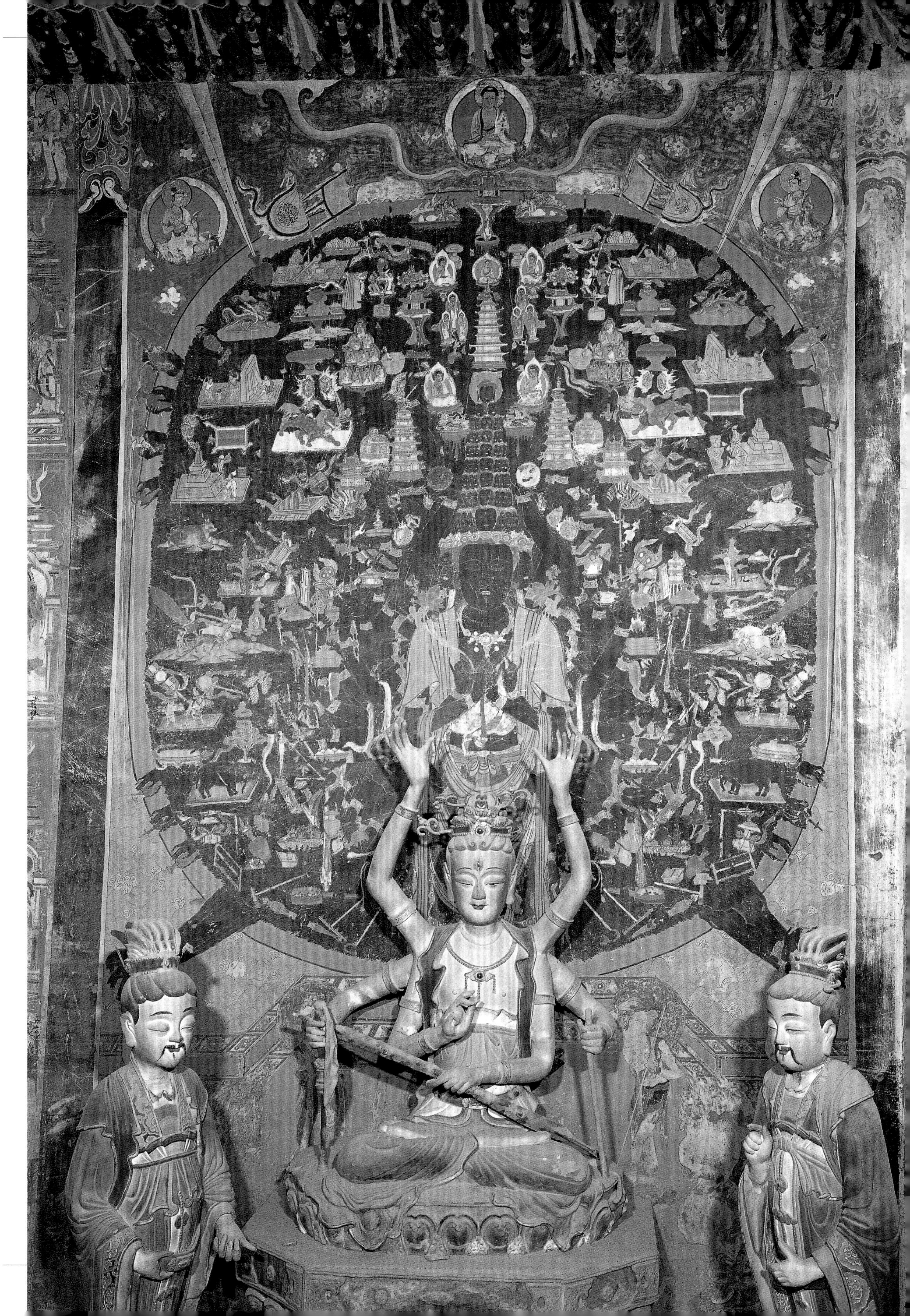

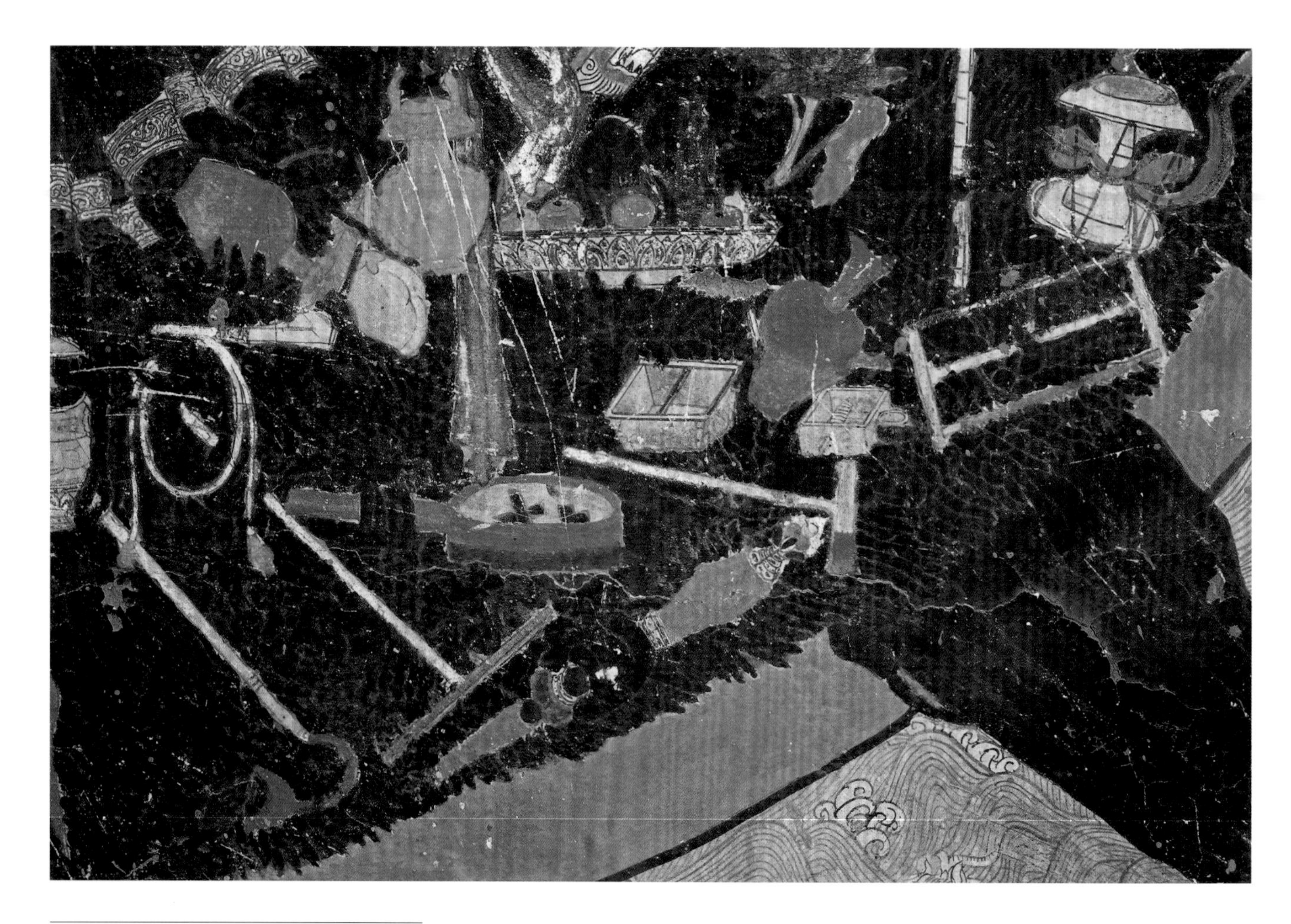

199 工具與寶瓶

此圖是五十一面千手千眼觀音手中部分工具及法器，有寶盤、寶瓶、羂索、腰鼓、釘耙、鋸子、鋤頭、斧子等。

西夏 榆3 東壁南側

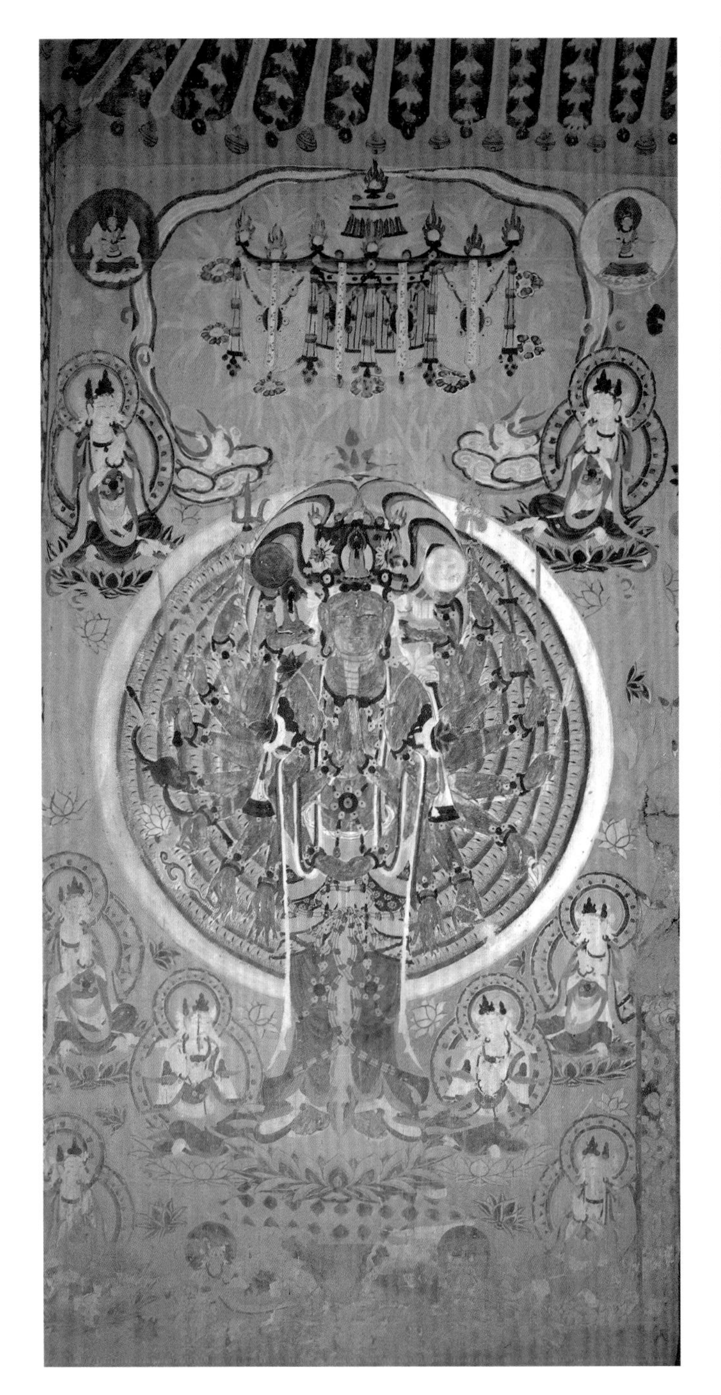

200 千手千眼觀音經變

主尊戴化佛冠，二十四隻大手分別執持法器、寶物或結手印，眾多小手組成六個圓圈環繞主尊。有眷屬十四身，除日光菩薩、月光菩薩、龍王、二童子外，均為姿勢基本相同的供養菩薩。

西夏 莫30 東壁門北

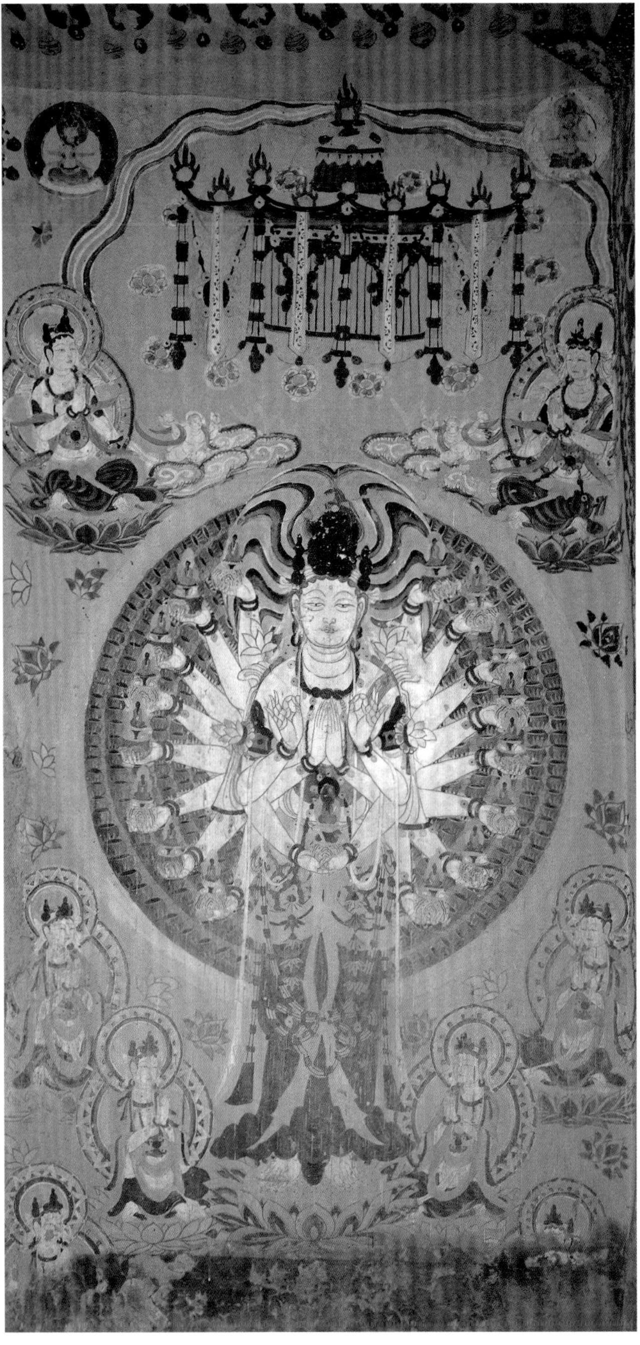

201 千手千缽文殊經變

主尊有大手二十二隻，或持蓮花、或結手印、或托有釋迦佛的寶缽。眾多小手均托寶缽，但缽中無釋迦。有眷屬十二身，除日光、月光菩薩、二童子外，均為姿勢雷同的供養菩薩。

西夏 莫30 東壁門南

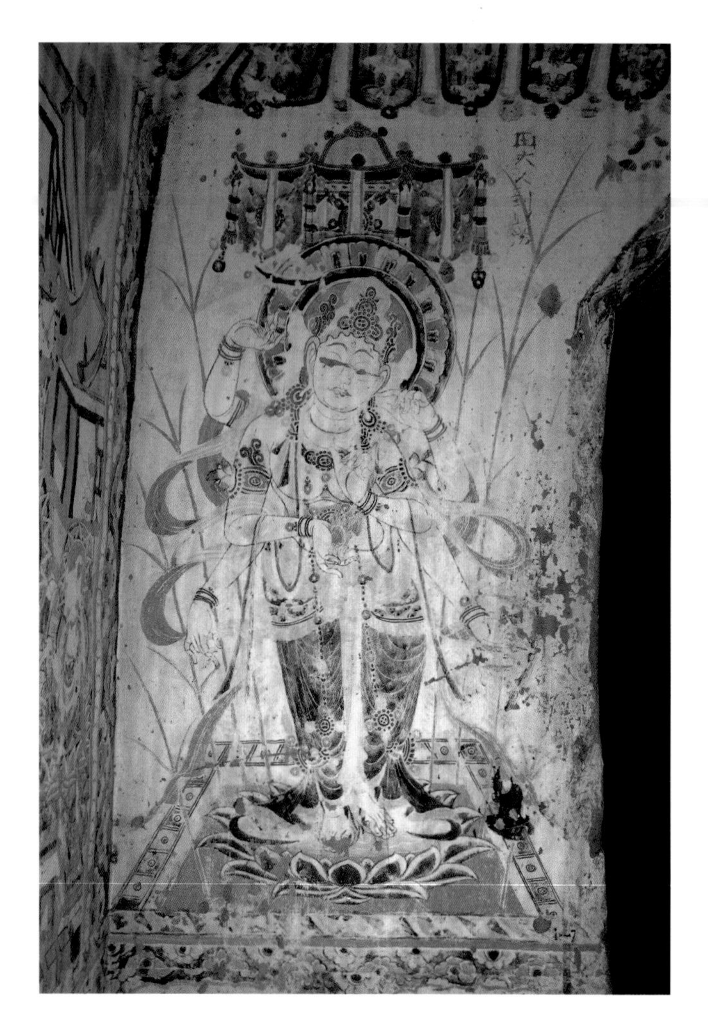

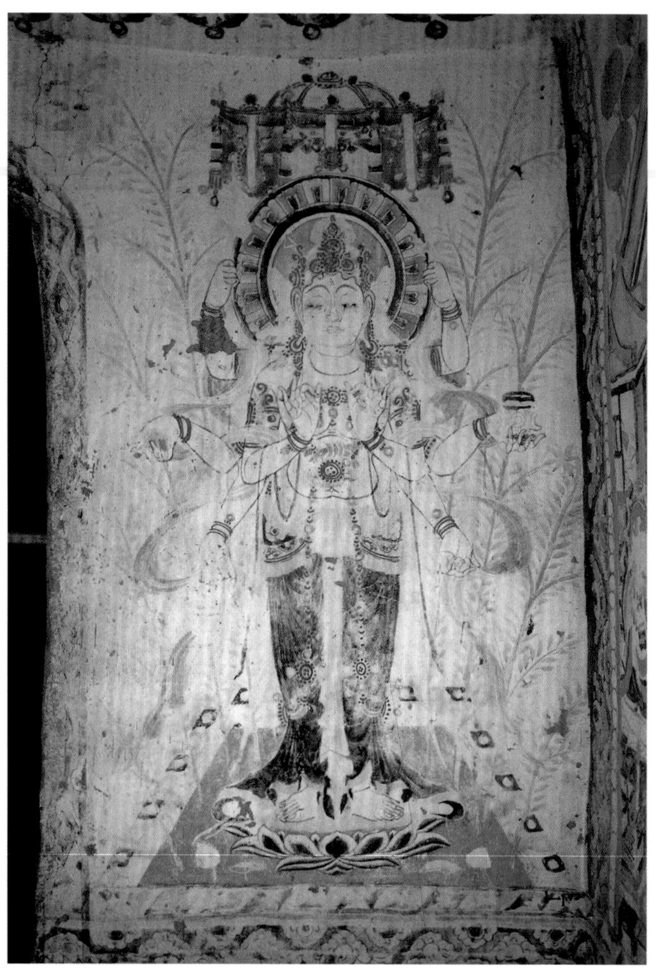

202 **如意輪觀音**

觀音有六臂，戴寶冠，冠中無化佛。左手在左耳旁，呈左思惟狀，與通常所見如意輪觀音不同。此觀音臉方體胖，上身略短，比例稍有不當。

西夏　莫354　東壁門北

203 **不空羂索觀音**

觀音有八臂，寶冠無化佛。未披鹿皮衣，與一般不空羂索觀音不同。此觀音臉方體胖，呈現出一種健康美。

西夏　莫354　東壁門南

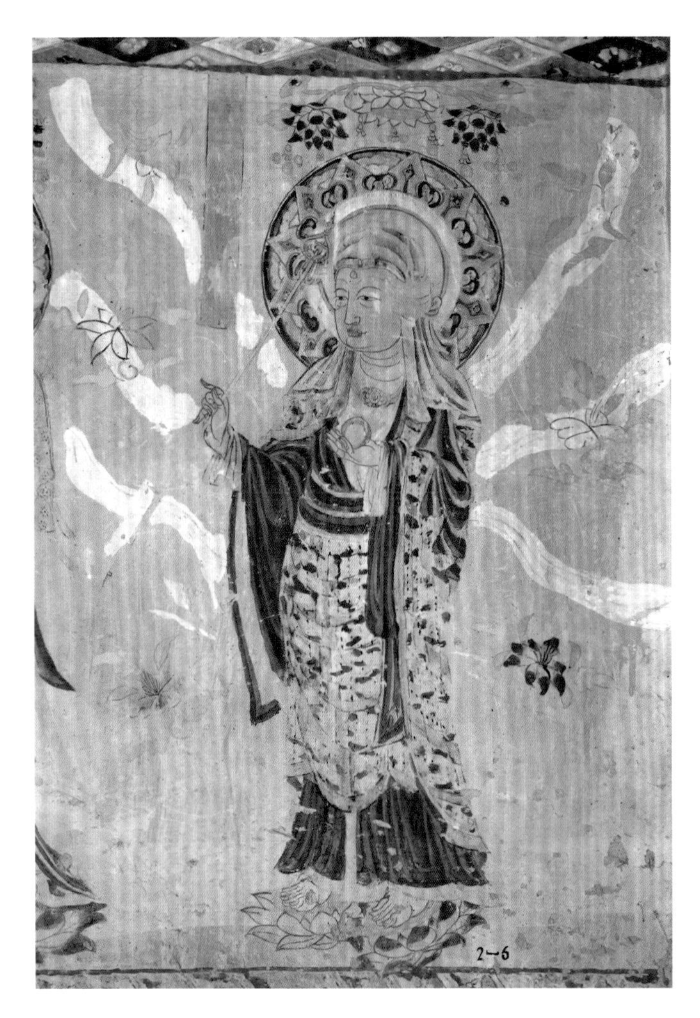

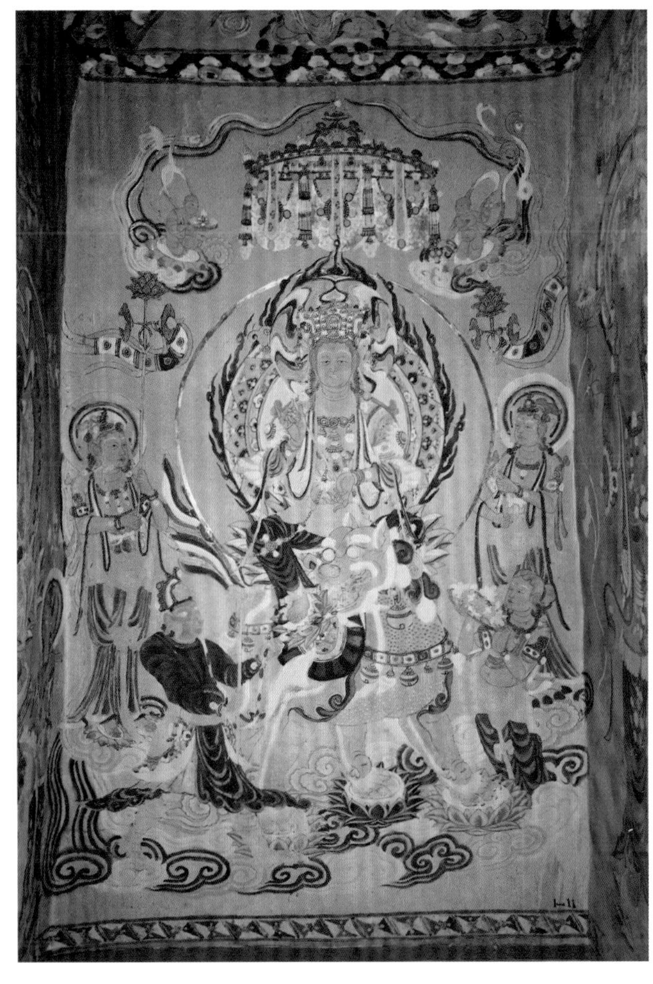

204　**地藏菩薩**

菩薩戴帔帽，右手持錫杖，左手托寶珠，站立於蓮花上。身側各有三條放射狀色帶，象徵六道：天道、阿修羅道、人道、畜生道、地獄道、餓鬼道。畫面簡約，但寓意深刻。

西夏　莫154　北壁

205　**文殊變**

文殊端坐在回首的雄獅上， 繪畫得嚴謹而細膩，為敦煌石窟西夏時期的藝術佳作。

西夏　莫153　南壁

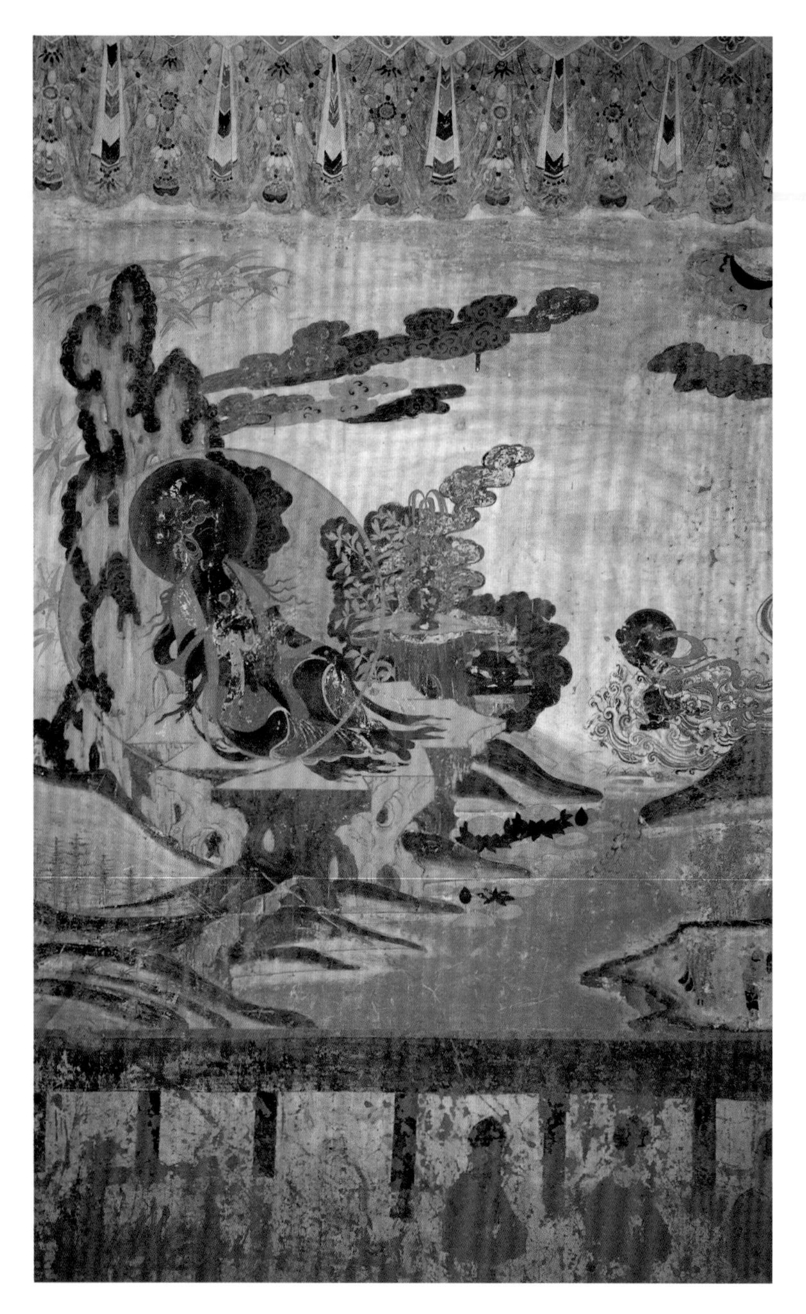

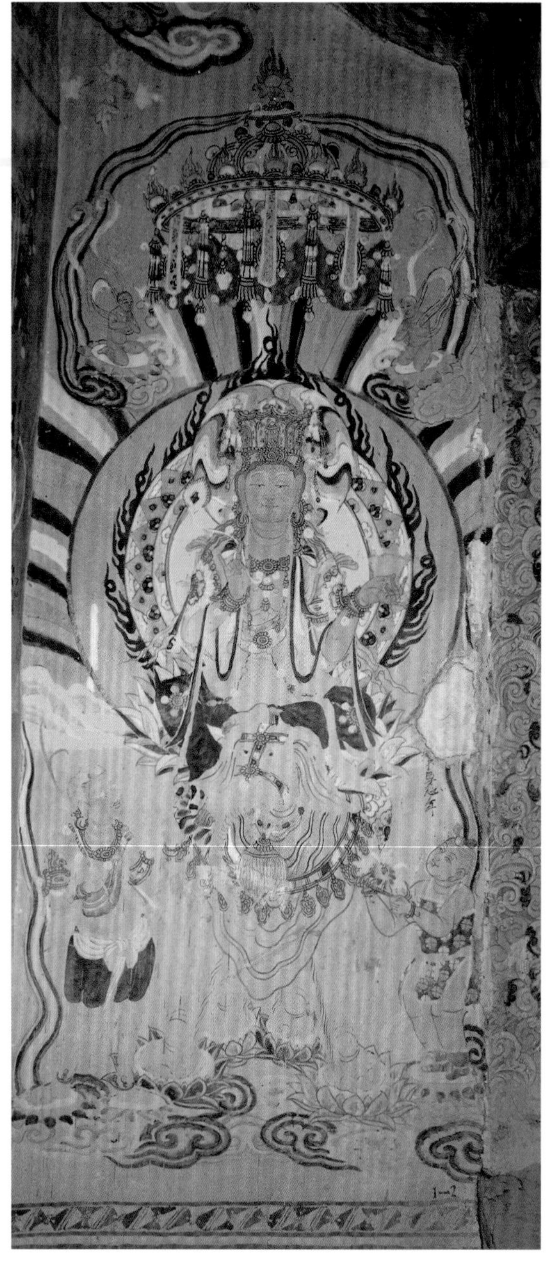

206 **水月觀音**

觀音菩薩為攝化不同類眾生而示現三十三種形象，水月觀音即為其一。上有雲天彎月，下有碧水蓮花，在峭崖修竹中，觀音菩薩裝，倚岩舒腿而坐，凝思遠望。前置淨瓶柳枝。身光透明，如鏡中顯影。畫面下方，水池對岸，唐玄奘合掌遙禮觀音，猴行者牽馬，一手遠眺觀音，是唐僧赴西天取經的故事。整幅畫面構圖謹嚴，意境優美。

西夏 榆2 西壁

207 **普賢變**

此圖與前圖文殊變相對稱，亦為敦煌石窟的西夏藝術佳作，下方童子亦有意趣。

西夏 莫153 北壁

208 **金剛薩埵菩薩**

菩薩戴寶冠，無化佛，濃眉秀眼，高鼻，曲髮披肩，一手持金剛杵，一手持金剛鈴，有橢圓形頭光和背光。形象優美，有典型的印度波羅密教藝術風格。

西夏 東2 東壁門南

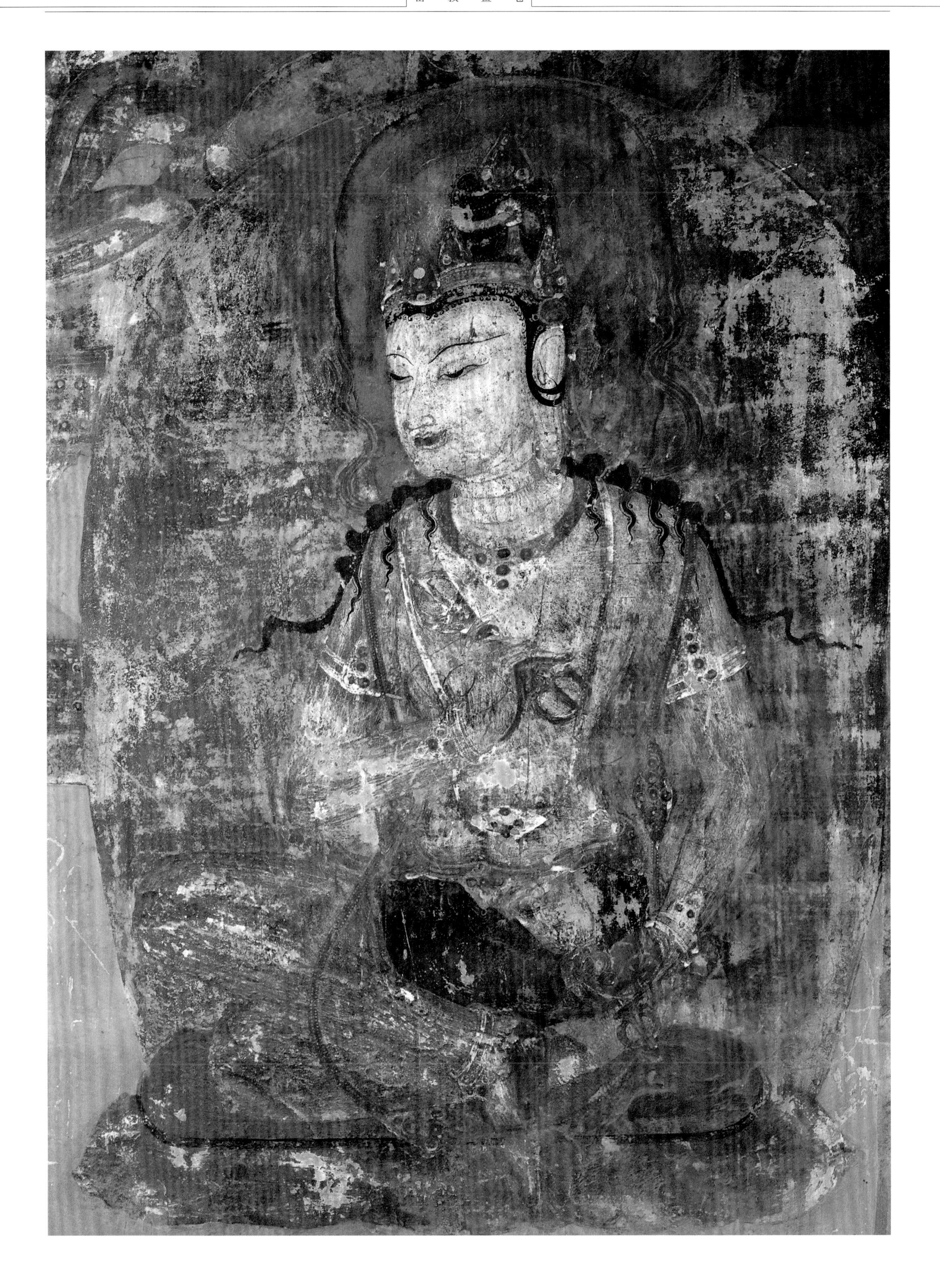

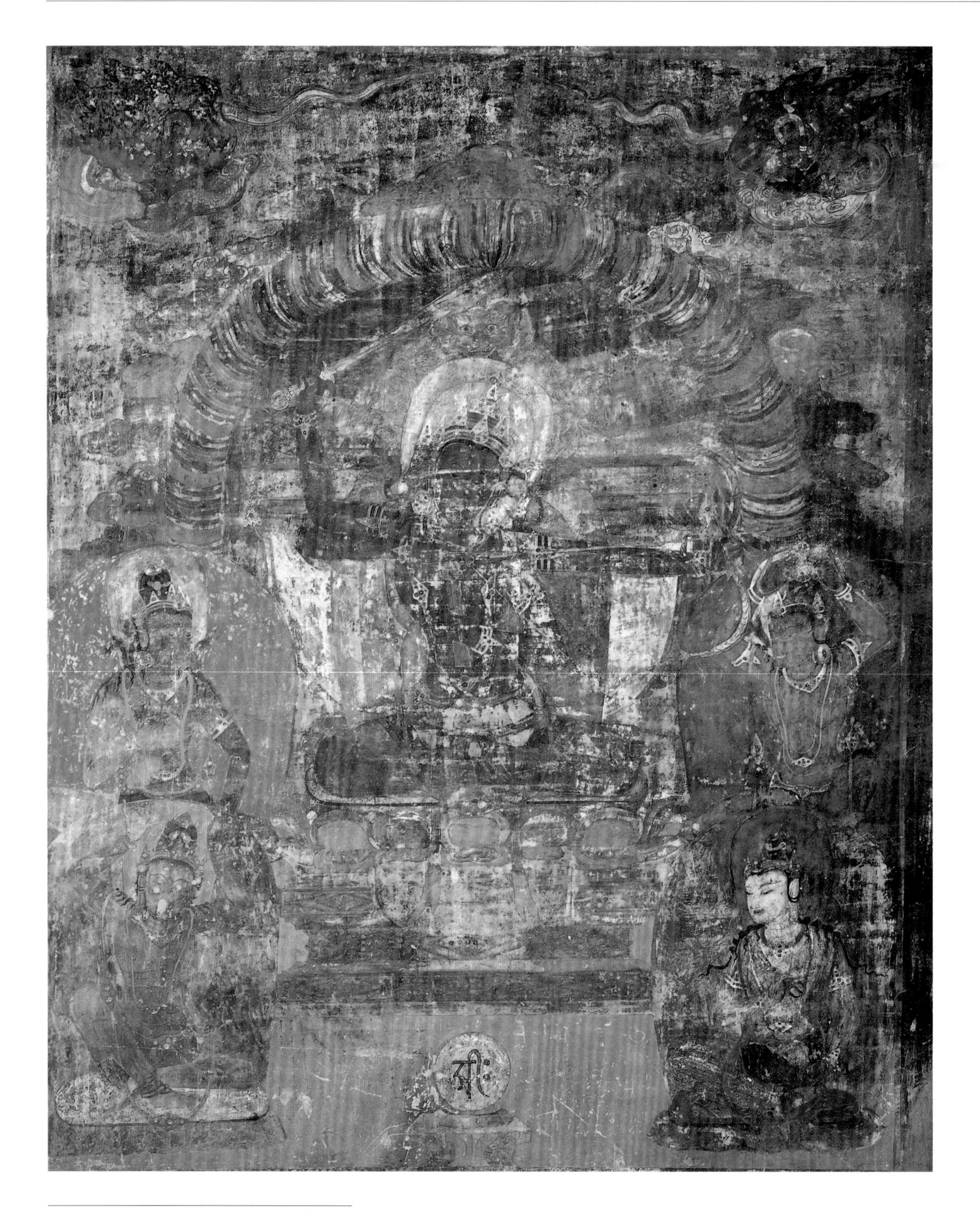

209 三面四臂觀音曼荼羅

主尊四臂， 其中一雙手持弓拉弦，箭在弦上，正欲射出，頗有動感。

主尊與眷屬均蜷髮披肩，具有印度波羅密教藝術風格。主尊下方有一梵文字母。

西夏 東2 東壁門南

第二節 元朝藏傳密教的鼎盛與輝煌

13 世紀，來自草原的蒙古族建立了橫跨歐亞大陸的元朝大帝國，滅西夏，代之統治敦煌地區，直到 1368 年元朝滅亡。

藏傳密教在元代得到帝王的直接支持和崇信，從元世祖忽必烈起，創立了帝師制度，尊封吐蕃藏傳密教主流薩迦派的領袖為帝師。第一位帝師八思巴是薩迦派的第五祖，忽必烈授予他玉印，稱為"皇天之下，一人之上"，意思是比皇帝還要神聖。帝師的地位至高無上，帝師之命，與皇帝的詔令並行於西土。帝師身負兩大職責，一是親自為皇帝傳授佛戒，舉行藏傳密教的儀式。忽必烈以後的每位皇帝都必須經過由帝師主持的受戒儀式，才能夠登基；第二是統領全國的佛教事物。元朝皇帝還採取兼容並蓄的政策，同時也尊崇長期活動於西夏舊地的藏傳密教另一派——噶舉派。帝師制度將藏傳密教推向頂峯，成為當時統領佛教的第一大宗教，勢力盛極一時，影響遍及全國，故有"秘密之法日麗呼中天，波漸於四海"之說。其後，明、清兩朝繼續提倡和推崇藏傳密教，盛行近七百年。由於宗教領袖具有世俗統治者無法替代的心理上的凝聚力，元朝政府通過藏密的精神威力，成功統一和治理青藏高原，形成今天中國版圖的基礎。

敦煌石窟除了保留豐富的元代藏傳佛教遺迹以外，還有重大的考古發現。元朝僧錄廣福大師管主八搜集刊刻未入藏的密教經論，並廣為散施於寧夏、永昌、沙州等路，這是中國密教史乃至大藏經刊史的一件大事。有幸的是，在敦煌莫高窟北區石窟近年出土一件押捺有"僧錄廣福大師管主八施大藏經於沙州文殊舍利塔寺永遠流通供養"印記的西夏文佛經（元朝時，西夏文仍長時間廣泛使用於原西夏故地），無疑是當年管主八所施"河西字大藏經"之一，並證實敦煌石窟在當時是藏傳密教譯經、傳經的其中一個中心。此外，在莫高窟還發現一方"六字真言碑"，亦是研究元代敦煌藏傳密教的重要資料。"六字真言"碑立於元代至正八年（1348）五月十五日，碑上用梵、藏、漢、西夏、八思巴、回鶻六種文字書寫"唵、嘛、呢、叭、咪、吽"六字真言。真言兩側和下部刻有功德主題名。從題名推測，立碑者有蒙古、漢、西夏、回鶻等族人，包括速來蠻西寧王及王妃、太子；沙州路及河渠提領、大使、百戶、僧人、刻碑石匠等，共計八十二人。"六字真言"是藏傳佛教最尊崇的一句偈語，"唵"表示"佛部心"，唸此字時，自身應於佛身，口應於佛口，意應於佛意，實現身、口、意與佛為一體，才能獲得成就；"嘛呢"梵文意為"如意寶"，表示"寶部心"，據說此寶出自龍王腦中，得此寶珠，可以聚寶；“叭咪”梵文意為“蓮花”，表示“蓮花部心”，比喻法性純潔；“吽”表示“金剛部心”，意喻必須依賴佛的力量才能獲得“正覺”，成就一切，達到成佛的願望。藏傳佛教視“六字真言”為密教經典之根源，主張信徒循環往復持誦思維，念念不忘。此碑的出土證實元代藏傳密教在敦煌得到廣泛普及。

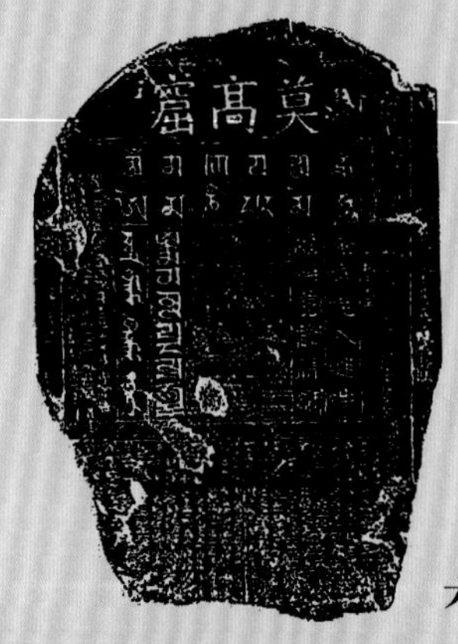

六字真言碑

碑上額橫刻“莫高窟”三字，中心刻四臂觀音坐像。兩側用梵、藏、漢、西夏、八思巴、回鶻六種文字書寫“六字真言”，真言兩側和下部是功德主題名。現藏敦煌研究院。

敦煌石窟有十個洞窟留下蒙元時期的密教遺迹，包括漢傳和藏傳密教遺迹。具體內容如下：

漢傳密教遺迹僅有八種、十六幅，沒有出現新題材。其種類和形象的數量均遠少於西夏時期。這些漢密題材的壁畫在洞窟的最重要位置——舉凡前室、甬道、主室的頂部等，已經完全沒有蹤迹，顯見其地位比西夏時期又降低了。但從藝術的角度來看，仍不乏精品，莫高窟第3窟的兩幅千手千眼觀音經變就是例證。整個畫面佈局嚴謹，構圖簡練，造型端莊，筆墨精審，神采動人，線描純熟，變化豐富，使用了中國畫史上所涉及的鐵線描、折蘆描、蘭葉描、遊絲描、丁頭鼠尾描、行雲流水描等多種線描手法，刻畫出不同質感，使形象真切感人，極富神韻。顯示了元代繪畫藝術的高度發展，在現存元代壁畫中堪稱翹楚。

屬於藏傳密教的題材有十七種、三十一幅（處）。在藏傳密教的洞窟後室中央，修建有圓形多層佛壇，與後室頂部繪製的五方佛曼荼羅上下對應。而壁畫則繪於洞窟的四壁及頂部，往往相互成組，彼此對稱。其中大日如來、白度母曼荼羅、上樂金剛雙身曼荼羅、金剛亥母單身曼荼羅、上樂金剛單身曼荼羅、喜金剛雙身曼荼羅、上樂金剛雙色伴屬神曼荼羅、大幻金剛雙身曼荼羅、密集金剛雙身曼荼羅（或稱為時輪金剛雙身曼荼羅）、大力金剛雙身曼荼羅、大黑天曼荼羅、大威德金剛等，都是新出現的藏傳密教題材。如戴骷髏冠、頸掛數十顆人頭的金剛；金剛擁抱明妃等形象，帶有濃厚的青藏高原的風格，有別於以往的密教形象，使人耳目一新。這一系列突然湧現的新形象，表明蒙元時期的敦煌地區與其它各地一樣，藏傳密教都在蓬勃發展。

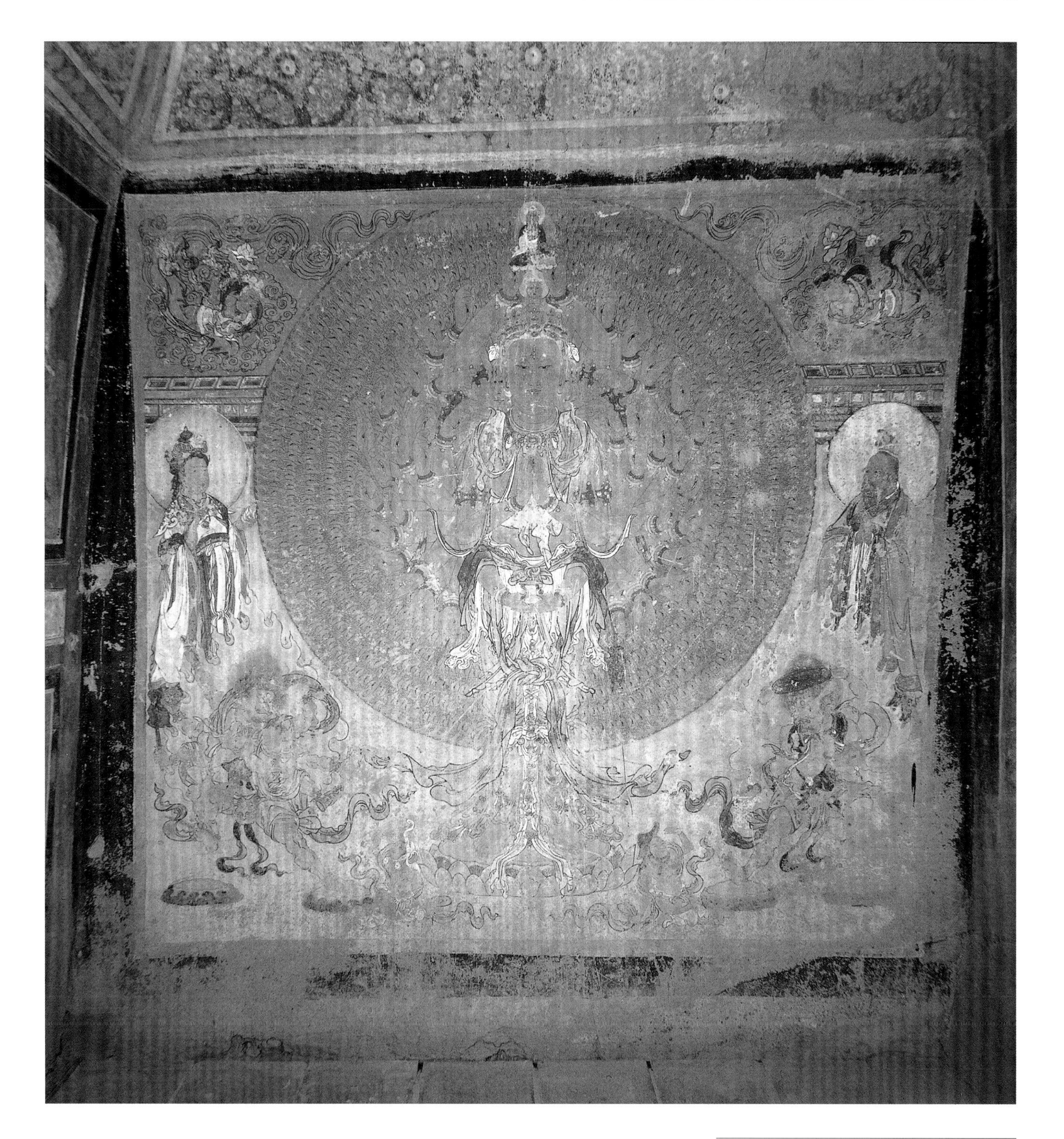

210 千手千眼觀音經變

主尊赤足站在蓮花上。有眷屬八身，其中功德天呈站立式，如同一位雍容華麗的貴婦，而婆藪仙也不再是手持竹杖的外道老者，毗那夜迦和毗那勒迦也已改頭換面，分別用象頭帽和豬頭帽代替了象頭與豬頭。無論主尊還是各路眷屬形象，均使人耳目一新，再加上繪製技藝精湛，堪稱是敦煌壁畫的壓卷之作。

元 莫3 北壁

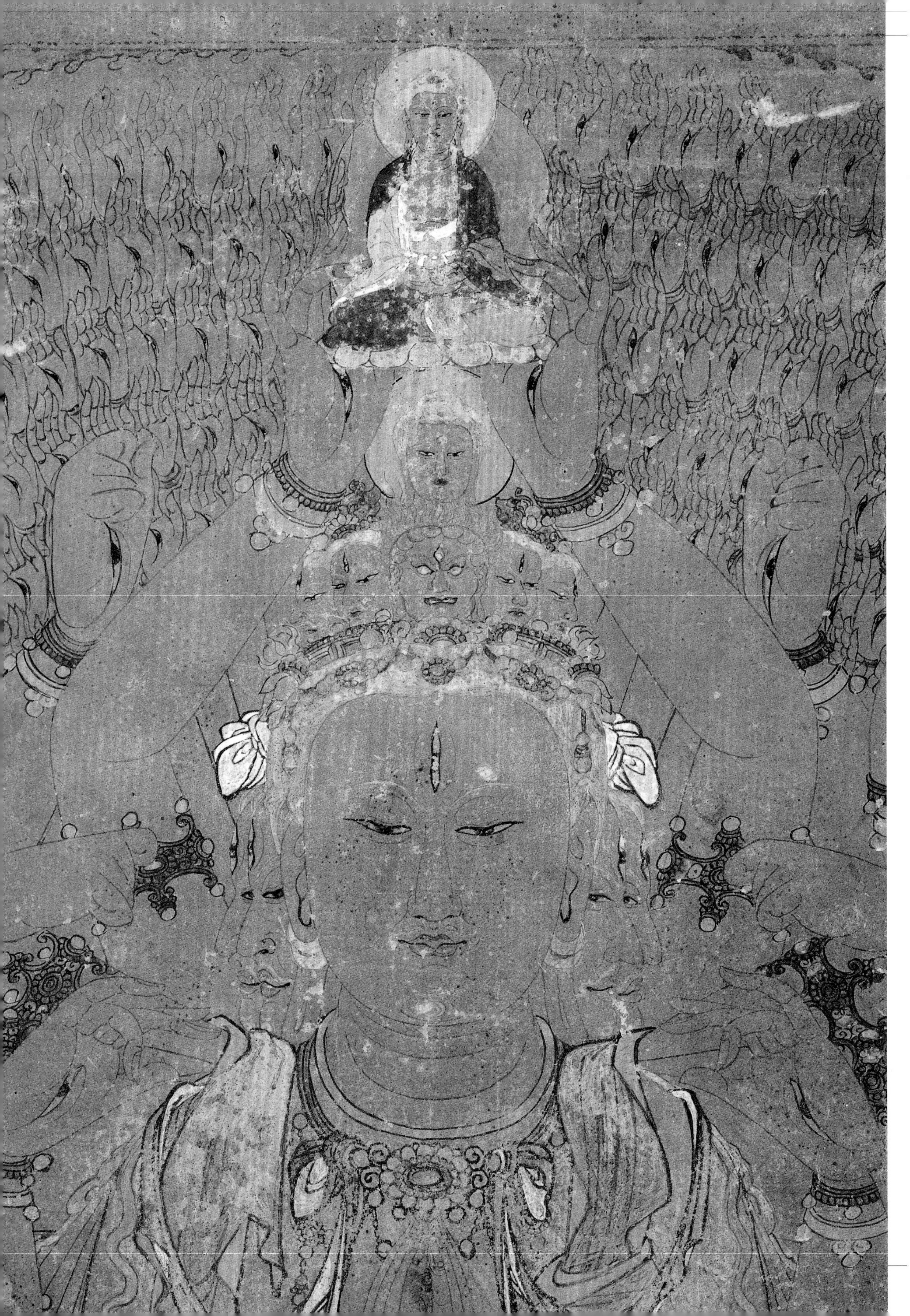

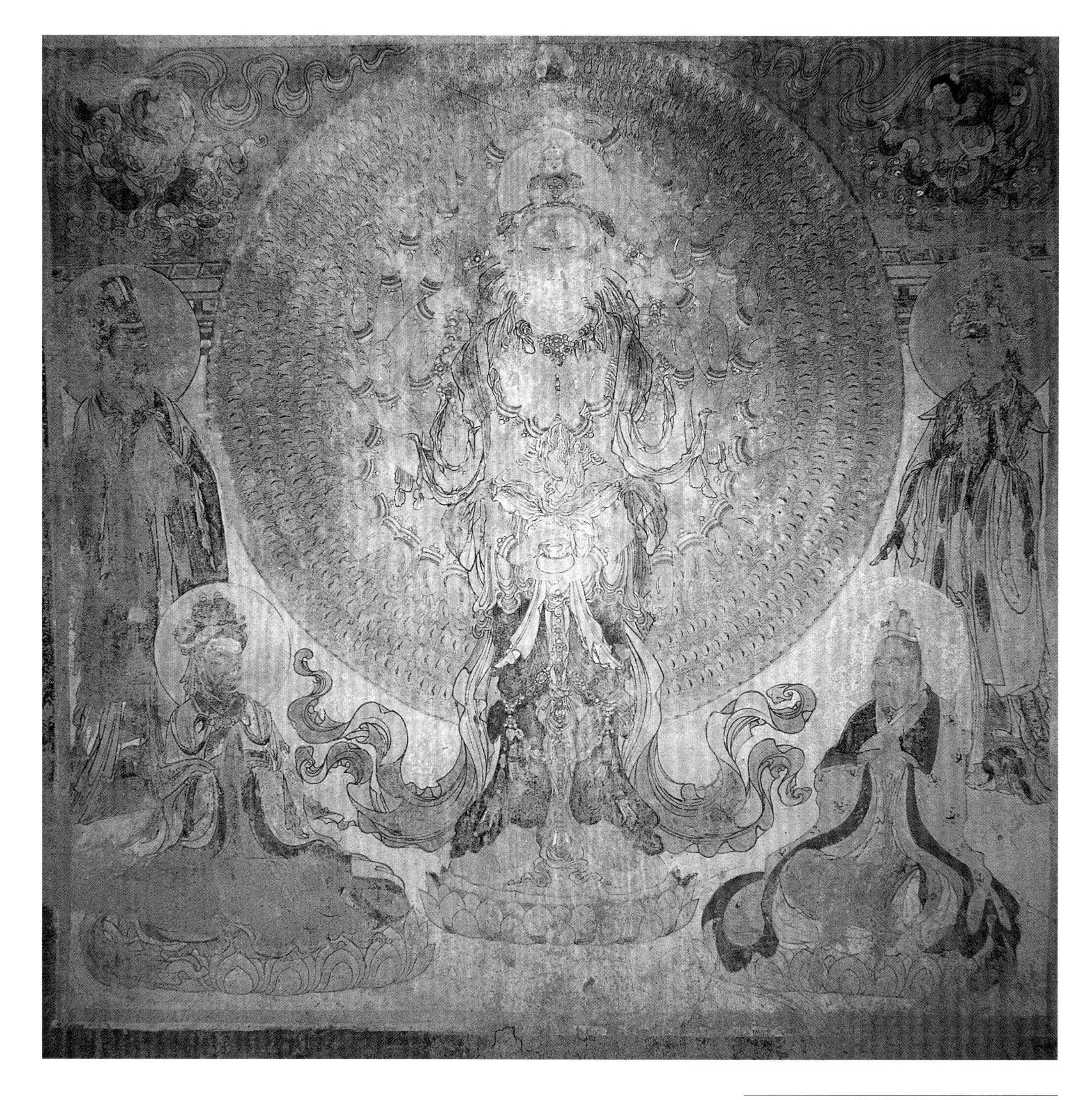

212　千手千眼觀音經變

此圖與北壁的千手千眼觀音相同，是一組對稱組合，但眷屬中未見二忿怒尊和毗那夜迦、毗那勒迦。

元　莫3　南壁

211　千手千眼觀音頭部特寫

主尊有十一面，疊頭如塔，千手排列如輪，手中有眼。大手四十二隻，所持法器、寶物、所結手印僅見寶瓶、楊柳枝、頂上化佛、須彌山（或寶鉢托須彌山）、雙手合掌等數種，與《千手經》和儀軌記載有別。

元　莫3　北壁

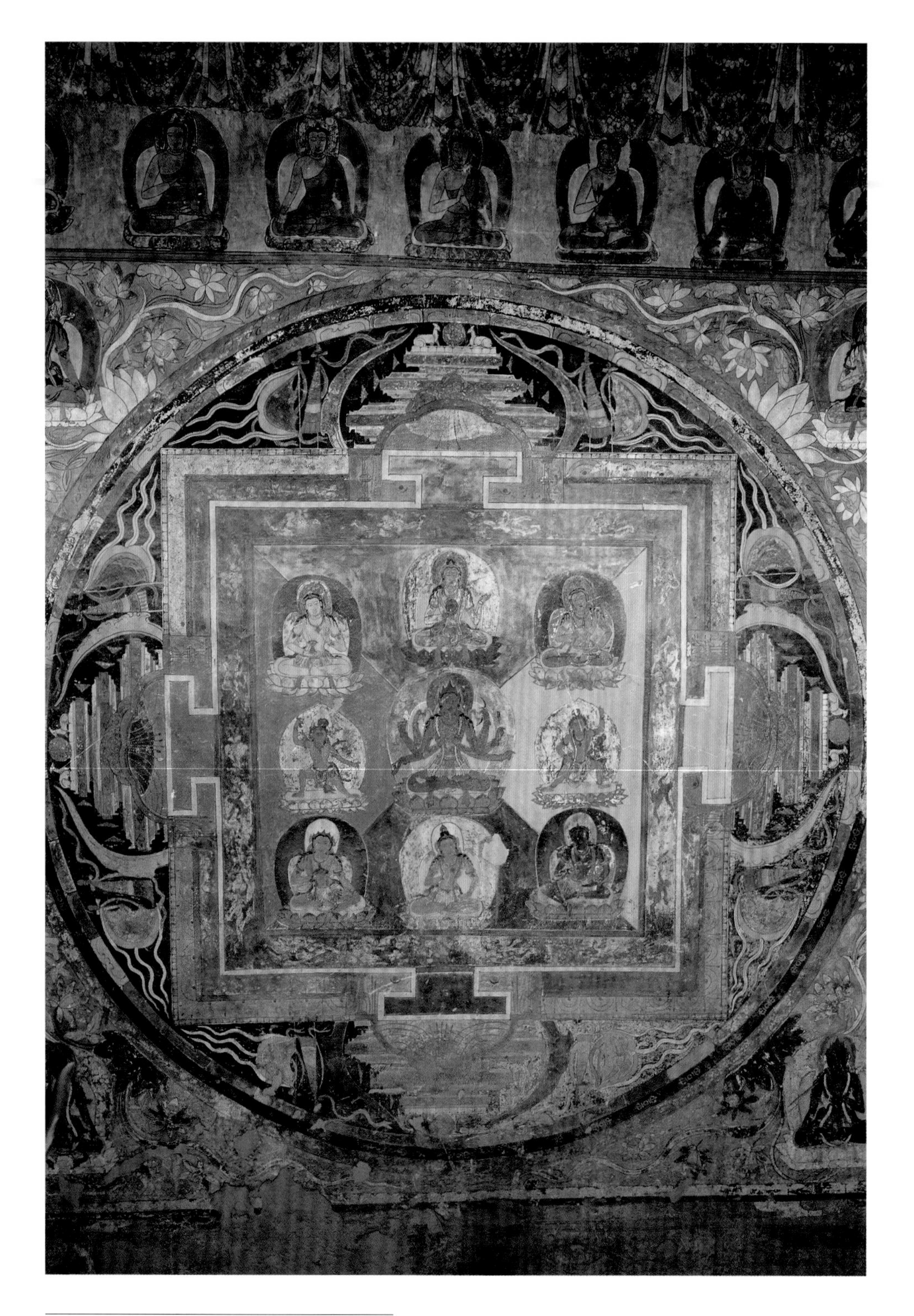

213 觀音曼荼羅

觀音有八臂，曲髮披肩，着短裙，結跏趺坐在蓮花座上。八手分別持弓、箭等法器。主尊上下各有一身菩薩，左右各有一身金剛，四角是四供養菩薩。上方為五方佛，以示此曼荼羅屬於金剛界曼荼羅。

元 榆4 南壁

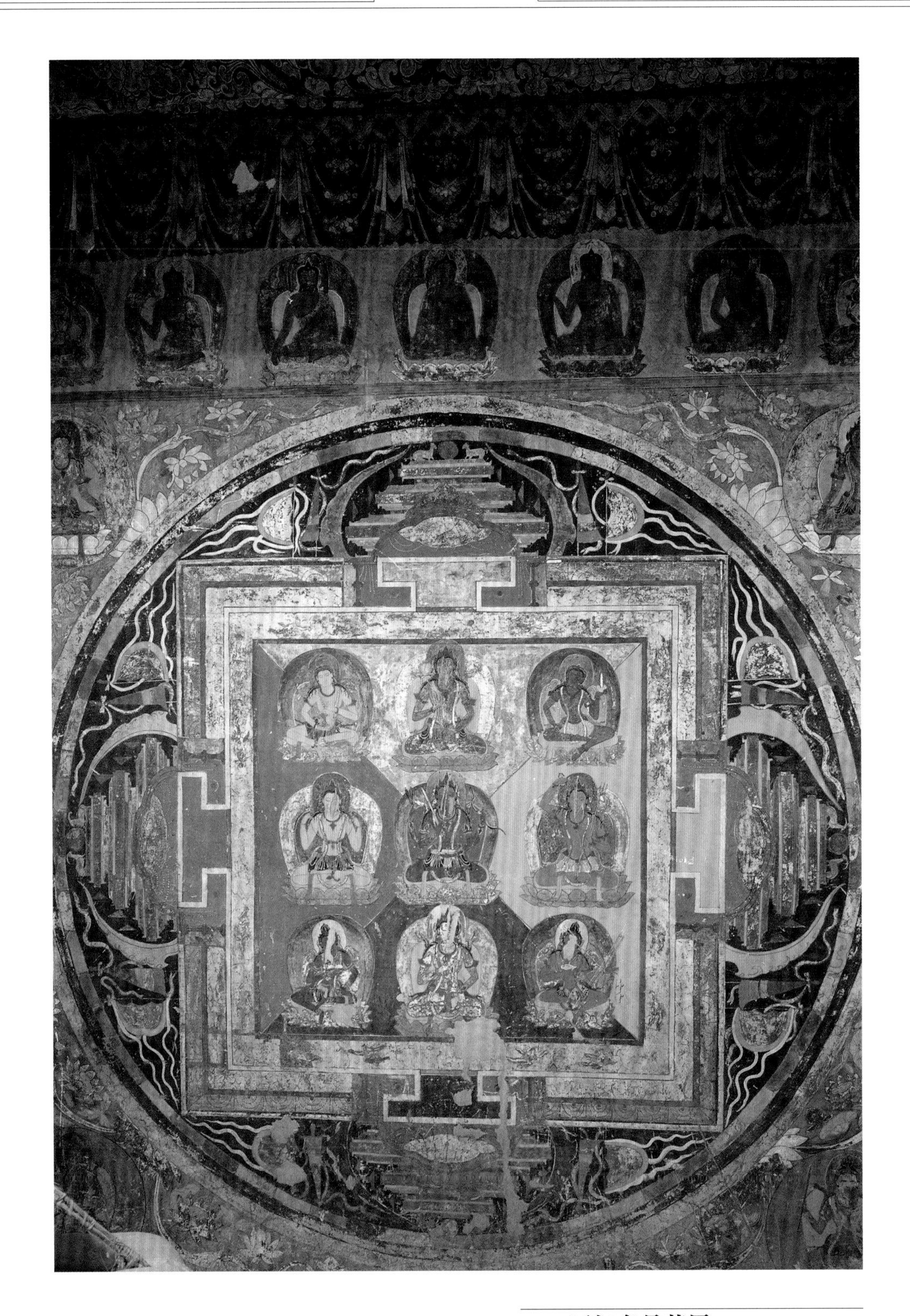

214 不知名曼荼羅

菩薩有四臂，分別持弓、箭、劍等法器，束短裙，結跏趺坐在蓮花座上。主尊上下左右各有一身菩薩，衣、冠、髮式、服飾均與主尊相同。方城四角分別為外四供養菩薩。具有印度波羅密教藝術風格。

元代 榆4 北壁

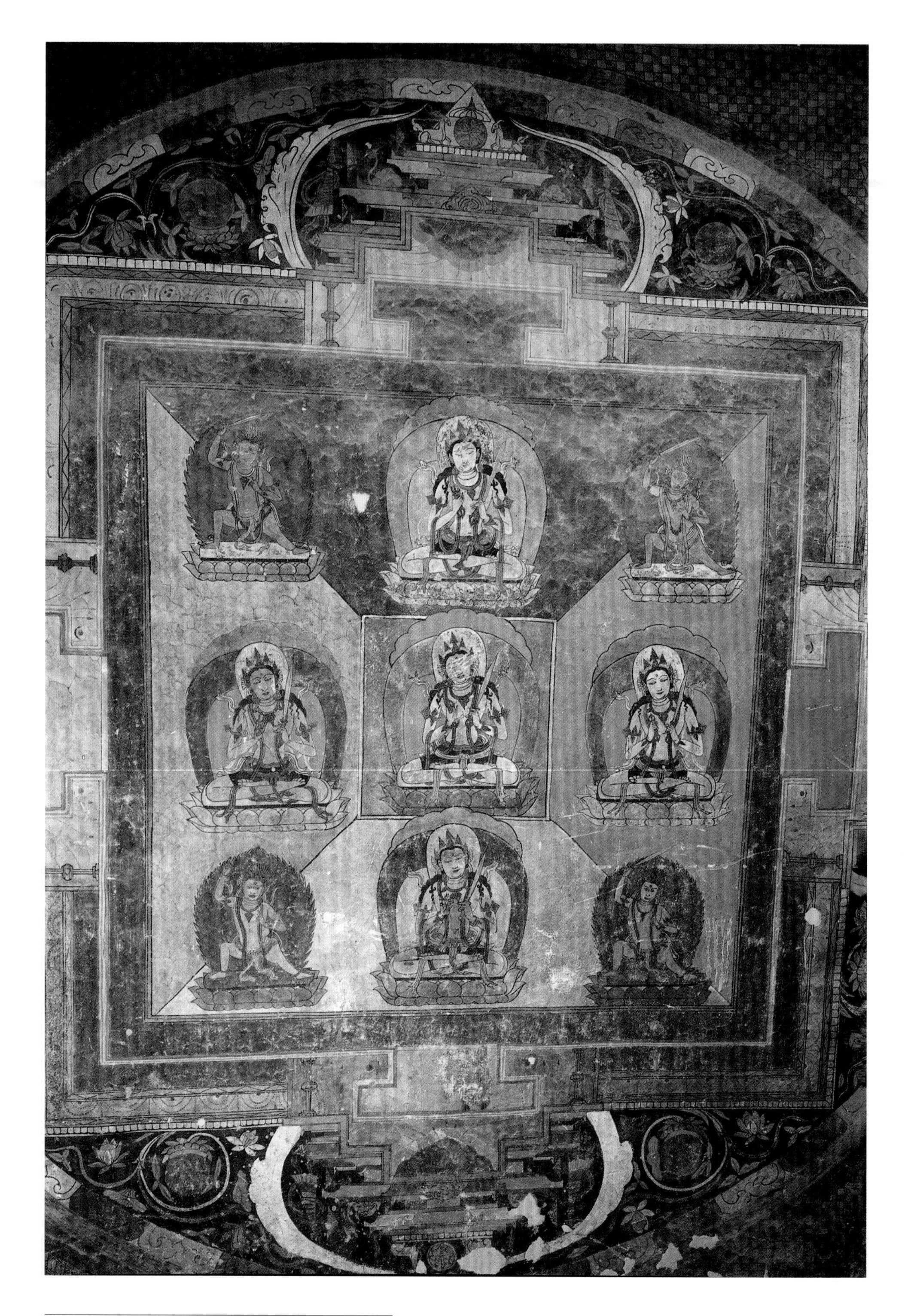

215 **不知名曼荼羅**

方城內畫五菩薩四護法。五菩薩呈十字形排列，形貌姿態基本相同，均曲髮短裙，持劍及金剛杵，結跏趺坐在蓮花座上。四角為四護法，均跨弓箭步，或持法器或結手印。

元代 榆4 東壁

216 **白度母曼荼羅**

白度母係藏傳密教二十一救世度母之一，曲髮披肩，端莊秀麗，着重裙，結跏趺坐在蓮花座上。上方為五方佛，下畫蓮池及五菩薩。兩側山中開六龕，內有修行菩薩，舞姿生動。

元代 榆4 南壁

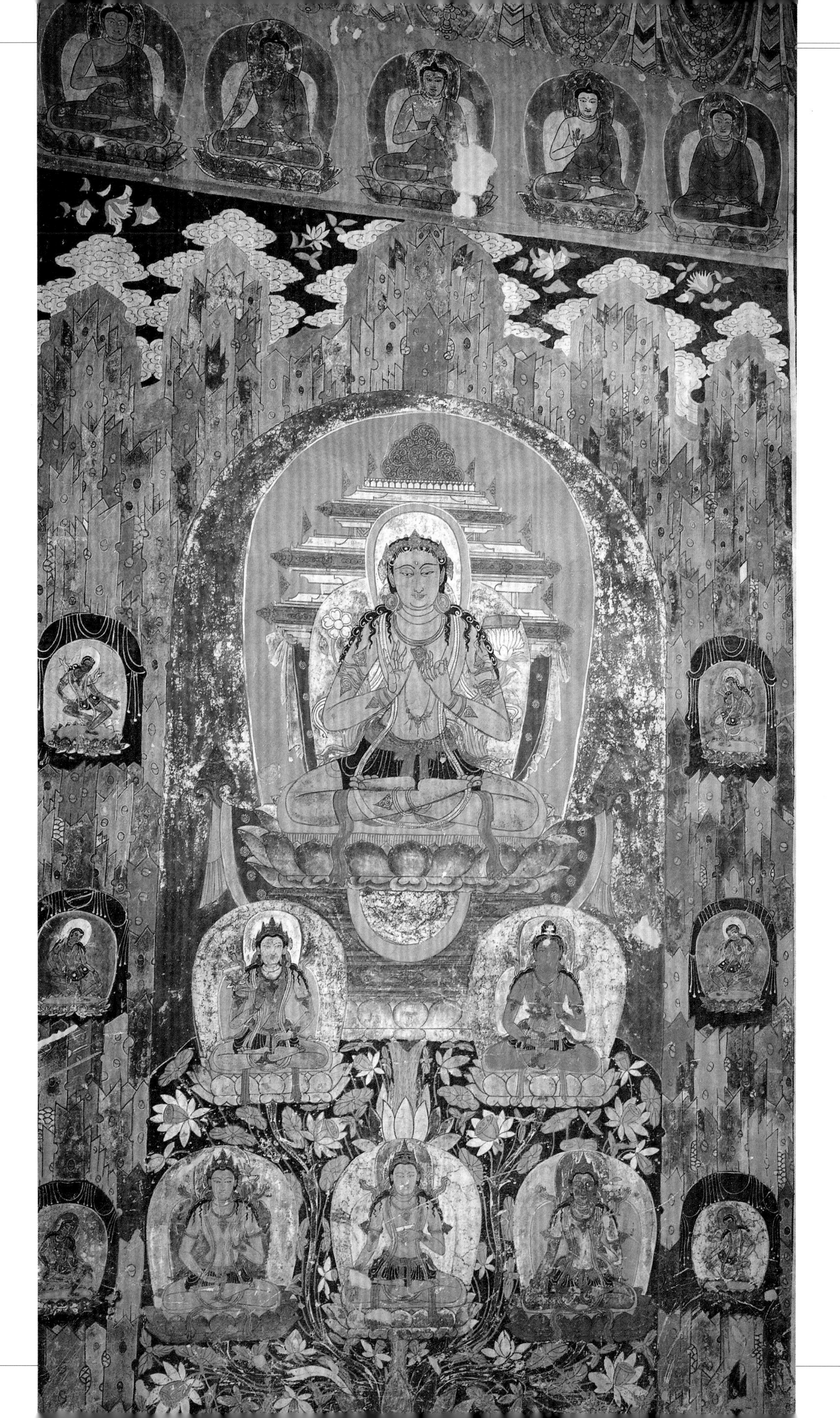

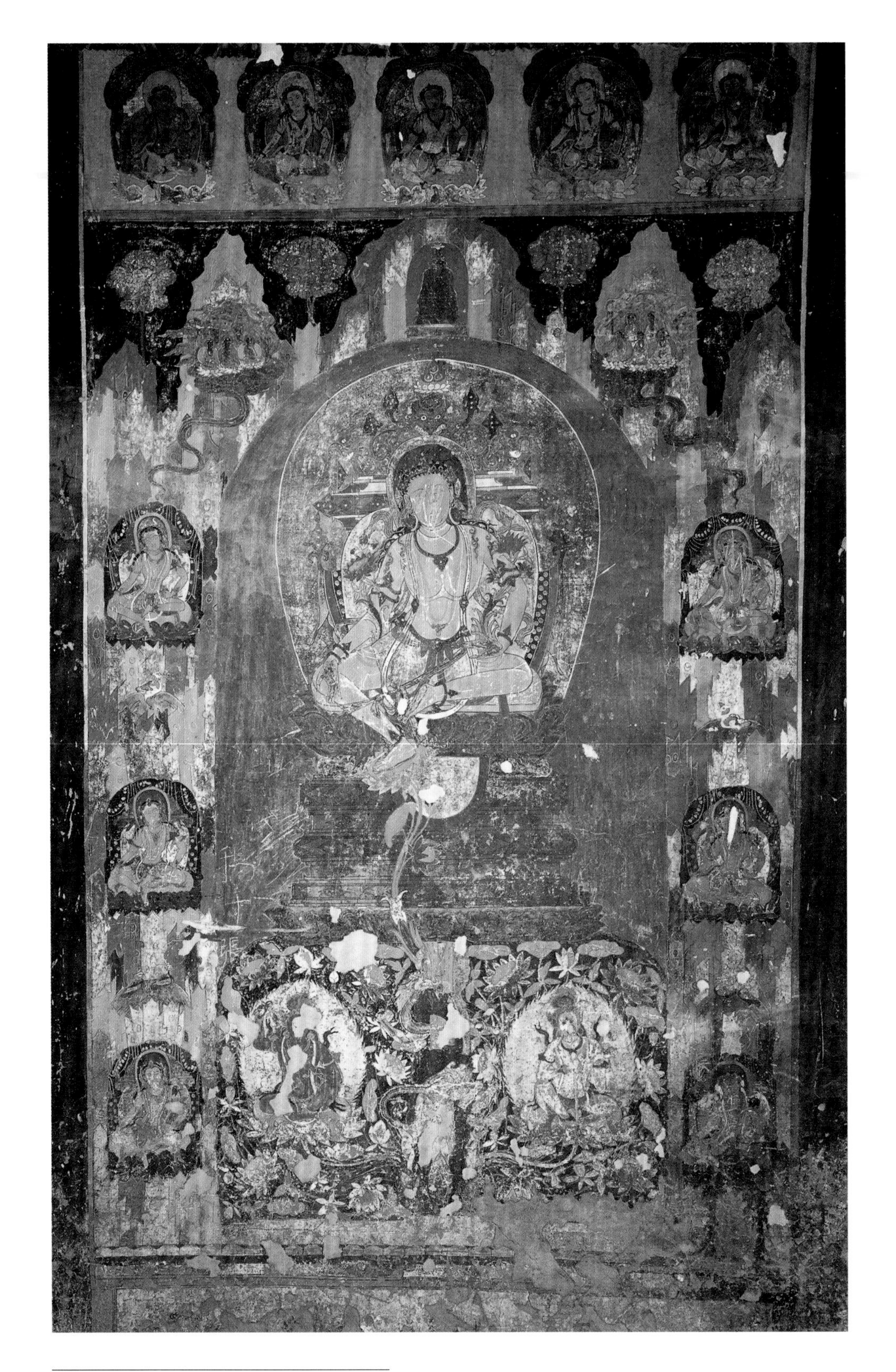

217 **綠度母曼荼羅**

綠度母也是二十一救世度母之一，曲髮披肩，着重裙，半跏坐於蓮花座上。兩側山中有六龕，中坐綠度母化身。畫面構圖簡練，人物形象優美。

元 榆4 北壁

第三節　藏傳密教的神秘寺院——元朝第465窟

敦煌石窟中這一時期的藏傳密教最具代表性的洞窟是莫高窟第465窟。該窟位於北區崖面北端，是一座有前後室的大型方窟。前室西壁門兩側和南、北壁各繪一噶當覺頓式佛塔，該塔式在13～14世紀流行於藏地，主要特徵是傘蓋寬。後室中央設四階圓壇，上面已無尊像。窟頂和四壁滿繪壁畫，內容都是根據藏傳密教的經典和儀軌繪製的，人物形象和表情充滿怪誕奇異的風格，因此屬於純粹藏傳密教的洞窟。

從近年莫高窟北區的考古發掘中意外得知，第465窟確是一座密教寺廟。在前室甬道南壁上部，至今可見僧人“於元統三年（1335）……八月到此秘密寺”朱書題記，可知在元代就稱此窟為秘密寺。為了寺院的清靜和隱秘，當年開鑿此窟時，是經過精心選址的，遠離了洞窟密集而開放的南區。為此在開鑿時，還曾破壞了一批小洞窟。這一考古發現極其重要，證實了這座秘密寺院與西夏時期由甘州畫師高崇德所繪安西榆林窟秘密堂——第29窟的佈局基本相同，都屬於密教寺院。第465窟的意義，主要在於它保留了豐富多彩的典型藏傳密教壁畫。在後室正對圓壇上方的覆斗頂中心繪大日如來，覆斗頂東坡繪阿閦佛及其眷屬一幅（象座），南坡繪寶生佛及其眷屬一幅（迦樓羅座），西坡繪無量壽佛及其眷屬一幅（孔雀座），北坡繪不空成就佛及其眷屬一幅（馬座）。五佛代表五智，號稱五智如來。

在該窟四壁共繪製長方形曼荼羅十一幅，雖沒有採用開四門曼荼羅的形式，但實際上都構成各自獨立的曼荼羅。整個洞窟的壁畫都是依據藏傳密教儀軌繪製的。

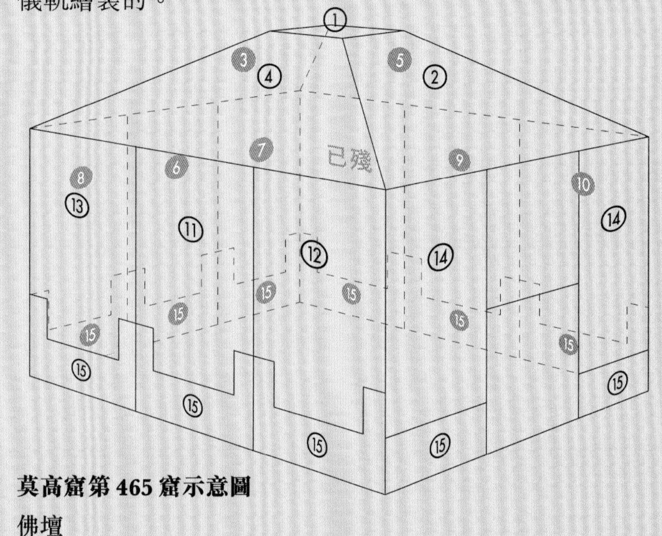

莫高窟第465窟示意圖

佛壇

① 大日如來
② 東方阿閦佛
③ 西方無量壽佛
④ 南方寶生佛
⑤ 北方不空成就佛
⑥ 上樂金剛雙身曼荼羅
⑦ 金剛亥母單身曼荼羅
⑧ 上樂金剛單身曼荼羅
⑨ 喜金剛雙身曼荼羅
⑩ 上樂金剛雙色伴屬神曼荼羅
⑪ 時輪金剛雙身曼荼羅
⑫ 大幻金剛雙身曼荼羅
⑬ 大力金剛雙身曼荼羅
⑭ 大黑天曼荼羅
⑮ 八十四大成就者
⑯ 金剛

無上瑜伽密洞窟

在這座純粹藏傳密教的洞窟中，所有壁畫內容均屬藏傳密教性質，從其中有許多幅男女雙身像分析，無疑屬於藏傳密教中的無上瑜伽密，圖像中的“男女共修”體現了藏傳密教無上瑜伽密“樂空雙運”的義理。據史籍記載，早在中唐吐蕃佔領敦煌時期，吐蕃的藝術一度影響敦煌，藏經洞就發現一件有雙身形象的絹畫，但石窟壁畫中尚未發現雙身內容的題材，說明當時的影響極其有限。到了西夏時期，在寧夏賀蘭縣、內蒙黑水城等地出現了雙身形象的上樂金剛與金剛亥母曼荼羅唐卡等，但在敦煌榆林窟和東千佛洞卻是另外一番情景，雖有藏傳密教遺迹，卻未發現無上瑜伽密的男女雙修形象。因此莫高窟第465窟就成為敦煌地區首次出現的純粹為藏傳密教無上瑜伽密洞窟。

各派兼容

第465窟的壁畫還反映了一個特殊現象，即藏傳密教不同派別的主尊，可以共同供奉在同一洞窟內。例如西壁所繪三幅曼荼羅，均屬於藏傳密教噶舉派修習密法時所供奉的主尊上樂金剛與金剛亥母，此外還有繪於北壁東側的上樂金剛雙色伴屬神。而在北壁中間的喜金剛雙身曼荼羅以及在東壁門兩側所繪兩幅大黑天曼荼羅，屬於薩迦派修習密法時供奉的主尊。至於南壁所繪三幅曼荼羅，雖各依據藏傳密教密法繪製，但既不屬於噶舉派，又不屬於薩迦派。由於元朝統治者在尊崇藏傳密教薩迦派領袖為帝師的同時，也很重視在西藏寺院最多、實力雄厚、根基扎實的藏傳密教另一支派——噶舉派，因此在此洞中出現的各派融匯的現象，與當時元朝的大政國策相符。各派主尊濟濟一堂，也開創了藏傳密教不同派別共處於同一個寺院的先河。

此外，源於印度密教八十四大成就者的形象也繪製於窟內每一幅曼荼羅的下部，現存八十幅，繪製的依據是《八十四大成就者史》。該藏傳佛教重要典籍或譯為《八十四成道者傳》，記載了印度密教的八十四位大師的出身、修行過程、主要成就、弘法情況及道言歌集等。八十四位大成就者中的個別形象在西夏黑水城所出的藏密金剛亥母曼荼羅唐卡上曾出現過，但像第465窟這樣，將八十四位大成就者的形象全部繪製於一個佛教殿堂還是首次。也從另一角度證實了此窟雖屬於藏傳密教系統，但並不是屬於某一支派的寺廟。

從繪畫藝術方面看，第465窟壁畫內容豐富，佈局考究。其中人體形象神秘，造型準確，線描細膩勻勁，繪製精湛，色彩濃重鮮明。各類菩薩動態優美，美艷之中令人怖畏，有一種獰厲之美，感染力強。其畫風深受印度波羅密教藝術影響，是13世紀西藏畫師的精心傑作，無論從形式與內容都為敦煌藝術增添了新的品類。

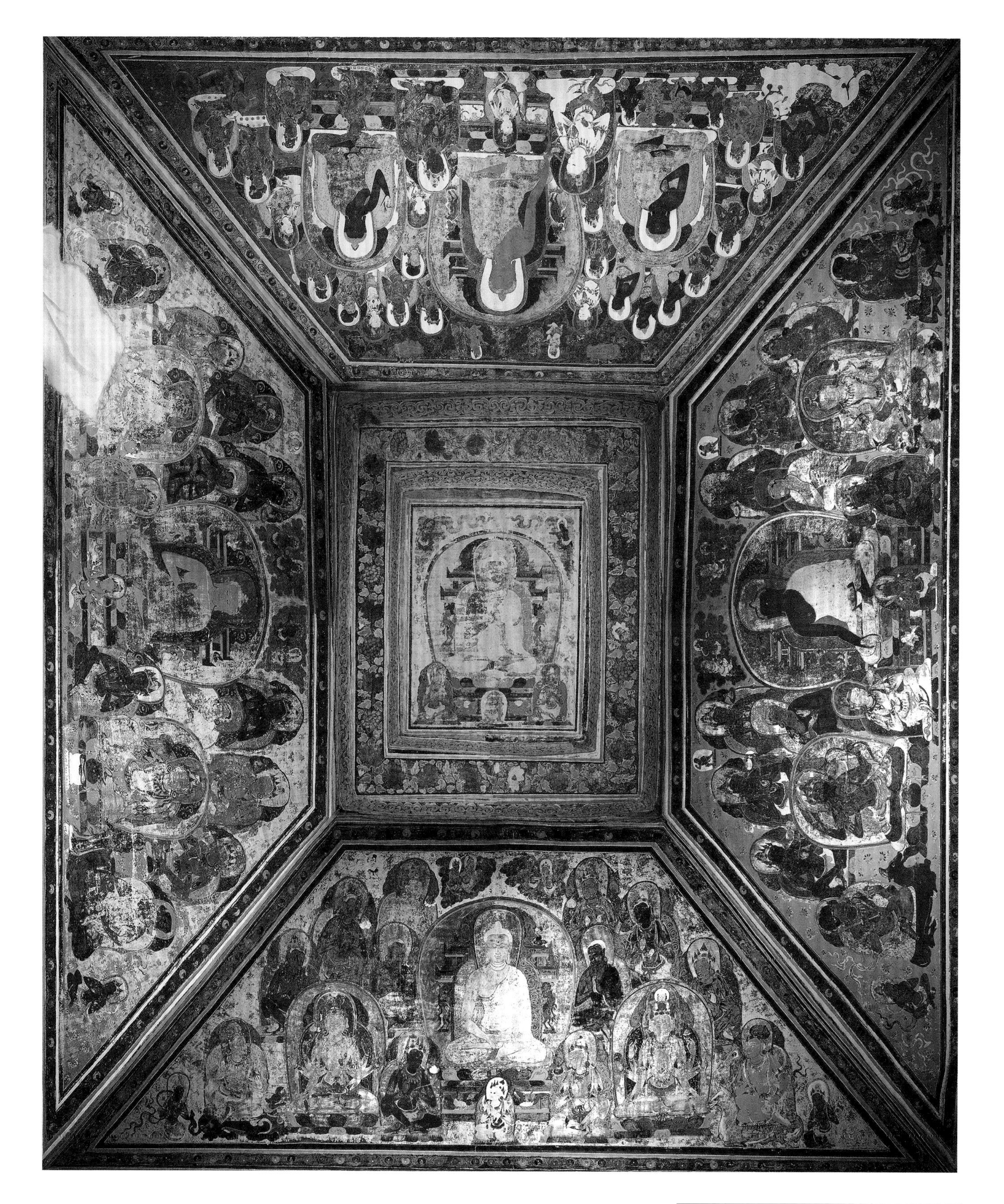

218 **第465窟窟頂**

窟頂中心為大日如來，東坡是阿閦佛，南坡是寶生佛，西坡是無量壽佛，北坡是不空成就佛。

元 莫465 窟頂

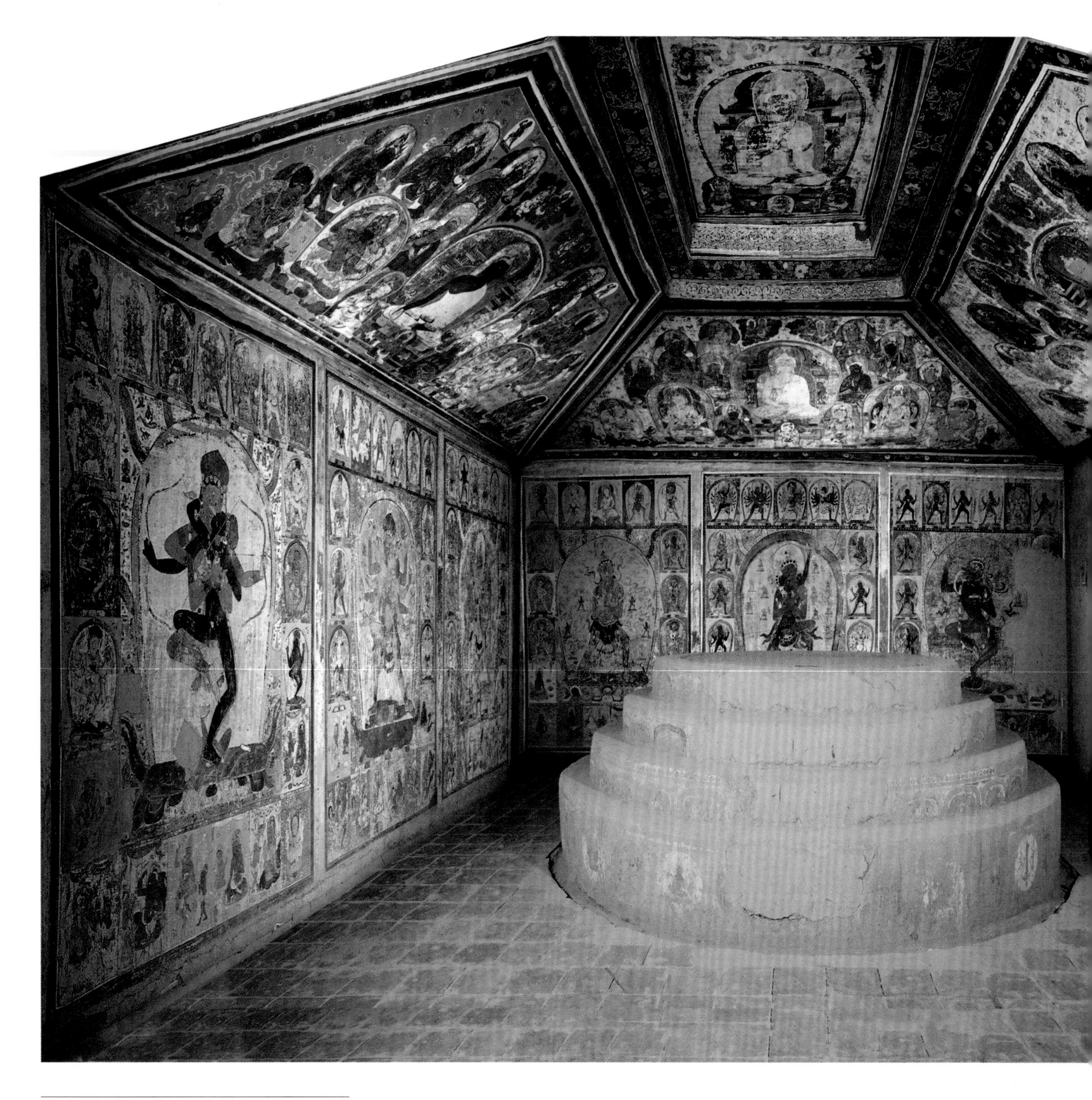

219 第465窟立體圖

莫高窟第465窟是元朝敦煌石窟藏傳密教最具代表性的洞窟，保留了豐富多彩的典型藏傳密教壁畫。窟頂和四壁滿繪壁畫，內容都是根據藏傳密教的經典和儀軌繪製的，該窟四壁共繪製長方形曼荼羅十一幅，從內容上看，藏傳密教不同派別的主尊共處一窟，還出現多幅男女雙身像，成為敦煌地區首次出現的純粹為藏傳密教無上瑜伽密洞窟。

元 莫465

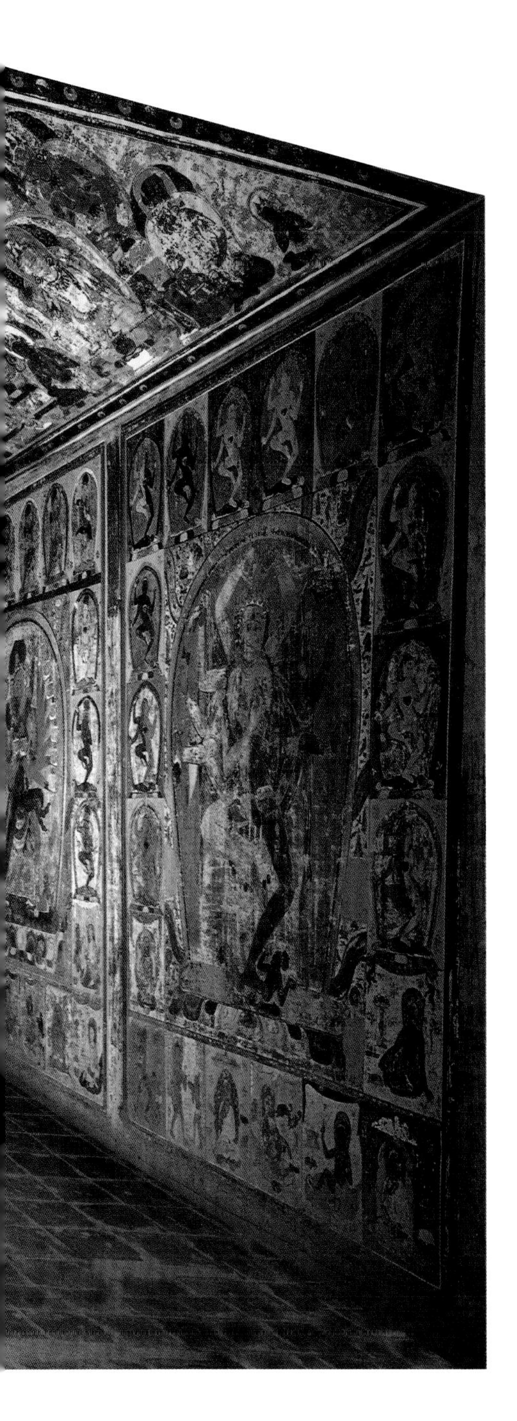

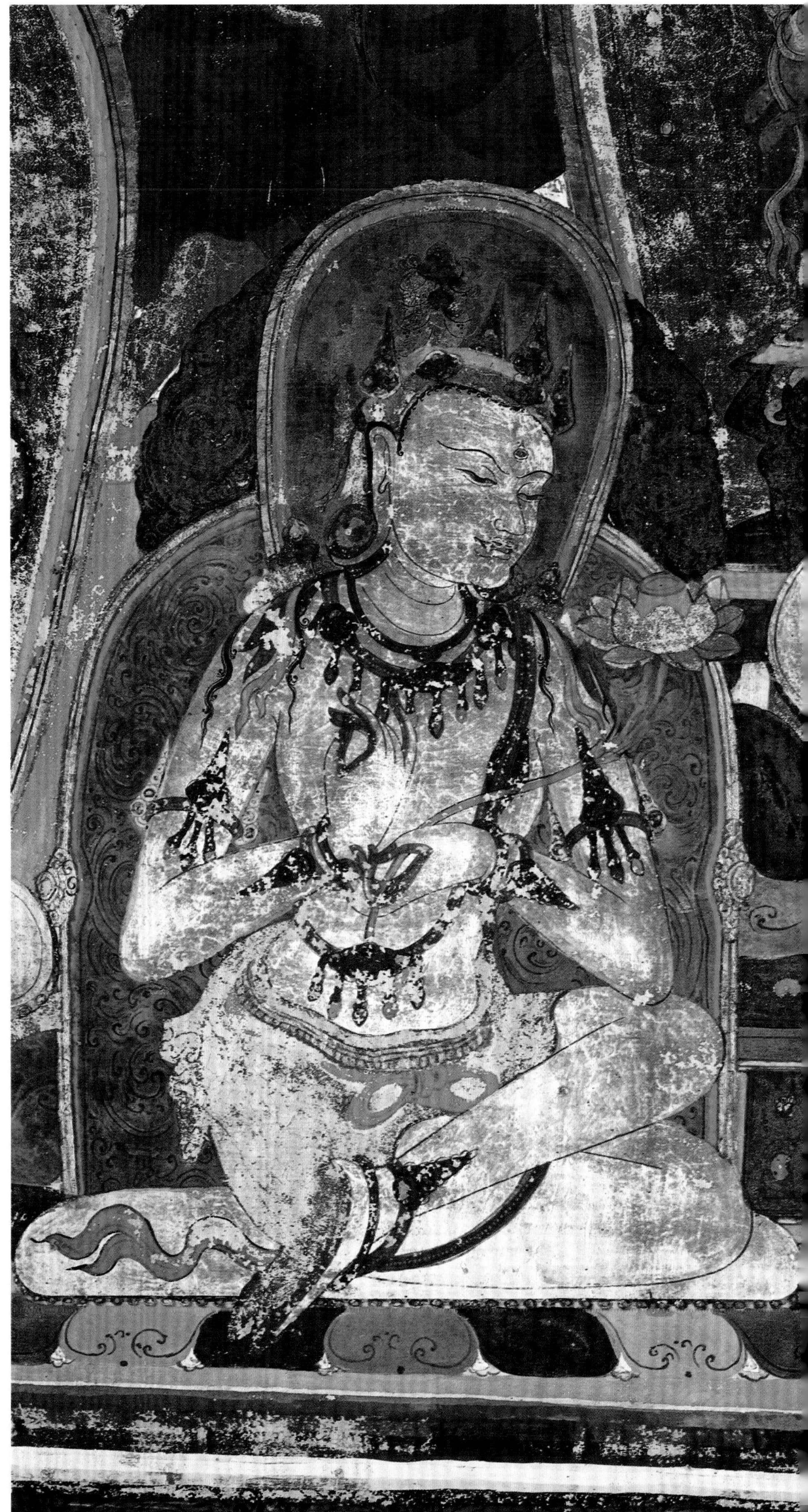

220 **持花菩薩**

菩薩戴寶冠，臉面俊俏，持蓮花，束短裙，十分優美。以金色圍繞頭光背光，背光內有紋飾，雖壁畫變色，但仍不失為元代藏傳密教藝術中的上乘之作。

元　莫465　窟頂西坡

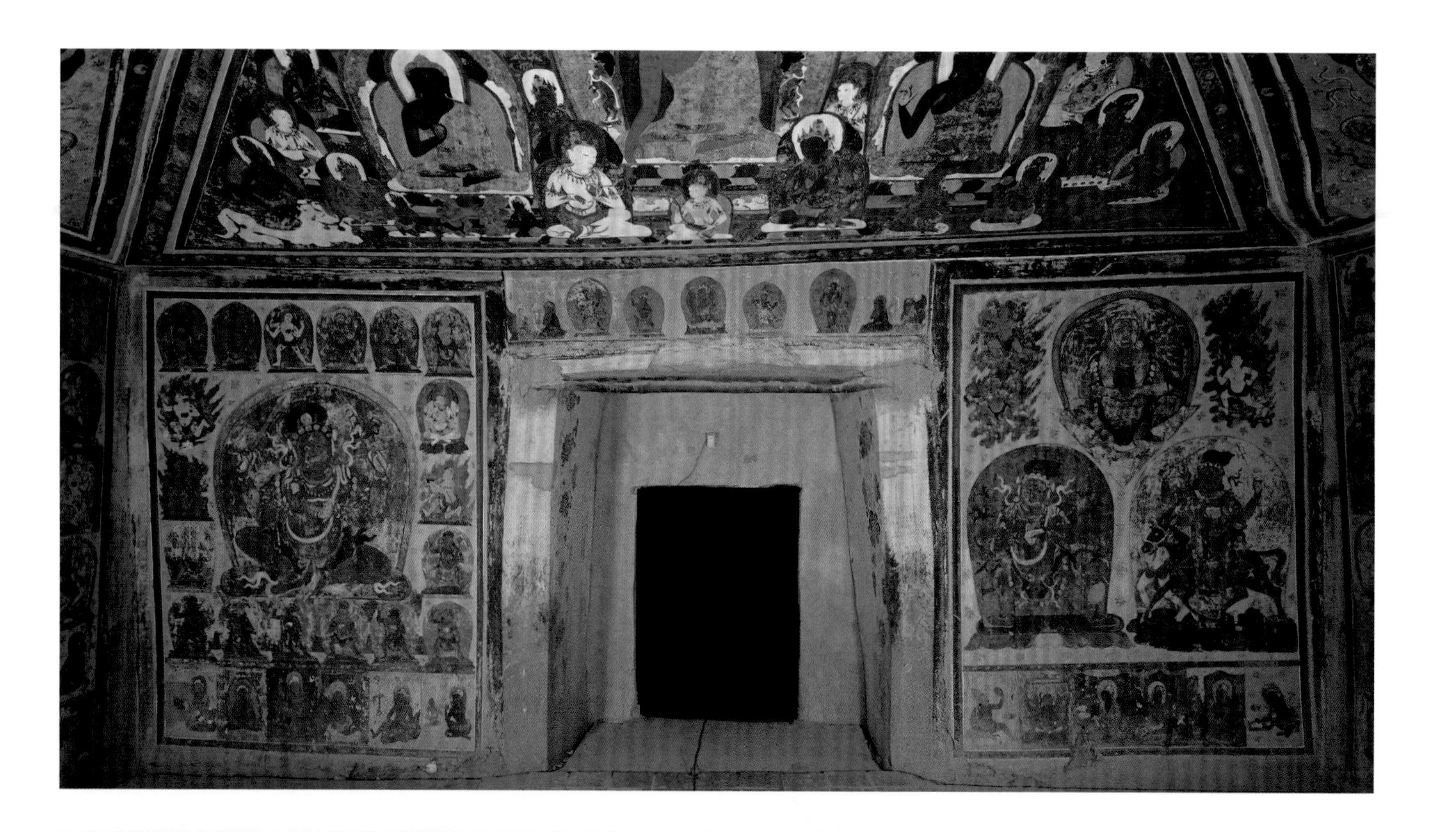

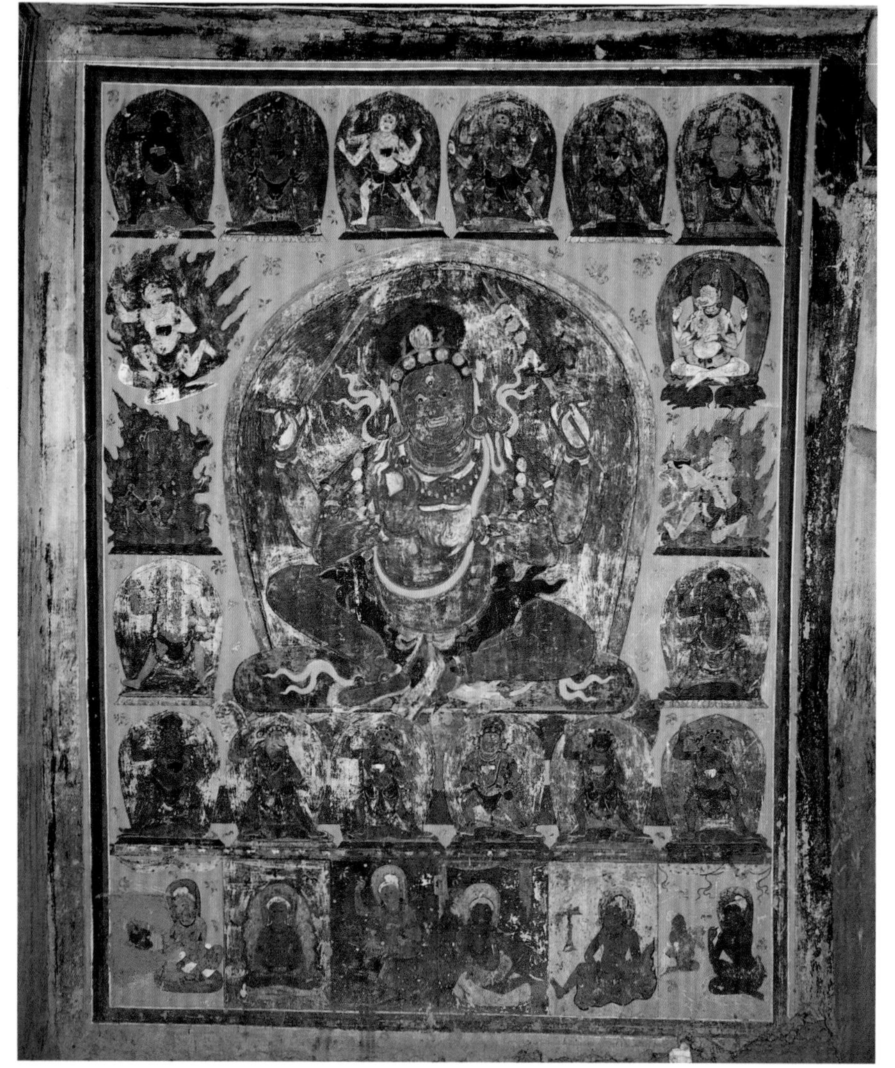

221 第465窟東壁

兩側是大黑天曼荼羅二幅，門上有大威德金剛一幅，牛頭六面，多臂多足，北側一身護法金剛，手持鉞刀和托顱缽。另三身護法身分待考。

南側的大黑天曼荼羅有三尊主像，下面是大黑天和吉祥天女。大黑天右手拿鉞刀，左手托顱缽，六楞長木橫置胸前。正中為大黑天的另一位女性眷屬獨髻母，有三目，雙手托高足瓶。兩側為大黑天的四個鬼卒。

元 莫465 東壁

222 大黑天曼荼羅

大黑天是大日如來的降魔忿怒相，藏密護法之首。赭石色，戴骷髏蛇冠，冠有化佛，極為罕見。三眼圓睜，呲牙怒吼，體形肥碩。頸部掛五十顆人頭瓔珞。胸前兩手持顱缽和鉞刀，後兩手拿三叉戟和金剛劍。四周有十八身大黑天化身，其中四身鳥首者，有認為是大黑天的鴉頭女眷屬神。壁畫分格佈局，用細線作遒勁描繪，以冷色調為主，平塗濃彩，對比強烈，手心腳心多施紅色。

元 莫465 東壁門北

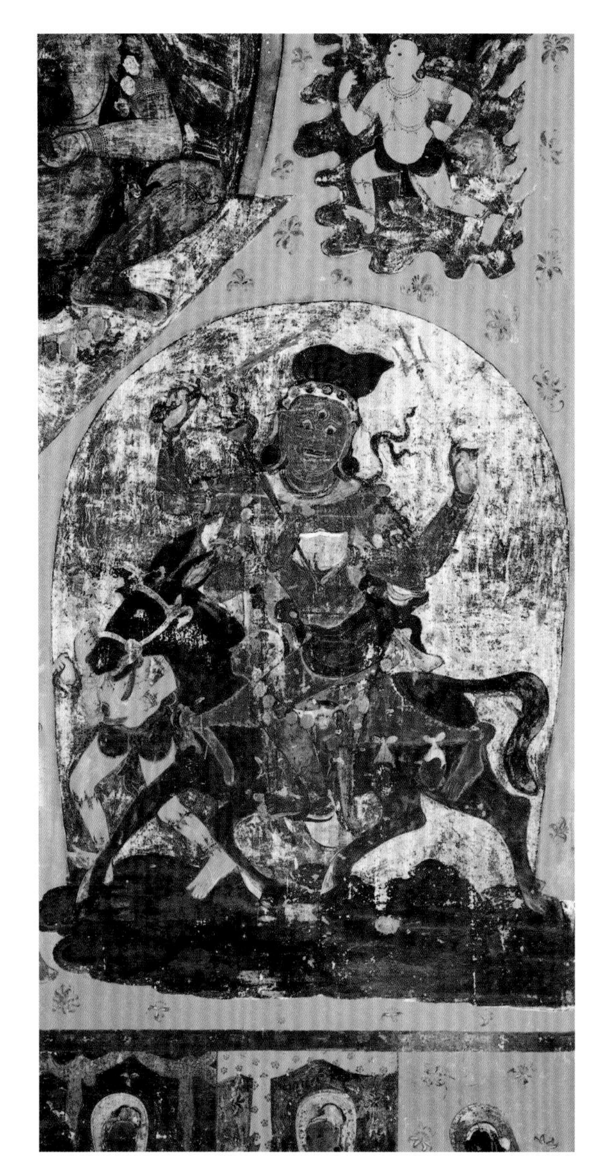

223 **四臂吉祥天母**

吉祥天母為藏密護法，呈忿怒相，戴五骷髏冠，火焰赤髮，垂掛人頭大瓔珞，前兩手持金剛杖和顱缽，後兩手舉三叉戟和金剛劍。坐下騾子披人皮奔走於血海中。

元　莫465　東壁門南

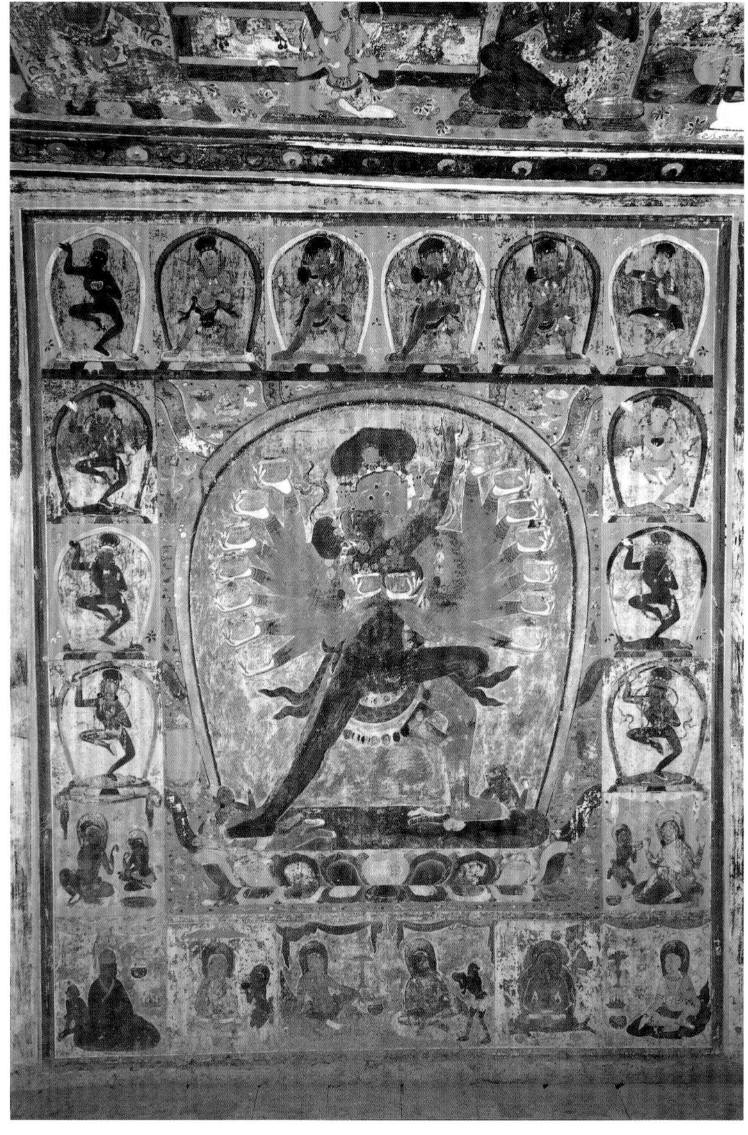

224 **喜金剛雙身曼荼羅**

喜金剛八面十六臂。十六隻手皆托顱缽，其中兩隻手交叉於明妃背後，右手所托顱缽內分別為白象、青鹿、青驢、紅牛、灰駝、紅人、青獅、赤貓；左手所托缽內分別為黃天帝、白水神、紅火神、青風神、日神、月神、青獄帝、黃施財。足踏仰伏魔。明妃為金剛無我母，頭飾與瓔珞同男尊。伸右手持鉞刀，左手托缽摟男尊頸部。據研究，認為主尊上方中間的三身雙身和一身單像為主尊的化身像，上方及主尊兩側共八身像，是喜金剛的八位蓮花伴女。

元　莫465　北壁中

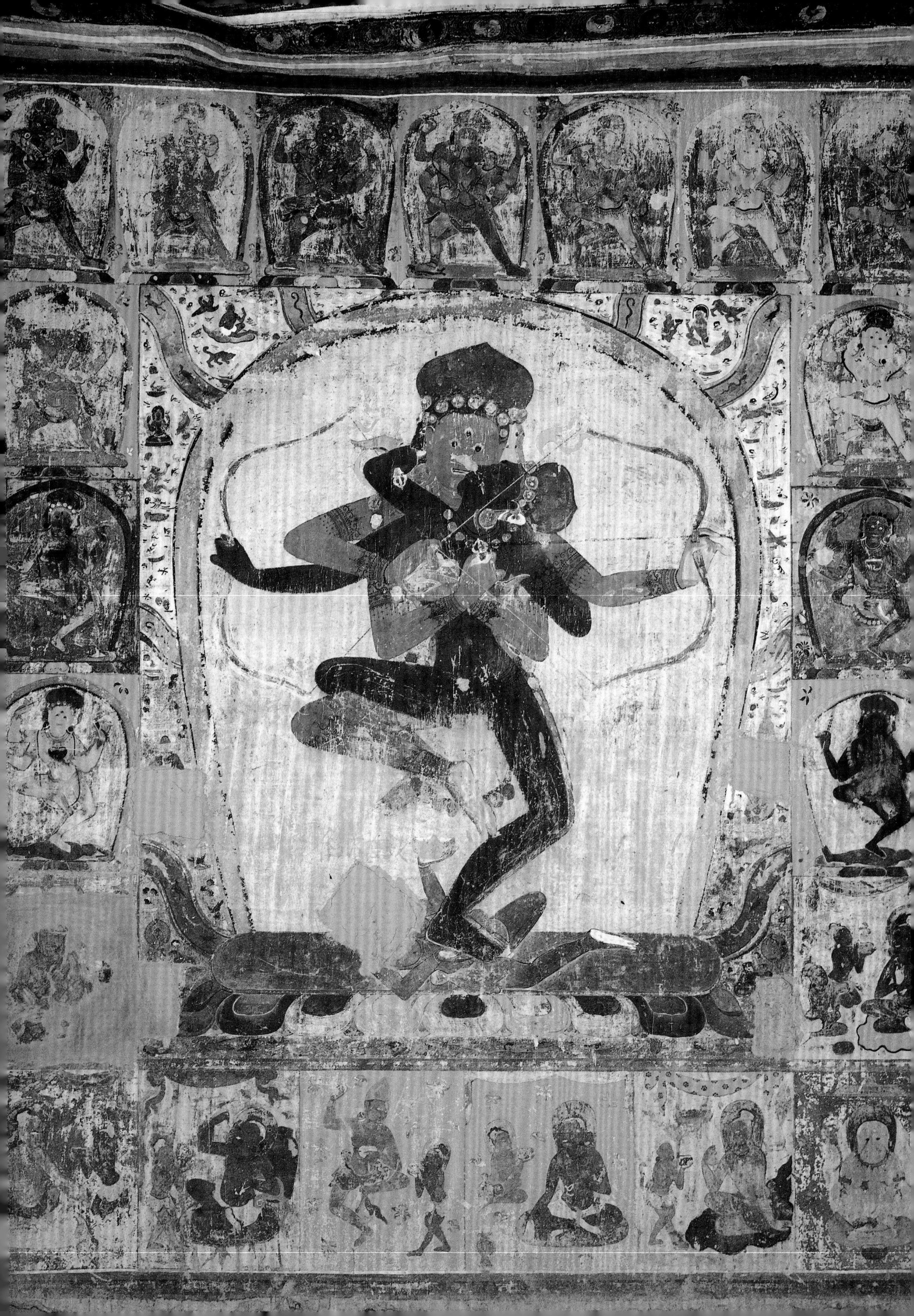

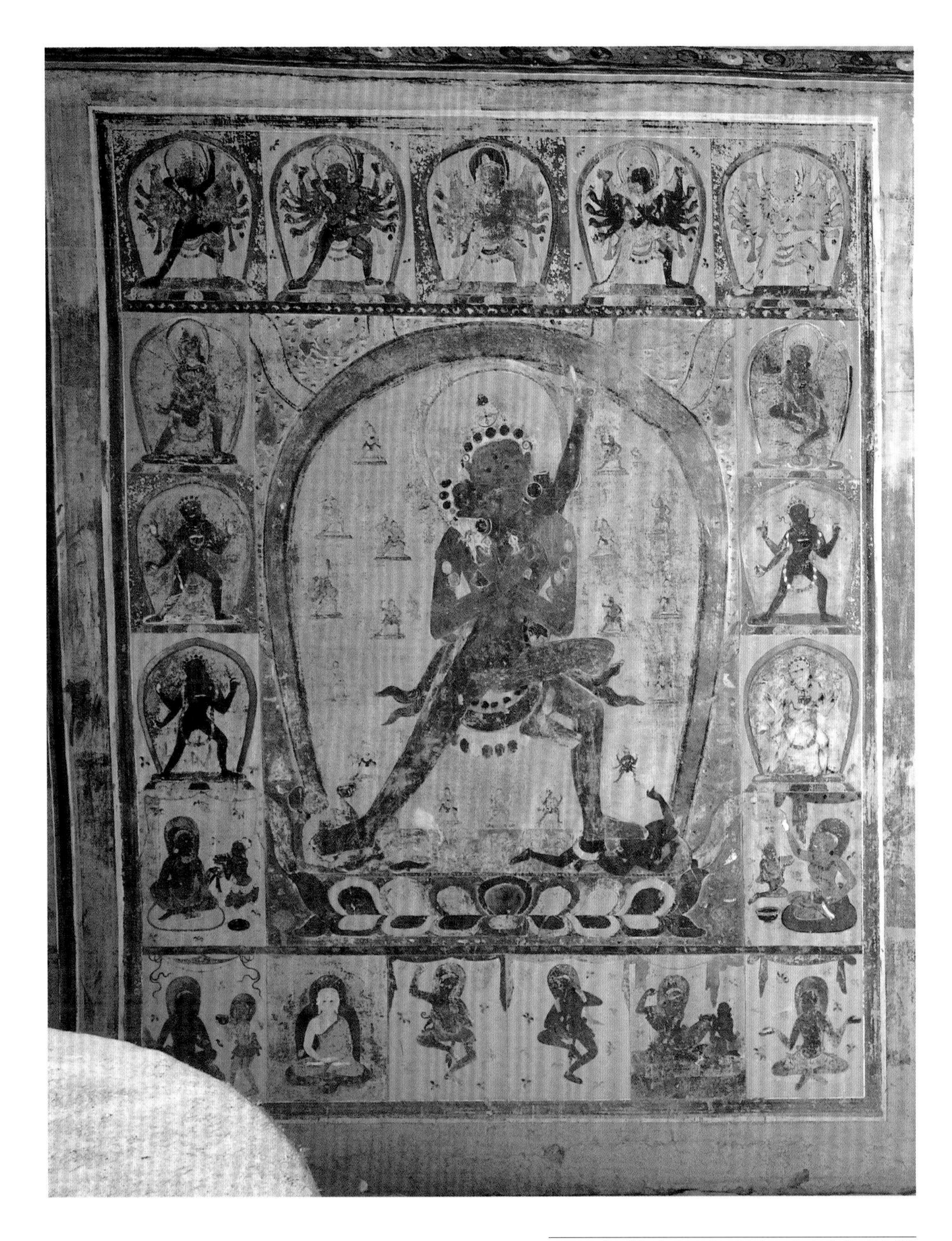

226 上樂金剛與明妃金剛亥母雙身曼荼羅

上樂金剛有三目，手持金剛杵和金剛鈴，並擁抱明妃，足踏臥魔。明妃有三目，舉鉞刀、顱缽，並擁抱男尊，足踏臥魔。圍繞主尊繪十七身化身像。主尊上方繪五身十二臂上樂金剛與金剛亥母的雙身像以代表壇城五方。主尊兩側有四臂瑜伽女，手持鼓、鉞刀、天杖、顱缽。

元 莫465 西壁中

225 大幻金剛雙身曼荼羅

男尊藍色，四面三目四臂，持鉞刀、顱缽、弓箭，並擁抱明妃，足踏伏魔。女尊黑褐色，有四臂，擁抱男尊並持鉞刀和拉弓。主尊上方及兩側為大幻金剛化身和四方空行母。

元 莫465 南壁東

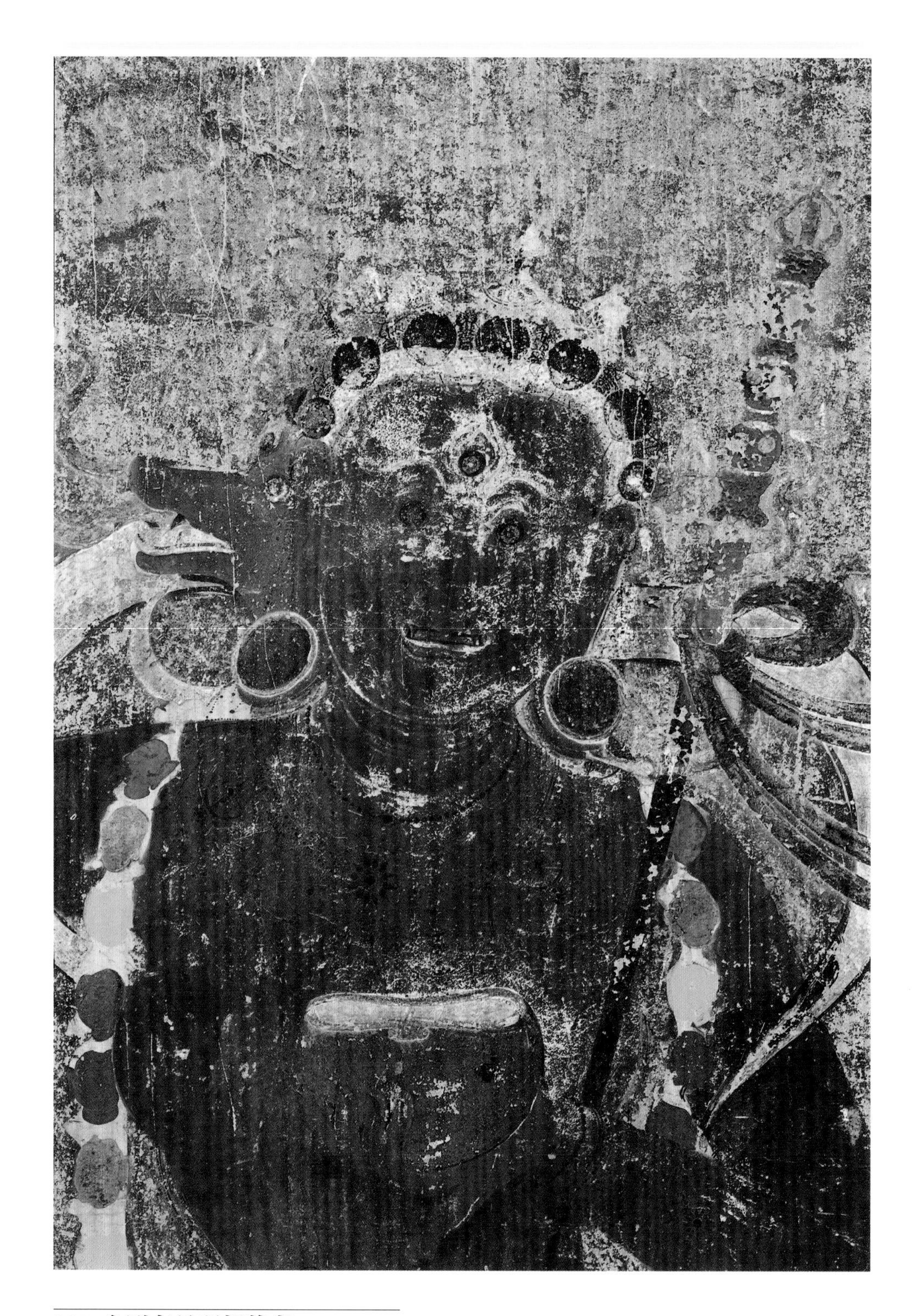

227 金剛亥母頭部特寫

金剛亥母為藏傳佛教密宗本尊神，頭現豬形。圖中金剛亥母右臉旁出一豬頭，形象生動。

元 莫465 西壁北

附錄：敦煌石窟隋～元代密教遺迹種類與數量統計表（未計藏經洞所出絹、紙畫及木雕）

密教遺迹的種類	朝代	數量	所在洞窟號
六臂菩薩（曼荼羅）	隋代	1	284
	盛唐	1	148
	中唐	1	238
	五代	7	162、197、332、341
	宋初	3	166、177、榆25、天王堂（3幅）
	西夏	2	309（2幅）
	元代	1	榆10
八臂菩薩（曼荼羅）	隋代	1	284
	初唐	2	341（2幅）
	盛唐	1	148
	五代	3	162、359
	宋初	3	377、437、456、天王堂
	西夏	5	東2（2幅）、東5、東7、五1
圓形或方形佛壇	隋代	1	305
	西夏	2	榆3、榆29
	元代	2	465、榆4
十一面觀音（經變）	初唐	7	321、331（2幅）、334、340、榆23（2幅）
	盛唐	1	32
	中唐	3	144、370（2幅）
	晚唐	8	10、14、161、163、196（2幅）、198、338
	五代	9	33、35、225、258、300、331、388、402、榆36
	宋初	2	201、444
	西夏	4	355、443、東2、東4
珞珈山觀音	初唐	1	332
	晚唐	1	161
	宋初	2	231（2幅）
千手千眼觀音經變	盛唐	4	79、113、148、214
	中唐	9	115、144、176（2幅）、231、238、258、361、386
	晚唐	9	14、54、82、156、161、232、338、470、榆30
	五代	14	45、99、120、292、294、329、332、379、402、榆35、榆36、榆38、榆40、西16
	宋初	10	76（2幅）、141、172、231、234、302、335、380、456
	西夏	8	30、460、榆3（2幅）、榆39（2幅）、五1、五3
	元代	2	3（2幅）
文殊變	盛唐	2	172、180
	中唐	28	92、112、134、144、158、159、185、200、202、205、222、231、235、236、237、238、240、358、359、360、361、366、370、386、447（2幅）、468、榆25
	晚唐	30	9、12、14、18、19、20、54、111、127、128、141、142、145、147、150、156、160、161、163、167、177、192、196、198、217、227、232、337、340、榆6
	五代	37	5、6、26、31、33、36、39、72、99、100、119、120、121、171、176、208、258、261、292、294、296、305、321、332、351、369、390、402、446、榆12、榆16、榆19、榆32、榆34、榆35、榆36、榆38
	宋初	12	25、165、230、256、380、456、榆6、榆13、榆14、榆21、榆22、榆26
	西夏	23	142、153、164、223、235、245、246、256、291、314、323、327、339、351、408、418、460、西4、榆3、榆29、東5、五1、五3

	元代	3	149、榆 4、東 6
普賢變	盛唐	2	172、180
	中唐	28	92、112、134、144、158、159、185、200、202、205、222、231、235、236、237、238、240、358、359、360、361、366、370、384、386、472、468、榆 25
	晚唐	30	9、12、14、18、19、20、54、111、127、128、141、145、147、150、156、160、161、163、167、177、192、195、196、198、217、227、232、241、337、榆 6
	五代	39	5、6、26、31、33、36、39、72、99、100、120、121、171、176、206、208、258、261、292、294、296、305、321、332、351、369、375、388、390、402、446、榆 12、榆 16、榆 19、榆 32、榆 34、榆 35、榆 36、榆 38
	宋初	12	25、165、230、256、380、456、榆 6、榆 13、榆 14、榆 21、榆 22、榆 26
	西夏	22	153、164、165、223、235、245、246、291、314、323、339、351、408、418、460、西 4（2 幅）、榆 3、榆 29、東 5、五 1、五 3
	元代	3	149、榆 4、東 6
如意輪觀音經變	盛唐	1	148
	中唐	10	117、129、158、176、200、285、358、384、386、471
	晚唐	19	9、14、19、20、54、107、138、145、147、156、178、192、194、198、232、336、340、榆 24、榆 30
	五代	34	22、45、47、61、83、99、119、125、197、205、225、258、272、288、294、299、300、303、305、329、332、379、387、388、396、402、440、468、榆 20、榆 31、榆 35、榆 36、榆 40、水 4
	宋初	10	25、122、178、230、231、275、302、335、437、456
	西夏	4	235、354、355、東 5
不空羂索觀音經變	盛唐	1	148
	中唐	9	117、129、200、285、358、361、384、386、西 18
	晚唐	20	14、19、20、82、138、139、141、145、147、156、160、163、178、192、194、195、198、232、336、340
	五代	33	22、45、47、61、99、119、197、205、225、258、272、288、294、299、303、305、329、332、341、379、387、388、390、402、468、榆 6、榆 16、榆 20、榆 31、榆 35、榆 36、榆 40、水 4
	宋初	8	25、122、231、243、275、302、335、456
	西夏	3	235、354、355
四臂觀音（經變）	盛唐	1	148
	晚唐	1	156
	五代	1	125
	宋初	2	220、榆 6
	西夏	4	榆 6、東 2、東 5、五 3
	元代	3	149、榆 27（2 幅）
毗沙門天王	盛唐	6	91、103、118、120、123、170
	中唐	12	135（2 幅）、144、154（2 幅）、158、188、202、222（2 幅）、358、榆 25
	晚唐	11	9、12、29、107（2 幅）、138、140、156、160、196（2 幅）

	五代	27	31、32、34、61、98、100、108、119、120、146、258、261、281、294、296、330、333、339、374、379、387、388、395、榆 32、榆 36、榆 38、榆 40
	宋初	8	55、152、170、171、178、201、454、榆 21
	西夏	1	140
毗琉璃天王	盛唐	4	91、118、120、123
	中唐	6	144、158、202、358、384、榆 25
	晚唐	6	12、29、138、140、156、196
	五代	21	31、32、61、98、100、108、119、120、146、258、261、294、296、374、379、387、388、428、榆 34、榆 38、榆 40
	宋初	6	55、152、171、178、201、454
	西夏	1	140
天王	盛唐	6	39（2 幅）、103、109、120（2 幅）
	中唐	16	53（2 幅）、92（2 幅）、159（2 幅）、202（2 幅）、231（2 幅）、235（2 幅）、258、340、363（2 幅）
	晚唐	21	14、150（2 幅）、160、168（2 幅）、181、190、192（2 幅）、194（2 幅）、195、217（2 幅）、338（2 幅）、340、459、470（2 幅）
	五代	32	38、90、99、100（2 幅）、124（2 幅）、165（2 幅）、218、225（2 幅）、292（2 幅）、297（2 幅）、303（2 幅）、305（2 幅）、328、330、339、347、386、388、467、榆 19、榆 31（2 幅）、榆 35（2 幅）
	宋初	9	174（2 幅）、198（2 幅）、202（2 幅）、256、364、452
	西夏	6	330、356（2 幅）、464（3 幅）
觀音經變	盛唐	7	45、113（2 幅）、126、205、444（2 幅）
	中唐	5	7、112、185、472（2 幅）
	晚唐	6	8、14、18（3 幅）、128
	五代	9	126、261、288、341、395（2 幅）、396、榆 36、榆 38
	宋初	2	55、榆 28
	西夏	3	464（3 幅）
地藏	盛唐	17	74、103、115（2 幅）、116、122、166（3 幅）、172（2 幅）、176（2 幅）、194、205、444、445
	中唐	20	26（2 幅）、32、33、45、115（2 幅）、126、153、155、176（3 幅）、197、199、201（3 幅）、225、379
	晚唐	10	138（3 幅）、160、177、194、195、196、榆 15（2 幅）
	五代	7	124、225、301、305、331、榆 12、榆 16
	宋初	3	449、榆 35（2 幅）
	西夏	2	117、154
六臂飛天	盛唐	1	148
毗盧舍那佛	盛唐	3	31、74、79
千手千缽文殊經變	中唐	6	144、238、258、288、360、361
	晚唐	3	14、54、338
	五代	4	99、120、205、西 16
	宋初	2	172、380
	西夏	2	30、460
羯摩杵	中唐	4	7、361、370、西 18
	晚唐	3	14、30、140
	宋初	7	170、177、178、243、289、364、榆 21
	西夏	8	30、87、140、206、281、291、326、328
提頭賴吒天王	中唐	1	384

	晚唐	1	156
	五代	9	61、98、100、108、146、261、428、榆19、榆40
	宋初	3	55、152、454
五台山	中唐	6	112、144、159、222（2幅）、237
	晚唐	1	9
	五代	1	61
毗沙門赴那吒會	中唐	1	榆25
	晚唐	5	9、338、340、榆35（2幅）
	五代	13	45、72（2幅）、208、288（2幅）、311、329、341（2幅）、390、392、401
	宋初	13	122、169（2幅）、172、202（2幅）、203、302（2幅）、431（2幅）、454（2幅）
毗沙門決海	中唐	2	144、236
	晚唐	1	9
東方不動佛	中唐	1	231
	五代	2	61、146
	宋初	1	437
毗盧舍那佛與八大菩薩曼荼羅	中唐	1	榆25
	五代	2	榆20（2幅）
釋迦曼荼羅	中唐	2	186、360
西方無量壽佛	中唐	1	231
	五代	2	61、146
不知名曼荼羅	晚唐	2	156、196
	五代	4	34、428、榆38（2幅）
	西夏	9	東5（3幅）、東7（4幅）、五1（2幅）
	元代	3	榆4（2幅）、東6
毗樓博叉天王	晚唐	1	156
	五代	9	34、61、98、100、108、146、261、榆34、榆40
	宋初	3	55、152、454
密嚴經變	晚唐	2	85、150
	五代	1	61
金剛薩埵曼荼羅	晚唐	2	14、156
金剛母曼荼羅	晚唐	1	14
金剛三昧曼荼羅	晚唐	1	156
八臂寶幢菩薩	晚唐	1	156
觀音曼荼羅	五代	1	300
	宋初	1	170
	西夏	1	榆3
	元代	1	榆4
地藏與十王	五代	10	6、217、375、379、384、390、392、榆33、榆38（2幅）
	宋初	5	176、202、380、456、榆35
	西夏	3	314、東5（2幅）
水月觀音	五代	6	124、294（2幅）、331、榆38（2幅）
	宋初	6	176、203、427、431、榆20（2幅）
	西夏	13	164（2幅）、237、榆2（2幅）、榆29（2幅）、東2（2幅）、東5、五1、五4（2幅）
金剛杵觀音	五代	1	124
	宋初	2	427、449
	元代	1	149
孔雀明王	五代	5	165、169、205、208、榆33

	宋初	6	133、165、169、431、456，榆 33
六趣輪迴	五代	3	331、榆 19、榆 34
	宋初	1	176
金剛劍菩薩	五代	1	124
	宋初	1	437
金剛藏菩薩	五代	1	榆 34
	宋初	1	25
二十臂觀音	宋代	1	天王堂
天鼓音佛	五代	2	61、146
最勝音佛	五代	1	61
寶相佛	五代	1	146
馬頭觀音	五代	1	446
金剛界五佛曼荼羅	五代	2	榆 20、榆 35
	宋代	1	天王堂
寶幢香爐菩薩	宋初	1	449
楊柳枝觀音	宋初	1	449
南方不動佛	宋初	1	437
佛頂尊勝陀羅尼經變	宋初	2	55、454
迦樓羅王	宋初	1	133
五佛	西夏	1	432
	元代	2	3、463
熾盛光佛	西夏	1	五 1
	元代	1	61
五方佛曼荼羅	西夏	3	464、榆 3、東 2
	元代	2	465、榆 4
綠度母（曼荼羅）	西夏	2	東 2、東 5
	元代	1	榆 4
金剛	西夏	4	東 5（3 幅）、東 7
	元代	10	463（2 幅）、465（5）、榆 10、東 6（2 幅）
不空羂索觀音曼荼羅	西夏	1	榆 3
金剛界曼荼羅	西夏	2	榆 3（2 幅）
十一面八臂曼荼羅觀音	西夏	1	東 7
不動明王	西夏	2	榆 29（2 幅）
大日如來	元代	1	榆 10
白度母曼荼羅	元代	1	榆 4
上樂金剛雙身曼荼羅	元代	1	465
金剛亥母單身曼荼羅	元代	1	465
上樂金剛單身曼荼羅	元代	1	465
喜金剛雙身曼荼羅	元代	1	465
上樂金剛雙色伴屬神曼荼羅	元代	1	465
大幻金剛雙身曼荼羅	元代	1	465
時輪金剛雙身曼荼羅	元代	1	465
大力金剛雙身曼荼羅	元代	1	465
大黑天曼荼羅	元代	2	465（2 幅）

說明：（1）未特別註明者，均為敦煌莫高窟。
（2）"榆"為安西榆林窟。
（3）"西"為敦煌西千佛洞。"水"為安西水峽口石窟。
（4）西夏密教遺迹含回鶻時期的密教形象。

圖版索引

敦煌石窟分佈圖

本全集所用洞窟簡稱：莫即莫高窟，榆即榆林窟，東即東千佛洞，西即西千佛洞，五即五個廟石窟，水即水峽口石窟。

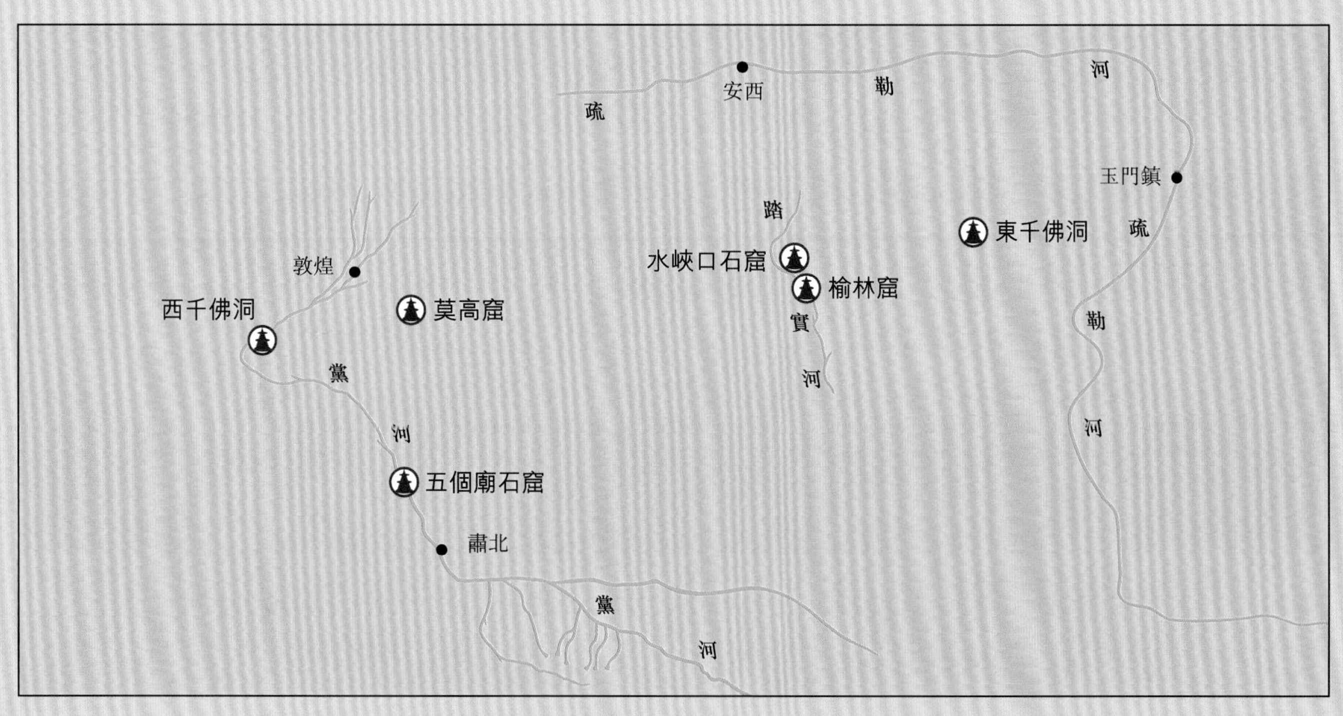

敦煌歷史年表

歷史時代	起止年代	統治王朝及年代	行政建置	備注
漢	公元前 111 ～公元 219	西漢 公元前 111 ～公元 8 新 公元 9 ～ 23 東漢 公元 23 ～ 219	敦煌郡敦煌縣 敦德郡敦德亭 敦煌郡	公元前 111 年敦煌始設郡 公元 23 年隗囂反新莽；公元 25 年竇融據河西復敦煌郡名
三國	公元 220 ～ 265	曹魏 公元 220 ～ 265	敦煌郡	
西晉	公元 266 ～ 316	西晉 公元 266 ～ 316	敦煌郡	
十六國	公元 317 ～ 439	前涼 公元 317 ～ 376 前秦 公元 376 ～ 385 後涼 公元 386 ～ 400 西涼 公元 400 ～ 421 北涼 公元 421 ～ 439	沙州、敦煌郡 敦煌郡 敦煌郡 敦煌郡 敦煌郡	公元 336 年始置沙州；公元 366 年敦煌莫高窟始建窟 公元 400 至 405 年為西涼國都
北朝	公元 439 ～ 581	北魏 公元 439 ～ 535 西魏 公元 535 ～ 557 北周 公元 557 ～ 581	沙州、敦煌鎮、義州、瓜州 瓜州 沙州鳴沙縣	公元 444 年置鎮，公元 516 年罷，為義州；公元 524 年復瓜州 公元 563 年改鳴沙縣，至北周末
隋	公元 581 ～ 618	隋 公元 581 ～ 618	瓜州敦煌郡	
唐	公元 619 ～ 781	唐 公元 619 ～ 781	沙州、敦煌郡	公元 622 年設西沙州，公元 633 年改沙州；公元 740 年改郡，公元 758 年復為沙洲
吐蕃	公元 781 ～ 848	吐蕃 公元 781 ～ 848	沙州敦煌縣	
張氏歸義軍	公元 848 ～ 910	唐 公元 848 ～ 907	沙州敦煌縣	公元 907 年唐亡後，張氏歸義軍仍奉唐正朔
西漢金山國	公元 910 ～ 914		國都	
曹氏歸義軍	公元 914 ～ 1036	後梁 公元 914 ～ 923 後唐 公元 923 ～ 936 後晉 公元 936 ～ 946 後漢 公元 947 ～ 950 後周 公元 951 ～ 960 宋 公元 960 ～ 1036	沙州敦煌縣 沙州敦煌縣 沙州敦煌縣 沙州敦煌縣 沙州敦煌縣 沙州敦煌縣	
西夏	公元 1036 ～ 1227	西夏 公元 1036 ～ 1227 蒙古 公元 1227 ～ 1271	沙州 沙州路	
蒙元	公元 1227 ～ 1402	元 公元 1271 ～ 1368 北元 公元 1368 ～ 1402	沙州路 沙州路	
明	公元 1402 ～ 1644	明 公元 1404 ～ 1524	沙州衛、罕東衛	公元 1516 年吐魯番佔；公元 1524 年關閉嘉峪關後，敦煌凋零
清	公元 1644 ～ 1911	清 公元 1715 ～ 1911	敦煌縣	公元 1715 年清兵出嘉峪關收復敦煌一帶，公元 1724 年築城置縣

資料來源：史葦湘《敦煌歷史大事年表》等；製表：《敦煌石窟全集》編輯委員會（馬德執筆）